W0054971

Ludolf Herbst

Hitlers Charisma

Die Erfindung
eines deutschen Messias

S. Fischer

© S. Fischer Verlag GmbH, Frankfurt am Main 2010
Alle Rechte vorbehalten
Lektorat: Walter H. Pehle
Satz: Pinkuin Satz und Datentechnik, Berlin
Druck und Bindung: GGP Media GmbH, Pößneck
Printed in Germany
ISBN 978-3-10-033186-1

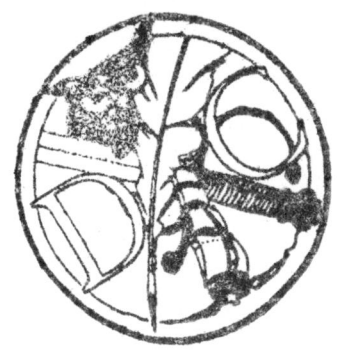

Für Ludwika

Inhalt

Vorwort

Wer es in der Phase einer schweren Krankheit unternimmt, ein Buch zu veröffentlichen, hat vielen Helfern zu danken. Meine Geschwister Lenore und Ulrich, mein Sohn Volker und Frau Ludwika Dżugaj haben es mir ermöglicht, noch wissenschaftlich zu arbeiten und die täglichen Lebensprobleme zu lösen. Hierbei hat mir auch Frau Annelies Scheel loyal geholfen. Frau Dżugaj hat mir gezeigt, welche große Kraft durch christliche Nächstenliebe mobilisiert werden kann. Sie hat mir darüber hinaus vor Augen geführt, wie glücklich sich die Deutschen schätzen können, daß die Alliierten ihnen nach 1945 einen Neuanfang ermöglichten, der es ihnen gestattete, die Versöhnungsbereitschaft der von den Nationalsozialisten terrorisierten Völker Europas anzunehmen. Frau Ludwika Dżugaj, die mehr geleistet hat, als in Worte gefaßt werden kann, ist dieses Buch gewidmet.

In besonderer Weise schulde ich meinem Freund und Kollegen Prof. Dr. Klaus-Dietmar Henke Dank. Er hat das Manuskript dieses Buches kritisch durchgesehen, mich dazu ermuntert und mir selbstlos dabei geholfen, es zu veröffentlichen. Ihm danke ich darüber hinaus für zahlreiche wertvolle Anregungen und seine nicht ermüdende Bereitschaft zum Dialog. Hagen Markwardt, M.A., hat Anmerkungsapparat und Zitierweise überprüft und mir gewissermaßen in »letzter Minute« geholfen. Ihm sei hierfür herzlich gedankt.

Herrn Prof. Dr. Walter H. Pehle danke ich für die Bereitschaft, das Manuskript im S. Fischer Verlag zu publizieren.

Ludolf Herbst im Juni 2009

»Charisma« bei Max Weber

Einleitung

Für die Generation derjenigen, die die nationalsozialistische Herrschaft erlebt haben, gehörte es zu den unumstößlichen Tatsachen, daß Adolf Hitler Charisma hatte. Er habe, so wird gesagt, eine besondere Ausstrahlung auf Menschen ausgeübt. Sie lasse sich vor allem an seinen Erfolgen als Redner und Massenagitator ablesen, aber auch an der Begeisterung auf den Gesichtern derjenigen, die ihm bei Massenveranstaltungen zugejubelt haben und deren Bild jedem lebhaft vor Augen steht, der Filmmaterial der nationalsozialistischen Propaganda kennt: Hitlers Charisma, so erinnerten sich diejenigen, die »dabei gewesen« waren, schlug Millionen in seinen Bann, und das Film- und Fotomaterial scheint das zu bestätigen. Offenbar vermochte es der »Führer« in besonders wirksamer Weise, den Glauben an seine Person zu stimulieren.

Es ist erstaunlich, daß diese Sichtweise, die alle Züge der Legende aufweist, sich bis heute mehr oder weniger unangefochten behauptet hat. Dies ist um so erstaunlicher, als sich mit der Erforschung der Verbrechen des NS-Regimes ja die andere – von der nationalsozialistischen Propaganda nicht ins Bild gesetzte – Seite der Herrschaft Hitlers heute in aller Deutlichkeit zeigt und es schwer glaubhaft zu machen ist, daß die Zeitgenossen diese Verbrechen nicht bemerkt haben sollen bzw., wenn sie sie denn bemerkten, mit Hitlers Charisma zu vereinen vermochten. Hieraus ließe sich nur ein Schluß ziehen: Ein ganzes Volk war dem Irrsinn verfallen.

Dieser Eindruck scheint auch dadurch bestätigt zu werden, daß die Forschung ja nicht nur die verbrecherische Seite des Regimes aufgedeckt hat, sondern auch dabei ist, das Bild des erfolgreichen Führers zu widerlegen. Die nationalsozialistische Wirtschaftspolitik war desolat, und die Beseitigung der Arbeitslosigkeit gelang nur, weil die Regierung Hitler einseitig und wider alle Vernunft aufrüstete. Die Außenpolitik führte Deutschland in eine nie gekannte Isolierung, und für einen Krieg hatte es die falschen Verbündeten. Die Sozialpolitik war durch die Verwaltung des Mangels gekennzeichnet, und von den antimodernistischen und antikapitalistischen Zielen der NSDAP konnte keines verwirklicht werden. Die moralische Bilanz des Regimes ist entsetzlich, und sie wurde dies keineswegs erst im Krieg, sondern war es bereits 1933. Was gleichwohl als Erfolg erscheint, waren bei Licht besehen Zufallsprodukte einer Politik, die einer wirklichkeitsfremden Ideologie folgte, deren Grundkategorien aus dem Irrenhaus zu stammen schienen, von den intellektuellen Möglichkeiten einer modernen Gesellschaft jedenfalls weit entfernt waren.

Haben die Menschen in Deutschland all dies nicht gesehen, weil sie sich von Hitlers Charisma bis in die Mitte des Zweiten Weltkrieges hinein blenden ließen? Oder sind sie dem »Führer« willig gefolgt, ja haben ihm sogar »entgegengearbeitet«, wie Ian Kershaw meint? Wie konnte ein so gewöhnlicher, den bürgerlichen Bildungs- und Karrierevorstellungen so wenig entsprechender Mann wie Adolf Hitler eine solche Wirkung erlangen? Während die Antwort auf diese zentrale Frage lange Zeit von den Strukturen des totalitären NS-Regimes und von seiner Fähigkeit zu massenwirksamen Inszenierungen her gesehen wurde, hat die gesellschaftsgeschichtlich akzentuierte Forschung das Gewicht immer mehr auf die Mitwirkung der Gesellschaft verlagert und mit der Grundannahme einer weitgehenden Übereinstimmung zwischen »Führer« und »Volk« gearbeitet. Sie bewegt sich damit in einer prekären

12

Nähe zum Propagandabild, das die Nationalsozialisten selbst hervorrufen wollten und mit den modernen Mitteln der Fotografie und des Films in eine idealtypische Struktur brachten, indem sie diejenigen Teile der Wirklichkeit, die nicht ins Bild paßten, buchstäblich »wegschnitten«. Für die Historiker wurde diese selektive Sichtweise der nationalsozialistischen Propaganda dadurch zum Problem, daß deren Medium – der Film – außerordentlich raffiniert aufgebaut ist, technisch jederzeit reproduzierbar überliefert wurde und dadurch eine Suggestivität erlangte, die andere Quellen zur NS-Geschichte nicht besitzen.

Die Bedeutung dieser Tatsache wird dadurch erheblich vergrößert, daß die Kernaussage dieses Materials, nämlich daß Hitler sich über die Mehrzahl der Jahre des NS-Systems hinweg großer Beliebtheit in Deutschland erfreut habe und jederzeit auf loyale Mitwirkung hätte zählen können, nur mit Quellen überprüft werden kann, die unter quellenkritischen Gesichtspunkten sehr problematisch sind. Wir können eine einigermaßen sichere Aussage über den Grad der Loyalität, die Hitler in den verschiedenen Phasen der nationalsozialistischen Herrschaft entgegengebracht wurde, daher nicht machen, sondern nur mit Wahrscheinlichkeiten und Plausibilitäten arbeiten. Dies erfordert ein Maß an Differenzierungsbereitschaft, zu dem mancher Historiker nicht bereit zu sein scheint. Eine breitere Öffentlichkeit läßt sich im Lichte dieses suggestiven Foto- und Filmmaterials, das ihnen im Fernsehen immer wieder vorgeführt und von »renommierten Historikern« interpretiert wird, gern von der großen Folgebereitschaft der Deutschen überzeugen. In gewisser Weise ist die Öffentlichkeit im Begriffe, dem »Führer« ein zweites Mal auf den Leim zu gehen.

Da Hitler bereits vor der »Machtergreifung« über Massenanhang verfügte, benötigte er den totalitären Propaganda-Apparat der Diktatur offenbar gar nicht, um Begeisterung zu

13

wecken: Er hatte eben Charisma. Dem Argument ist ein hohes Maß an Plausibilität nicht abzusprechen, jedenfalls solange die Frage nicht beantwortet wird, ob Hitler *vor* 1933 Charisma zu entfalten vermochte und was dies im einzelnen heißt, wenn die Frage denn positiv zu beantworten ist. Es gilt also nach den Ursprüngen, nach der Geburt von Hitlers Charisma zu fragen und danach, ob überhaupt von Hitlers Charisma gesprochen werden kann und in welchem Sinne dies möglich ist. Die Studie konzentriert sich deshalb auf die Anfangsjahre des Politikers Hitler; denn auf diese Weise entgeht sie der Gefahr, den Manipulationskünsten der nationalsozialistischen Herrschaft aufzusitzen.

Es ist die zentrale These dieses Buches, daß Hitler gemeinsam mit einem kleinen Kreis von Gefolgsleuten die Legende des charismatischen Führers erfand, um die messianischen Erwartungen der Menschen im Deutschland der krisengeschüttelten Zwischenkriegszeit für die NSDAP nutzbar zu machen. Die Legende des charismatischen »Führers« war daher ein Coup, der als Mythos des Anfangs in die Propaganda des sogenannten Dritten Reiches paßte, in Hitlers Reden immer wieder aufgegriffen und auf diese Weise popularisiert wurde.

Dies entspricht der Definition von charismatischer Herrschaft in Max Webers Herrschaftssoziologie (auf die man sich gewöhnlich bezieht) insofern, als sich in der Konstitution der Legende eine soziale Beziehung herstellt, die sich wie der Idealtypus der charismatischen Herrschaft zur Wirklichkeit verhält. »Rein« kommt der Idealtypus nur in der Legende zum Ausdruck, geschichtsmächtig wird diese jedoch nur in einer komplexen Mischung unterschiedlicher Elemente rationaler, traditionaler und charismatischer Herrschaftsformen. Dies wird ebenso zu zeigen sein, wie die Möglichkeit, mit Hilfe der Weberschen Kategorien zu einer differenzierteren Sicht zu gelangen. Dies ist das Primärinteresse des Buches. Es verfolgt nicht den Zweck, neue Quellen zu erschließen, sondern die bekannten erneut zu interpretieren. Da Webers Herrschaftssoziologie eine wichtige Rolle für die Analyse spielen soll, ist es notwendig, das Instrumentarium zunächst zu erläutern. Dies erscheint auch deshalb erforderlich, weil es natürlich unterschiedlich aufgefaßt und operationalisiert werden kann und weil dem Eindruck zu begegnen ist, man könne sich seiner ohne jede Explizierung bedienen.

Max Webers Herrschaftssoziologie als Analyseinstrument

Historiker tun sich im allgemeinen schwer, das Verhältnis ihrer empirischen Arbeit zur Theorie zu definieren. In der Regel werden beide Bereiche miteinander vermischt und wird der Theorie eine Leistung abverlangt, die sie nicht erbringen kann, nämlich das Design für die Wirklichkeit abzugeben und sich am konkreten Befund zu bestätigen. Theorien können die Erkenntnis außerordentlich behindern, wenn sie in diesem Sinne »gläubig«, d.h. unkritisch gebraucht werden. Max Weber hat sich mehrfach gegen eine solche Theorieanwendung verwahrt. Nichts sei gefährlicher, so schreibt er 1904 in seiner Abhandlung über die »Objektivität« sozialwissenschaftlicher Erkenntnis, »als die, naturalistischen Vorurteilen entstammende, Vermischung von Theorie und Geschichte«.[1] Statt dessen plädiert er dafür, Theorien als Instrumente der historischen Methode zu betrachten. Dies ist der Maßstab, an dem die Idealtypen der legitimen Herrschaft, mit denen Weber in seiner Herrschaftssoziologie arbeitet[2], zu messen sind und an dem sich ihre Handhabung orientieren sollte.

Weber unterscheidet in seiner Herrschaftssoziologie[3] drei Arten von legitimer Herrschaft: die legale, rational-bürokratische, die traditionale und die charismatische. Er konzipiert sie als Idealtypen, das heißt als begriffliche Instrumente zur Analyse von empirisch vorfindlichen Herrschaftssystemen, nicht als Beschreibungsmodelle solcher Herrschaftssysteme. Webers Idealtypen legitimer Herrschaft treten daher auch nicht an die Stelle der klassischen Verfassungstypen Demokratie, Monarchie und Diktatur, sondern verhalten sich ihnen gegenüber völlig gleichgültig, liegen quer zu ihnen. Jeder dieser Verfassungstypen läßt sich als Mischform legaler, traditionaler und charismatischer Herrschaftselemente beschreiben. Webers Herrschaftssoziologie ist zudem nicht auf die Makroebene der Verfassungssysteme fixiert. Vielmehr arbeitet sie mit einer auf alle Ebenen anwendbaren, desaggregierbaren Begrifflichkeit, die aus seiner Definition von »Herrschaft« folgt, also, die er als Chance begreift, »für einen Befehl bestimmten Inhalts bei angebbaren Personen Gehorsam zu finden«.[4]

Die Ausdifferenzierung dieser Basisdefinition in Herrschaftstypen erfolgt mit Hilfe zweier Unterbegriffe: Legitimation und Verwaltungsstab.[5] Um Gehorsam zu finden, benötigt der Befehlende erstens eine »Legitimation«, die er für sich in Anspruch nehmen kann und die die Beherrschten anerkennen, und zweitens einen »Verwaltungsstab«, der seine Befehle ausführt oder Dritten übermittelt. Beides – Legitimation und Verwaltungsstab – variiert von Herrschaft zu Herrschaft. Je nachdem, wie eine Herrschaft legitimiert ist und was für einen Verwaltungsstab sie besitzt, bildet sie unterschiedliche Merkmale aus, die unterschiedliche Idealtypen konstituieren. Da Webers Idealtypen Analyseinstrumente sind und die Wirklichkeit in der Regel Mischtypen ausbildet, ist es nicht sinnvoll, nur einen Typus der legitimen Herrschaft zu skizzieren. Es müssen vielmehr alle drei Typen der Herrschaft vorgestellt werden. Sie bilden nur zusammen ein Analyseinstrument.

Die *legale* Herrschaft betrachtete Weber als den modern-

16

sten Herrschaftstypus, ihr galt sein hauptsächliches Interesse. Historisch gesehen thematisierte er mit dem Typus der legalen Herrschaft den modernen, durch eine gesatzte Rechtsordnung legitimierten und auf eine bürokratische Verwaltung gestützten Staat sowie bürokratische Herrschaftsstrukturen rechtlich-normativen Charakters, die sich unterhalb der staatlichen Makroebene entwickeln. Er lenkte den Blick also auch auf Betriebs- und Verbandsstrukturen auf der intermediären Ebene wie Kirchen, Parteien, Interessenverbände, Vereine, Stiftungen, Wirtschaftsbetriebe oder Krankenhäuser, die er »im Prinzip« als legale Herrschaften behandelte.[6]

Die Legitimität der legalen Herrschaft beruht nach Webers Auffassung »auf dem Glauben an die Legalität gesatzter Ordnungen und des Anweisungsrechts der durch sie zur Ausübung der Herrschaft Berufenen«.[7] Sie ist dadurch gegeben, daß die am Gemeinschaftsleben beteiligten Menschen eine rationale Rechtsordnung als geltend ansehen und ihr eigenes Handeln daran orientieren.[8]

Ein wesentliches Merkmal der Rationalisierung des Rechts ist die Überwindung der materialen, an Nützlichkeitserwägungen und ethischen Grundsätzen orientierten Rationalität zugunsten formaler Rationalität in der Moderne, das heißt, die Herausbildung eines formal-juristisch präzisen Rechts, das durch seine Systematik und die Formalisierung der Rechtsverfahren berechenbar wird. Dies macht es etwa möglich, die Chancen in einem Rechtsverfahren vorauszusagen, weil »ausschließlich eindeutige generelle Tatbestandsmerkmale materiell-rechtlich und prozessual beachtet werden«.[9] Diese Sonderung der »Ethik« vom »Recht«, die Entwicklung formaler Rationalität, ist für die Legitimation der legalen Herrschaft von entscheidender Bedeutung: Die Rechtsordnung rechtfertigt sich aus sich selbst. Das Recht bedarf, da es positives Recht ist, keiner von außen kommenden Legitimation. Naturrechtliche Legitimationen etwa spielen in einer

»rationalen und positiven Rechtsordnung« nur eine unter-geordnete Rolle. Weil und insofern die Bürokratie Präzision, Stetigkeit, Disziplin, Berechenbarkeit und Leistungseffizienz der Verwaltungsarbeit verbürgt, ist sie legale Herrschaft die »formal rationalste Form der Herrschaftsausübung«.[10] Für die Bedürfnisse der modernen »Massenverwaltung« ist sie völlig unverzichtbar.

Traditional nennt Weber eine Herrschaft, die dadurch Legitimität besitzt, daß altüberkommene Ordnungen und Herrengewalten in Geltung sind und ihre Mitglieder an de-ren »Heiligkeit« glauben, ihnen mit Pietät begegnen.[11] Für den Idealtypus orientiert er sich am »Patriarchalismus« des väterlichen Hausherren, dessen Verhältnis zu den von ihm beherrschten »Familienangehörigen« als »ein durch Erzie-hungsgemeinschaft bestimmter Pietätsverband« definiert wird.[12] Der Patriarch kann nur um den Preis der Delegitimie-rung seiner Herrschaft etwas tun, das nicht dem Herkommen entspricht. Aber er ist in seiner Machtausübung nie vollstän-dig durch die Tradition gebunden, deren Regelungsdichte relativ gering ist. Dort, wo keine Regelungen bestehen oder bestehende unklar sind, beginnt der Bereich »der traditions-freien Willkür, Gunst und Gnade«, deren Ausmaß nicht zu-letzt von den Gewaltmitteln abhängt, die dem Patriarchen zur Verfügung stehen.

Im Zentrum des Typus der *charismatischen* Herrschaft, um die es uns hier geht, steht bei Weber eine Führerpersönlich-keit, der außerordentliche Fähigkeiten zugeschrieben werden, die als begnadet gilt. Der Begriff *tó chárisma* bedeutet »Gna-dengabe«, »Gnadengeschenk« und verweist darauf, daß eine charismatische Persönlichkeit die ihr zugeschriebenen Eigen-schaften einer besonderen Beziehung zum Himmel und zu Gott bzw. den Göttern verdankt. Weber definiert Charisma als »eine als außeralltäglich [...] geltende Qualität einer Per-sönlichkeit [...], um derentwillen sie als mit übernatürlichen

18

oder übermenschlichen oder mindestens spezifisch außeralltäglichen, nicht jedem anderen zugänglichen Kräften oder Eigenschaften oder als gottgesandt oder als vorbildlich und deshalb als ›Führer‹ gewertet wird«.[13] Dabei ist die Perspektive der Anhänger entscheidend: Das Charisma findet »die Quelle seiner Wirkung in dem Glauben der Beherrschten«.[14] Charisma zielt also nicht primär auf Eigenschaften einer Person, sondern auf Zuschreibung von Eigenschaften, die durch den Glauben seiner Anhänger an sie konstituiert werden. Bestimmte, etwa messianische Eigenschaften müssen daher nicht wirklich vorhanden sein. Vielmehr bedarf Charisma der Legende, die bis zu einem gewissen Grade zum Ursprung des Glaubens wird.

Legitimität besitzt eine charismatische Herrschaft daher nur so lange, wie die Beherrschten an das Charisma des Herren glauben, und dies tun sie auf mittlere Sicht nur, wenn der Herr durch Erfolgszuschreibungen oder wirkliche Erfolge zeigt, daß er über außerordentliche Fähigkeiten verfügt und mit dem »Himmel« im Bunde ist: Über Legitimität verfügt er »nur soweit und solange, als das persönliche Charisma kraft Bewährung ›gilt‹, das heißt Anerkennung findet«.[15] Erweist sich der Herr als begnadet und bewährt er sich, indem er etwa Wunder tut, wie Jesus, oder das Kriegsglück auf seiner Seite hat, wie Alexander der Große, so ist es die Pflicht seiner Anhänger, ihm Anerkennung zu zollen, an ihn zu glauben und ihm persönlich zu folgen.

Bewährung und Erfolg sind sehr herkömmliche Begriffe gemessen am »Aufgabenbereich« des charismatischen Führers; denn dieser ist ebenso außeralltäglich wie seine persönliche Begnadung: Er folgt einer »Berufung«, hat eine »Mission« und wendet sich damit gegen das Bestehende, gegen das Alltägliche. Er stützt sich nicht auf Satzungen, sondern schafft selbst Recht, »fordert Gehorsam gegenüber neuen Geboten«, das heißt, er ruft zur Revolutionierung der bestehenden Ver-

19

hältnisse auf. Die typische Sprachfigur, in der dieser missio-
narisch-revolutionäre Anspruch zum Ausdruck kommt, ist
der stereotype Satz Jesu: »Es steht geschrieben, ich aber sage
Euch«. Dieser Satz deutet auf den göttlichen Ursprung der
Sendung und damit auf die Legitimation des charismatischen
Führers, neue Gebote zu schaffen. Der revolutionäre Anspruch
fordert für die Entstehung der charismatischen Herrschaft historische Situationen, die für radikale Veränderungen offen
sind. Sie ist »stets das Kind ungewöhnlicher äußerer, speziell
politischer oder ökonomischer, oder innerer seelischer, namentlich religiöser Situationen, oder beider zusammen«, sie
»entsteht aus der, einer Menschengruppe gemeinsamen, aus
dem Außerordentlichen geborenen Erregung«, sie ist »aus der
Not und Begeisterung außerordentlicher Situationen geboren«.[16]

Not- und Krisensituationen erfüllen diese Voraussetzungen besonders gut, sie sind charismatische Situationen, weil
sie die Rahmenbedingungen für den Ruf nach dem »Retter
aus der Not«, nach dem starken Mann, dem Heiland, dem Er-
löser schaffen, von dem nicht nur außerordentliche Fähigkeiten verlangt, sondern dem auch außerordentliche Möglichkeiten eingeräumt werden. Da die außerordentliche Situation
dem Außerordentlichen in Gestalt der charismatischen Persönlichkeit zum Durchbruch verhilft und das Charisma seine
Rechtfertigung nur aus dieser Situation ziehen und sich nur
in dieser Situation, eben durch deren Meisterung, bewähren
kann, bleibt die charismatische Herrschaft dieser Aufbruchs-
situation in besonderer Weise verhaftet: In »idealtypischer
Reinheit« ist die charismatische Herrschaft daher nur in statu
nascendi zu fassen.[17]

Dies bedeutet zugleich, daß sie eine institutionell relativ
schwach ausgeprägte Herrschaft ist. Eigentlich besteht sie nur
aus einer sozialen Beziehung[18], die sich zwischen dem charismatischen Führer und seinen Jüngern sowie denen, »an

20

welche er sich gesandt fühlt«, entwickelt, sofern sie an sein Charisma glauben. Die Beziehung zwischen Jesus und seinen Jüngern sowie den Gläubigen, denen er predigt, ist für diesen personalen Herrschaftsverband paradigmatisch. Die Struktur, die die charismatische Herrschaft herstellt, wird mit dem Begriff »Gemeinde« oder »Glaubensgemeinschaft« am besten bezeichnet. Über einen »Verwaltungsstab«, der etwa aus Beamten bestünde, wie in der legalen Herrschaft, oder aus Dienern, Standesgenossen und Familienmitgliedern, wie in der traditionalen Herrschaft, verfügt der charismatische Herr nicht. Er übt seine Herrschaft vielmehr mit Hilfe von Vertrauensmännern aus, zum Beispiel von seinen Jüngern, wenn er ein religiöser Führer ist. In diesen engeren Kreis der Vertrauten, mit dessen Hilfe der charismatische Führer seine Herrschaft ausübt, wird berufen, wen er für geeignet hält, und das heißt, wem er »charismatische Qualitäten« zumißt.[19] Es fehlt diesem Vertrautenkreis, der die Stelle des »Verwaltungsstabes« einnimmt, daher alles, was die Behördenstruktur einer legalen Herrschaft ausmacht. Der charismatische Herr regiert mit »Sendboten« und nur ad hoc im Stör- oder Versagensfall.

Eine wesentliche Bedingung für die Aufnahme in diesen engeren Kreis der Jünger und Vertrauensleute sind »charismatische Qualitäten«. Die Jünger müssen nicht nur an die Mission ihres Herrn glauben, sondern auch an ihr teilhaben. Sie müssen wie er »außerhalb der Bande dieser Welt stehen, außerhalb der Alltagsberufe ebenso wie außerhalb der alltäglichen Familienpflichten«.[20] Bestimmte Formen der Lebensführung wie Besitzlosigkeit oder gar Armut, Ehelosigkeit, Askese und »Weltabgewandtheit« kommen der Begründung oder der Aufrechterhaltung des persönlichen Charismas nicht nur des Herren, sondern auch seiner Jünger entgegen.

Unter diesen Bedingungen definiert sich auch die Beziehung zwischen der charismatischen Herrschaft und den wirt-

21

schaftlichen Lebensgrundlagen auf besondere Weise: »Reines Charisma ist spezifisch wirtschaftsfremd.«[21] Dies resultiert zunächst einmal aus dem Begriff Charisma selbst. Seine Verwurzelung im Numinosen sprengt die Alltäglichkeit der Verhältnisse ja gerade dadurch, daß es sich auf ideale, nicht materiale Werte bezieht und keine ökonomischen Rücksichten nimmt. Die Gesandten Gottes scheren sich nicht um materielle Güter, weder um die der anderen noch ihre eigenen. Ihr Lohn ist nicht von dieser Welt. Aber natürlich können Herr und Gefolgschaft bzw. Anhängerschaft auch in der charismatischen Herrschaft nicht von Luft und Liebe leben. Der Kriegsherr treibt seine Beute mit Gewalt ein, Parteispenden werden um der gerechten Sache willen eingefordert, und Opfergaben finden ihren Lohn in Gott: Es besteht eine »Gewissenspflicht der charismatisch Beherrschten«, Sachgüterleistungen zu erbringen.[22]

Die relative Strukturlosigkeit des Idealtyps der charismatischen Herrschaft und seine Affinität zum voraussetzungslosen Anfang, der Modus der Vergänglichkeit, der daraus resultiert, daß er »rein« nur in statu nascendi auftritt, wie Weber meint, schafft für eine Herrschaftssoziologie, die nach Strukturen von Dauer fragen muß, erhebliche Probleme. Hier liegt die Krux der Weberschen Herrschaftssoziologie: Während die Idealtypen der legalen und der traditionalen Herrschaft alltägliche, dauernde Strukturen modellhaft erfassen, ist der Idealtypus der charismatischen Herrschaft, der auf das Außerordentliche, Nichtalltägliche zielt, ihnen – wie Weber selbst formuliert – »schroff entgegengesetzt«. Er ist Modus ihrer Veränderung und Revolutionierung, nicht aber eine auf Dauer gestellte andere Struktur.[23] Und doch fragt Weber – notgedrungen – auch in diesem Fall nach dauernden Strukturen. Zu diesem Zweck wird eine Kategorie der Transformation eingeführt, die »Veralltäglichung« des Charismas. Weber spricht auch von »Versachlichung« oder einfach »Umbildung« des Charismas. Der

damit bezeichnete Transformationsprozeß macht aus der flu-
iden, ephemeren, außeralltäglichen Struktur des Charismas
eine dauerhafte, alltägliche, historisch empirisch greifbare
Struktur. Damit ist ein nicht nur für den Soziologen, sondern
auch für den Historiker wesentliches Problem angesprochen.

Versucht man den Begriff der »Veralltäglichung« gedank-
lich präziser zu fassen, so bezeichnet er eine Abweichung vom
Idealtyp der charismatischen Herrschaft, die durch den historischen Prozeß bedingt ist. Die Veralltäglichung des Charismas ist also im Unterschied zum Idealtyp des Charismas ein
historischer Prozeßbegriff, ein empirischer Begriff. Es ist das
in der Wirklichkeit vorfindliche Charisma, das den Ausgangspunkt der Veralltäglichung darstellt.

Veralltäglichung des Charisma ist immer dann gegeben,
wenn die charismatische Herrschaft, die rein nur in statu nascendi gedacht werden kann, an Dauer gewinnt. Hierbei vollzieht sich ein Strukturwandel. Das Charisma wird »gebrochen,
ins ›Institutionelle‹ transponiert und umgebogen«, das heißt,
es wird allmählich einem der anderen Herrschaftstypen oder
beiden angenähert, nämlich »traditionalisiert oder rationali-
siert (legalisiert) oder: beides in verschiedenen Hinsichten«.[24]
Der Strukturwandel vollzieht sich dadurch, daß die charismatische Herrschaft durch traditionale oder rationale Herrschaftsformen zurückgedrängt »oder mit ihnen in den man-
nigfachsten Formen verschmolzen und verquickt« wird, »so
daß sie dann eine faktisch untrennbar mit ihnen verbundene,
oft bis zur Unkenntlichkeit entstellte, nur für die theoretische
Betrachtung rein herauszupräparierende Komponente des
empirischen historischen Gebildes darstellt«.[25] Die treibenden Kräfte dieses Strukturwandels sind die Anhängerschaft
und der Verwaltungsstab des charismatischen Führers, die die
soziale Beziehung auf Dauer stellen möchten, um ihre eigene
Existenz zu sichern und ein normales Leben führen zu können. Sie wollen aus der Berufung einen Beruf machen.

23

Der Wandel zeigt sich in der Regel zuerst im Verhältnis zur Wirtschaft. Die innere Dynamik der sozialen Beziehungen, die die charismatische Herrschaft kennzeichnet, treibt die Entwicklung über den Status einer auf »unstetem Gelegenheitserwerb« basierenden »Mitnahmewirtschaft« hinaus.[26] Das fängt z. B. damit an, daß einzelne Anhänger ihre Weltabgeschiedenheit aufgeben, eine Familie gründen, wozu sie regelmäßige Einkünfte benötigen, das heißt, einer »saturierten Existenz« bedürfen. Die Wirtschaftsfremdheit des Charismas wird auf diese Weise allmählich überwunden. Es paßt sich an »fiskalische (Finanz-)Formen der Bedarfsdeckung und damit an steuer- und abgabefähige Wirtschaftsbedingungen« an.[27] »Die Veralltäglichung des Charismas«, so formuliert Weber, »ist in sehr wesentlicher Hinsicht identisch mit Anpassung an die Bedingungen der Wirtschaft als der kontinuierlich wirkenden Alltagsmacht. Die Wirtschaft ist dabei führend, nicht geführt.«[28]

Auch wenn die Wirtschaft im Zentrum des Veralltäglichungsprozesses steht, so ist dieser Prozeß doch nicht auf den ökonomischen Bereich beschränkt. In engem Wechselverhältnis zur Überwindung der Wirtschaftsfremdheit gewinnt der Verwaltungsstab eine neue, institutionell ausgeprägtere Struktur.[29] Nun wird es erforderlich, die Herrschaft auf Rechtsordnungen und Satzungen zu gründen und die Verwaltung an die Alltagserfordernisse anzupassen. Eine Verwaltungs- und Rechtsprechungstradition muß nicht zuletzt im Interesse der Beherrschten begründet werden. Auf diese Weise wird aus der »charismatischen Gefolgschaft eines Kriegshelden ein Staat«, aus der Gemeinde eines Propheten eine Kirche, aus der »eine Kulturidee verfolgenden Gefolgschaft« eines politischen Führers eine Partei oder »ein Apparat von Zeitungen und Zeitschriften«.[30]

Da Adolf Hitler nun in einer Zeit auftritt, die Max Weber eindeutig der Periode der legalen Herrschaft zurechnet und

24

Deutschland als einer der modernsten Industriestaaten in der ersten Hälfte des 20. Jahrhunderts legale, bürokratische Herrschaftsformen auf höchstem Entwicklungsniveau ausgebildet hat, interessiert hier vor allem der revolutionäre Einbruch des Charismas in die legale, bürokratische Herrschaft.

Dabei sind zwei Prozesse ins Auge zu fassen, nämlich die »Entalltäglichung« der legalen Herrschaft durch den Einbruch des Charismas und die darauf folgende Veralltäglichung des Charismas. Da Weber Herrschaftsformen als variable, beliebig desaggregierbare Begriffe konzipiert, ist er für die Möglichkeit offen, daß der revolutionäre Einbruch des Charismas räumlich begrenzt bleibt, und das heißt, daß es nicht zu einer Totalumwälzung des gesamten Staats- und Gesellschaftssystems kommt, sondern sich charismatische Herrschaftsformen als Partialstrukturen innerhalb einer legalen, bürokratischen Herrschaft ausbilden. Unsere Untersuchung hat sich der Frage zu stellen, ob sich Charisma in einem hochbürokratischen Umfeld überhaupt entfalten kann, wie dieses gegebenenfalls geschah und in welchen Formen sich der Prozeß der Veralltäglichung charismatischer Herrschaftsformen vollzog.

Bisherige Versuche einer Analyse des Nationalsozialismus mit Hilfe der Weberschen Herrschaftssoziologie

Die Fälle, in denen der Charisma-Begriff in historischen Darstellungen über den Nationalsozialismus, das nationalsozialistische Herrschaftssystem und dessen zentrale Figur, Adolf Hitler, verwendet worden sind, sind Legion. Die Fälle, in denen sich Historiker zu diesem Zweck ernsthaft mit Max Webers Herrschaftssoziologie auseinandergesetzt haben, sind dagegen selten und zu gering an Zahl, um einen For-

25

schungsbericht zu rechtfertigen. Es wird daher ein Mittelweg beschritten: Es werden neben denjenigen Fällen, in denen explizit und in ernstzunehmender Weise auf Weber Bezug genommen wird, auch solche berücksichtigt, in denen dies nicht der Fall ist, sofern diesen Arbeiten Bedeutung für den Forschungsprozeß zukommt und sie den Begriffen Max Webers sinnvoll zugeordnet werden können.

Die erste Studie, die diese Kriterien erfüllt, ist Hermann Rauschnings »Revolution des Nihilismus«.[31] Rauschning war ein nationalsozialistischer Dissident. 1931 der NSDAP beigetreten, hatte er 1933 als Spitzenkandidat der NSDAP in Danzig die Wahlen gewonnen und war seit dem 20. Juni 1933 Senatspräsident in Danzig. 1934 geriet er in Konflikt mit dem Gauleiter von Danzig, Albert Forster. Da Hitler nicht für ihn Partei ergriff, trat er Ende 1934 zurück. Er emigrierte in die Schweiz, wo er als freier Schriftsteller arbeitete, und emigrierte 1948 in die USA. Rauschning schrieb als Zeitgenosse auf der Basis seiner eigenen Lebenserfahrung und Kenntnis des Nationalsozialismus. Offenbar kannte er auch Hitler, mit dem er wenigstens einmal vertraulich gesprochen hatte. 1939 verfaßte er auf dieser Basis eine zweite Schrift »Gespräche mit Hitler«, deren Verlauf und Inhalt weitgehend frei erfunden waren.[32] Das Buch wurde ebenso wie die »Revolution des Nihilismus« ein Bestseller. Rauschning hatte mit der »Revolution des Nihilismus« nicht die Absicht, eine historische Analyse zu verfassen: »Mein Ziel ist ein solches praktischer Politik«, schrieb er, »eine Bedingung zur Überwindung dieser Revolution und ihrer despotischen Diktatur aufzuweisen.«[33]

Rauschning ist der »Vater« der funktionalistischen Betrachtungsweise des Nationalsozialismus. Der NS-Weltanschauung maß er nur manipulative Bedeutung zu. Im Kern des NS-Systems sah er puren Machtwillen am Werk. Er skizzierte eine Herrschaftsstruktur, in der catilinarische nationalsozialistische Eliten Macht um der Macht willen akkumulieren und alles zerstören, was ihr entgegensteht, weil ihnen nichts heilig ist: »Ziel des Nationalsozialismus ist die totale Revolutionierung aller Ordnungselemente und die totale Beherrschung durch ihre eigene Elite.«[34] Jenseits der Akkumulation von Macht vermochte Rauschning keine Zielsetzung zu erkennen, die der NSDAP wirklich wichtig gewesen wäre: »Diese Bewegung ist in ihren eigentlich treibenden und leitenden Kreisen völlig voraussetzungslos, programmlos, aktionsbereit, in ihren besten Kerntruppen instinktiv, in ihrer leitenden Elite höchst überlegt, kalt und raffiniert. Es gab und gibt kein Ziel, das nicht der Nationalsozialismus um der Bewegung willen jederzeit preiszugeben oder aufzustellen bereit wäre.«[35]

Um die Massen über ihre wahren Absichten hinwegzutäuschen, so meinte Rauschning, hätten die Nationalsozialisten unter Rückgriff auf die völkische Ideologie die Kulisse einer inszenierten charismatischen Herrschaft aufgebaut: »Das Völkische ist Kulisse, Wirklichkeit aber ist die radikale Revolution.«[36] Die Zeitgenossen, so meinte Rauschning, ließen sich hinreißen, »von der Brutalität im Gewand der religiösen Ekstase, von der nationalen und sozialen Rührung in Verbindung mit einem besonderen Haß. Es ist die ›Magie des Extrems‹, die hier wirksam ist.«[37] Die Kulisse der manipulativen charismatischen Herrschaft sah Rauschning im übrigen in jenen Formen veralltäglichten Charismas, die lange Zeit in der Forschung als Ausdruck totalitärer Herrschaft analysiert worden sind und heute unter dem Stichwort der politischen Religion sowie unter kulturgeschichtlichen Fragestellungen neues Interesse gefunden haben[38], nämlich in Festen, Feiern, Riten, Umzügen, Fahnen, Treueeiden usw. Er erblickte in ihnen Formen der »Bezauberung durch Macht«[39], sah ihre Funktion in »der Bezauberung der Masse«.[40]

Die Empfänglichkeit der Masse für diese Form der Kulisse schrieb Rauschning dem allgemeinen Verlust an Orientierung, an geltenden Normen und Werten zu, die Ortega y

27

Gasset mit dem »Aufstand der Massen« thematisiert hatte.[41] Dahinein mischt sich bei Rauschning eine gehörige Portion von Kulturpessimismus, welcher in der Wendung gegen die Nationalsozialisten geradezu rassistische Züge annimmt: »Wieder bemerkt man die Züge, die schon im auslaufenden Hellenentum auffielen, die Verhäßlichung der Gestalten, der Antlitze; nirgends Adel, weder des Blutes noch des Geistes oder der Seele, noch irgendeines inneren Kampfes, einer echten Ruhe, nur flackernde und wieder blind werdende Augen, brutale Mienen, linkische Gebärden, schwammige oder verzerrte Züge, Grimassen, aber kein Ausdruck. Es ist der Typ des Aushilfskellners im Vorstadtgartencafé, der die magische Führung behauptet. In ihm stellt sich nicht bloß die ›Wut einer Partei‹ dar, sondern der Neid und die Machtgier des Kleinbürgers.«[42]

In diesem Kontext nimmt Rauschning Bezug auf Webers Charisma-Begriff. Nur vor dem Hintergrund des Normenverlustes und der Entwicklung eines »nihilistischen Milieus«, nur weil »ältere Motive der Erhebung und Bindung« verdrängt sind, fände eine Messias-Gestalt wie Hitler Gläubige bzw. Anhänger. Rauschning formuliert die seitdem für jede Hitler-Biographie entscheidende Frage[43], »wie eine so gewaltige dynamische Kraft aus geringen und verächtlichen Ursprüngen erwachsen konnte«.[44] Rauschning sucht keine bequeme Antwort: Er sagt nicht, daß das Charisma Hitlers lediglich raffiniert aufgebaute Kulisse ist, aber es sei zu Teilen gemacht, zu Teilen Kulisse.

Möglich wird der Aufbau einer solchen Kulisse, weil die Möglichkeiten der Medien sich in den zwanziger und dreißiger Jahren des 20. Jahrhunderts gesteigert haben: »Es ist das Merkmal dieser Zeit, daß riesenhafte äußere Leistungen und Unternehmungen ohne jedes Fundament möglich sind. Die technischen und organisatorischen Hilfsmittel erlauben heute, für einige Zeit jeder Phantasmagorie den Schein der

28

Echtheit zu geben. Und die Suggestivmittel erlauben vorübergehend, jeder Massenstimmung den Stempel des elementaren Ausbruches zu leihen.«[45] Neben der durch die modernen Medien und den Propagandaapparat gemachten, aufgebauten Figur des Charismaträgers sieht Rauschning – ganz in Übereinstimmung mit Webers Kategorien – in Hitler den charismatischen Redner und Demagogen: »Dieses Charisma des Massenführers, des großen Demagogen und Revolutionärs, ist eine Realität, die man nicht wegleugnen sollte, auch wenn man persönlich von ihm nicht berührt ist. So vieles an dem Nimbus des revolutionären Führers gemacht erscheint und auch ist, die Wurzel der entscheidenden Wirksamkeit liegt genau wie bei dem revolutionären Drang des Dynamismus selbst in etwas Irrationalem, in der mediumistischen Begabung des Revolutionärs. Hitler ist Revolutionär und mediumistisch fesselnder und selbst gebundener Massenführer.«[46]

Entscheidende Bedeutung für Hitlers Charisma mißt Rauschning – auch hierin folgt er Weber – der Herstellung einer sozialen Beziehung zwischen Führer und Gefolgschaft bei. Dabei unterscheidet Rauschning zwischen einem engeren und einem weiteren »Gefolgschaftsbegriff«. Im Zentrum des engeren Gefolgschaftsbegriffs steht der Begriff der »Elite«, im Zentrum des weiteren Gefolgschaftsbegriffs steht der der »Masse«. Verbunden sind beide Begriffe durch den Begriff der »direkten Aktion« und den der »Gewalt«. In der Beziehung zwischen dem Führer und den Massen wird die direkte Aktion gewissermaßen gespielt, aufgeführt. Die Masse wird organisiert und mobilisiert, in der Organisation atomisiert und durch den Mythos der Führerbindung motiviert und mobilisiert. Ziel dieser Mobilisierung ist die kollektive Gewalt, der Krieg.[47] Anders formuliert: Ganz wesentlich durch die Führer-Gefolgschaftsbeziehung vollzieht sich die »Entpolitisierung der Masse«. Erreicht wird dies durch ihre »scheinbare Aktivierung«, die den Zweck hat, »ihr in Wirklichkeit jede

29

Aktivität zu nehmen« und sie zum willfährigen Werkzeug des Führers und seiner Clique zu machen.[48]

Neben »die Atomisierung der gegliederten Nation in die in Massenkollektiven zusammengehaltene Masse« tritt der Prozeß der »Ausgliederung einer besonderen Elite«, die Rauschning im Sinne Paretos als die »arrivierende Schicht« begreift. Diese Elite »stellt die eigentliche ›Gefolgschaft‹ des Führers dar«. Gemeint ist mit dieser Elite die neue, nationalsozialistische Führungsschicht, »die eigentliche Trägerin des revolutionären Prozesses«, die den »Beherrschungsapparat« handhabt. Rauschning beschreibt diese Elite als eine gewaltbereite Clique von »Desperados«, die »nichts zu verlieren, aber alles zu gewinnen hat«, als kleinbürgerliche Revolutionäre mit antibürgerlichem Affekt. Mitglied dieser Clique kann jeder werden, »der rücksichtslos und brutal die Macht gebraucht«.[49]

Es ist nicht eindeutig zu entscheiden, ob Rauschning meint, daß die Beziehung zwischen Hitler und dieser engeren Gefolgschaft genuin charismatischer oder manipuliert charismatischer Natur gewesen sei. Offenbar hielt er sie für ambivalent. Auf der einen Seite beschreibt er Führer und Gefolgschaft unter direktem Bezug auf Weber als verschworene persönliche Gemeinschaft, als Sozialbeziehung, die dem Prinzip des Staates entgegengesetzt sei, ja die »schlechthin die Möglichkeit der Bildung eines Staates [...] beseitigt« habe.[50] Auf der anderen Seite schreibt er, »die Messiasgestalt des Führers« sei für die Elite »das unentbehrlichste Kernstück ihrer Propaganda« gewesen, »das ebenso planmäßig gestaltet wurde wie die ganze Machtapparatur.«[51]

Rauschning hat die Grundstrukturen der historischen Anwendung des Charisma-Konzepts auf Adolf Hitler vorgeprägt, und er hat vor allem die Frage formuliert, die seitdem im Zentrum steht: wie nämlich eine so ungebildete, gewöhnliche, mittelmäßig begabte, d.h. nach bürgerlichen Kriterien an sich nicht herausragende Persönlichkeit wie Adolf Hitler

30

eine so große Wirkung auf die Öffentlichkeit ausüben konnte. Rauschning hat die Antwort in einer Kombination verschiedener Elemente gesucht.

Er hat den Blick erstens auf die Struktur der deutschen Gesellschaft gelenkt, auf die Rolle des nihilistisch-kleinbürgerlichen Milieus, auf die weit verbreitete Orientierungslosigkeit und Aushöhlung geltender Normen, auf die Dekadenz der alten Oberschichten und die Brutalität und Gewaltbereitschaft der neuen, nationalsozialistischen Eliten. Er hat den Blick zweitens auf die neuen technischen und organisatorischen Möglichkeiten der Propaganda gelenkt und nicht ausgeschlossen, daß das Charisma Hitlers wenigstens zu Teilen konstruiert war, d.h. zum Zweck der Propaganda und/oder des sozialen Zusammenhalts geschaffen wurde. Er hat drittens zwischen der Massengefolgschaft und der Elitengefolgschaft unterschieden und dem Prinzip der Gewalt die zentrale Rolle in beiden Führer-Gefolgschaftsbeziehungen zugewiesen. Er hat viertens die irrationale Kraft von Hitlers Charisma betont und Hitler immerhin eine Begabung zuerkannt, wenn auch nur als Demagoge, Propagandist und machtversessener bzw. gewaltbereiter Revolutionär. Er hat schließlich fünftens das Charisma als revolutionäres Prinzip begriffen, wenn auch in einer sehr inhaltsleeren Form, als pures Prinzip der Macht und des bedenkenlosen ideologischen Opportunismus.

Man kann die Bemühungen der späteren historischen Forschung, das Webersche Charisma-Konzept auf Hitler und seine Umgebung anzuwenden, als Versuch interpretieren, dieses in mancher Hinsicht widersprüchliche, aber doch relativ komplexe Erklärungsmodell durch einseitige Gewichtungen und teilweise Neubewertungen griffiger und einleuchtender zu machen. Den engsten Anschluß an Rauschnings Interpretation haben Martin Broszat und Hans Mommsen[52] gesucht, freilich wandten sie sich von Rauschnings reduktionistischem Ideologiebegriff ab und konzedierten, daß es Ansätze einer nationalsozialistischen Weltanschauung gegeben habe, deren Zielkanon weitgehend auf den Antisemitismus und die Raumpolitik sowie auf den Sozialdarwinismus fixiert gewesen sei und sich jeder weiteren Präzisierung entziehe. Als Stoff für eine charismatisch-revolutionäre Beziehung zwischen Führer und Gefolgschaft habe diese Weltanschauung aber nicht ausgereicht. Und so wandte sich auch Broszat bei der Interpretation von Hitlers Charisma neben der Propaganda der Gesellschaft und ihren Prädispositionen für den Führerglauben und einen revolutionären Veränderungswillen zu, der sich weitgehend in der Negation erschöpfte.[53]

Hier knüpft Ian Kershaw mit seiner Hitler-Biographie an. Er unterstellt, gestützt auf seine früheren Arbeiten zum »Hitler-Mythos«[54], eine charismatische Sozialbeziehung zwischen Hitler und weiten Teilen der deutschen Gesellschaft, die er keineswegs als Ergebnis demagogischer Begabungen Hitlers und moderner Propagandamethoden begreift, sondern deren Ursachen er »vornehmlich in der deutschen Gesellschaft« suchen will, »in den sozialen und politischen Motivationen, die Hitler möglich gemacht haben«.[55] Auf diese Weise entwirft Kershaw das Konzept einer sozialgeschichtlichen Biographie, die ganz wesentlich auf die Quintessenz hinausläuft, daß wesentliche Teile der Gesellschaft dem Führer »entgegenarbeiteten«, das heißt, ihm auf halben Wege entgegenkamen. Auf diese Weise wird die Lücke zwischen der Armseligkeit der Person Hitlers und der großen Wirkung, die er erzielte, auf dem Umweg über die deutsche Gesellschaft geschlossen. Sie machte Hitler durch ihre Empfänglichkeit für den Mythos des großen Mannes möglich und betätigte diese charismatische Sozialbindung, indem sie dem »Führer« seine Wünsche gewissermaßen von den Augen ablas, das heißt in vorauseilendem Gehorsam das zu verwirklichen suchte, wozu die allgemeinen Prämissen der nationalsozialistischen Weltanschauung aufzufordern schienen.

Die charismatische Sozialbeziehung wird auf diese Weise zum Motor der Radikalisierung. Unabhängig von dem diffusen Gesellschaftsbegriff, mit dem Kershaw arbeitet, bleibt in seiner Studie allerdings unklar, welcher Art die behauptete charismatische Sozialbeziehung war. Offenbar beruhte sie auf einer Ziel- oder Interessenidentität zwischen Hitler und weiten Teilen der deutschen Gesellschaft, die als solche erst noch zu beweisen wäre. Man müßte zu diesem Zweck eine sozialgeschichtliche Ideologieanalyse des Nationalsozialismus erarbeiten, die es bisher allenfalls in Ansätzen gibt und die auch Kershaw nicht vorgelegt hat. Unabhängig davon überanstrengt Kershaw das Charisma-Konzept, wenn er den Versuch unternimmt, das gesamte nationalsozialistische Herrschaftssystem von diesem Konzept her zu erklären. Man könnte auch sagen, damit fällt er hinter den bereits erreichten Forschungsstand zurück.[56]

Da Weber seine drei Idealtypen legitimer Herrschaft als Analyseninstrumente und nicht als Abbilder von Wirklichkeiten konstruiert hat, ging er davon aus, daß die Wirklichkeit Mischformen ausbildet. Das nationalsozialistische Herrschaftssystem wäre unter diesen Prämissen dann z. B. als Mischung traditionaler, legaler und charismatischer Herrschaftselemente zu beschreiben. Dieser Weg ist ebenfalls sehr früh beschritten worden, ebenfalls von einem Emigranten und Zeitgenossen des Nationalsozialismus, der über eigene Regimeerfahrung verfügte, und zwar von Franz Neumann. 1942 veröffentlichte er in den Vereinigten Staaten, als Mitarbeiter am »Institut für Sozialforschung«, deren Leiter Max Horkheimer und Frederick Pollock waren, eine Studie über das nationalsozialistische Herrschaftssystem.[57]

Neumann begrenzt die Reichweite des Idealtypus der charismatischen Herrschaft strikt auf die Analyse der sozialen und psychologischen Beziehung zwischen Führer und Gefolgschaft bzw. Anhängerschaft im weiteren Sinn. Schon die NSDAP sei daher nicht adäquat mit den Kategorien der charismatischen Herrschaft zu erfassen. Sie sei nicht nur »als ein Verband gläubiger Gefolgsleute« zu begreifen, sondern auch als moderner bürokratischer Apparat: »Die Partei selbst stellt eine riesige Bürokratie dar«.[58] Er kennzeichnet die NSDAP daher als »Mischung zweier Herrschaftstypen«, des charismatischen und des bürokratisch-legalen.

Für das nationalsozialistische Herrschaftssystem geht Neumann zunächst von denselben Prämissen aus. Auf der einen Seite sah er irrationale, jeder rationalen Herrschaftspraxis feindliche Bestrebungen am Werk, die nicht zufällig mit einer »ideologischen Verteufelungskampagne« einhergingen, »die sich gegen die Bürokratie«[59] richte. Auf der anderen Seite stehe die reale Rolle der Bürokratie, deren Umfang und Bedeutung in der nationalsozialistischen Herrschaft nicht ab-, sondern zugenommen habe: »Wir dürfen uns […] nicht dazu verleiten lassen anzunehmen, daß die Zentralisierung des bürokratischen Apparates in Deutschland in irgendeiner Weise geschmälert wurde, die Existenz der NSDAP die Macht der Bürokratie in irgendeiner Weise beschränkt hat. Im Gegenteil: Aufrüstung und Krieg haben die autoritäre Kontrolle der Bürokratien in Reich, Ländern und Gemeinden spürbar verschärft.« Ja, es kam, wie Neumann richtig feststellt, nach 1933 in Deutschland zu einem »enormen zahlen- und funktionsmäßigen Wachstum der staatlichen Bürokratien«.[60]

Das war eine sehr scharfsichtige Beobachtung; denn die Aufrüstung führte, da sie in dem vorgesehenen Tempo mit marktwirtschaftlichen Mitteln nicht zu bewerkstelligen war, zur Etablierung einer staatlichen Lenkungswirtschaft, deren Bürokratisierungseffekt dem der sozialistischen Planwirtschaft nahe kam.[61] Es gibt also mehrere, zu unterscheidende Strukturen: Innerhalb der NSDAP kombinieren sich charismatische und bürokratisch-legale Herrschaftsformen. Von

34

dieser Partei und ihrer Führungsschicht geht gleichwohl eine charismatisch-irrationale Tendenz der Bedeutungsminderung bürokratisch-legaler Herrschaft aus, die die etablierten Bürokratien herausfordert. Und gleichzeitig expandieren die bürokratischen Apparate.

Neumann hat für diese Paradoxie keine überzeugende Lösung, zumal er Ernst Fraenkels Versuch, die nationalsozialistische Herrschaft als »Doppelstaat« zu begreifen[62], ablehnt. Dabei wäre es möglich gewesen, das Doppelstaattheorem sozusagen mit Webers Augen zu interpretieren. Die Vorstellung des Nebeneinanders von Normen- und Maßnahmestaat, die Fraenkel unter dem Begriff des Doppelstaates entwickelt, schließt ja an eine ältere historische Erfahrung an, nämlich die der »Doppelherrschaft« in der russischen Revolution. Sie ist gekennzeichnet durch das Nebeneinander von Parlament (Duma) und Sowjets (Räten). Weber interpretierte diese Doppelherrschaft als Nebeneinander bürokratisch-legaler und charismatischer Herrschaftsformen. Da Weber meinte, daß dieses Nebeneinander bei der Verwirklichung der sozialistischen Zielsetzung zu einem Miteinander werden würde und der Sozialismus in der Effizienz mit dem Kapitalismus gleichziehen müsse, wolle er sich historisch legitimieren, prognostizierte er »eine ungeheure Steigerung der Bedeutung der Fachbürokratie«.[63]

Weber war sich aber nicht sicher, ob der Sozialismus wegen seines charismatischen Elements imstande sein werde, »ähnliche Bedingungen für eine rationale« Organisation zu schaffen wie der Kapitalismus: »Wenn nicht«, so fährt Weber fort, »so läge hier wiederum eine jener großen Irrationalitäten« vor, »deren die Soziologie so viele zu konstatieren hat«, nämlich eine »Antinomie der formalen und materialen Rationalität«.[64] Weber faßt hier einen Fall ins Auge, den Neumann beim NS-Herrschaftssystem für gegeben hält und den Fraenkel mit dem Begriff des Doppelstaats zu fassen suchte:

das Abkoppeln des Rechts von seinen Normen bei gleichzeitiger Expansion der formal rationalen bürokratischen Apparate. Allerdings fällt Neumann hinter die von Weber geöffnete Analysemöglichkeit zurück, wenn er meint, er müsse dem NS-Herrschaftssystem den Staatscharakter deswegen absprechen, weil er die Rechtssicherheit abschaffte. Neumann wird sich selbst gegenüber inkonsequent, wenn er schreibt, bei der »Struktur« des Nationalsozialismus handele es sich nicht um einen Staat, sondern um eine »Gesellschaftsform«, »in der die herrschenden Gruppen die übrige Bevölkerung direkt kontrollieren – ohne die Vermittlung durch den wenigstens rationalen, bisher als Staat bekannten Zwangsapparat«, auch wenn Neumann relativierend hinzufügt, daß »diese neue soziale Form nicht voll verwirklicht« sei. Aber »die Tendenz« sei »vorhanden«, und bestimme »das eigentliche Wesen des Regimes«.[65]

Es ist eine bemerkenswerte Tatsache, daß diese schiefe Feststellung Franz Neumanns sehr viel wichtiger für den Fortgang der NS-Forschung geworden ist als seine differenzierten Beobachtungen zum Bürokratisierungsprozeß im NS-Herrschaftssystem und zum Mit- und Nebeneinander bürokratischer und charismatischer Herrschaftsstrukturen. Dies liegt meines Erachtens an der in den fünfziger Jahren intensiv auf den Nationalsozialismus angewandten Totalitarismustheorie.[66] Die Verfechter dieser Theorie – an Hannah Arendt ist das besonders gut zu sehen – gingen aufbauend auf der klassischen Verfassungstheorie den Weg, einen neuen Herrschaftstypus zu konstruieren, das totalitäre Herrschaftssystem. Am sowjetischen Beispiel mehr als am Nationalsozialismus orientiert, entstand auf diese Weise das Modell eines durchbürokratisierten Herrschaftssystems mit vielfältigen, hierarchisch ineinander verschachtelten Zwangsapparaten. Rechtssicherheit, eine strikte normative Bindung des Rechts, konnte nicht zum Prinzip dieser Bürokratie gemacht

36

werden, da die Willkür ein festes Element in diesem System war. Ein gewisses Maß an Verfahrenssicherheit und administrativer Verläßlichkeit mußte gleichwohl garantiert sein, da Bürokratien, ohne diese Bedingung zu erfüllen, nicht funktionieren können. Die formale Rationalität wurde daher von der materialen getrennt, was zweifellos ein Erkenntnisfortschritt war.

Das Modell, das auf diese Weise entstand, unterstellte jedoch ein Maß an Zentralisierung, Hierarchisierung und Geschlossenheit bürokratischer Abläufe, das im »Dritten Reich« in dieser Form nicht nachgewiesen werden konnte. Als Gegenschlag gegen die von der Totalitarismustheorie der fünfziger Jahre inspirierte Vorstellung von der monolithischen, durchbürokratisierten und durchhierarchisierten Struktur des NS-Herrschaftssystems kehrte man daher zur Vorstellung Franz Neumanns zurück, daß die charismatischen Herrschaftselemente im Nationalsozialismus im Streit mit den bürokratisch-legalen lägen und daß sich aus diesem Konflikt die Dynamik des NS-Systems weitgehend erklären und der Schluß ableiten lasse, der »Staat« habe sich während der nationalsozialistischen Herrschaft fortschreitend zugunsten personaler Befehlsstrukturen aufgelöst.

Der bedeutendste Repräsentant dieser Richtung war Martin Broszat.[67] In der widersprüchlichen Struktur der NSDAP vor 1933 kündigte sich seiner Auffassung nach die spätere Entwicklung des Herrschaftssystems bereits an. Obgleich er die NSDAP ausführlich als großen bürokratischen Apparat beschreibt, diagnostiziert er in der NSDAP die Herausbildung von Klientel- und Gefolgschaftsstrukturen, die den »Grundsätzen rationaler bürokratischer Verwaltung und Organisation vielfach widersprachen«.[68] Als Ursache hierfür sieht Broszat die Fixierung der Organisationshierarchie auf die *Person* Hitlers und nicht auf das *Amt* des Parteichefs an. Das Urteil, die NSDAP habe eine den Grundsätzen rationaler Verwaltung und Organisation widersprechende Struktur ausgebildet, wird wie ein kategorischer Imperativ in verschiedenen Formulierungen wiederholt[69] und schließlich durch die Struktur-Aussage ergänzt, daß die am Typ des charismatischen Verwaltungsstabes orientierte Gefolgschaftsstruktur zentrifugale Kräfte freisetzte und damit zur Verselbständigung der »partikularen Parteiverbände und regionalen Parteiapparate«[70] führte.

Dieselbe Tendenz diagnostizierte Broszat für den Staatsapparat seit 1933. Die zentrifugalen Kräfte machte er nun für die ersten Jahre der Herrschaft insbesondere an den führerimmediaten Sonderbehörden fest und für die Kriegsjahre an der Herausbildung von Satrapien, vor allem in den neuen – eingegliederten und besetzten – Gebieten, die aus der Gauleiterstruktur hervorgingen und in Konkurrenz zu den vor Ort ebenfalls präsenten Sonderbehörden traten. In die Geschichte der Forschung hat diese Interpretation als Polykratiethese Eingang gefunden.[71] Darüber hinaus stellt die politisch-charismatische Sphäre die bürokratischen Abläufe durch ihr revolutionäres Veränderungspotential und durch den zur Permanenz gebrachten Veränderungswillen generell in Frage. Broszat macht dies am Scheitern der Reichsreformbestrebungen fest: Es gibt nicht nur eine Veränderung des geltenden Rechts, sondern der Prozeß der Rechtsveränderung wird durch keine Kodifizierung gestoppt: »Der Mangel solcher Fixierung erlaubte es aber jederzeit, die Schleusen der nur angestauten Dynamik wieder zu öffnen.«[72] Letzte und einzig verläßliche Rechtsquelle ist der »Führer«, der das Amt des Richters und des Gesetzgebers in seiner Person vereinigt. Die von diesen charismatischen Strukturelementen ausgehende Veränderungsdynamik hat Hans Mommsen als »kumulative Radikalisierung«, als Auflösung des Staates zu fassen versucht[73] und damit einen Topos aufgegriffen, den schon Rauschning benutzt hatte.

38

Bei Martin Broszat ist neben dieser destruktiven Interpretation des Zusammentreffens charismatischer und legal-bürokratischer Herrschaftselemente aber auch eine andere, eher konstruktive, symbiotische oder synergetische Interpretation der Interaktion angelegt: »Die vom Berufsbeamtentum getragene Verwaltung«, so heißt es an einer viel zitierten Stelle im »Staat Hitlers«, wirkte »gleichsam wie ein Filter der Führergewalt, der ausschied, was überhaupt nicht in legale Formen zu kleiden war, aber das rechtsformal irgend Mögliche beflissen zu verbindlichen Weisungen und Verordnungen umsetzte und damit erst allgemein praktikabel machte«.[74] Lenkt man den Blick auf Webers Herrschaftssoziologie zurück, so könnte man meinen, daß hier ein ganz normales, auch in jedem legal-bürokratischen Herrschaftssystem auftretendes Problem beschrieben wird: Leitungsfunktionen in politischen Systemen werden nach charismatischen und jedenfalls eher nach parteipolitischen als nach fachlichen Gesichtspunkten vergeben. Solche Leitungspersonen sind daher fachlich oft Dilettanten und benötigen, um sinnvoll agieren zu können, einen Apparat, der ihre politischen Zielformulierungen in die Sprache des Rechts und der Verwaltung übersetzt[75], das heißt, ihnen Praktikabilität und Dauer verleiht. Diesen Synergieeffekt hat Max Weber mit dem Begriff »Veralltäglichung« des Charismas umschrieben.

Es gibt wohl kaum einen besseren Beleg dafür, daß die Historiker, die Webers Kategorien auf den Nationalsozialismus anwenden, ihn nur wenig gründlich studiert haben, als die geringe Beachtung, die die Veralltäglichung des Charismas als analytische Kategorie gefunden hat. Immerhin ist der Mangel schon früh gesehen worden. So hat Wolfgang Sauer bereits Anfang der sechziger Jahre festgestellt, bis dato sei das »Zentralproblem« übersehen worden, »das sich bei der Anwendung charismatischer Prinzipien in der Praxis« stelle:

»Die charismatische Herrschaft ist – im strikten Gegensatz zur rationalen oder traditionalen – nicht auf die Lösung der Alltagsprobleme, auf die Deckung des dauernden Bedarfs, sondern auf die Bewältigung der überalltäglichen, einmaligen Not- und Krisenlagen gerichtet; in der tatsächlichen Existenz solcher Ausnahmezustände liegt ihre objektive, in der Bewährung des charismatischen Führers bei deren Überwindung ihre subjektive Legitimation.«[76]

Sauer setzt nun zwar bei der Kategorie der »Veralltäglichung des Charismas« an, nicht aber indem er das NS-System als Konsequenz solcher Veralltäglichung begreift, sondern als System, das »diesem Prozeß der Veralltäglichung grundsätzlich widerstrebte und sich das utopisch-paradoxe Ziel setzte, der charismatischen Herrschaft in ihrer reinen Form Dauer zu verleihen«.[77] Um dies zu erreichen, sei der »Ausnahmezustand zur Norm erhoben bzw. der Status nascendi […] ständig erneuert« worden. »Herrschaft durch Bewegung« ist daher das Stichwort, unter dem Sauer sein Thema abhandelt.[78] Daß es neben der Dynamik Kräfte der Beharrung gab, denen das NS-System nicht zuletzt seine relative Dauer verdankte, sieht Sauer sehr wohl.[79] Er löst das Problem mit Ernst Fraenkels Doppelstaattheorem und verbindet die Kategorie des Maßnahmestaates mit dem Begriff des Charismas. So sieht auch Sauer im Nationalsozialismus vorwiegend nur zwei Kräfte am Werk, die »alltäglich-normativen« und die »kämpferisch-destruktiven«, die den »Gesamtprozeß« zunehmend beherrschten, ohne die »Doppelstruktur des Systems« jemals ganz zu beseitigen. In Anlehnung an Arthur Schweitzer[80] spricht Sauer auch von einem »labilen bilateralen System«.[81]

Leider verpufft die analytische Kraft der Weberschen Kategorie der Veralltäglichung des Charismas auf diese Weise. Es ist daher kein Zufall, daß Sauers Vorschlag keinen neuen Akzent zu setzen vermochte und nicht dazu beitrug, die landläufige »Mischformthese« zu differenzieren. Dies ist unter explizitem Bezug auf die Kategorie der »Veralltäglichung« in zwei neueren Arbeiten gelungen, in Arthur Schweitzers Studie »The Age of Charisma« und in der Studie von Maurizio Bach über »Die charismatischen Führerdiktaturen«.[82]

Schweitzer fängt mit einer allgemeinen vergleichenden Betrachtung charismatischer Führerfiguren und Herrschaftselemente im 20. Jahrhundert an, konstatiert deren weltweite Verbreitung und stellt fest, daß sie in allen Herrschafts- und Verfassungssystemen vorkommen, in demokratischen, autoritären und totalitären. Offenbar, so seine Schlußfolgerung, sind charismatische Herrschaftsformen extrem anpassungsfähig und gegenüber den klassischen Herrschafts- und Verfassungstypen gleichgültig. Dies hatte auch Weber festgestellt.

Zugleich konstatiert Schweitzer – ebenfalls ein Ergebnis des Vergleichs –, daß sich spezifische Situationen ausmachen lassen, in denen sich charismatische Führergestalten etablieren und charismatische Herrschaftselemente implantiert werden. Das sind nicht nur die Not- und Krisensituationen, die Weber als charismatische Situationen beschrieb, sondern Situationen, in denen eine Systemtransformation ansteht: also ein Wechsel von einer Diktatur zur Demokratie und vice versa, die Reform eines Systems wie etwa bei der Etablierung der fünften Republik durch de Gaulle, oder ein Entwicklungsschub wie bei Kemal Atatürk oder Lenin. Diese Transformationsprozesse unterliegen einem bestimmten Zeitrhythmus, einer Anbahnungsphase, in der das alte System oder der alte Zustand herausgefordert wird, einer Herrschaftsphase, in der die Zielsetzung verwirklicht wird, und einer Phase der Erstarrung, die in der Regel zum abrupten Ende der charismatischen Phase führt. Um diese Transformationsleistung zu erbringen, fügt sich die charismatische Herrscherfigur in das jeweils bestehende institutionelle System ein und benutzt es zum Zweck der Transformation. Dabei muß es keineswegs zu einem konfliktreichen Gegeneinander kommen, sondern können und werden in den erfolgreichen Fällen Synergieeffekte auftreten. Um die Kategorie der Veralltäglichung zu präzisieren, spricht Schweitzer von »synergetischem Charisma«. Synergetisches Charisma liegt seiner Ansicht nach vor, wenn charismatische und nichtcharismatische Elemente so miteinander interagieren, daß das charismatische Element gestärkt wird.

Dies ist der Fall, wenn das charismatische Element über einen begabten Führer verfügt; wenn moderne Massenmedien verfügbar sind und genutzt werden und ein Multiplikatoreffekt eintritt; wenn die charismatische Gruppe es schafft, Massenanhang zu gewinnen; wenn charismatische Legitimation sich mit Formen nichtcharismatischer Legitimation verknüpft; wenn eine Ideologie oder mehrere die charismatische Mission begründen und ihr politisch den Boden bereiten; wenn der charismatische Führer einen eigenen Apparat für die Kontrolle der unverzichtbaren Bürokratie aufbaut; wenn es dem charismatischen Führer gelingt, private Interessengruppen mit interessanten Zukunftsprojekten anzuziehen; wenn durch den Kampf für ein neues System, für ein neues Entwicklungsniveau, für eine Reform ein besonderer Gruppenzusammenhalt – eine »Transformationsgruppe« (»alte Kämpfer«!) – entsteht. In dieses Konzept des synergetischen Charismas lassen sich andere Theorieelemente einfügen. So schlägt Schweitzer vor, die Netzwerktheorie zu inkorporieren und etwa danach zu fragen, inwiefern und inwieweit Netzwerke charismatischer Zirkel, politischer Vereine und halbbürokratischer Organisationen den charismatischen Führer in die Lage versetzen, die politische Macht zu erringen und zu behaupten.[83]

Jenseits dieser Kategorien, die Schweitzers Begriff des synergetischen Charismas konstituieren, hat die Analyse dann die Systemunterschiede klassischer Art zu berücksichtigen. So läßt sich charismatische Herrschaft differenzieren, je nachdem

42

ob sie mit demokratischen oder diktatorischen Parteien und Verfassungstypen arbeitet, ob sie mit Markt- oder Planmodellen arbeitet, ob sie die Menschenrechte außer Kraft setzt oder nicht, ob sie friedliche oder militärische Ziele verfolgt usw. Das heißt, es ist nach den Umweltstrukturen zu fragen, die charismatische Herrschaft antrifft und die sie schafft. Erst wenn dies geschieht, ist es möglich, die Wirkungen der charismatischen Elemente von Herrschaft zu isolieren.

Im Anschluß an Schweitzer läßt sich die These formulieren, daß die Nationalsozialisten ein hochentwickeltes Konzept synergetischen Charismas besaßen. Die Probleme der NS-Herrschaftsstruktur hatten daher mit dem charismatischen Element an sich wenig zu tun, sondern hingen mit den klassischen Systemelementen zusammen, denen der charismatische Transformationsprozeß zugeordnet war.

Einen ähnlichen Zuordnungsvorschlag macht auch Maurizio Bach. Er richtet seinen Blick auf den Prozeß der Eingliederung charismatischer Strukturen in die bestehende staatliche Verwaltung. Er fragt einerseits nach den »Eigenmachttendenzen« und dem Beharrungsvermögen der legalen Bürokratien und nach den »Durchsetzungschancen des politischen Zentrums« und seiner Fähigkeit, legale bürokratische Apparate zu steuern.[84] Der »oberste Charismaträger«, so Bach, dürfe nicht isoliert von den »ihn stets umgebenden Organisationszusammenhängen« gesehen werden.[85]

Die Steuerungsproblematik ist in der Tat ein zentraler Zugang zur Analyse des NS-Systems. Die Frage, wie in komplexen modernen Systemen Steuerung möglich ist, hängt dabei wiederum nicht nur vom charismatischen Herrschaftselement ab, sondern auch von der Frage, in welchem klassischen Systemrahmen charismatische Steuerung erfolgt. Natürlich hätte man bei genauer Lektüre Webers wissen können, daß das nationalsozialistische Herrschaftssystem als charismatisch transformiertes legal-bürokratisches Herrschaftssystem zu analysieren ist und mithin nicht so sehr über das charismatische Element von anderen Systemen zu unterscheiden ist als vielmehr durch die Spezifika des legal-bürokratischen Systems unter diktatorischen Bedingungen. Versuchen wir die Herrschaftssoziologie Max Webers unter dieser Prämisse zu operationalisieren und für die Analyse des Nationalsozialismus aufzubereiten.

Die Veralltäglichung des Charismas und die Operationalisierung der Herrschaftssoziologie für die Analyse des Nationalsozialismus

Für den Schritt der Operationalisierung ist es sinnvoll, diejenigen Eckwerte der Weberschen Herrschaftssoziologie, auf die es ankommen soll, noch einmal hervorzuheben. Charismatische Herrschaft, so hatten wir gesagt, ist »rein« nur in *statu nascendi* anzutreffen, das heißt, die Kategorie der charismatischen Herrschaft ist ein Prozeßbegriff oder doch zumindest ein Begriff, der eine ganz besondere, sensible Beziehung zur Zeit besitzt: Charismatische Herrschaft »verfällt« sehr rasch, hat eine extrem kurze »Halbwertzeit«. Dauert sie an, so »veralltäglicht« sie, verliert sie ihr Hauptkennzeichen, die »Außeralltäglichkeit«, sie verwandelt sich in etwas anderes und nimmt z. B. legal-bürokratische oder traditionale oder andere Formen an. Aus den christlichen Gemeinden wird Kirche.

Die drei Typen legitimer Herrschaft sind Idealtypen, die als Instrumente der Analyse konstruiert worden sind, das heißt, es gilt bis zum Beweis des Gegenteils die Annahme, daß in der Wirklichkeit vorfindliche Herrschaftssysteme »Mischtypen« sind. Oder auf unseren Gegenstand bezogen: Wir können in vollkommener Übereinstimmung mit Max Weber die Hypothese aufstellen, daß das nationalsozialistische Herrschaftssystem legal-bürokratische, traditionale und charismatische Prägeformen aufweist sowie andere Prägeformen, die mit den Kategorien der Herrschaftssoziologie Max Webers nicht analysiert werden können. Da wir in wirklichen Herrschaftssystemen komplexe Mischformen antreffen und charismatische Herrschaft dazu tendiert, sich im Prozeß der Veralltäglichung so zu verwandeln, daß sie nur noch in komplexen Mischungen und Amalgamierungen anzutreffen ist, ist es sinnvoll, bei der Operationalisierung der Kategorien der Weberschen Herrschaftssoziologie beim Begriff der »Veralltäglichung des Charismas« anzusetzen.

Dies ist jedoch nicht nur aus logischen Gründen sinnvoll, sondern auch aus forschungsstrategischen; denn die meisten Mißverständnisse im Umgang mit dem Begriff der charismatischen Herrschaft beruhen darauf, daß die Kategorie der Veralltäglichung nicht verstanden oder zu wenig beachtet worden ist. Diese Feststellung gilt nicht nur für Historiker, sondern auch für Soziologen. So hat der Soziologe Wolfgang Schluchter, einer der besten Kenner Max Webers, darauf hingewiesen, daß Weber sich in »Wirtschaft und Gesellschaft« sehr viel intensiver mit dem Problem der Veralltäglichung bzw. Umbildung des Charismas beschäftigt hat als mit dem Charisma selbst. In den werkgeschichtlich späteren Passagen nimmt diese Schwerpunktbildung sogar noch zu. Schluchter zieht daraus den Schluß: »Eine soziologisch angemessene Fassung des Charismabegriffs, die sowohl Webers eigener Verwendungsweise wie auch den Ansprüchen einer systematisch befriedigenden Verwendungsweise genügt, erhält man nur, wenn man den Begriff aus der Perspektive der Umbildungs- bzw. Veralltäglichungsproblematik, kurz: der Transformationsproblematik deutet.«[86]

Die Transformationsproblematik läßt sich für den Nationalsozialismus, das heißt, für die nationalsozialistische Bewegung und für das nationalsozialistische Herrschaftssystem, in

45

zwei Prozessen fassen: erstens in der Revolutionierung bestehender traditionaler und rationaler Strukturen und zweitens in der Veralltäglichung des charismatischen Herrschaftsimpulses in traditionalen und rationalen Strukturen.

Gehen wir davon aus, daß das Herrschaftsgefüge, in das der Nationalsozialismus einbricht, ohne allzu große Verkürzung als überwiegend rationale Herrschaft bezeichnet werden kann, so gilt es, zum Zweck der Operationalisierung zunächst Vorstellungen darüber zu entwickeln, wie sich der Einbruch der charismatischen Herrschaft oder charismatischer Herrschaftsformen in die legale Herrschaft vollziehen kann.

1) Grundsätzlich sollte man einen demokratischen Typus des Machterwerbs und der Machtgestaltung des charismatischen Führers von einem diktatorischen unterscheiden. Zwischen diesen Polen lassen sich eine Reihe von Mischtypen denken. Webers plebiszitäre Führerdemokratie ist ein solcher Mischtyp.

2) Unabhängig von dieser der klassischen Verfassungstheorie verhafteten Unterscheidung lassen sich Entwicklungsphasen ausdifferenzieren: eine Entstehungsphase genuinen Charismas, eine Durchsetzungs- und eine Herrschaftsphase. Zwischenphasen sind denkbar.

3) Allen solchen Entwicklungsphasen sind allgemeingesellschaftliche Voraussetzungen korreliert, die Weber charismatische Situationen nennt. So ist für die Entstehung genuinen Charismas ein charismaempfängliches Sozialmilieu erforderlich, für die Durchsetzungsphase bedarf es einer Not- oder Krisensituation, die die Massen in Bewegung setzt, und für die Herrschaftsphase bedarf es einer Einbindung der Machteliten und Interessengruppen in die charismatische Zielformulierung und Zukunftsperspektive. Von diesen charismatischen Situationen werden auch wesentliche Einflüsse auf die Wahl der Mittel ausgehen.

4) Damit ist eine weitere Möglichkeit der Ausdifferenzie-

46

rung gegeben, nämlich durch den Grad der Radikalität des Transformationsanspruchs. Hierfür stehen neben den bereits genannten Unterschieden zwischen demokratischen und diktatorischen Mitteln die klassischen Begriffe Reform und Revolution zur Verfügung. Zu fragen ist unter diesen Prämissen nach den Transformationszielen für Politik, Wirtschaft und Gesellschaft für die Phasen der Entstehung und Durchsetzung des genuinen Charismas und nach der Verwirklichung dieser Transformationsziele in der Herrschaftsphase des charismatischen Führers.

Ausgehend von dieser allgemeinen Matrix lassen sich Differenzierungen vornehmen, die den Untersuchungsgegenstand in ein feinmaschigeres Begriffsgitter einspannt und die Formulierung genauerer Fragen, aber auch die Erörterung von Problemzonen der Theorieanwendung ermöglicht.

A. Ohne einen Charismaträger, eine Persönlichkeit, an deren übernatürliche Kräfte oder Begnadung die Anhänger glauben, kann sich Charisma nicht konstituieren. Jede Anwendung der Weberschen Kategorien auf den Nationalsozialismus hat also die Frage zu beantworten, ob Adolf Hitler in diesem Sinne Charismaträger gewesen ist.

Gott sei Dank muß Hitler nicht von Jugend an ein Charismaträger gewesen sein; denn dann wäre der Historiker aufgrund der Quellenlage in großen Beweisschwierigkeiten. Er kann dies im Laufe seines Lebens irgendwann geworden sein, und Weber liefert hierfür auch ein Kriterium: Er ist spätestens dann ein Charismaträger, wenn er ein charismatischer Führer geworden ist, das heißt, wenn er Anhänger hat, die an sein Charisma »glauben«. Ob er an und für sich unter irgendwelchen bildungsbürgerlichen oder andersartigen Gesichtspunkten eine begnadete Persönlichkeit ist, bleibt dagegen gänzlich gleichgültig. Charisma konstituiert sich ja als soziale Beziehung zwischen Führer und Gefolgschaft, und der zentrale

47

Begriff für diesen Konstitutionsprozeß ist der Begriff »Glaube«. Das Charisma findet »die Quelle seiner Wirkung in dem Glauben der Beherrschten«. Auf diese Weise konstituiert sich eine Führer-Gefolgschafts-Beziehung, die auf Geltungs- und Bewertungsmaßstäben beruht. Dezidiert hebt Weber auf die in den Verben »gelten«, »werten« und »glauben« zum Ausdruck kommenden »subjektiven« Urteilskriterien ab. Wie die charismatische Qualität »von irgendeinem ethischen, ästhetischen oder sonstigen Standpunkt aus ›objektiv‹ richtig zu bewerten sein würde«, hält er für »begrifflich völlig gleichgültig«.[87]

Für den Historiker birgt diese Definition eine Reihe von Problemen. Ein Problem wird durch Webers Charisma-Konzept selbst hervorgerufen, andere Probleme haben mit spezifischen Schwierigkeiten zu tun, denen sich der Historiker bei der Erforschung der Vergangenheit generell und im Falle Hitlers im besonderen gegenübersieht. Was das Charisma-Konzept angeht, so stellt sich die Frage, ob die einseitig auf den Glauben der Beherrschten abzielende Definition, mit der Weber den Abschnitt über charismatische Herrschaft in »Wirtschaft und Gesellschaft« eröffnet, als hinreichende Definition gemeint ist. Weber nennt im Laufe seiner Erörterungen eine Reihe weiterer Kriterien für charismatische Herrschaft. Er kennzeichnet sie z. B. als »ephemer«, »revolutionär«, »irrational« oder »wirtschaftsfremd«, ohne sich dazu zu äußern, ob diesen Kriterien ebenfalls konstitutive oder ob ihnen nur akzidentelle Bedeutung zukommt.

Je ausschließlicher man bei der Definition des Begriffs der charismatischen Herrschaft auf den Begriff des Glaubens abhebt, desto größer werden die Schwierigkeiten einer Operationalisierung. Als Quelle steht dem Historiker dann vorrangig nur persönliches Bekenntnisschrifttum zur Verfügung, eine Quellenart, die im Einzelfall wegen möglicher Stimmungsschwankungen nicht sehr zuverlässig ist, große

Probleme qualitativer Bewertung aufwirft und in der Regel über den Einzelfall hinaus wenig aussagt. Wertet man sie in großer Zahl aus, lassen sich repräsentative Aussagen aus ihnen nur bei sehr dichter Überlieferung und auch dann nur für relativ kleine Gruppen und um den Preis einer relativ weichen Begrifflichkeit ableiten. Bei modernen Massengesellschaften gerät diese Methode sehr schnell an ihre Grenzen. Repräsentativität läßt sich hier nur durch die Auswertung von Meinungsumfragen und in besonders günstig gelagerten Fällen auch von Wahlergebnissen erreichen. Für den Nationalsozialismus und den Fall Hitler gibt es solche Hilfszugänge bekanntlich nicht.

Anders formuliert: Es macht für den Historiker wenig Sinn, von charismatischer Herrschaft zu sprechen, wenn diese keine strukturellen Folgen zeitigt und nicht objektivierbar ist, sondern sich ausschließlich aufgrund subjektiven Glaubens konstituiert. Ein solcher Begriff wäre so gut wie gar nicht operationalisierbar. Versuche einer solchen Operationalisierung hat es gleichwohl gegeben. Sie basieren im Falle Adolf Hitlers auf einer Auswertung schriftlicher Zeugnisse aus der engeren Gefolgschaft, die die zweifellos zahlreichen Bekenntnisse zum Führer Adolf Hitler zum Nennwert nimmt, dabei auf eine quellenkritische Interpretation, die diesen Namen verdient, verzichtet und entgegenstehende Äußerungen vernachlässigt oder gar nicht erst zur Kenntnis nimmt.

Eine auf einer solchen naiven Quellenauswertung beruhende Studie hat der Politikwissenschaftler Claus-Ekkehard Bärsch vorgelegt.[88] Er versucht anhand der Schriften und hinterlassenen Papiere von Dietrich Eckart, Rudolf Heß, Julius Streicher, Baldur von Schirach, Heinrich Himmler, Hermann Göring und Joseph Goebbels nachzuweisen, daß der Glaube der engeren Gefolgschaft an Adolf Hitler religiös begründet war und auf einem konfessionell ungebundenen Deismus beruhte: Hitler sei vor diesem Hintergrund als von Gott gesandter Retter des Vaterlandes begriffen worden, dessen Mission darin bestanden habe, den durch das Judentum ebenso wie durch den Bolschewismus agierenden Antichrist zu bekämpfen und das deutsche Volk im Kampf gegen diese Gegner zu seiner eigentlichen Bestimmung zurückzuführen, nämlich das wahre Volk Gottes zu sein.

Natürlich ist es jenseits solcher religionsbezogener Prämissen schwer, den Glauben an Hitlers Charisma ganz ohne strukturelle Abstützungen zu operationalisieren. Selbst Bärsch kommt ohne solche strukturellen Abstützungen nicht aus. So konstatiert er, daß die von ihm analysierten Figuren aus der engeren Gefolgschaft Adolf Hitlers nicht nur durch den Glauben an Gott und den daraus abgeleiteten Glauben an Adolf Hitler zusammengehalten wurden, sondern neben der Glaubensgemeinschaft im engeren Sinn auch eine Gemeinschaft von Missionaren bildeten. Ganz im Sinne der Begrifflichkeit von Max Weber, der ja voraussetzt, daß die Jünger an der Mission des Propheten und Messias teilhaben, erweitert sich der Begriff der Glaubensgemeinschaft auf diese Weise zur Gesinnungs- und Handlungsgemeinschaft.[89] Damit ist nun allerdings eine analytische Ebene erreicht, auf der die Glaubensgemeinschaft strukturelle Folgen zeitigt und mithin die Operationalisierbarkeit erreicht wird.

Ergänzt durch unterschiedliche Strukturbeobachtungen und Objektivierungen stellt auch Ian Kershaw die Glaubensgemeinschaft in den Mittelpunkt seiner Hitler-Biographie. Leider tritt dabei jedoch die methodisch schwierige Aufgabe, den Glauben an Hitler in seinen strukturellen Petrifizierungen aufzusuchen und nachzuweisen, gegenüber einer Quelleninterpretation zurück, die das Prädikat »kritisch« über weite Strecken hin nicht verdient. Der methodische Unterschied ist nur auf den ersten Blick geringfügig. Im Grunde geht es darum, die Prämisse zu beweisen, man habe an Hitler geglaubt. Es ist jedoch zu fragen, woran dies denn gezeigt werden kann, d.h. wie sich Glaube strukturell-zeichenhaft niederschlägt (petrifiziert).

Eine gute Möglichkeit, die strukturellen Petrifizierungen des Charisma-Glaubens in den Blick zu rücken bzw. die charismatische Sozialbeziehung zu objektivieren, stellt neben den Begriffen der Gesinnungs- und Handlungsgemeinschaft der von Arthur Schweitzer in die Diskussion gebrachte Begriff der »Kampfgemeinschaft« dar. Mit diesem Begriff läßt sich, orientiert an denen, die von Anfang an dabei waren und im Interesse der gemeinsamen Sache persönliche Opfer gebracht, unter Umständen auch Unrecht begangen und persönliche Risiken auf sich genommen haben, der Korpus einer engeren Gefolgschaft rekonstruieren. Bis zu einem gewissen Grade und mutatis mutandis lassen sich die charismatischen Verhaltenskriterien Max Webers wie Askese, Armut, Entbehrungen, Karriereverzicht usw. als Ein- bzw. Ausschlußkriterien verwenden. Jedenfalls darf man nicht einfach das »Goldene Parteiabzeichen« oder den »Blutorden« zum Gruppenkriterium machen. Der Glaube dieser Gefolgsleute an Adolf Hitler ist allerdings nur noch in sehr säkularisierter Form greifbar und kann von utilitaristischen Motiven kaum getrennt werden: Niemand kann entscheiden, wer an Hitler und wer an seinen Erfolg glaubte und wer ihm einfach nur deshalb folgte, weil er Parteichef war und eine Alternative sich nicht zu etablieren vermochte.

Mit den bisher diskutierten Begriffen »Glaubensgemeinschaft«, »Gesinnungsgemeinschaft«, »Handlungsgemeinschaft« und »Kampfgemeinschaft« lassen sich Abstufungen genuin charismatischer Sozialbeziehungen bezeichnen, die unterschiedliche Objektivierungsmöglichkeiten bieten und deren Kombination eine brauchbare Operationalisierung von Webers Charismakonzept möglich macht.

Die Frage ist allerdings, ob der Nationalsozialismus mit diesem Instrumentarium adäquat erfaßt werden kann. Es ist nämlich möglich, daß der Führer-Glaube in der NSDAP Mitte der zwanziger Jahre aus funktionalen Gründen etabliert wurde, ja daß er gar erfunden wurde, um die in Fraktionen zersplitterte und ideologisch zerstrittene völkische Bewegung auf einen gemeinsamen Nenner zu bringen. Mit einem solchen Ansatz arbeitete schon Mitte der sechziger Jahre die heute noch lesenswerte Studie von Joseph Nyomarkay.[90] Allerdings wird bei ihm nicht mit letzter Konsequenz klar, ob der Glaube an Hitler der kleinste gemeinsame Nenner war oder ob er zu dem Zweck, dieses zu werden, d.h. gewissermaßen aus Kalkül, eingeführt wurde. Ähnliche Ansätze, die Konstituierung von Charisma funktional zu analysieren, sind von Herrmann Rauschning über Georg Lukács[91] bis hin zu Ian Kershaw zu verfolgen.

In der Soziologie ist dieser funktionale, manipulative Einsatz des Charisma-Konzepts, der außerordentlich häufig anzutreffen ist, unterschiedlich behandelt worden. Einige Autoren[92] erblicken in solchen Funktionalisierungen ein typisches Phänomen der Veralltäglichung, andere[93] sprechen von »Pseudocharisma« und korrelieren diesen Begriff mit dem Begriff »Pseudogemeinschaft«. Wie man sich hier auch immer entscheidet, eine solche funktionale Verwendung des Charisma-Konzepts, ließe sie sich denn nachweisen, rückte den Begriff des Charismas extrem weit an die Strukturmerkmale der rationalen, bürokratischen und der traditionalen Herrschaft heran; denn sie wäre rational in der Vorspiegelung von Irrationalität, und sie wäre rational-charismatisch in der Vorspiegelung revolutionärer Ziele.

Bei Operationalisierungsüberlegungen in Betracht zu ziehen ist also auch die Kombination charismatischer und rationaler Elemente im Entstehungsprozeß von Charisma. Auch in diesem Fall haben wir es mit einer Funktionalisierung von Charisma zu tun. Der von Ian Kershaw bevorzugte Begriff des »Mythos« kommt diesem Fall sehr nahe: Die charismatische Sozialbeziehung wird als selektive Erinnerung konzipiert und durch Wiederholung zum Bestandteil der Tradition. Ein Beispiel für eine solche traditionale Verwendung von Charisma könnte die »Parteierzählung« sein, mit der Hitler seine Reden zu eröffnen pflegte. Sie beschwor die durch Weglassungen und Hinzufügungen charismatisch geschönte, »gestylte« Frühgeschichte der NSDAP und korrespondierte als Textform mit Gemälden, Symbolen, Fahnen, Orden, Feiern und Umzügen. Daß eine solche traditionale Verwendung von Charisma ebenso übrigens wie die rational kalkulierte Erfindung von Charisma durch die multiplikatorischen Effekte der Massengesellschaft Charisma konstituieren kann, sei hier nur angedeutet. Natürlich kann man durch die unterschiedliche Kombination mehrerer oder gar aller der genannten, zum Zweck der Operationalisierung ausdifferenzierten Begriffe sehr komplexe Modelle gewinnen. Dies kann hier nur angedeutet werden. Die Beweislast trägt die historische Analyse.

B. In einem zweiten Differenzierungsschritt wende ich mich nun der Durchsetzungsphase zu. Diese Phase ist von der vorangegangenen durch eine Art »Sündenfall« getrennt. Das Charisma verläßt die wie auch immer definierte Keimzelle, aus der kleinen charismatischen Gemeinschaft wird eine große Gemeinschaft durch Massenagitation und institutionelle Bemühungen. Neben die Parteielite tritt die Masse der Anhängerschaft. Um dies zu bewirken, bedarf es vermittelnder Instanzen zwischen Parteielite/charismatischer Elite und Anhängerschaft. Es stellt sich die Frage der Organisation und der Massenmedien.

Folgende Fälle sind denkbar und in bezug auf die NSDAP zu prüfen:

1) Der charismatische Stab, bestehend aus der engeren Gefolgschaft, der Parteielite, schwärmt aus wie die zwölf Apostel nach dem Pfingsterlebnis. Die Mitglieder des Stabes wirken

als Sendboten ihres charismatischen Herren, predigen und missionieren und kommen bei all' dem ohne bürokratischen Apparat aus. Es wird zu prüfen sein, ob ein solches Stadium der Entwicklung in der Frühgeschichte der NSDAP irgendwann gegeben war. Die gesamte Parteigeschichte der NSDAP läßt sich mit diesem Modell gewiß nicht erfassen.

2) Der charismatische Stab, die engere Gefolgschaft, etabliert sich als Führungsschicht innerhalb einer größeren bzw. allmählich größer werdenden Partei. Er bewahrt seinen charismatischen Gemeinde- oder Sektencharakter, schafft sich aber einen bürokratischen Apparat, dessen er sich bedient und von dem er sich getrennt hält. Kriterien für eine solche Trennung ließen sich etwa in Unterschieden der Lebensführung und der Berufsauffassung zwischen den Mitgliedern des Stabes und den Mitgliedern des Apparates finden, unter Umständen auch in deren Vorspiegelung. Zu fragen wäre ferner nach unterschiedlichen Formen des Gruppenzusammenhalts und der Mitgliederrekrutierung im Stab einerseits und im Apparat andererseits. Auch dieses Modell ist wenigstens im Hinblick auf die Möglichkeit zu prüfen, ob es ein Durchgangs- und Entwicklungsstadium der NSDAP gab, das ihm nahekommt bzw. mit ihm erfaßt werden kann.

3) Der charismatische Stab schafft sich einen bürokratischen Apparat, besetzt dessen Führungspositionen und rekrutiert mit seiner Hilfe neue Mitglieder. Die Partei bürokratisiert sich, wobei der Stab sich entsprechend den Sachaufgaben diversifiziert, die der Apparat zu lösen hat. Zu fragen ist in diesem Zusammenhang vor allem nach der organisatorischen Lösung des Finanzierungsproblems und der Massenagitation, aber auch nach anderen Sachbereichen, die als Folge der Zielformulierung und der Zielgruppenansprache entstehen.

Zu prüfen ist schließlich, ob sich im »Führerprinzip« eine organisatorische Rückzugslinie für den charismatischen Stab herausbildet, die ihm einen funktionalen Zusammenhalt sichert, oder ob sich andere Formen der Resistenz der charismatischen Sozialbeziehung gegenüber der Veralltäglichung und Entfremdung im legal-bürokratischen Apparat herauskristallisieren.

C. In einem dritten Differenzierungsschritt wende ich mich der Herrschaftsphase zu. Die Anforderungen der Operationalisierung zwingen nun zu einem außerordentlich komplexen Begriffsmodell, das sich im Vorgriff kaum entwickeln läßt. Dies hat die folgenden leicht erkennbaren bzw. nachvollziehbaren Gründe.

1) Die NSDAP ist ein Teil der nun zu erörternden Herrschaftsstrukturen. Deren 1933 erreichte konkrete Organisationsstruktur, die nur als Konsequenz der vorangegangenen Entwicklung adäquat verstanden werden kann, wird nun als Teil der Strukturen in der Herrschaftsphase zu analysieren sein, wobei nicht auszuschließen ist, daß ihrem Organisationsmodus paradigmatische Bedeutung zukommt.

2) Der komplexen Struktur der NSDAP tritt nun eine ausdifferenzierte staatliche Bürokratie an die Seite, deren Kommandohöhen keineswegs sofort und keineswegs je gänzlich durch Parteimitglieder besetzt werden können. Jedes einfache Modell der Kombination von charismatischen mit bürokratisch-legalen Herrschaftsformen scheitert bereits an diesem Befund.

3) Arthur Schweitzer hat zu Recht darauf verwiesen, daß die Interessengruppen in der Industrie, in der Landwirtschaft und in der Reichswehr in eine Strukturanalyse einbezogen werden müssen. Für diese Interessengruppen kann keineswegs die einfache Annahme gelten, daß sie gleichgeschaltet waren, und schon gar nicht können sie als bürokratisch-legal strukturiert gelten. Vielmehr werden hier erhebliche charismatische und traditionale Elemente ins Spiel kommen.

4) Im nationalsozialistischen Herrschaftssystem haben wir

mit einer erheblichen Veränderungs- und Entwicklungsdynamik zu rechnen. Es ist zu prüfen, ob sie – wie vielfach angenommen wird – charismatischen oder anderen Ursprungs ist. Damit diese Frage geklärt werden kann, ist es notwendig, den gesamten Transformationsprozeß zu analysieren, den der Nationalsozialismus intendiert, in den er hineingestellt ist und den er schließlich bewirkt. Dies soll abschließend wenigstens noch angedeutet werden.

D. In diesem vierten Differenzierungsschritt wende ich mich den Weberschen Kategorien der charismatischen Situation und der revolutionären Zielsetzung zu. Beide Kategorien lassen sich im engen Anschluß wiederum an Überlegungen Arthur Schweitzers durch den Begriff der Transformation zusammenbinden und in einem gemeinsamen Begriffsgitter ausdifferenzieren.

Die charismatische Situation wird dann zur Transformationssituation, in der es einen objektivierbaren gesamtgesellschaftlichen, weltgeschichtlich rückgekoppelten Transformationsbedarf, subjektive Transformationserwartungen in der Öffentlichkeit und den Transformationsanspruch der NSDAP gibt, wobei dieser Begriff an die Stelle der Kategorie der revolutionären Zielsetzung tritt. In diesem Kontext wird dann die ingeniöse These Arthur Schweitzers zu prüfen sein, ob charismatische Herrschaftsformen vorzugsweise dann hervortreten, wenn ein gegebenes Herrschaftssystem sich ohne gravierende Veränderungen nicht mehr zu legitimieren vermag. In Max Webers Denkmodelle läßt sich eine solche These ohne prinzipiellen Widerspruch einfügen. Die NSDAP hätte sich dann, so ließe sich hypothetisch formulieren, zum Promotor einer Neulegitimierung durch einen Systemwechsel gemacht und damit das zentrale Desiderat der krisengeschüttelten Zeitläufe in den zwanziger und dreißiger Jahren thematisiert. Um dies erfolgreich zu tun, mußte sie in jeder Hinsicht anschlußfähig werden: moderne institutionelle Formen ausbilden, moderne Methoden der Propaganda entwickeln, mit den gegebenen institutionellen Strukturen kooperieren, die Interessengruppen einbinden – also sachdienliche Antworten auf objektivierbare Probleme finden. Schweitzer nennt diese Symbiose zwischen den gegebenen Strukturen und den charismatischen Herrschaftsformen und Herrschaftsansprüchen, wie gesagt, »synergetisches Charisma«.

Damit wäre dann zweierlei geleistet: Erstens wäre eine Hypothese für die Dynamik der Veralltäglichung formuliert. Zweitens wären der Prozeß der Veralltäglichung und die in diesem Prozeß sich vollziehende Mischung der Herrschaftsformen vom Odium der Chaotisierung befreit; denn Schweitzers Symbiose hat ja synergetische Effekte.

Die entscheidende Frage bleibt aber unbeantwortet: Wie ist es zu erklären, daß dieses Transformationskonzept so vollständig aus dem Ruder laufen konnte? Eine Antwort auf diese uralte Frage läßt sich nur in der Analyse der Transformationsprozesse finden, die seit 1931 und verstärkt nach dem 30. Januar 1933 in Deutschland einsetzten. Dies kann nur gezeigt werden, wenn das charismatische Herrschaftselement in seinen Amalgamierungen und Veralltäglichungen analysiert und die Reichweite der Kategorien von Webers Herrschaftssoziologie in der Anwendung auf den Nationalsozialismus so genau wie möglich bestimmt wird. Anders und ein wenig polemisch formuliert: Wir müssen von den breiten Schultern Max Webers herabsteigen und uns auf die eigenen Füße stellen. Wir müssen den Blick frei bekommen für andere Erklärungsmodelle. Weber, der die Wissenschaftlichkeit sehr rigoros am Kriterium des Erkenntnisfortschritts gemessen hat, würde dies am allerwenigsten überraschen.

Hitlers Charisma

Hitler als Charismaträger? Geburt einer Legende

Orientierte man sich eng an Max Webers Charisma-Begriff, so könnte man biographische Überlegungen zu Adolf Hitler mit dem Jahr 1919 oder gar 1920 einsetzen lassen; denn erst für den nun beginnenden Lebensabschnitt läßt sich überhaupt sinnvoll die Frage stellen, ob er Charismaträger war. Erst jetzt zerbricht seine personal eng begrenzte Lebenswelt und wendet sich Hitler als Redner, Propagandist und Organisator an Menschen, die als »Anhänger« in Frage kommen. Da Weber Charisma als eine soziale Beziehung zwischen einem Führer und seinen Anhängern definiert, die sich durch den Glauben der Anhänger an die außeralltäglichen Qualitäten des Führers konstituiert, kann es unabhängig von diesem Glauben keinen charismatischen Führer und kein Charisma geben.[1]

Man kann darüber hinaus noch andere Gründe dafür anführen, sich nicht mit Hitlers Leben vor 1919/20 befassen zu müssen: Erstens wissen wir über diesen Lebensabschnitt sehr wenig, und zweitens ist das Wenige mit einem geradezu voyeuristischen Interesse immer wieder beschrieben worden, so daß es jedem Historiker und jedem historisch Interessierten bekannt sein dürfte. Und schließlich – drittens – kommt der kleinen, engumgrenzten und in verschiedener Hinsicht obskuren Lebensgeschichte Adolf Hitlers bis zum Jahre 1919/20 wenig allgemeine historische Bedeutung zu. Lediglich mit der Methode der Kontrastierung lassen sich Bezüge zu bedeutenden kulturellen, gesellschaftlichen und politischen Tendenzen

59

der Zeit herstellen. Allenfalls für die Analyse obskurer Subkulturen gibt diese frühe Lebensgeschichte Adolf Hitlers etwas her, führt sie uns doch immerhin in das Milieu von Stadtstreichern und gescheiterten Künstlern.

»Bedeutsam« ist diese frühe Lebensgeschichte Adolf Hitlers nur, weil und insofern Hitler seit 1919/20 Bedeutung erlangt und mit seinem Aufstieg sich die Frage stellt, wie ein Mensch, der aus so unbedeutenden Umständen hervorging und von den Historikern übereinstimmend als »gewöhnlich« geschildert wird, solche Wirkungen entfalten konnte. Hitlers frühe Lebensgeschichte wird auf diese Weise zum Exerzierfeld für psychologische Betrachtungen gemacht: Da sucht man gerne nach Indikatoren für seelische Verkrüppelungen, für eng fixierte obskure Weltbilder, für Haß und Haßgefühle aller Art, und entwirft das Lebensbild eines jungen Menschen, in dem sich der Wahnwitz des späteren Ideologen und Politikers bereits ankündigt.

Man muß nicht Max Weber bemühen, um zu erkennen, daß sich in diesen Analyseanordnungen, die sich in der Frage nach der »Bedeutung« der Persönlichkeit zusammenführen lassen, ganz spezifische, durchaus gesellschaftlich vermittelte Urteilskriterien ausdrücken, die man »bürgerlich« nennen könnte. Solche Urteilskriterien haben das Genre der Biographie im 19. und 20. Jahrhundert geprägt und prägen es noch heute. In ihrem Mittelpunkt steht der erfolgreiche bürgerliche Karriereweg, der das Leben bedeutender Persönlichkeiten gleichsam als organischen Wachstums- und Reifeprozeß schildert.

Auch die methodischen Anforderungen des Faches Geschichte an das von jeher umstrittene Genre der Biographie wirkten als Bestätigung dieser die biographischen Analysen prägenden bürgerlichen Perspektive; denn durch sie wird der Biograph dazu angehalten, seine Figur in bedeutsame Zeittendenzen einzuordnen und von ihrer Zeit her zu interpretieren. Er hängt dabei natürlich in hohem Maße davon ab, daß seine Figur eine entfaltete, eine vielfältig entwickelte Persönlichkeit ist, deren Aktivitäten in möglichst viele Lebenswelten hineinreichen oder Bezüge zu ihnen eröffnen. Schon Wilhelm Dilthey sah die Aufgabe jedes Biographen darin, seine Figur als Kreuzungspunkt allgemeinhistorischer und individualhistorischer Zusammenhänge zu analysieren.[2] Gemessen an diesen Anforderungen ist Hitler vielen Historikern als im eigentlichen Sinne nicht biographiefähig und nicht biographiewürdig erschienen. Wer sich dennoch an diese Aufgabe heranwagte, beschrieb Hitler individualhistorisch aus der Differenz zum Idealtypus der bürgerlichen Biographie, und das heißt, da dieser Typus für den in der Regel bürgerlichen Historiker positiv normativ aufgeladen ist, negativ wertend. Auf diese Weise gelangte man dann zu jenem Paradoxon, das schon Hermann Rauschning zu der Frage brachte, wie eine so ungebildete, gewöhnliche, mittelmäßig begabte Person wie Hitler eine so große Wirkung entfalten konnte.[3]

Auch die Hitler-Biographie von Ian Kershaw macht diese Frage zum Ausgangspunkt: »Wie erklären wir, daß ein Mensch mit so geringen geistigen Gaben und sozialen Fähigkeiten, der außerhalb seines politischen Lebens wenig mehr als ein herrenlos auf den Wellen treibendes Boot war, unnahbar und undurchdringlich selbst für seine unmittelbare Umgebung, der offenbar zu echter Freundschaft nicht fähig war und ohne den Hintergrund aufwuchs, der einen zu hohen Ämtern befähigt, und sogar ohne jede Regierungserfahrung das Amt des Reichskanzlers antrat, wie konnte ein solcher Mann eine so gewaltige historische Wirkung entfalten, daß die ganze Welt den Atem anhielt?«[4] Zwar räumt Kershaw ein, daß die Frage »zumindest teilweise falsch gestellt« sei, denn ganz so unbegabt sei Hitler wohl nicht gewesen, aber an der »Substanzlosigkeit der Privatperson des Diktators«[5] hält er fest. Er schließt eng an Joachim Fest an, der das Kapitel über die Privatperson

Hitler unter die Überschrift gestellt hatte: »Blick auf eine Unperson«[6], und spricht vom »schwarzen Loch«, das die Privatperson Hitler für die Forschung darstelle.[7] Kershaw versucht das Paradoxon aufzulösen, indem er die Geschichte dieser »Unperson« als Gesellschaftsgeschichte schreibt und Hitler als »Produkt der Gesellschaft« analysiert. Dabei greift er auf Max Webers Begriff der charismatischen Herrschaft zurück und leitet Hitlers Macht von seiner Führer-Rolle ab: »Die Wirkung seiner Macht darf weitgehend nicht in bestimmten Persönlichkeitsmerkmalen, sondern muß in seiner Rolle als ›Führer‹ gesehen werden – eine Rolle, die nur möglich wurde durch andere, die Hitler unterschätzten, Fehler begingen, Schwächen hatten und mit ihm kollaborierten. Zur Erklärung dieser Macht müssen wir daher in erster Linie auf die anderen und nicht auf Hitler selbst schauen.«[8]

Natürlich könnte man sich die Kritik leicht machen und Kershaw vorwerfen, daß er Hitler seinerseits unterschätze und daß es doch auch bei einer gesellschaftsgeschichtlichen Annäherung an Hitlers »Rolle« und an seine »Macht« auf Wechselwirkungen zwischen der Person und dem jeweiligen gesellschaftlichen Umfeld ankomme. Auch bei Weber steht schließlich nicht nur der Glaube der Anhänger, sondern auch die soziale Beziehung, die dieser Glaube stiftet, im Zentrum des Interesses. Es sei gleichwohl eine etwas grundsätzlichere Kritik geübt, die sich nicht nur auf Kershaws Versuch, sondern auf alle bisherigen hitlerbiographischen Versuche bezieht. Das Paradoxon der Hitlerbiographie scheint vor allem auf drei Prämissen zu beruhen, die jede für sich höchst fragwürdig sind, nämlich, daß Biographien an einem bürgerlichen Ideal- und Leistungstypus zu orientieren seien, daß eine Biographie Hitlers den Ursprung des Schrecklichen, das sich später ereignete, in dessen ersten Lebensabschnitten gewissermaßen in statu nascendi auffinden müsse und daß beides zusammen dazu zwänge, die Person Hitlers selbst in das perspektivische

Licht von Werturteilen zu stellen, deren ständige Wiederholung den Autor nur vor dem Verdacht bewahren soll, daß er dort Verständnis zeige, wo das öffentliche Interesse von ihm erwartet, zu verurteilen, und wo es dem Historiker – horribile dictu – zunächst einmal um »Verstehen« in einem möglichst wertfreien Sinn gehen sollte.

Ganz im Sinne der Forderung Martin Broszats, den Nationalsozialismus zu historisieren[9], und unter Berufung auf Max Webers Forderung, sozialwissenschaftliche Studien verstehend und wertfrei zu betreiben[10], scheint es möglich und notwendig, das Grundproblem der Hitler-Biographie so zu reformulieren, daß es auf Grundprobleme jeder Biographie zurückgeführt wird. Dies könnte dann so lauten: Jede einzelne Person, nimmt man sie zum Ausgangspunkt historischer Analyse, stellt am Anfang ihres Lebens eine kleine Wirkung, eine kleine Wirkmöglichkeit dar. Erweckt das verfügbare historische Datenmaterial den Eindruck, daß sie im Laufe ihres Lebens zu größeren Wirkungsmöglichkeiten gelangte und in größeren Wirkungszusammenhängen stand, als von diesem Anfang her verständlich erscheint, ist nach den systematischen Anschlußstellen zu fragen, mit denen sich das »System Mensch« in größere systemische Zusammenhänge hat einklinken können. Nicht nach seinen Fähigkeiten in einem allgemeinen, gutbürgerlichen Sinn ist dabei zu fragen, sondern nach seinen systemischen Anschlußfähigkeiten und den systematischen Multiplikatoren, denen sich seine Fähigkeiten zuordnen lassen, sowie nach eventuellen individuellen Multiplikationsstrategien.

Für diese Anschlußfähigkeit gilt im Sinne einer wissenschaftlichen Hypothese die Vermutung, die für jede menschliche Lebensgeschichte angestellt werden kann, daß sie sich nämlich in der Kindheit und Jugend, in der Lernprozesse mit höherem Tempo und in größerer Dichte ablaufen als in späteren Jahren, bereits herausgebildet hat. Auf Adolf Hitler

63

bezogen lautet daher die Frage: In welchen Bereichen konnte er bis zu seinem 30. Lebensjahr gesellschaftlich relevante, systemische Anschlußfähigkeiten erwerben? Knüpfte er später hieran an, und wenn ja, in welcher Weise? Der Begriff der gesellschaftlichen Relevanz kann sich selbstverständlich nur auf die jeweiligen gesellschaftlichen Subsysteme beziehen, in denen Hitler lebte. Dies hat mit heutigen Relevanzkriterien jedoch nichts zu tun.

Die Beantwortung dieser Frage erfolgt in drei Schritten: Erstens werden auf der Basis einer Beschreibung der Quellengrundlage vor dem Hintergrund der bisherigen Forschung Aussagen darüber getroffen, wo die Grenzen liegen, die die Quellen einer Analyse von Hitlers frühen Jahren ziehen. Auf dieser Basis wird sodann eine Skizze der Jugendjahre Hitlers geboten, die die Biographie erst einmal »entrümpelt«, das heißt, von allen jenen Inter- und Extrapolationen befreit, die der Quellenkritik nicht standhalten. Ergebnis ist ein Umriß dessen, was man eindeutig sagen kann. Zum dritten wird diese biographische Skizze dann dort vertieft, wo Anschlußfähigkeiten Hitlers im oben dargetanen Sinne auszumachen sind.

Die Quellen zu den ersten 30 Lebensjahren Adolf Hitlers sind außerordentlich spärlich, vor allem dann, wenn man sich auf relativ verläßliche »Überreste« bezieht, also auf synchrone Quellen, die aus den jeweiligen Lebensabschnitten stammen, über die sie etwas aussagen. Drei Gruppen solcher synchroner Quellen sind zu unterscheiden: amtliche Eintragungen in Kirchenbücher und Standesamtsregister sowie Eintragungen in Meldebögen und Mitgliedschaftsdateien; Briefwechsel mit Behörden und Privatbriefe bzw. Kartengrüße an Bekannte, Freunde und Familienmitglieder. Die Anzahl aller Briefe und Kartengrüße zusammen beträgt zwischen 1906 und 1919 weniger als 50.[11]

Aus diesem Material lassen sich die äußeren Daten der Familiengeschichte, Hitlers Abkunft, die Zahl seiner Geschwister sowie die Geburts- und Sterbedaten der Familienmitglieder und zudem – mit einigen Lücken – die Lebensstationen und Wohnungen Hitlers sowie ein (kleiner) Teil seines Bekanntenkreises rekonstruieren. In groben Umrissen werden seine Interessenfelder sichtbar, vor allem sein Interesse für Wagner-Opern, für Musik in einem sehr unspezifischen, allgemeinen Sinn, für das Theater, für Architektur und – wenn man Andeutungen gelten lassen will – für Malerei. Er ist Mitglied im Linzer Musealverein, leiht Bücher in Bibliotheken aus, darunter auch in der Staatsbibliothek in München, gibt als Brotberuf seit 1909 »selbständiger Kunstmaler«[12] an und behauptet, sich zum Architektur-Maler auszubilden. Er ist Autodidakt, weil er die Aufnahmeprüfung an der Wiener Kunstakademie trotz zweimaligen Anlaufs nicht schafft. Relativ genau läßt sich die Kriegszeit rekonstruieren, die Stationen seines Einsatzes, die Auszeichnungen. Hitler betont mehrfach, daß er wie durch ein Wunder gerettet worden sei, während andere fielen. Die Kriegsbriefe sind im Unterschied zur kargen früheren Korrespondenz Hitlers relativ umfangreich. Über ihren Inhalt wird noch zu sprechen sein.

Alles andere, was wir außerhalb dessen über Adolf Hitlers »Jugendjahre« wissen oder zu wissen glauben, entstammt zeitlich späteren Erinnerungsquellen oder gar Mutmaßungen unterschiedlichster Qualität. Die Erinnerungsquellen lassen sich drei Gruppen zuordnen: erstens späteren Äußerungen Hitlers über seine Jugendjahre, die er in Reden einflocht, die er in »Mein Kampf« in relativ zusammenhängender Form darstellte und schließlich Dritten gegenüber machte, so etwa während der Tischgespräche im Führerhauptquartier. Zweitens gehören hierzu die später niedergeschriebenen Erinnerungen von Weggefährten, die unter dem Einfluß des Parteiarchivs der NSDAP vorwiegend seit 1938, seit dem Anschluß Österreichs, zustande kamen. Drittens schließlich gehören hierzu die in den 1930er und 1940er Jahren im Exil niedergeschriebenen oder nach 1945 verfaßten Erinnerungen von Weggefährten Hitlers.

Wie noch zu zeigen ist, hat Hitler die Äußerungen über seine Jugendjahre in hohem Maße stilisiert. Wenn es für diese Stilisierungsabsicht denn eines Beweises bedarf, so kann er unter anderem in den Bemühungen des späteren Reichskanzlers Hitler gefunden werden, die »Spuren seiner Linzer und Wiener Zeit nach Kräften« zu verwischen und »Mein Kampf« zur einzig autorisierten Quelle für die Darstellung seiner frühen Jahre zu machen.[13] Das Parteiarchiv der NSDAP erhielt zudem den Auftrag, Jugendbekanntschaften Hitlers nachzuspüren und die Betreffenden zu konformen Niederschriften zu veranlassen und eventuelles Überrest-Quellenmaterial einzusammeln. Manches davon befindet sich heute im Bundesarchiv, aber die Möglichkeit einer diskreten Quellenvernichtung durch die Gestapo ist nicht von der Hand zu weisen.

Von den anderen Erinnerungsquellen ragen zwei besonders hervor: die Erinnerungen von Hitlers Jugendfreund August Kubizek und die von Reinhold Hanisch, einem Weggefährten aus Hitlers Obdachlosenasyl- und Männerheimzeit. Wir verdanken es der in Quellenfragen außerordentlich genauen Studie von Brigitte Hamann, daß wir beide Quellen recht gut einschätzen können. Ihre Recherchen haben ergeben, daß beide Quellen in den äußeren Fakten, die sie schildern, und in den Namen, die sie angeben, sehr verläßlich sind. Problematisch sind in beiden Fällen jedoch ausgerechnet die politischen Akzentuierungen. Kubizek hat zwei Niederschriften angefertigt. Die eine erfolgte im Auftrag des Parteiarchivs der NSDAP in den 1940er, die im Institut für Zeitgeschichte in München eingesehen werden kann. Sie hat einen Umfang von 150 Seiten. Die andere, sehr viel umfangreichere Fassung erschien 1953 als Buch und wurde überwiegend Anfang der 50er Jahre niedergeschrieben.[14] In beiden Fassungen wird in Übereinstimmung mit »Mein Kampf« auf Hitlers politische

66

Auffassungen in der Wiener Zeit, vor allem auf seinen Antisemitismus eingegangen. Vor dem Hintergrund der Quellen, in denen die Musik- und Kunstinteressen Hitlers und sein Architekturinteresse ganz und gar im Vordergrund stehen, wirken diese Ausführungen aufgesetzt, unsicher und unglaubwürdig. Sie werden denn auch von Kubizek immer wieder durch die Bemerkung abgeschirmt, daß er von Politik gar nichts verstehe und Irrtümer in seiner Wiedergabe daher nicht ausgeschlossen seien.

Für die Niederschrift der 1940er Jahre kann dies mit dem Erwartungsdruck, den das Parteiarchiv der NSDAP erzeugt haben wird, erklärt werden. Für die Nachkriegszeit kann Frau Hamann plausibel machen, daß Kubizek seine Erinnerungen dazu genutzt hat, sich als politisch von Hitler Verführten darzustellen, um sich von dem Verdacht zu befreien, Antisemit gewesen zu sein. Kubizek, so zeigt sie, trat 1919 in den Antisemitenbund ein und schiebt diesen Schritt – ihn in die Wiener Jahre zurückdatierend – einer eigenmächtigen Initiative Hitlers zu. 1919 hatten sich Kubizek und Hitler dagegen bereits seit mehr als einem Jahrzehnt aus den Augen verloren. Über Hitlers politische Auffassungen und seine Haltung zu »den« Juden gibt Kubizek also gar keine sichere Auskunft.[15]

Das gleiche trifft auch auf die Erinnerungen von Reinhold Hanisch zu.[16] Hanisch, der sich mit Hitler 1910 überworfen hatte und offenbar in den 1930er Jahren zu erheblichen Teilen davon lebte, Hitler-Gemälde zu fälschen, attestierte Hitler nicht nur einen freundlichen Umgang mit Juden während seiner Wiener-Männerheimzeit, sondern behauptete auch, Hitler sei in Wien keinesfalls Antisemit gewesen. Während Frau Hamann die erste Behauptung Hanischs überraschenderweise durch ihre Recherchen bestätigen konnte, liegt doch bei der zweiten Behauptung der Verdacht nahe, daß Hanisch Hitler mit der These, er sei kein Antisemit gewesen, politisch unglaubwürdig machen wollte. Läßt man Hitlers Selbststili-

67

sierungen beiseite und benutzt die übrige Erinnerungsliteratur mit der gebotenen Vorsicht, so ergibt sich das folgende Bild von Hitlers Jugendjahren:

Adolf Hitler wurde am 20. April 1889 in Braunau am Inn als Sohn des österreichischen Zolloberoffizials Alois Hitler und seiner Frau Klara geboren. Er verbrachte seine Kindheit in materiell gesicherten, aber atmosphärisch bedrückenden Familienverhältnissen. Dem Vater Alois werden Jähzorn, eine gemäßigte Neigung zum Alkohol und zu Prügelstrafen sowie unduldsame Strenge nachgesagt. Die um 23 Jahre jüngere Mutter konnte sich dem Vater gegenüber nicht durchsetzen, sorgte aber liebevoll für ihre Kinder. Neben Adolf lebten dessen Geschwister, Stiefschwester Angela zeitweilig und die jüngere Schwester Paula bis zum Tod der Mutter im Jahre 1907, im Hause Hitler.

Dem Vater, der dem kleinbäuerlichen Milieu des ärmlichen österreichischen Waldviertels entstammte, war es mit Zielstrebigkeit, Fleiß und Pedanterie gelungen, eine beachtliche Karriere in der unteren österreichischen Zollbeamtenhierarchie zu machen. Beachtlich war diese Karriere gemessen an seinen Bildungsvoraussetzungen, denn er besaß nur den Volksschulabschluß. Alois Hitler war ein anerkannter Mann und verfügte infolge einer glücklichen Erbschaft sogar über ein kleines Vermögen. Alles, was wir über den Sohn Adolf wissen, spricht dafür, daß er dem Vater mit innerer Distanz begegnete und dessen Beruf entschieden ablehnte. Er hat sich zeit seines Lebens abfällig über »Beamte« geäußert, und Kubizek bezeugt diese Abneigung relativ glaubwürdig bereits für die Linzer Zeit.

Adolf wollte Künstler, genauer Maler und später Architekt werden. Als der Vater 1903 starb, war der Weg für eine künstlerische Laufbahn frei. 1905 verließ Hitler die Schule, lebte aber zunächst noch für zwei Jahre im Haushalt seiner Mutter in Linz, bevor er 1906 erst für kurze Zeit und 1907 für insgesamt fünf Jahre nach Wien ging. Aus mehreren voneinander unabhängigen Quellen[17] wissen wir, daß Hitler im Hause der Mutter eine bevorrechtigte Rolle spielte und daß er seine Mutter offenkundig sehr liebte. Als sie 1907 an Brustkrebs erkrankte, kehrte er sofort aus Wien zurück und pflegte sie bis zu ihrem Tode aufopferungsvoll.

Nach Wien und später, nämlich 1913, nach München ging Hitler wegen der kulturellen Ausstrahlungskraft dieser beiden Metropolen. Er machte in Wien durchaus den Versuch, seine künstlerischen Ambitionen in professionelle Bahnen zu lenken: Zweimal trat er zur Aufnahmeprüfung an der Akademie für Bildende Künste in Wien an, und zweimal fiel er durch. Beim zweiten Mal wurde er nach eigenen Angaben[18] auf seine Begabung für Architektur hingewiesen, doch hätte er für das Studium dieses Faches das Abitur nachmachen müssen, was er offenbar nicht einmal in Erwägung zog, geschweige denn in Angriff nahm. Eine Chance, auf dem Empfehlungswege an den bekannten Bühnenbildner Alfred Roller heranzukommen, ließ er ungenutzt. Augenscheinlich versuchte Hitler aus der Not eine Tugend zu machen und sich als Autodidakt gewissermaßen selbst auszubilden. Die Richtung ist nicht ganz klar; Kubizek berichtet von zahllosen nachvollziehenden Architekturzeichnungen bereits errichteter Bauten und daß Hitler anhand eines Architekturhandbuchs sich Fassadenansichten und Grundrisse berühmter Gebäude einprägte. Anscheinend diskutierten die beiden Freunde aber auch Neu- und Umbaupläne für Linz und Wien, für die Hitler die Vorlagen zeichnete. Da so gut wie keine Spuren dieser »Zeichnungen« existieren, ist eine Stilisierung durch Kubizek allerdings nicht auszuschließen.

Hitler lebte in Wien unter materiell sehr verschiedenen Bedingungen. Anfangs verfügte er neben einer kleinen Waisenrente, die zum Leben nicht ausreichte, noch über Ersparnisse aus dem Haushalt der Mutter. Auch lieh ihm seine Tante gelegentlich Geld. Später, seit 1909/10, bestritt er seinen Unterhalt weitgehend mit dem Vertrieb selbstgemalter Postkarten. Zeitweilig ohne festen Wohnsitz, lebte er zumindest vorübergehend am Rande des Existenzminimums, angewiesen auf die städtischen Wohlfahrtseinrichtungen Wiens. Im 24. Lebensjahr, also 1913, kam er in den Genuß seines väterlichen Erbes, was ihm bis zum Beginn des Ersten Weltkrieges ein Auskommen sicherte, zumal er weiterhin Postkarten und kleinere Gemälde, vorwiegend mit Gebäudemotiven, anfertigte und offenbar mit einigem Erfolg verkaufte. Er nutzte die Verbesserung seiner ökonomischen Lage, um von Wien nach München zu wechseln. Den Anlaß dazu bot seine Einberufung zum österreichischen Militärdienst, der er auf diese Weise zu entgehen suchte.

Hitler war nicht ohne Bildungsinteressen und er war nicht faul. Sein Arbeitsrhythmus allerdings war ungewöhnlich. Er arbeitete bis zum frühen Morgen und schlief oft bis gegen Mittag. Er besaß eine ausgeprägte Vorliebe für Musik, vor allem für die Oper und insbesondere für Richard Wagner. Er befaßte sich intensiv mit dessen musikalischem und literarischem Werk. Er besaß außerdem ein gewisses Interesse für das Theater und für die Malerei und bewunderte die Prachtarchitektur der Wiener Ringstraße. Hitler las zudem sehr viel, besaß offenbar zumindest anfangs in Wien eine kleine eigene Bibliothek – Kubizek spricht von mehreren Koffern[19] – und suchte relativ regelmäßig Leihbüchereien und Bibliotheken auf.

Leider wissen wir nicht, was er las. Kubizeks Erinnerungen weisen in zwei Richtungen: Literatur zur germanisch-deutschen Frühzeit, insbesondere Heldenepen, und Fachliteratur über Architektur und Städtebau bzw. Städteplanung. Daneben kannte er offensichtlich Wagners Schriften, möglicherweise hat er Nietzsche und Schopenhauer gelesen, wahrscheinlicher

70

aber nur Zitatauszüge gekannt. Die Vielzahl der »geflügelten Worte«, die Hitler später in seinen Reden verwandte, dürften eher Zitatsammlungen entstammen als intensiver eigener Lektüre. Manches wird er von Theateraufführungen behalten haben. Nachweislich zeigte er sich von Lessings »Nathan der Weise«, von Schillers »Wilhelm Tell« und von Goethes »Faust« beeindruckt, dessen zweiten Teil er im Wiener Burgtheater sah. Sein Interesse an Opern- und Theateraufführungen kann als überdurchschnittlich gelten, denn die Kosten für die Theaterkarten waren gemessen an seinen Einkünften sehr hoch; der Aufwand, in den Besitz von Karten zu kommen, war groß und stundenlanges Anstehen für einen Stehplatz die Regel.

Hitlers Kunstgeschmack war offenbar klassisch-konventionell mit einem erheblichen romantischen Einschlag. Die Avantgarde nahm er wohl nicht wahr oder lehnte sie gar ab. Andererseits folgte er in seinem Kunstgeschmack offenbar nicht den antisemitischen Vorurteilen der Völkischen und Alldeutschen in Wien. Kubizek berichtet, daß er Gustav Mahler »größte Bewunderung entgegenbrachte«[20], wahrscheinlich wegen seiner Wagner-Inszenierungen. Hanisch berichtet, daß Hitler Heinrich Heine als Dichter »Respekt« zollte und es skandalös gefunden habe, daß ihm kein Denkmal errichtet worden sei, daß er die Ringparabel aus Lessings Nathan habe zitieren können und in Felix Mendelssohn-Bartholdy und Jacques Offenbach große jüdische Künstler erblickt habe.[21]

Neben den ausgeprägten Interessen für Musik, Architektur und Kunst im weitesten Sinne hat sich Hitler für Politik interessiert. Kubizek berichtet von Besuchen auf der Publikumstribüne des Parlaments in Wien und von antiparlamentarischen Schlußfolgerungen, die Hitler vor allem aus den endlosen Debatten zwischen den Vertretern der Volksgruppen in Österreich-Ungarn zog. Der Doppelmonarchie habe er den Untergang prophezeit und selbst eine kämpferische nationalistisch-großdeutsche Position bezogen. Hitlers Flucht

71

nach Deutschland im Jahre 1913, seine freiwillige Meldung zum Kriegsdienst 1914 und seine Briefe von der Front bestätigen für die Jahre 1913 bis 1918 eine solche Orientierung. Sie entspräche damit weit verbreiteten großdeutschen Tendenzen im Lehrerkollegium an Hitlers Linzer Schule, nicht aber der politischen Haltung seines Vaters, der Kaisertreue mit einer nationalliberalen Position zu verbinden versuchte.

Es muß offen bleiben, ob Hitler in Wien zum Antisemiten wurde. Besonders wahrscheinlich ist dies nicht und nachgewiesen werden kann es auch nicht. »Praktizierender Antisemit«, das hat Brigitte Hamann schlüssig nachgewiesen, war Hitler offenbar nicht. Jedenfalls scheute er sich nicht, mit Juden Handel zu treiben und freundschaftlichen Umgang mit ihnen zu pflegen oder sich, wie Kubizek berichtet, von ihnen einladen zu lassen. Sofern keine neuen Quellen auftauchen, die klarere Schlüsse zulassen, ist Hamann zuzustimmen, wenn sie schreibt: »Die entscheidende Frage aber, wann der Antisemitismus für Hitler zum Kern- und Angelpunkt wurde, kann aus seiner Linzer und Wiener Zeit nicht beantwortet werden.«[22]

Auch die stereotype Behauptung, daß Hitler in Wien die von dem völkischen Sektierer Lanz von Liebenfels herausgegebenen »Ostara-Hefte« las oder Guido Lists Machwerke über germanische Weltanschauung, läßt sich nur um den Preis höchst gewagter Textvergleiche in den Bereich des Möglichen rücken. Das später bei Hitler nachweisbare manichäische Weltbild, das von einem Antagonismus zwischen Ariern und Juden ausging, läßt sich mit mehr Plausibilität aus anderen Quellen herleiten, etwa aus den Schriften von Dietrich Eckart, dem Hitler »Mein Kampf« gewidmet hat, während weder der Name von Guido List noch der von Lanz von Liebenfels in »Mein Kampf« auch nur erwähnt wird. Für diese Annahme spricht auch, daß Hitler mit Dietrich Eckart eng befreundet war. Eckart war für Hitler so etwas wie ein politischer Zieh-

72

vater. Allerdings lernte er ihn erst nach dem Ersten Weltkrieg kennen. Ähnliches gilt für den Antisemiten Gottfried Feder, den Hitler erstmals 1919 hörte und anschließend kennenlernte und, wenn auch nur zeitweilig, bewunderte.

Läßt man spätere Selbststilisierungen Hitlers außer acht und geht mit den diachronen Erinnerungen Dritter quellenkritisch um, so ergibt sich für die Jahre in Linz, Wien und München, also bis zum Beginn des Weltkrieges, das Bild eines jungen, wenig talentierten, glücklosen, sich sehr fern der Realitäten des Alltags bewegenden Künstlers, der ärmlich, zeitweise sogar am Rande zur Verwahrlosung lebte, der durchaus eine gewisse kulturelle und auch intellektuelle Neugier besaß, auch wenn er diese in ausschließlich konventionelle, möglicherweise auch gelegentlich obskure Bahnen lenkte. Zweifellos verschaffte er sich auf diese Weise ein gewisses Maß an Bildung, doch blieb er reiner »Autodidakt« und vermied jede Herausforderung und jede Anregung oder Kontrolle durch Dritte, seien sie nun Lehrer oder Freunde. Er erlernte keinen Beruf, legte nie ein Examen ab und lebte, selbst wenn man sein eigenes Lebensverständnis als Künstler zum Maßstab macht, relativ orientierungslos dahin.

Leer und unpersönlich, wie alle Biographen behauptet haben, war dieses Leben jedoch nicht. Dagegen spricht das ausgeprägte Interesse für die Oper, fürs Theater, für die Architektur und die Malerei, das unter z. T. großen materiellen Opfern betätigt wurde. Dagegen sprechen auch einige Freundschaften, die zu August Kubizek, Reinhold Hanisch, Rudolf Häusler und Josef Neumann, der übrigens Jude war. Gewiß gab es Merkwürdigkeiten in diesem Leben. Dazu mag man die Tatsache zählen können, daß Hitler in Linz, Wien und München keine Frauenbekanntschaften schloß. Dies wird gern einem moralisch-normativen Obskurantismus und Rigorismus zugeschrieben, der sich bei Hitler wohl nachweisen läßt. Auch war er Frauen gegenüber unsicher. Bevor man dies aber zur Basis weitreichender psychologischer Überlegungen und Schlußfolgerungen macht, sollte man bedenken, daß der relativ mittellose, beruflich perspektivlose Hitler Frauen in gewisser Weise wenig zu bieten hatte. Zumindest gibt es Anzeichen dafür, daß Hitler selbst so dachte. Kubizek legt nahe, daß Hitler seine Chancen bei Frauen damit weit unterschätzte. Wie dem auch sei, ein Don Juan war er gewiß nicht und ein Vorkämpfer der Frauenemanzipation auch nicht. Man bringt seine Auffassungen in diesem Bereich am besten auf den Punkt, wenn man in ihm einen exaltierten, durch die Lektüre von zuviel Heldenepen kapriziös gewordenen, letztlich aber vor allem naiven und unsicheren Menschen sieht.

Wie Hitler den Ausbruch des Ersten Weltkrieges erlebte und was er dabei empfand, wissen wir nicht. Ein Zufallsfoto zeigt Hitler als Teilnehmer der Großdemonstration am 2. August 1914 in München vor der Feldherrenhalle.[23] Möglicherweise erlebte er den Krieg als Befreiung auch ganz persönlicher Art. Wie viele in seiner Generation meldete er sich freiwillig zum Kriegsdienst und wurde, wohl infolge eines Verwaltungsfehlers, zu einem bayerischen Infanterieregiment eingezogen, obgleich er österreichischer Staatsbürger war. Hitler hat den gesamten Krieg an der Westfront verbracht, erst als Infanterist, dann als Meldegänger.[24] Er wurde mehrfach wegen Tapferkeit ausgezeichnet, aber nicht befördert. Er blieb also Gefreiter. Die angesichts der Tapferkeitsauszeichnungen auffällige Nichtbeförderung ist nicht schlüssig zu erklären. Sie kann mit seinem exaltierten, ein wenig zu Merkwürdigkeiten neigenden Verhalten zusammengehangen haben. Jedenfalls war er in die Kameradschaft der Truppe mehr als Sonderling, über den man sich amüsierte, denn als Autorität integriert. Möglicherweise hat er sich aber auch gegen eine Versetzung gewehrt, die mit einer Beförderung verbunden gewesen wäre.

Hitler fühlte sich im Sozialmilieu der unteren Dienstgrade der Truppe offenbar wohl. Vielleicht fand er dort etwas,

was er bisher aus eigener Kraft nicht hatte erreichen können: ein intaktes zwischenmenschliches Umfeld, einen geregelten Unterhalt, klare Aufgaben und gesellschaftliche Anerkennung. Die Sozialbeziehungen, die er in der Armee aufgebaut hat, waren von Dauer. Sie stellen die einzige personale Netzwerkstruktur aus seiner Jugendzeit dar, auf die der Parteiführer Hitler später hat zurückgreifen können. Als der Krieg zu Ende ging, klammerte sich Hitler an die Armee. Es gelang ihm, der Demobilmachung zunächst zu entgehen; denn ein Offizier der Reichswehr »entdeckte« Hitlers Redetalent, ließ ihn politisch und rhetorisch schulen und setzte ihn als Redner und V-Mann zur Bekämpfung bolschewistischer Tendenzen in der Truppe und in der Öffentlichkeit ein. Bis zum 31. März 1920 bezog Hitler für diese Tätigkeit regelmäßigen Sold von der Reichswehr.[25]

Über das politische Profil Hitlers, über seine Auffassungen zu diesem Zeitpunkt läßt sich nur wenig Gesichertes sagen. Der Reichswehroffizier, Hauptmann Karl Mayr, der ihn 1919 »entdeckte« und förderte, hielt ihn in einem späteren Urteil von 1941 für völlig opportunistisch: »›In dieser Zeit war Hitler bereit, von irgend jemanden einen Posten anzunehmen, der ihm freundlich gesinnt war.‹ Er ›glich […] einem müden streunenden Hund, der nach einem Herren suchte. […] Das deutsche Volk und sein Schicksal ließen ihn kalt.‹«[26] Den spärlichen schriftlichen Zeugnissen, die von Hitler selbst aus der Kriegszeit erhalten sind, läßt sich wenig entnehmen, was auf eine feste politische Orientierung oder gar Weltanschauung schließen ließe. Die zum Teil recht umfangreichen Briefe schildern ausführlich Frontereignisse, gehen aber nur ganz am Rande und nur undeutlich auf die politische Situation ein. Es sind unpolitische Briefe.

Immerhin läßt sich ihnen entnehmen, daß Hitler ein positives Bild vom Krieg besaß, an Deutschlands Sieg glaubte und ihn auch herbeiwünschte. Wie die Mehrzahl seiner Kameraden war er der Meinung, daß es mit der »Heimatfront« nicht zum besten stehe. »Jeder von uns«, so schrieb er am 5. Februar 1915 von der Westfront nach einem Besuch in München, »hat nur den einen Wunsch, daß es bald zur endgül[t]igen Abrechnung mit der Bande kommen möge.«[27] Wenige Zeilen später ist dann von der »Fremdländerei« die Rede, von der er die »Heimat« »gereinigt« sehen will, und davon, daß es nicht nur darum gehe, Deutschlands Feinde »im A[e]ußeren« zu zerschmettern, sondern »daß auch unser innerer Internationalismus [sic] zerbricht«.[28] Man kann diese diffusen Äußerungen natürlich im Lichte von Hitlers späteren Auffassungen interpretieren und in ihnen eine Anspielung auf die Sozialdemokratie, den Reichstag und seine Parteien, auf »Marxisten«, Juden, Pazifisten usw. erblicken, die er später in einen Topf warf. Wahrscheinlicher kommt in diesen ungelenken Schlagworten jedoch nur das an der Front übliche Ressentiment gegen die Zivilisten, die Regierung und die politischen Zustände in der Heimat zum Ausdruck, verbunden mit der vagen Zielperspektive eines autoritären Systemwechsels nach dem Krieg. Natürlich kann man vermuten, daß Hitler im Laufe des Krieges zum Antisemiten wurde, wie Brigitte Hamann das tut.[29] Seine Entwicklung entspräche dann dem allgemeinen Trend im nationalen, konservativen, völkischen Lager und in einem wachsenden Teil der Öffentlichkeit, wo der Antisemitismus seit 1916 und verstärkt seit 1917 erheblich zunahm. Dafür, daß Hitler sich diesem Trend anschloß, gibt es aber keinen Quellenbeleg aus der Zeit.

Seine Frontkameraden haben in ihrer überwiegenden Mehrheit später ausgesagt, daß sie sich an antisemitische Äußerungen Hitlers nicht erinnern und er an politischen Diskussionen überhaupt kaum teilgenommen habe. Nur wenn jemand am Sieg zweifelte, fühlte er sich herausgefordert, so daß ihn seine Kameraden mit scherzhaften defaitistischen Äußerungen zu ärgern begannen. Ob der Soldat Hitler zudem

76

politisch bei Kriegsende auf die völkisch-antisemitische Richtung festgelegt war, kann bezweifelt werden. Jedenfalls gibt es eine Reihe allerdings sehr unsicherer Indizien, die die Annahme stützen, Hitler habe während der Novemberrevolution 1918 zeitweilig zu den Mehrheitssozialdemokraten tendiert.[30] Andererseits kann man vermuten, daß Hitler Prädispositionen für völkisch-antisemitische Auffassungen besaß, die sich u. a. aus seiner Vorliebe für Wagners literarisches und musikalisches Werk ergeben haben mögen. Doch dies sind nur Vermutungen. Dem Historiker bleibt daher nichts anderes übrig, als festzustellen, daß wir über Hitlers politische Auffassungen am Ende des Ersten Weltkrieges nichts Sicheres wissen. Die ersten sicheren Belege für politische Auffassungen Hitlers, die diesen Namen verdienen, und für eine antisemitische Einstellung stammen aus dem Jahre 1919.

Die drei Lebensjahrzehnte Adolf Hitlers bis 1919 liegen auf den ersten Blick außerhalb der Reichweite von Max Webers Begriff der charismatischen Herrschaft; denn Anhänger, die an ihn und seine Mission hätten glauben können, hat Hitler in dieser Zeit nicht um sich versammelt. Er lebte in Wien und in München isoliert, zeitweilig am untersten Rande der Gesellschaft, und hatte, so weit wir sehen, immer jeweils nur einen Freund. Zwar berichtet Hanisch von gelegentlichen Disputen im Männerheim, in die Hitler eingriff, doch daß sich eine Hitler-Gruppe gebildet hätte, davon berichtet er nichts, und dies ist angesichts der dort herrschenden Fluktuation auch unwahrscheinlich. Auch in der Armee wirkte Hitler nicht gruppenbildend, sondern befand sich eher am Rande, was einerseits seinem Sonderlings-Charakter und andererseits seinem niedrigen militärischen Rang zuzuschreiben ist.

Auch läßt sich aus den verfügbaren Quellen nicht belegen, daß Hitler in dieser Zeit selbst überhaupt glaubte, er habe eine Mission zu erfüllen, sei diese nun politischer oder sonstiger Art. Zwar liebte er die Projektemacherei und spann sich

zusammen mit seinem Freund Kubizek in phantastische Tag-
träume ein, aber eine missionarische Idee trat dabei nicht in
Erscheinung. Allerdings liebte er es, seinen jeweiligen Freun-
den Kubizek, Hanisch und Häusler mit langen, monologarti-
gen Ausführungen über alles mögliche die Nächte zu stehlen,
so daß man ihn einen logomanischen Eiferer nennen könnte.
Es ist daher sehr unwahrscheinlich, daß Hitler die charismatischen Eigenschaften des frühreifen Propheten und politischen
Missionars, des Rädelsführers und genialischen Autodidakten
besaß, die er sich später in »Mein Kampf« attestierte. Statt
dessen ergibt sich bei kritischer Sichtung der Quellen das
Bild eines jungen Mannes, dessen Hauptinteresse der Oper,
dem Theater, der Architektur und der Malerei galt und dessen Leben nahezu vollständig durch diese Interessengebiete
bestimmt wurde. Selbst seinen Lebensunterhalt verdiente er
mit einer künstlerischen Tätigkeit, nämlich dem Malen von
Postkarten und kleinen Bildern.

Sowohl die Motive dieser Bilder und einiger Skizzen, die
sich erhalten haben, als auch die Zeugnisse von Weggefährten weisen darauf hin, daß Hitlers Hauptinteresse der Architektur bzw. der Architekturmalerei galt, jedenfalls wenn man
nach seinen beruflichen Ambitionen fragt. Die größere Begeisterung brachte er dagegen für die Oper und insbesondere
für die Opern Richard Wagners auf. Die Politik spielte in diesem Leben keine wichtige Rolle. Hitler war, soweit wir wissen,
in keiner Partei, in keinem Verband oder Verein. Die einzige
Ausnahme, von der wir wissen – seine Mitgliedschaft im Linzer »Musealverein« –, bestätigt sein überwiegendes Interesse
für Kunst und Architektur.

Die spärlichen und wenig aussagekräftigen Quellen, über
die wir verfügen, machen es nicht besonders wahrscheinlich,
daß Hitler eine irgendwie entwickelte oder auch nur einseitig
akzentuierte politische Meinung besaß. Einige wenige Belege
sprechen dafür, daß er der österreichisch-ungarischen Mon-

archie innerlich ablehnend gegenüberstand und großdeutsch dachte. Relativ wahrscheinlich ist, daß er durch den Besuch der Parlamentsdebatten in Wien die Auffassung gewann, daß der Vielvölkerstaat an den Nationalitätenkonflikten zugrunde gehen werde. Er bewunderte das Deutsche Reich und traute politische Kraft nur dem ethnisch geschlossenen Nationalstaat zu. Es ist daher kein Zufall, daß er 1914 mit dem freiwilligen Eintritt in die bayerische Armee für den deutschen Nationalstaat optierte. Hitler scheint im Krieg ein guter Soldat und überzeugter Patriot gewesen zu sein und fest an den deutschen Sieg geglaubt zu haben. Wie viele Frontsoldaten stand er der zivilen Heimatfront mit Skepsis gegenüber. Schlagworte, die er in seinen Briefen von der Front verwendet, lassen auf eine antiparlamentarische, autoritäre, eng nationalistische Gesinnung schließen. Dafür, daß Hitler sich als Frontsoldat intensiver als zuvor für Politik interessiert hat, haben wir keinen Beleg. Als er im Oktober 1917 seinen Heimaturlaub dazu nutzt, erstmals in seinem Leben nach Berlin zu reisen, erschließt er sich die Stadt offenbar gänzlich unpolitisch. An einen Regimentskameraden schreibt er: »Habe jetzt endlich Gelegenheit, die Museen etwas besser zu studieren.«[31]

Die wenigen Briefe Hitlers von der Front lassen keinen politischen Fanatismus erkennen. Sie sind eher unpolitische Dokumente. In ihnen findet sich insbesondere kein Hinweis auf eine antisemitische Gesinnung. Hierfür besitzen wir überhaupt keinen Quellenbeleg vor dem Jahre 1919. Spätere Zeugnisse, die das Gegenteil bekunden, vor allem Hitlers eigene Aussagen nach dem Ersten Weltkrieg, halten vor diesem Hintergrund einer Quellenkritik nicht stand. Zudem hat Brigitte Hamann für Hitlers Wiener Zeit, wie gesagt, überzeugend nachgewiesen, daß er den persönlichen Umgang mit Juden nicht mied, ja sogar einen jüdischen Freund besaß und jedenfalls von einem praktizierenden Antisemiten weit entfernt war. Auch ließ er sich in seiner Kunstvorliebe offenbar

nicht von der antisemitischen Kunst- und Kulturkritik beeinflussen, die die Alldeutschen z.B. gegen Gustav Mahler, den
Künstlerischen Direktor der Wiener Hofoper, vorbrachten
und die ihn u.a. 1907 zum Rücktritt veranlaßte. »Im Streit
um Mahlers Wagner-Konzept stehen die beiden jungen Wag-
nerianer Hitler und Kubizek eindeutig nicht auf der Seite der
Antisemiten.«[32]

Obgleich Webers Charisma-Begriff auf den jungen Hitler
also offenbar nicht zutrifft und er die Züge eines heranwachsenden Messias, Propheten oder auch nur exzentrischen Fa-
natikers nicht besaß, ja sich für Politik nicht einmal besonders
interessierte, bildete Hitler in Linz, Wien und München sowie
als Soldat im Krieg doch einige Fähigkeiten aus, die als Prädispositionen für seine spätere charismatische Führer-Rolle
von Bedeutung sind, weil sie ihm charismatische Wirkungsmöglichkeiten eröffneten: Seine Interessen und Fähigkeiten
erleichterten ihm den Anschluß an charismatische Zeittendenzen und Erwartungshaltungen, an die Seh- und Wahr-
nehmungsgewohnheiten eines Zeitalters, das die heroische
Bühneninszenierung und ihre grandiosen Kulissen liebte,
sich am Heroismus vergangener Zeiten berauschte, den Mangel an lebenden Heroen beklagte und für Kompensationen
empfänglich war, solange sie nur gut inszeniert und mit va-
terländischem Pathos vorgetragen wurden.

In diesem Sinne erwarb Hitler in Linz, Wien und München
und auch in der Armee Anschlußfähigkeiten, gewann eine
intensive Beziehung zu Multiplikatoren und multiplikatorischen Mitteln, lernte systemische Anschlußstellen kennen,
kurz: Er erwarb Kenntnisse, die sich später in Strategien um-
setzen ließen. Diese Kenntnisse und Fähigkeiten erwarb der
spätere Diktator, weil er sich für die Oper, für Wagner, für
Kunst, Kultur und Architektur interessierte und weil er dies
so tat, wie er es tat. Mit Politik hatte dies nichts zu tun, und
politische Interessen waren hierzu auch gänzlich unnötig.

Die biographische Literatur hat sich, soweit sie nach Hitlers frühen politischen Einstellungen fragt und sich dabei an seiner späteren politischen Einstellung orientiert, durch Adolf Hitler selbst dazu verleiten lassen, die Grundprinzipien der Quellenkritik zu vernachlässigen. Ein weiteres Mal ist sie auf eine falsche Fährte gelockt worden durch die bürgerlichen Karrierekriterien und Sekundärtugenden, an denen sie Hitlers Leben maß, und durch die Attitüde eines avantgardistischen Kunstgeschmacks, dem sich die Erkenntnis verschloß, daß der Masse, wahrscheinlich auch der Mehrheit des Bürgertums, die avantgardistische Kulturszene ebenso gleichgültig war wie Adolf Hitler. Hitler mag einen schlechten Geschmack gehabt haben, aber er hatte möglicherweise einen sehr populären Geschmack, der ihm große gesamtgesellschaftliche Anschlußmöglichkeiten eröffnete. Die übliche, kritisch-ironische Distanz bürgerlicher Selbstgefälligkeit, mit der Historiker Hitler gern schildern, ist Quelle zahlreicher Fehleinschätzungen.

Problematisch ist es auch, Hitler mit den politischen und kulturellen Zeittendenzen in der Weise zu verrechnen, daß deren Schilderung biographische Leerstellen überlagert, Assoziationen eröffnet und Bezugsfelder herstellt, die von der vagen Vermutung gestützt werden, daß er doch wahrgenommen haben müßte, was um ihn herum geschah. Solche Schilderungen gereichen dem Biographen in den Augen seines bürgerlichen Lesepublikums zwar zur Ehre, stellen ihm als Wissenschaftler aber kein besonders gutes Zeugnis aus, wenn sie mit den Methoden der Quellenkritik nicht einwandfrei auf Hitler rückbezogen werden können. Nach Hitlers Anschlußfähigkeiten zu fragen, heißt also nicht nur, sich auf ihn einzulassen, sondern auch auf seine – meinetwegen – subkulturellen Lebenswelten, soweit sie sich einigermaßen sicher rekonstruieren lassen.

Die entscheidende Frage lautet also: In welchen Bereichen

konnte Hitler bis zu seinem 30. Lebensjahr gesellschaftlich relevante, systemische Anschlußfähigkeiten erwerben, und wie sind sie auf unser Thema zu beziehen? Zur Verdeutlichung sei eine These an den Anfang gesetzt, die nach dem bisher Gesagten nicht mehr sehr überraschend sein dürfte: Hitler war zwar vor 1919 keine charismatische Führerpersönlichkeit, aber er hat Interessen gehabt und kultiviert sowie Erfahrungen gesammelt, die ihm eine sehr lebhafte Vorstellung davon vermittelt haben, was Charisma oder charismatische Herrschaft ist. Dies geschah nicht notwendigerweise bewußt: Hitler wird keine Charisma-Studien betrieben oder gar Max Weber gelesen haben. Aber Hitler interessierte sich für eine Welt, ja er lebte in einer Welt, in der Charisma eine wichtige Rolle spielte: Dies war die mythische literarische Welt germanischer Helden der Vorzeit, die künstlerische Welt der Bühnenhelden in der Oper und des Theaters und die geschichtlich überhöhte Welt von Kriegshelden. Hitler internalisierte in seinen ersten drei Lebensjahrzehnten so etwas wie eine heroische Weltsicht, und er lernte, daß und wie diese heroische Weltsicht inszenierbar ist. Dabei lernte er nicht nur die Helden auf der Bühne kennen und die Inszenierungskünste und -techniken, denen sie ihren Erfolg verdankten, sondern auch das Publikum. Ja, es war geradezu die Perspektive des Publikums, die er, da er selbst Teil des Publikums war, sich zu eigen machte und die ihn möglicherweise dazu brachte, vorwiegend auf äußere Wirkung, auf das Szenario zu achten und Inhalte zu vernachlässigen.

Kubizek überliefert glaubhaft, daß Hitler an der Oper weniger die Qualität der Musik interessierte als die Qualität der szenischen Aufführung und daß er fasziniert polnischen und tschechischen Parlamentsreden im Wiener Reichstag zuhörte, obgleich er weder Polnisch noch Tschechisch verstand.[33] Er nahm die Form für den Inhalt, ihm war die Form der eigentliche Inhalt. Hitlers »Charisma-Wissen« war latent und

82

ihm vermutlich wenig bewußt. Instrumentalisiert wurde es erst später, nach 1919, und da auch nicht sofort, sondern den wachsenden Anforderungen des politischen Alltags entsprechend und angeregt durch die Möglichkeiten, die die politische, gesellschaftlich-kulturelle und wirtschaftliche Krisenentwicklung bot.

Man kann die »heroische Weltsicht« des jungen Hitler gewiß als Naivität und als Kompensationsmechanismus begreifen, wie Joachim Fest dies tut: »Von früh auf sah er sich nur durch die großen Motive verlockt. Seine so naive wie künstlerisch rückwärtsgewandte Neigung für das Heroische, erhaben Dekorative, für das Idealische hat hier eine ihrer Ursachen. Götter, Helden, ins Riesenhafte geweitete Vorhaben oder horrende Superlative stimulierten ihn und verdeckten ihm die Banalität seiner Lebensumstände.«[34] Entscheidend ist nur, daß man sich durch solche Urteile nicht den Blick dafür verstellt, daß diese heroische Weltsicht als kompakte Hinterlassenschaft der Jugend in späteren Lebenszusammenhängen leicht instrumentalisiert werden konnte und daß sie auch bei größter Naivität aus der Spannung von heroischer Fiktion und theatralischer Wirkung einerseits und banaler Wirklichkeit andererseits lebte, also von Anfang an für den Aspekt der Manipulation, sei sie nun Selbstmanipulation oder Manipulation anderer, offen war.

Die erste Begegnung Hitlers mit einer heroischen Weltsicht dürfte sich im Rahmen der kirchlichen und schulischen Erziehung ereignet haben. Wir wissen über sein Verhältnis zur katholischen Kirche, deren Mitglied er zeit seines Lebens war, recht wenig, und das wenige wird stark durch spätere Bekenntnisse überformt, in denen Hitler betont, daß er die katholische Kirche in mancher Hinsicht für eine nachahmenswerte Organisation hielt. Dabei hat er einseitig auf ihre manipulativen Fähigkeiten im Umgang mit Glaubensprinzipien und ihre geschlossene Darstellungskraft den Gläubigen gegenüber abgehoben. Hinter dieser Fassade werden nur wenige harte Fakten sichtbar: Hitlers Vater war freisinnig orientiert und stand der katholischen Kirche distanziert gegenüber. Er ließ aber der Mutter Hitlers freie Hand in der religiösen Erziehung. Sie war kirchlich orientiert und wird dafür gesorgt haben, daß ihre Kinder religiös und das heißt auf dem Boden der katholischen Heilslehre erzogen wurden. Zumindest zeitweilig hat Adolf Hitler in etwas intensiverer Form am religiösen Leben teilgenommen. Im Alter von sieben oder acht Jahren hatte Hitler für etwa zwei Jahre Gesangsunterricht bei Pater Leonhard Grüner vom Chorherrenstift der Benediktiner zu Lambach erhalten und sang im Kirchenchor mit.[35] Wahrscheinlich war er auch für einige Zeit Meßdiener.[36]

Möglicherweise verdankt er diesen frühkindlichen Eindrücken seine späteren Ansichten über die Inszenierungskünste der katholischen Kirche. Wahrscheinlicher ist jedoch, daß er in dieser Lebensphase lediglich die Bibelkenntnisse erwarb, mit denen er später in seinen Reden gelegentlich aufwartete. Den vorwaltenden Zeittendenzen im katholischen Österreich entsprechend hat Hitler womöglich einen Religionsunterricht genossen, in dem nicht nur die charismatische Figur Christi im Mittelpunkt stand, sondern in dem das Neue Testament dem Alten auf eine Weise vorgezogen wurde, die mancherlei antisemitische Anknüpfungspunkte bot. Jedenfalls gebot der Redner Hitler später über die Fähigkeit der ironisch-burlesken Herleitung antisemitischer Sottisen aus den Geschichten des Alten Testaments, die er mit großer Wahrscheinlichkeit bereits mit dieser Akzentsetzung im Religionsunterricht kennengelernt hatte.[37]

Über Hitlers schulische Erziehung wissen wir etwas mehr. Von Interesse ist vor allem der Geschichtsunterricht, den er in Linz bei einem alldeutsch gesonnenen Lehrer, Dr. Leopold Pötsch, erhielt. Dies war in den Jahren von 1900 bis 1904, also zwischen dem 11. und dem 15. Lebensjahr, einem Alter, in dem man sehr leicht zu beeinflussen ist. Entgegen späterer Legendenbildung waren Hitlers Leistungen auch im Fach Geschichte eher mäßig, so daß wir nur mit Einschränkungen befugt sind, sein späteres Geschichtsbild auf die Schulzeit zurückzuführen. Aber den Grundtenor dieses Geschichtsunterrichts dürfte er begriffen haben, zumal er Hitlers Neigungen entsprochen haben wird, bildete er doch einen Gegenpol zu den Auffassungen seines Vaters und lud zu einer gewissen oppositionellen Haltung gegenüber dem Staat und seinen Repräsentanten ein. Pötsch war nämlich großdeutsch und das heißt reichsfreundlich und ein Gegner der offiziellen, auf den Ausgleich der Nationalitäten zielenden Politik des Hauses Habsburg.[38]

Pötsch war mit dieser Auffassung nicht allein. Vielmehr waren alldeutsche Ansichten in Linz ebenso verbreitet wie vor allem an der Realschule, die Hitler besuchte. Die Schüler gefielen sich in einer Art von oppositionellem Nationalismus, der den ungemeinen Vorteil hatte, die Repräsentanten des Staates in Verlegenheit zu setzen. Mit Vorliebe zeigten sie die schwarz-rot-goldene Trikolore der deutschen Einheitsbewegung oder sangen das Deutschlandlied und sympathisierten mit den alldeutschen Traditionen der politischen Bewegung, die Georg Ritter von Schönerer[39] in den 70er Jahren des 19. Jahrhunderts ins Leben gerufen hatte. Pötsch, dem Hitler 1938 einen demonstrativen Besuch abstattete, wird Hitler nicht nur durch seine politische Gesinnung beeindruckt haben, sondern auch durch die Art seines Unterrichts. Er untermalte ihn mit lebendigen Schilderungen heroischer Taten und mit historischen Gemälden. Offenbar wurde hier mehr getan, als unter dem Motto »Männer machen Geschichte« üblicherweise geschah. Pötsch verband den üblichen Nationalheroismus mit dem Volkstumskampf in der k.u.k. Monarchie, also mit einer aggressiven ethnischen Tendenz. Hier marschierten nicht nur die Heroen der preußisch-deutschen Geschichte auf, was ja für eine Schule in Österreich überraschend genug ist, sondern sie wurden durch die Diaspora-Perspektive mit einem Heiligenschein versehen, der ihnen in Deutschland fehlte. Dies stimulierte vor allem die Erwartungsperspektive: Der »neue große Bismarck«, den man auch hier erträumte, hatte Großdeutschland zu verwirklichen und die Tschechen, Polen, Magyaren und anderen Balkanvölker in ihre Schranken zu weisen.

Die zweite Form, in der Hitler mit einer heroischen Weltsicht konfrontiert wurde, war die Welt der Heroen der germanisch-deutschen Frühzeit, wie sie in den mittelalterlichen Spielmannsepen, im Nibelungenlied und in der Edda überliefert ist. Auch diese »Welt« lernte damals jeder Schuljunge kennen. Doch bei Hitler blieb diese Welt offenbar länger haften, als dies bei Heranwachsenden üblicherweise der Fall ist. Bei seinem Interesse handelte es sich um mehr als um eine Entwicklungsstufe, die spätestens in der Pubertät, in der Regel aber weit früher überwunden zu sein pflegt. Als Kubizek Hitler kennenlernte, schleppte er die Nacherzählung der deutschen Heldensagen von Gustav Schwab noch mit sich herum. Als er 1905 erkrankte und den Abgang von der Schule erzwang – er war jetzt immerhin 16 – »vertiefte er sich mit wahrer Inbrunst«, so schreibt Kubizek später, »in die geheimnisvoll mythische Welt, die ihm dieses Buch erschlossen hatte.«[40] Und selbst in der gemeinsamen Studentenbude in Wien – Hitler war jetzt 19 Jahre alt – befand sich »eine besonders schöne Ausgabe der deutschen Heldensagen [...], in der er oft und eifrig las«. Und Kubizek fährt schlußfolgernd fort: »Vertrautsein mit der deutschen Sagenwelt war also keineswegs, wie sonst zumeist, nur eine jugendliche Schwärmerei. Es war vielmehr der Stoff, der ihn auch bei seinen geschichtlichen und politischen Betrachtungen am meisten fesselte und ihn nie mehr losließ, die Welt, der er sich zugehörig fühlte.«[41] Man wird sich die Welt der Spielmannsepen vergegenwär-

86

tigen müssen, um die Grundkoordinaten dieses Weltbildes zu verstehen: Immer geht es um den charismatischen Helden und seine »Gefolgschaft«, die ihm durch das Lehnsband in Treue verbunden ist. Der Held bewährt sich im Kampf gegen Heiden und Hunnen und bewegt sich in einer manichäischen Welt- und Werteordnung, die nur Gut und Böse kennt. Wichtig ist die Kategorie des ästhetisch Schönen, die den Guten auszeichnet, und des ästhetisch Häßlichen, die den Bösen stigmatisiert. Rassistische Vorstellungen finden hier leicht Anschluß.

Wie sehr Hitler diese »Welt« internalisiert hatte, mag man an seinem Frauenbild ablesen können. Kubizek berichtet, daß Hitler sich in ein Mädchen aus dem Wiener Bürgertum verliebt hatte, aber nie wagte, es auch nur anzusprechen. Alle seine den Heldensagen entnommenen »hehren« Ideale habe er in dieses Mädchen und in seine »Beziehung« zu ihm hineinprojiziert. Auch dieses typisch pubertäre Verhalten hat offenbar seltsam lange angedauert. Das merkwürdig zurückhaltende, ausgesucht höfliche Betragen, mit dem Hitler die meist älteren Frauen in den Münchener Salons für sich einnahm und mit dem er etwa Winifred Wagner begegnete, hat womöglich weniger mit einer linkisch-täppischen Variante des bekannten Wiener Charmes zu tun, als vielmehr mit früh internalisierten ritterlichen Vorbildern aus »grauer Vorzeit«. Hierzu paßt auch die Sittenstrenge, mit der er gelegentlich bei seiner späteren Entourage – bei Joseph Goebbels beispielsweise – auf die Einhaltung der Ehe pochte. Allerdings ging es ihm hierbei vor allem um die charismatisch-moralische Fassade des Regimes – ein Gesichtspunkt, der ja auch bei seinem eigenen Verhalten gegenüber Eva Braun maßgeblich gewesen sein dürfte. Die Heldensagen haben sich selbst bei Adolf Hitler irgendwann einmal säkularisiert und elementareren Lebensbedürfnissen Platz gemacht, aber die Fassade blieb offenbar stehen.

Von den Heldensagen führt ein direkter Weg zu den Opern Richard Wagners. Mehr als die Musik interessierte Hitler, wie bereits angedeutet, die Inszenierung und die »Welt«, die durch Bühnenbild, Lichteffekte, Kostüme und den heldenhaften Gestus der Hauptfiguren heraufbeschworen wurde. Von der Musik selbst verstand Hitler wohl nicht sehr viel. Sieht man von seinen Jugenderfahrungen als Sängerknabe ab, hat er eine lernende Berührung mit der Musik nur in Linz gehabt. Dort hatte er für wenige Monate Klavierunterricht, den er aber abbrach, weil ihm das Üben zu langweilig war. Einiges hat ihm später in Wien Kubizek, der Musik studierte, nahegebracht. Eine wirkliche Bereitschaft zum Lernen brachte Hitler seinen musikalischen Interessen jedoch nicht entgegen. Er vertraute statt dessen auf die Intuition. Man kann davon ausgehen, daß Hitler in Linz, Wien und München so viele Wagner-Opern besucht hat, daß er den gesamten Spielplan wenigstens einmal, die meisten Stücke aber mehrfach gesehen hat: »Wir sahen damals«, so schreibt Kubizek über das eine Jahr, das sie gemeinsam in Wien verbrachten, »fast alle Werke Richard Wagners.«[42]

Im Spielplan des Wiener Hoftheaters nahm das Werk Richard Wagners einen breiten Raum ein. Jährlich zwei- bis dreimal wurde »der ganze Ring gespielt, außerdem Tristan und Isolde, Tannhäuser mit Leo Slezak in der Titelrolle«, von dem Hitler später noch schwärmte[43], ferner die »Meistersinger, Rienzi, Lohengrin und der Fliegende Holländer. Ein Beispiel aus dem Juni 1908: 2. Juni: Holländer; 4.: Tannhäuser; 5.: Lohengrin; 7.: Meistersinger; 9.: Tristan; 16.: Rheingold; 17.: Walküre; 19.: Siegfried; 22.: Götterdämmerung.«[44] Hitler besuchte auch andere Opern[45], doch fanden sie nicht dasselbe intensive Interesse wie die Wagners. Bei der Rezeption der italienischen Meister, deren Werke er durchaus kannte, »stand ihm ohne Zweifel«, so bemerkt Kubizek, »seine einseitige Haltung zur deutschen Sagenwelt im Wege. […] Für ihn galt

88

nur deutsche Art, deutsches Wesen, deutscher Sinn.«[46] Um so erstaunlicher ist vielleicht, daß Wagners Oper »Rienzi« eine zentrale Rolle in Hitlers Wagner-Rezeption spielte. Mit »Rienzi« setzte Wagner ein Revolutionsepos in Szene, das ganz aus der Spannung zwischen dem charismatischen Führer und dem Volk lebt. Im Mittelpunkt steht mit Cola Rienzi die Figur eines plebejischen Volkstribuns, der sich 1347 gegen die tyrannische Nobilität Roms auflehnt und eine Volksherrschaft errichtet, die aber schließlich an den Intrigen des Adels und dem Wankelmut der Massen zerbricht. Im Dialog zwischen Rienzi und den Massen und in der Begrüßungsformel »Heil dir, Rienzi unserem Volkstribunen« mag man präfaschistische Formprinzipien erkennen, doch sollte man die Interpretation nicht zu weit treiben; denn wir wissen ja, daß diese Formelemente in sehr viel direkterer Weise zu Beginn der zwanziger Jahre des 20. Jahrhunderts aus Italien kamen, entwickelt von Gabriele D'Annunzio im faschistischen Vorposten Fiume und zur Vollendung gebracht von Benito Mussolini.

Folgt man der Legende, so stand für Hitler die Beziehung zwischen dem charismatischen Helden und dem Volk, von der die Opernhandlung geprägt ist, im Mittelpunkt seiner Rienzi-Begeisterung.[47] In Wien war für ihn aber wohl die Tatsache wichtiger, daß Wagner mit diesem Stoff nach vielen Enttäuschungen den beruflichen Durchbruch geschafft hatte; denn Hitler sah sich damals in der künstlerischen Nachfolge Wagners. Einen sehr beredten Beleg hierfür finden wir darin, daß Hitler den Versuch machte, Wagners Werk zu vollenden oder doch fortzuführen. Zusammen mit Kubizek unternahm er es, ein germanisches Weihespiel, das Wagner in seiner Schrift »Das Kunstwerk der Zukunft« skizziert hatte und dem er den Titel »Wieland der Schmied« gegeben hatte, als Oper zu vollenden. »Bei solchen Bemühungen«, so bemerkt Brigitte Hamann, »erwirbt sich Hitler jene Kenntnisse, mit denen er später Fachleute erstaunte. Mancher Theaterdirektor wun-

89

derte sich über H[itlers] ›Interesse für den Durchmesser von Drehbühnen, Versenkmechanismen und besonders für die verschiedenen Beleuchtungstechniken. Er kannte alle Steuerungssysteme und konnte sich bis ins Detail über die richtige Beleuchtung für bestimmte Theaterszenen verbreiten‹.«[48]

»Die in Wien erworbenen Kenntnisse«, so Hamann, »fließen später deutlich in die bühnenreifen Inszenierungen der Nürnberger Parteitage ein«[49], bei deren Choreographie ihm allerdings der Architekt Albert Speer zu Hilfe kam und deren Inszenierung in Leni Riefenstahls Film »Triumph des Willens« ihre Vollendung fand. Dennoch scheint es methodisch nicht zulässig, davon zu sprechen, daß Hitler in Wien bereits begriff, daß Politik sich wie eine Opern- oder Theateraufführung inszenieren lasse und charismatische Helden in der Politik sich an Drehbüchern orientieren und durch Bühneneffekte in Szene gesetzt werden können. Gleichwohl mag es sein, daß er die Politik in Wien mit einer künstlerischen Brille betrachtete, sozusagen aus der Perspektive der Regie, und daß er sich vorwiegend jenen politischen Ereignissen zuwandte, die szenisch interessant schienen. Joachim Fest trifft es, wenn er feststellt, »es waren Theaterprobleme, die ihn beschäftigten«.[50]

Einen ersten Schritt in die Wirklichkeit tat Hitler bereits vor seinem Eintritt in die Politik, und zwar mit dem Beginn des Ersten Weltkrieges. An sich hätte man denken können, daß Hitlers heroische Weltsicht, die die unverkennbaren Züge eines geistigen Spätentwicklers trug, ja spätpubertäre Züge besaß, durch die Erlebnisse an der Front ausgelöscht oder doch wenigstens gebrochen worden wäre. Anlaß dazu hätte es genug gegeben; denn Hitler lernte das Elend des Massensterbens an der Front sehr genau kennen: Als Meldegänger war er ständig zwischen den Schützengräben und den Kommandostäben unterwegs.

Die Briefe Hitlers von der Front zeigen, daß er die Realität des Sterbens wahrnahm, diese Eindrücke aber offenbar nicht an sich herankommen ließ. Am Anfang teilte er die Kriegsbegeisterung mit der Mehrheit seiner Kameraden, von denen sich ebenfalls viele freiwillig gemeldet hatten. In der Erwartung, nach der Grundausbildung endlich an die Front zu kommen, schrieb er am 20. Oktober 1914 an Anna Popp, die Frau seines Vermieters in München: »Ich freue mich ungeheuer.«[51] Die Vorfreude galt dem Kriegseinsatz; denn Hitler befürchtete wie viele seiner Kameraden, der Krieg könne zu Ende gehen, bevor er an die Front käme. Er registrierte die jubelnden Menschen auf der Fahrt zur Front und genoß es offenbar, selbst auf der Bühne zu stehen, wenn auch nur als Statist.

Deutlich wird auch eine naive Freude am militärischen Zeremoniell, an der Fahnenweihe zum Beispiel, aber auch Stolz darüber, die Strapazen der Ausbildung und des Krieges aushalten zu können.[52] Die Briefe sind sprachlich vom militärischen Jargon geprägt. Hitler liebt Gefechtsbeschreibungen. Unverkennbar übt er an ihnen seinen Stil, und er war stolz darauf, sich in dieser Welt des Artilleriefeuers, der Schützengräben, des Schlamms und des Todes zu bewähren. Mit Stolz berichtet er auch von seinen militärischen Auszeichnungen, und mit wachsender Verwunderung registriert er, daß er überlebt. »Ich wurde Gefreiter und blieb wie durch ein Wunder gesund. […] Gestern den 2. Dezember erhielt ich das eiserne Kreuz […] Es war der glücklichste Tag meines Lebens. Freilich meine Kameraden[,] die es auch verdient hatten, sind fast alle tod [sic]. Ich bitte Sie lieber Herr Popp, heben Sie mir die Zeitung[,] in der die Auszeichnung steht auf. Ich möchte sie später, wenn mir der Herrgott das Leben läßt[,] zur Erinnerung bewahren. […] Es ist ein reines Wunder[,] daß mir gar nichts fehlt trotz den [sic] ungeheuren Strapazen.«[53]

Die Lektüre der Frontbriefe vermittelt den Eindruck, daß Hitler die Welt um ihn herum wie durch einen Filter sah. Er

91

sah sie mit denselben Augen, mit denen er auch die Opern Wagners gesehen hatte, mit vorrangigem Interesse für die großen akustischen und szenischen Effekte. Den Tod und das Leiden ließ er nicht an sich herankommen. Das Leiden der Menschen überging er einfach, und der Tod wurde als Massenphänomen registriert und in die Kulisse geschoben. Hitler nimmt dem Krieg gegenüber die Rolle eines Beobachters ein, der nur partiell involviert ist. Vielleicht mag die Aufgabe als Meldegänger dazu beigetragen haben, diesen merkwürdigen Abstand zu gewinnen. Manchmal gewinnt man den Eindruck, er stilisiert den Krieg zur Oper vor romantischer Kulisse: »Unser Regimentsstab lieg[t] jetzt in Messines. Messines ist ein Städtchen von 2400 Einwohnern das [sic] heißt es war dies, den[n] jetzt ist von dem Orte nichts mehr vorhanden als ein ungeheurer Brand und Schutthaufen. Erst wurde der Ort von unseren Truppen erstürmt. Die Engländer wehrten sich verzweifelt. Erst als unsere schwere Artillerie zu spielen anfieng [sic] und unsere 21 cm Mörser ihre Trichter hineinschoßen [sic] [...], erst als der Ort mit dem gewaltigen Kloster in Flammen aufgieng [sic] gelang unseren Regimentern unter Strömen von Blut der Sturm. Nun feuern die Franzosen in den Trüm[m]erort. Tag für Tag seit zwei Monaten zittert hier Luft und Erde unter dem Heulen und Krachen der Granaten, dem Platzen der Schrapfnelle [sic]. Früh beginnt das Höllenkonzert um 9 h und endet um 1 h. Mittag[,] um dan[n] zwischen 3 h und 5 h Nachmittag den Höhepunkt zu erreichen. 5 h ist Schluß. Schaurig ist es[,] wenn dann in der Nacht auf der ganzen Front oft der Kanonen Donner zu rollen anfängt, Erst [sic] in der Ferne dan[n] näher und näher, allmählich kommt dan[n] noch Gewehrfeuer, nach einer halben Stunde kom[m]t wieder allmählich Ruhe, nur zahlreiche Leuchtkugeln strahlen noch und in weite[r] Ferne nach Westen sieh[t] man die Strahlen großer Scheinwerfer und hört das ununterbrochene Rollen des Donners schwerer Schiffsgeschütze. Aber

92

aus dem Ort bringt uns kein Tod und kein Teufel mehr hinaus.«[54] Natürlich fehlen in dieser Welt die Helden nicht. Als ferner Kriegsheld ragt Hindenburg in diese Welt hinein.

Hitler begriff die militärische Situation, in die Deutschland durch das Festfahren des Angriffs im Westen und die russischen Erfolge im Osten geraten war, als charismatische Situation der Bewährung für den deutschen »Oberbefehlshaber Ost« Paul von Hindenburg: »Hier werden wir aushalten[,] solange bis Hindenburg Rußland mürbe gemacht hat. Dan[n] kom[m]t die Abrechnung«[55], schreibt er am 26. Januar 1915 an Joseph Popp. Der Sieg im Osten und der Sieger werden am 20. Februar 1915 gebührend gefeiert: »Gestern Nachts kam Nachricht vom Hindenburgsieg. In den Schützengräben wurde er mit Dröhnenden [sic] ›Hurrahs‹ aufgenommen. Bei den Engländern gieng [sic] darauf eine gewaltige Schießerei los. Natürlich in den Sternenhimmel. Jedenfalls aber soll unser großer deutscher Feldmarschall Hoch leben.«[56] Die Wortwahl hat nichts besonders Auffälliges. Auffälliger ist es da schon, daß außer Hindenburg kein hochrangiger Militär von Hitler auch nur erwähnt wird und erst recht kein Politiker oder etwa der Kaiser. Die eigentlichen Helden sind die Offiziere an der Front.[57]

Allerdings ist bei der Interpretation dieser wenigen Briefe zu berücksichtigen, daß sie nur die Anfangsphase des Krieges dokumentieren. Darüber, wie Hitler den zweiten Teil des Krieges ab 1916 und das Ende des Krieges erlebt hat, wissen wir nichts. Wir können also nicht sicher sein, ob seine Methode, sich die Schrecken des Krieges in den Kategorien der Oper zu vergegenwärtigen und damit von sich fernzuhalten, von Dauer war.

Natürlich wird man sich abschließend fragen müssen, ob Hitler sich selbst in den ersten drei Lebensjahrzehnten als charismatische Figur gesehen hat. Nichts spricht dafür. Gewiß fällt auf, daß er stets von dem »Wunder« spricht, daß ihn der

Tod im Krieg verschont. Später, als er seine Berufung glaubte gefunden zu haben, wird er diese Lebenserfahrung neu interpretieren, und sie mag seiner Berufung auf die »Vorsehung« und den »Herrgott«, die in den zwanziger Jahren stereotyp wird, eine unverzichtbare Grundlage gegeben haben. Aber solange er nicht wußte, ob und wozu er berufen war, machte der Bezug auf die Vorsehung eben keinen Sinn.

Allenfalls kann man von einer Berufung zum Künstler sprechen, die Hitler empfunden haben mag, aber die lag vor dem Krieg. Ob sie den Krieg überdauert hat, muß offenbleiben. Sein Verhalten unmittelbar nach Kriegsende spricht dagegen. Vielmehr zog er nun die Sozialstruktur der militärischen Kameraderie dem isolierten Künstlerdasein vor. Die Zeit des jugendlichen Eskapismus war offenbar vorbei, oder dieser hatte seinen Reiz für ihn eingebüßt. Statt dessen trat nun ein sehr ungewöhnlicher Typus in ihm in Erscheinung, der Typus des »Künstler-Politikers«, der Politik mit den Stilmitteln und Instrumenten einer bei seinem Vorbild Richard Wagner abgeschauten Monumentalorchestrierung betrieb und beides zugleich wurde: Hauptdarsteller und Regisseur.

Das Stück, das gespielt werden sollte, war ihm anfangs vermutlich egal, Hauptsache es war pathetisch, romantisch und voller Effekte und fand vor großen Kulissen statt. Was gespielt werden würde, hing in hohem Maße von den Erwartungen des Publikums ab und vom Gang der allgemeinen Entwicklung. Das Stück schrieb sich gewissermaßen auf offener Bühne und wurde, als es sich im Spiel herauskristallisiert hatte, immer wieder aufgeführt. Dabei erlangte der Hauptdarsteller und Regisseur einen Grad von Perfektion, den er ohne seine autodidaktischen Jugendstudien wohl kaum hätte erlangen können. Hier liegt die eigentliche Bedeutung von Linz, Wien und München.

Der Künstler im Politiker Hitler ist früh gesehen worden. Nicht zufällig waren es Künstler wie Bertolt Brecht und Tho-

94

mas Mann, denen sich diese Perspektive erschloß. So mag es denn erlaubt sein, an das Ende dieser Überlegungen ein Zitat aus Thomas Manns »Bruder Hitler« zu stellen, geschrieben 1938 im Exil: »Muß man nicht, ob man will oder nicht, in dem Phänomen eine Erscheinungsform des Künstlertums wiedererkennen? Es ist, auf gewisse beschämende Weise, alles da: die ›Schwierigkeit‹, Faulheit und klägliche Undefinierbarkeit der Frühe, das Nichtunterzubringensein, das Was-willst-du nun-eigentlich?, das halb blöde Hinvegetieren in tiefster sozialer und seelischer Bohème, das im Grunde hochmütige, im Grunde sich für zu gut haltende Abweisen jeder vernünftigen und ehrenwerten Tätigkeit – auf Grund wovon? Auf Grund einer dumpfen Ahnung, vorbehalten zu sein für etwas ganz Unbestimmbares, bei dessen Nennung, wenn es zu nennen wäre, die Menschen in Gelächter ausbrechen würden. Dazu das schlechte Gewissen, das Schuldgefühl, die Wut auf die Welt, der revolutionäre Instinkt, die unterbewußte Ansammlung explosiver Kompensationswünsche, das zäh arbeitende Bewußtsein, sich zu rechtfertigen, zu beweisen […]. Es ist eine reichlich peinliche Verwandtschaft. Ich will trotzdem die Augen nicht davor verschließen.«[58]

Das Charisma der Rede und der Parteiredner Adolf Hitler

Als sich Anfang November 1918 infolge der aussichtslosen militärischen Lage die Revolution von Kiel aus in Deutschland ausbreitete und am 11. November 1918 der Waffenstillstand zwischen Deutschland und den Entente-Staaten abgeschlossen wurde, befand sich Adolf Hitler im Lazarett in Pasewalk in Pommern und kurierte die Folgen einer Netzhautentzündung aus, die er infolge eines Gasangriffs im Oktober 1918 erlitten hatte. Die Augenverletzung erwies sich nicht als gravierend, und noch im November wurde Hitler als geheilt entlassen. Er ging gemeinsam mit einem Kriegskameraden – Ernst Schmidt –, dessen Zeugnis hierzu vorliegt, nach München und meldete sich in der Kaserne bei der 7. Kompanie des I. Ersatzbataillons des 2. Infanterieregiments, der er zugewiesen worden war.[59]

In München hatte am 7./8. November die Revolution stattgefunden. Kurt Eisner hatte die Republik ausgerufen und eine Regierung gebildet. Der bayerische König hatte die Stadt verlassen. In den Kasernen hatten sich Soldatenräte gebildet, die keineswegs alle sozialdemokratisch oder gar kommunistisch beherrscht waren. In der Kaserne, in die Hitler kam, »herrschten« die Soldatenräte. Hitler hat sich mit ihnen offenbar arrangiert. Jedenfalls nannte ihn ein Routinebefehl des Demobilmachungs-Bataillons vom 3. April 1919 als Vertrauensmann[60] seiner Kompanie, was aber politisch nicht viel besagen muß. Interessant ist in diesem Zusammenhang immerhin, daß die Vertrauensleute unter anderem auch propagandistische Aufgaben hatten.[61]

Hitler hat die gerade auch in München politisch sehr unruhige Zeit vom November 1918 bis zum Mai 1919 in der Kaserne verbracht, ohne in irgendeiner Weise hervorzutreten. Die politisch turbulenten Ereignisse nach der Ermordung Kurt Eisners und der Errichtung der Rätediktatur in München (Februar bis April 1919) änderten nichts an seinem Attentismus. Als die Truppen des Freikorps Epp Anfang Mai 1919 München eroberten, befand sich Hitler noch immer in seiner Kaserne. Möglicherweise ist er dafür eingetreten, den einmarschierenden Truppen keinen Widerstand entgegenzusetzen.[62] Gleichwohl kam es zu Widerstandshandlungen »seiner« Kaserne und auch zu Verhaftungen. Auch Hitler befand sich unter den Verhafteten, wurde aber rasch freigelassen, weil Offiziere, die ihn kannten, sich für ihn einsetzten.[63] Mit dem

96

Einmarsch der Freikorps-Truppen in München ging am 11. Mai 1919 die vollziehende Gewalt auf das Gruppenkommando 4 der Bayerischen Reichswehr über, dessen Kommandant Generalmajor von Möhl war. Die neuen Militärmachthaber beherrschten die Lage im Sommer 1919 in München vollständig, da die Regierung Hoffmann erst Ende August nach München zurückkehrte. Die Militärs, die sich als Exponenten der Gegenrevolution fühlten, stellten sich die Aufgabe, die Truppe von Kommunisten zu säubern und sie politisch wieder »auf Kurs« zu bringen. Im Rahmen dieser konterrevolutionären Bestrebungen der Reichswehr begann Adolf Hitler seine politische Tätigkeit: Er wurde im Mai 1919 Mitglied einer dreiköpfigen Untersuchungskommission, die die Aufgabe hatte, festzustellen, »ob Mitglieder des Ersatz-Bataillons des 2. Infanterie-Regiments aktiv in die Räterepublik verwickelt gewesen waren«.[64]

An dieser Stelle ist es sinnvoll, eine Zwischenbetrachtung einzufügen, zu der einerseits die Darstellung Veranlassung gibt, die Hitler in »Mein Kampf« hinterlassen hat, und andererseits der Forschungsstand. Hitler schließt die Passagen über die Novemberrevolution, die er ganz einseitig den Juden anlastet, mit dem in die »Legende« eingegangenen Satz ab: »Ich aber beschloß, Politiker zu werden.«[65] Dem Vorsatz folgte aber nicht die Tat, was Hitler nur mühsam kaschiert: »In dieser Zeit jagten in meinem Kopfe endlose Pläne einander. Tagelang überlegte ich, was man nur überhaupt tun könne, allein immer war das Ende jeder Erwägung die nüchterne Feststellung, daß ich als Namenloser selbst die geringste Voraussetzung zu irgendeinem zweckmäßigen Handeln nicht besaß.«[66] Nach knapp einer Seite, in der Hitler nichts Konkretes und Verifizierbares über die Zeit zwischen November 1918 und Mai 1919 aussagt, folgt dann in einem Satz die Mitteilung: »Wenige Tage nach der Befreiung Münchens wurde ich zur

Untersuchungskommission über die Revolutionsvorgänge beim 2. Infanterieregiment kommandiert.«[67] Der merkwürdige Lakonismus der Darstellung hat die Forschung von jeher herausgefordert und zu der These geführt, Hitler habe etwas zu verbergen gehabt, nämlich daß er zeitweilig für die Räte optiert hatte, und zwar für die Sozialdemokratie (MSPD oder gar USPD).[68]

Man wird Orientierungsschwierigkeiten Hitlers mit guten Gründen nicht ausschließen können, beweisen kann man sie aber auch nicht. Die Tatsache, daß Hitler im Mai 1919 Mitglied eines politischen Säuberungsausschusses der Reichswehr werden konnte, spricht jedoch dafür, daß er sich nicht allzu sehr kompromittiert hatte. Sehr weit kann er sich auf das Rätesystem oder die Sozialdemokratie also nicht eingelassen haben. Bedeutung besitzt diese Lebensphase Hitlers gleichwohl; denn sie zeigt einmal mehr, daß es mit den politischen Überzeugungen Hitlers nicht weit her war. Man muß seinen Attentismus nur einmal mit dem Verhalten anderer späterer Nationalsozialisten in dieser Zeit vergleichen, um zu sehen, welche Handlungsoptionen Hitler auch als »Namensloser« besaß und nicht nutzte. So hätte er sich, wäre er ein aktiver antibolschewistischer und antimarxistischer Fanatiker gewesen, einem der Freikorps anschließen können, die sich überall in Deutschland sammelten und einerseits die Ostgrenzen verteidigten und andererseits gegen die Rätebewegung und die Revolution marschierten.

Er hätte sich auch, wäre er ein aktiver fanatischer Antisemit gewesen, einem der zahllosen antisemitischen Verbände anschließen können, die sich 1918/19 in München formierten und deren geistiges und organisatorisches Zentrum die antisemitische Thulegesellschaft war, deren Treffpunkt sich in der Münchner Innenstadt im Hotel »Vierjahreszeiten« befand. Weder hier noch dort tauchte Adolf Hitler auf. Statt dessen klammerte er sich an die Armee, die ihm Unterkunft, Ernährung und Sold sicherte, und scheint gelegentlich sogar Zeit und Geld gehabt zu haben, die Oper zu besuchen.[69] Offenbar lavierte sich Hitler geschickt über die politisch schwierige Zeit, was vor dem Hintergrund seiner frühen Jahre durchaus nachvollziehbar ist, aber nicht dafür spricht, daß er 1918/19, genauer bis zum Mai 1919, eine antisemitische oder antimarxistische »Weltanschauung« besaß, die er fanatisch verfochten hätte.

Es spricht also alles dafür, daß die Suche nach Hitlers politischer Weltanschauung erst im Mai 1919 einen sicheren Anhaltspunkt gewinnt; denn nun tat er erstmals etwas, das man antibolschewistisch und antimarxistisch nennen kann und das so etwas wie die Qualität des Politischen besitzt: Hitler betätigte sich als »politischer Säuberer« im Auftrag und im Sold der Reichswehr.[70] Die Reichswehr hat Hitler nicht nur diesen ersten Anstoß gegeben, sondern ihn auch politisch und rhetorisch geschult, ihn auf sein parteipolitisches Tätigkeitsfeld hingelenkt sowie ihm und der »Deutschen Arbeiterpartei«, der er im Oktober 1919 beitrat, alle erdenkliche Schützenhilfe gegeben. Aus dem Milieu der Soldaten der Reichswehr stammten zudem seine ersten Anhänger. Da sich eine politische Meinung, die diesen Namen verdient, und politische Interessen, die sich in Handlungen oder in Texten niederschlagen, vor dem Mai 1919 bei Hitler nicht ausmachen lassen und eher unwahrscheinlich sind, kommt der Reichswehrphase Hitlers, die im Mai 1919 begann und wenigstens bis zum Ausscheiden Hitlers aus dem aktiven Dienst am 31. März 1920 reichte, entscheidende Bedeutung für die Formierung des Politikers Hitler zu. Es lohnt daher, sie genau zu betrachten.

Das Gruppenkommando 4 der Reichswehr, das die vollziehende Gewalt in Bayern ausübte, richtete noch im Mai 1919 eine Nachrichtenabteilung ein (Abt. Ib/P), die unter der Leitung des Hauptmanns Karl Mayr stand. Er war der erste politische Mentor Adolf Hitlers und so etwas wie der

99

»Geburtshelfer« von dessen politischer Karriere.[71] Karl Mayr (1883–1945), Sohn eines bayerischen Richters und Schulkamerad und Freund des Historikers Karl Alexander von Müller (1882–1964), war Generalstabsoffizier im Ersten Weltkrieg gewesen und zu diesem Zeitpunkt ein nationalkonservativer Antisemit und Anhänger des ostpreußischen Generallandschaftsdirektors Wolfgang Kapp.[72] Mayrs Abteilung betrieb Aufklärung und Propaganda und überwachte die zahllosen politischen Gruppierungen, Verbände und Parteien in Bayern. Der Anspruch war sehr hoch: »Unter dem Schutz der jungen Reichswehr« sollte eine »Neubegründung aller innerstaatlichen Verhältnisse unseres Vaterlandes durchgesetzt werden«. Die Reichswehr war als »Eckpfeiler« der staatlichen Ordnung gedacht, und der Truppe sollte daher »ein hochgesteigertes Gefühl der Verantwortlichkeit und Selbstlosigkeit« einerseits und »nationales Selbstvertrauen« andererseits gegeben werden.[73] Zu diesem Zweck führte die Abteilung Aufklärungs- und Schulungskurse im Rahmen der Münchener Universität durch. Ein erster Kurs fand vom 5. bis 12. Juni statt und ein zweiter vom 26. Juni bis 5. Juli 1919. An beiden Kursen, auf jeden Fall aber am ersten, dürfte Hitler teilgenommen haben. Karl Alexander von Müller, der Schulkamerad Karl Mayrs und einer der Vortragenden, erinnerte sich später an den Teilnehmer Hitler.[74]

Karl Alexander von Müller referierte auf dem ersten Kursus über »Die deutsche Geschichte seit der Reformation« und »Die politische Geschichte des Krieges«. Müller war Redakteur der »Süddeutschen Monatshefte«. Sein Schwager war Gottfried Feder, ein der Thule-Gesellschaft angehörender Antisemit, dem Müller im Herbst 1918 Gelegenheit vermittelt hatte, in den renommierten »Süddeutschen Monatsheften«[75] seine Theorie der »Brechung der Zinsknechtschaft« zu popularisieren. Feder gehörte ebenfalls zu den Referenten und beeindruckte Hitler damals sehr.[76] Neben Feder referierte auch

100

der Publizist und Schriftsteller Karl Graf von Bothmer; wie Feder war auch Bothmer Mitglied der antisemitischen Thule-Gesellschaft.[77] Er informierte die aufzuklärenden Soldaten über die Themen: »Der Sozialismus in Theorie und Praxis« und »Der Zusammenhang zwischen innerer und äußerer Politik«.[78]

Der politische Tenor der Vorträge, die Adolf Hitler im Sommer 1919 an der Münchener Universität hörte, war national-konservativ im Sinne des Alldeutschen Verbandes und antisemitisch im Sinne der Thule-Gesellschaft und des »Münchener Beobachters«, aus dem im August 1919 der »Völkische Beobachter« hervorging.[79] Mayr selbst paßte genau in dieses politische Profil hinein, und es besteht kein Zweifel daran, daß er seine »Aufklärungsabteilung« in diesem Sinne leitete. Hitler mag dieser Tenor, den er aus seiner Linzer Schule und von seinem Geschichtslehrer kannte, entgegengekommen sein; jedenfalls war er ein gelehriger Schüler. Bereits im August 1919 wurde er seinerseits als Ausbilder eingesetzt, und zwar im Reichswehr-Lager Lechfeld bei Augsburg: Dort hatte er die Aufgabe, aus der Kriegsgefangenschaft zurückkehrende Soldaten politisch »aufzuklären« und im antisemitisch-nationalistischen Sinn zu indoktrinieren. Gleichzeitig wurde dieser Schulungseinsatz von seinen Vorgesetzten »als praktischer Redner- und Agitationskurs betrachtet«.[80]

Aus synchronem Berichtsmaterial wissen wir sowohl über die Themen, zu denen Hitler referierte, als auch über den Tenor und die Wirkung seiner Vorträge relativ genau Bescheid.[81] Die Themen waren »Friedensbedingungen und Wiederaufbau«; Auswanderung, »Sozial- und wirtschaftspolitische Schlagworte«.[82] Über den Tenor gibt der Schlußbericht des Oberleutnants Bendt vom 25. August 1919 Auskunft: »Gelegentlich eines sehr schönen, klaren und temperamentvollen Vortrags des Gefr[eiten] Hitler über den Kapitalismus, der dabei die Judenfrage streifte, ja streifen mußte, entstanden über die Art und Weise gelegentl[ich] einer Besprechung d[er] Abteil[un]g mit mir Meinungsverschiedenheiten, ob man klar und unverblümt seine Meinung äußern solle oder in etwas verschleierter Form. Es wurde angeführt, die Abteil[un]g sei [...] in dienstlicher Eigenschaft tätig. Wenn nun die Judenfrage in ganz klarer Form unter bes[onderer] Berücksichtigung des germanischen Standpunktes dargestellt würde, so könnte leicht diese Erörterung den Juden Anlaß geben, die Vorträge als eine Judenhetze zu bezeichnen. Ich sah mich deshalb veranlaßt anzuordnen, daß bei Behandlung dieser Fragen möglichst vorsichtig vorgegangen werden solle und daß zu deutliche Hinweise auf die dem deutschen Volke fremde Rasse nach Möglichkeit zu vermeiden seien.«[83]

Der Text zeigt eindeutig, daß die »Aufklärung«, die das Gruppenkommando 4 betrieb, antisemitisch war. Hitlers Art die Dinge vorzutragen, wurde von seinem Praktikums-»Chef« jedoch als zu direkt und taktisch nicht vorsichtig genug gerügt. Aber offenbar bestand über diese taktische Frage keine einheitliche Auffassung. Jedenfalls darf die Angelegenheit nicht zu dem Schluß führen, Hitlers Antisemitismus habe sich nicht vollständig im Rahmen der »Richtlinien« bewegt: Inhaltlich hatte Oberleutnant Bendt ja nichts auszusetzen. Daß Hitler auf der Linie der antisemitischen »Aufklärungsarbeit« des Gruppenkommandos lag, wird auch durch seinen ersten überlieferten antisemitischen Text bestätigt, den Brief an Adolf Gemlich vom 16. September 1919.[84] Davon wird gleich die Rede sein. Hier nur soviel: Gemlich war ein ehemaliger V-Mann der Abteilung Mayr und hatte Mayr in einem Schreiben vom 4. September 1919 um Auskünfte zur Judenfrage gebeten.

Mayr delegierte die Antwort an Hitler, fügte dem Text Hitlers dann aber doch ein längeres Begleitschreiben hinzu. Darin heißt es: »Ich bin mit dem Herrn Hitler durchaus der Anschauung, daß das, was man Regierungssozialdemokratie

102

heißt, vollständig an der Kette der Judenheit liegt. Bevor man aber über ›Gleichberechtigung‹ der Völker reden will, muß zuerst die Eigenberechtigung oder das ›Selbstbestimmungsrecht‹ der einzelnen Völker sichergestellt sein. Dieses Recht ist verankert in der Rasse. Alle schädlichen Elemente müssen wie Krankheitserreger ausgestoßen oder ›verkapselt‹ werden. So auch die Juden!«[85] Soviel zum Tenor der Schulungsarbeit Hitlers und seiner Verankerung in der offiziellen Linie des Gruppenkommandos. Was die Wirkung von Hitlers Rede-Auftritten im Lager Lechfeld angeht, ist das Urteil aller Berichte eindeutig: Hitler wird als rhetorisches Talent empfunden. So ist einem Bericht vom 23. August 1919 folgende Bewertung zu entnehmen: »Besonders Herr Hitler ist, ich darf wohl sagen, ein geborener Volksredner, der durch seinen Fanatismus und sein populäres Auftreten in der Versammlung die Zuhörer unbedingt zur Aufmerksamkeit und zum Mitdenken zwingt.«[86]

Aus den vorliegenden Quellen geht hervor, daß Hitler ein gelehriger Schüler war und das Ausbildungsangebot der Reichswehr rasch und erfolgreich in sich aufnahm. Er reproduzierte, was er seit Mai 1919 gehört hatte, und erwies sich als rhetorische Begabung. Seine Motivation, aktiv an der Propaganda der Reichswehr mitzuwirken, ist leicht nachvollziehbar; denn schließlich verhalf ihm diese »Ausbildung« dazu, der Demobilisierung zu entgehen und erst einmal seine Existenzgrundlage zu behalten. Eine Alternative hierzu besaß er nicht. Wohl aber wußte er aus bitteren Wiener Erfahrungen, wie unbequem und demütigend eine Existenz am Rande der Gesellschaft ist. So besitzt die spätere Schilderung, die Karl Mayr vom Hitler jener Tage gibt und die schon zitiert wurde, eine erhebliche Plausibilität. Hitler, so schrieb Mayr später, sei vollständig ohne Prinzipien gewesen, als er ihn im Mai 1919 kennengelernt habe, und bereit gewesen, für jeden zu arbeiten: »Er würde für einen jüdischen oder französischen Arbeitgeber genauso bereitwillig gearbeitet haben wie für einen arischen.«[87] »Unbedingt«, »unbeirrbar« und »fanatisch«, so könnte man formulieren, war Hitler zunächst einmal nur in der Wahrnehmung seiner existentiellen Interessen, aber diese Kompromißlosigkeit übertrug sich auf die »Sache«, die er nun beruflich vertrat, und da er damit obendrein Erfolg hatte, gab es keine Veranlassung, den einmal beschrittenen Weg zu verlassen.

Im September 1919 galt Hitler aus der Perspektive der Abteilung Mayr offenbar als allseitig verwendbar. Jedenfalls wurde er nun als »V-Mann« zur Beobachtung von Gruppierungen und Parteien auf der rechten Seite des politischen Spektrums eingesetzt. In dieser Funktion besuchte Hitler am 12. September 1919[88] die Veranstaltung einer kleinen völkischen Gruppierung, der »Deutschen Arbeiterpartei« (DAP), die im »Sterneckerbräu« in München stattfand. Offenbar fühlte sich Hitler von dieser Partei angezogen oder sah in ihr eine Chance, seine bisherige Tätigkeit auf eine breitere, für ihn sicherere Grundlage zu stellen. Jedenfalls bat er seinen Vorgesetzten Karl Mayr am 4. Oktober 1919 schriftlich und in unbeholfenem Deutsch, »diesem Verein oder Partei beitreten zu dürfen, da diese Männer den Gedanken des Frontsoldaten sprechen[sic]«.[89] Am 19. Oktober 1919, ebenfalls schriftlich, bat Hitler in einem Schreiben an die Deutsche Arbeiterpartei um die Aufnahme in die Partei. Er empfahl sich mit folgenden Worten: »Bin 30 Jahre alt, habe von 1914 bis 1918 als Frontsoldat im Felde gestanden, bin ausgezeichnet zuletzt mit dem EK I. Mein Beruf ist Kaufmann, möchte aber Werberedner werden, man spricht mir diese Begabung zu.«[90] Zuvor hatte sich Hitler der Partei durch Diskussionsbeiträge empfohlen, in denen er einerseits seine rhetorische Begabung und andererseits seine antisemitische Gesinnung unter Beweis stellte, und zwar auf den Veranstaltungen der Partei vom 3. Oktober und 16. Oktober 1919.[91]

Spätestens jetzt, im Oktober 1919, werden weitere ideologische und politische Impulse im Leben Adolf Hitlers wirksam, die den bisher von der Reichswehr bestimmten »geistigen Horizont« der Schulungs- und Aufklärungskurse ergänzten und vertieften. Die Tendenz dieses Einflusses war eindeutig antisemitisch. Näher als bisher rückte Hitler nun an die antisemitische Thule-Gesellschaft heran und geriet in den Bannkreis ihrer maßgeblichen »Ideologen«. Zu nennen sind – in der Reihenfolge, in der sie Hitler kennenlernte – neben Gottfried Feder, dem Hitler schon im Juni oder Juli 1919 begegnete, Anton Drexler, Dietrich Eckart und Alfred Rosenberg. Wichtiger als diese »Ideologen« und ihre Schriften oder doch ebenso wichtig wie sie wurde der Zugang, den Hitler nun zu antisemitischem und antibolschewistischem Schrifttum erhielt.

Eines der Mitglieder der Thule-Gesellschaft, der Dentist Dr. Friedrich Krohn, verfügte über eine in diesem Sinne einschlägige Bibliothek, die 2500 Bände umfaßte und die »Hitler von 1919 bis Sommer 1921 eifrig benutzte«.[92] Eine zentrale Rolle spielte in diesem Zusammenhang ein weiteres Mitglied der Thule-Gesellschaft, der Verleger Julius F. Lehmann.[93] Er ließ völkische Literatur in Broschüren- und Flugschriftform drucken. Die Flugschriften wandten sich insbesondere an heimkehrende Soldaten. Sie kosteten pro Stück 50 Pfennige, konnten aber im Rahmen von Sammelbestellungen verbilligt werden. Bei Abnahme von 100 Exemplaren betrug der Preis 15 Pfennige, bei Abnahme von 1000 Exemplaren sogar nur 10 Pfennige. Wahrscheinlich ist Hitler mit diesem Material bereits im August 1919 vertraut gewesen und hat es im Durchgangslager Lechfeld als Schulungsmaterial eingesetzt. 1919 kamen in diesem Verlag unter anderem heraus: Max von Gruber[94], »Rassenhygiene, die wichtigste Aufgabe völkischer Innenpolitik«; Albert Klein[95], »Das Aufkommen der Macht des Judentums«; Krellmann (Schriftsteller), »Statistisches zur Judenfrage«; Erich Kühn[96], »Die Juden und die unsittliche Weltordnung«; Walter Liek, »Der Anteil des Judentums am

105

Zusammenbruch Deutschlands«; Houston Stewart Chamberlain, »Rasse und Nation«.[97]

Man darf sich das »literarische« und »personelle« Milieu, dem sich Hitler nun lesend, lernend und auf der Basis persönlicher Bekanntschaften annäherte, nicht zu obskur vorstellen. Vielmehr haben wir es bei den Verfechtern der in München popularisierten völkischen Ideologie durchaus auch mit Repräsentanten der gebildeten bürgerlichen Schichten zu tun. So wurde die im Verlag J. F. Lehmann verlegte Zeitschrift »Deutschlands Erneuerung«, eine radikal völkisch eingestellte Postille, von dem bekannten Rassentheoretiker und Antisemiten Chamberlain, dem Vorsitzenden des Alldeutschen Verbandes, Justizrat Heinrich Claß, und etlichen Professoren herausgegeben, darunter befanden sich die Historiker Georg von Below und Dietrich Schäfer.

Bevor wir uns mit Hitlers ideologischem Umfeld genauer beschäftigen und mit seiner Tätigkeit in der DAP, aus der im Februar 1920 die NSDAP wurde, ist es sinnvoll, das Thema »Hitler und die Reichswehr« kurz vorgreifend zu Ende zu führen. Die Hinwendung Hitlers zur DAP und seine Öffnung in Richtung auf die antisemitische völkische Szene in München bedeutete keine Abkehr von der Reichswehr. Politisch-ideologisch ergänzte und vertiefte er nur die ihm bereits im Gruppenkommando 4 verabreichte Orientierung. Aber auch praktisch-politisch wuchs die »kleine Welt« der DAP mit der »größeren Welt« der Aufklärungsabteilung des Hauptmanns Karl Mayr zusammen. Hitler spielte die Mittler-Rolle, und bis zu einem gewissen Grade erfüllte er damit aus der Perspektive von Karl Mayr seine bisherige Aufgabe in größerem Rahmen; denn er verschaffte dem Aufklärungskommando Einfluß auf eine politische Organisation, nämlich die DAP, die als Multiplikator seiner erzieherischen und »aufklärerischen« nationalistischen und antisemitischen Bestrebungen fungieren konnte.

Noch Ende des Jahres 1920 war der Chef der Nachrichtenabteilung des Gruppenkommandos 4, Karl Mayr, davon überzeugt, daß die NSDAP der verlängerte politische Arm der Reichswehr sei: »Die nationale Arbeiterpartei«, so schrieb er Kapp nach dem mißlungenen Putsch [13. März 1920] ins schwedische Exil, »muß die Basis geben für den starken Stoßtrupp, den wir erhoffen. Das Programm ist gewiß noch etwas unbeholfen und vielleicht auch lückenhaft. Wir werden es ergänzen. Sicher ist nur, daß wir unter dieser Fahne doch schon recht viele Anhänger gewonnen haben. Seit Juli vorigen Jahres schon suche ich […] die Bewegung zu stärken […]. Ich habe sehr tüchtige junge Leute auf die Beine gebracht. Ein Herr Hitler z. B. ist eine bewegende Kraft geworden, ein Volksredner I. Ranges. In der Ortsgruppe München haben wir über 2000 Mitglieder, während es im Sommer 1919 noch keine 100 waren.«[98]

Gewiß wird man die Äußerung von Karl Mayr quellenkritisch zu prüfen haben und eine gewisse Renommiersucht des Hauptmanns, der sich hier als »Strippenzieher« profilieren möchte, unterstellen dürfen. An der einfachen Tatsache, daß Mayrs Abteilung die DAP/NSDAP und Hitler massiv unterstützte und zu kontrollieren versuchte, ist jedoch kein Zweifel möglich; denn Hitler bezog bis zum 31. März 1920 Sold von der Reichswehr und wickelte zusammen mit seinem Reichswehrkameraden, Rudolf Schüssler, über dessen Büro und dessen Dienstschreibmaschine anfänglich die Organisation der DAP ab.[99] Soldaten der Reichswehr nahmen zudem regelmäßig an Veranstaltungen der DAP/NSDAP teil und fungierten als Saalschutz. So waren auf einer NSDAP-Versammlung, die am 4. März 1920 im Festsaal des Hofbräuhauses stattfand, 50 Reichswehrsoldaten unter den Zuhörern, die dafür sorgten, daß einige Kommunisten, die Zwischenrufe machten, »hinausgeworfen« wurden.[100] Hitler selbst hielt bis zum Februar 1920 noch Fortbildungskurse für die Abteilung Mayr[101], ge-

107

nauer, er hielt zwei Vorträge, die offenbar ausgearbeitet waren, immer wieder. Die Themen dieser Vorträge lauteten: »Die politischen Parteien und ihre Bedeutung« und »Der Friede von Versailles«. Die Abteilung Mayr schickte zudem regelmäßig Beobachter in die Veranstaltungen der Partei (DAP/NSDAP), die Berichte anfertigten.[102] Der letzte erhaltene Bericht datiert vom 24. November 1920.[103]

Die Unterstützung der Reichswehr für die NSDAP schlug sich auch materiell nieder: die Reichswehr finanzierte einen Teil der Propaganda der DAP/NSDAP. So bezahlte Mayrs Büro im Sommer 1920 3000 Propagandabroschüren der NSDAP, die sich mit dem Versailler Vertrag befaßten.[104] Das Geld ging an den schon erwähnten Verlag J. F. Lehmann, der die Broschüre herausbrachte. Ende des Jahres 1920 schoß General von Epp – der Kommandeur des berüchtigten Freikorps, das im Mai 1919 München erobert hatte – der NSDAP 60000 RM aus Reichswehrmitteln für den Erwerb des »Völkischen Beobachters« vor.[105] Den Kontakt hatte Dietrich Eckart hergestellt, der mit seinem Haus und Grundbesitz für den Kredit bürgte. Wesentlich wurden schließlich die Kontakte, die Hitler über Karl Mayr vermittelt wurden: So lernte er im Herbst 1919 den Reichswehr-Hauptmann Ernst Röhm kennen. Röhm, der Ende 1919 der DAP/NSDAP beitrat, war Stabschef beim Stadtkommandanten von München und hatte die Logistik des Freikorps Epp organisiert.[106] Er wurde der wichtigste Verbindungsmann der NSDAP zur Reichswehr und übernahm es, den Saalschutz der Partei, die »Sturm-Abteilung« (SA), in eine paramilitärische Organisation zu verwandeln und ihr Zugang zu Waffen zu verschaffen.[107] Röhm seinerseits machte nun Hitler in der bayerischen Reichswehrführung salonfähig.[108] Anfang 1923 stellte Röhm auch eine Verbindung zum Chef der Heeresleitung der Reichswehr, General Hans von Seeckt, her.[109]

In der Zusammenarbeit zwischen dem Gruppenkommando 4 und dem Abteilungsleiter Hauptmann Karl Mayr einerseits und dem Gefreiten Adolf Hitler andererseits hatte sich 1919/20 eine enge Beziehung angebahnt, die in hohem Maße synergetische Effekte zeitigte. Hitlers Talent als Redner, Propagandist und Parteiorganisator wurde »entdeckt«, »geschult«, »auf den Marsch gebracht« und »logistisch unterstützt« von der Reichswehr. Analysiert man diesen Eintritt Hitlers in die Politik mit den Kategorien der Herrschaftssoziologie Max Webers, so ergibt sich ein relativ komplexer Befund. Das Charisma ist nicht »ursprünglich rein«[110] anzutreffen. Es wächst nicht als irrationale, göttlichen Ursprüngen verhaftete, außeralltägliche Erscheinung in einer Nische der legal-bürokratischen Herrschaft ungestört heran, um diese dann schließlich in die Schranken zu fordern und revolutionär zu verändern, sondern das Charisma wird von einem Subsystem, das ebenso wie das Makrosystem, in das es eingefügt ist, eine hochkomplexe »Mischstruktur« aufweist, »erzeugt«. Hitler tritt 1919 nicht als Charismaträger auf die Bühne der Geschichte. In der ersten Szene des ersten Aktes ist er Statist, nicht Held. Die bayerische Reichswehr bildet ihn als Propagandaredner aus. Nichts Außeralltägliches ist hieran zu entdecken, vielmehr weist das Geschehen die typischen Merkmale legal-bürokratischer Herrschaft auf: Hitler hat einen Beruf, für den er regelmäßig Sold erhält, er ist Soldat, Propagandist und V-Mann; er befindet sich in einer Hierarchie und hat Vorgesetzte; er ist einem militärischen Reglement unterworfen, trägt Uniform, lebt in der Kaserne und hat Dienstpflichten; im Rahmen seiner Dienstpflichten wird er zu einem Fortbildungs- und Schulungskurs »abkommandiert«; er ist Schüler, danach Praktikant und hat Lehrer.

Als außergewöhnlich kann allenfalls sein rhetorisches Talent gelten; doch relativiert sich bei näherem Hinsehen auch dies. Wenigstens *ein* weiteres rhetorisches Talent befindet sich zur gleichen Zeit in der Schulung der Reichswehr, nämlich

Hermann Esser, der wie Hitler auch in die Politik geht und im März 1920 in die NSDAP eintritt und dort ebenfalls Propagandaredner wird. 1923 wird er gar Propagandaleiter der NSDAP.[111] Solange Hitler im Sold der Reichswehr stand, also bis Ende März 1920, sprach er zudem überwiegend zu Soldaten, deren Dienstpflicht es war, ihm zuzuhören.[112] Und selbst bei seinen ersten Redeauftritten in der DAP ist mit einem Publikum zu rechnen, das in hohem Maße aus Soldaten bestand[113], deren Anwesenheit zumindest im dienstlichen Interesse der Aufklärungsabteilung des Gruppenkommandos 4 gelegen haben dürfte, wenn sie denn nicht gar befohlen worden war.

Problematisch im Sinne von Webers Charisma-Begriff ist auch, daß Hitler seinen Eintritt in die DAP im Sold der Reichswehr stehend vollzog und daß er seinen Vorgesetzten vorher um Erlaubnis bat. In »Mein Kampf« spricht Hitler gar davon, er sei von seiner »vorgesetzten Dienststelle« beauftragt worden, die DAP zu besuchen.[114] Offenbar sah Hauptmann Mayr in der parteipolitischen Tätigkeit Hitlers eine sinnvolle Erweiterung der Zielsetzung des Aufklärungskommandos. Dafür spricht, neben seinem Brief an Kapp, die massive materielle Unterstützung, die Hitler und die DAP/NSDAP anfangs erhielten.

Vor diesem Hintergrund muß es als außerordentlich wahrscheinlich gelten, daß Hitler in den Jahren 1919/20 in der DAP/NSDAP im politischen Auftrag der Reichswehr tätig war, und das heißt auch, daß er die politisch-ideologische Orientierung vertrat, die Hauptmann Karl Mayr dem Aufklärungskommando vorgegeben hatte. Diese Orientierung war antisemitisch, völkisch und alldeutsch. Bemerkenswert ist in diesem Zusammenhang auch, daß Hauptmann Mayr eine rassistische Variante des Antisemitismus vertrat.[115] Hitler konnte gar nicht aus diesem Rahmen ausscheren, weil über seine Redeauftritte laufend dienstliche Berichte angefertigt wurden (bis November 1920). Schließlich hatte sich das Gruppenkommando 4 nicht nur die Aufgabe gestellt, die politischen Parteien und Organisationen in Bayern zu kontrollieren[116], sondern es tat dies auch in sehr aktiver Weise.[117] Dafür, daß sich Hitler in diesem Rahmen hielt, kann die mehrfach erwähnte Tatsache ins Feld geführt werden, daß er bis März 1920 im Sold der Reichswehr verblieb und auch danach noch massiv von der Reichswehr unterstützt wurde, möglicherweise gar noch verdeckte Tantiemen erhielt.[118]

Vor diesem Hintergrund ist es notwendig, die Frage nach »Hitlers Weltanschauung« bei seinem Eintritt in die Politik 1919/20 neu zu stellen oder – in Max Webers Begriffen – die Frage nach Hitlers »Mission«. Ohne eine »Mission« ist Charisma nicht möglich; denn hierdurch wird die Wirkung des Charismaträgers bestimmt: Die »Gefolgsleute« glauben an ihn, weil sie an seine »Mission« glauben und an ihr teilhaben und weil der Charismaträger sich vor dem Hintergrund dieser »Mission« bewährt, sein Charisma bewährt. Die Rekonstruktion von Hitlers »Weltanschauung«, genauer: von Hitlers »politischer Mission«, ist daher außerordentlich wichtig. Dabei geht es nicht um irgendwelche Ansichten und Auffassungen Hitlers, sondern um diejenigen Äußerungen und Bekundungen Hitlers, die geeignet waren, eine »Glaubensbeziehung« zwischen ihm als Charismaträger und seinen Gefolgsleuten und Anhängern herzustellen.

Da Hitler 1919/20 nahezu ausschließlich als Redner tätig war und wir vor allem über seine Redeauftritte Quellen besitzen, ist diese Tätigkeit auf ihre Fähigkeit hin zu befragen, auf Glauben beruhende Sozialbeziehungen zu konstituieren. Dabei werden uns, so ist anzunehmen, die Umrisse von Hitlers politischer Mission begegnen, sofern er eine solche Mission denn verfolgte. Die Methode, die hier angewandt wird, ist außerordentlich puristisch: Das Folgende konzentriert sich zunächst auf Hitlers Redeauftritte in den Jahren 1919/20, bei Erweiterung der Perspektive dort, wo es mir notwendig erscheint, auf die Zeit bis zum November 1923. Alle späteren Quellen bleiben strikt ausgeblendet. Auf dieser Basis ist die Beziehung zwischen Hitler und seinen Anhängern (im weitesten Sinne) zu analysieren und nach dem Zulauf zu fragen, den Hitlers Auftritte hatten; zweitens nach den Themen, die er behandelte, und drittens nach dem Anklang, den sie fanden. Verfocht Hitler eine »Mission«, dann wird sie sich auf diese Weise herausdestillieren lassen. Dies getan, wird sodann der Versuch gemacht, dieses Destillat gesellschaftlich zu verorten, also danach zu fragen, wie es gesellschaftlich verankert ist, wo sein Unterstützerpotential lag und auf wen, auf welche sozialen Gruppen es wirkte, welche es anzog und welche nicht. Dann erfolgt ein dritter Schritt: die Rekonstruktion der frühen Parteigeschichte der DAP/NSDAP und die Ermittlung von Hitlers engerer Gefolgschaft. Dieser Schritt verbindet die Gesellschaftsanalyse mit der Parteigeschichte; denn die »Gefolgsleute« Hitlers stellen das Scharnier zwischen beiden Bereichen dar.

Hitler besaß offenbar die Fähigkeit, die Versammlungssäle zu füllen. Bei seiner ersten politischen Rede, die er am 16. Oktober 1919 im »Hofbräukeller« in München hielt, hatte er 111 Zuhörer.[119] Am 13. November 1919 waren es nach Hitlers eigener Zählung 129. Allmählich sprach sich das Werbe- und Rednertalent herum. Am 26. November 1919 füllte Hitler den »Eberlbräukeller« in München mit 300 Leuten, und dieselbe Zahl wurde am 10. Dezember 1919 auch im Gasthaus »Deutsches Reich« erzielt. Im Februar 1920 schaffte Hitler den Einstieg in die Massenversammlung, es gelang ihm, den Festsaal des Hofbräuhauses mit 2000 Personen zu füllen. In der ersten Hälfte des Jahrs 1920 schwankte die Zahl derer, die Hitler pro Veranstaltung hörten, zwischen 1200 und 2400 Personen. In der zweiten Jahreshälfte erreichte er in den Spitzen bereits

112

3000 Personen und mehr. Die Zahlenangaben sind wie immer in solchen Fällen unsicher und differieren zum Teil erheblich[120], wenn einmal mehr als nur eine Schätzung vorliegt. Zudem waren die Zuhörerzahlen enormen Schwankungen ausgesetzt; doch an der Gesamttendenz einer Massencharakter annehmenden Zuhörerschaft, die Hitler 1920 regelmäßig auf sich zog, ist ein Zweifel nicht möglich.

Das Jahr 1921 stand für die NSDAP im Zeichen einer noch einmal erheblich zunehmenden Massenattraktivität ihres Hauptredners Hitler. Am 3. Februar, 6. und 15. März, 20. Juli, 25. August und 21. Oktober 1921 sprach Hitler im Zirkus Krone in München; der Saal faßte mehr als 8000 Personen. Zwar war das Zirkusrund nicht immer voll, wenn Hitler sprach, aber zwischen 4000 und 5000 Menschen vermochte er nun dorthin zu locken, am 25. August 1921 waren es gar 7000. Zwischen den großen Auftritten im »Zirkus Krone« sprach Hitler in den Münchener Bierschwemmen, in denen er meistens zwischen 2000 und 3000 Personen zu versammeln vermochte.

Die Zahlen des Jahres 1922 zeigen etwa dasselbe Bild. Erst das Krisenjahr 1923 brachte eine erneute wesentliche Steigerung. Am 11. Januar 1923 war der »Zirkus Krone« mit »etwa 9000 Personen« erstmals »überfüllt«[121]; das ereignete sich in diesem Jahr noch mehrfach. Auch in die großen Säle der Kneipen strömten nun Tausende von Menschen. Im »Löwenbräu-Keller« hörten Hitler am 26. Februar und am 6. April 1923 zwischen 4000 und 5000 Personen. Die Anziehungskraft Hitlers strahlte längst auch in die bayerische Provinz aus. Am 29. Mai 1923 vermochte er in der Sängerhalle in Augsburg 10 000 Zuhörer zu versammeln.[122]

Die steigende Massenanziehung Hitlers führte offenbar auch zu einem steigenden Interesse an der »Deutschen Arbeiterpartei«, die sich am 24. Februar 1920 den Namen »Nationalsozialistische Deutsche Arbeiterpartei« (NSDAP) gab. Die Zahl der Mitglieder stieg von 190 im Januar 1920, auf 2000

113

bis zum Ende des Jahres; im August 1921 betrug sie 3300, Anfang 1922 6000. Im Jahre 1922 stieg die Zahl der Mitglieder auf etwa 20 000 an, weil Julius Streicher im Oktober 1922 mit seiner gesamten Nürnberger Anhängerschaft der NSDAP beitrat. Im Krisenjahr 1923 schnellten die Zahlen beinahe explosionsartig in die Höhe. Zwischen Februar und November 1923 traten 35 000 neue Mitglieder in die Partei ein, die schließlich am Vorabend des Novemberputsches ca. 55 000 Mitglieder besaß.[123]

Über die Zusammensetzung der Zuhörerschaft bei Hitler-Reden läßt sich Zuverlässiges nicht aussagen. Ein Kern der Zuhörer hat aus Parteimitgliedern bestanden, die mit großer Wahrscheinlichkeit immer wieder die Säle mehr oder weniger freiwillig gefüllt haben werden. Über die Mitgliederstruktur wissen wir dank der Forschungen von Michael H. Kater[124] relativ gut Bescheid. Auf der Basis einer Originalmitgliederliste von Ende September bis Anfang November 1923, die insgesamt 4800 Namen (von insgesamt 55 787 Mitgliedern) enthält[125], ergibt sich folgendes Soziogramm: Der Schwerpunkt der Mitgliederschaft liegt im Bereich des »unteren Mittelstands«.[126] Die stärkste Gruppe stellen »Handwerker« mit einem Anteil von 20 Prozent dar, gefolgt von Kaufleuten mit 13,6 Prozent, Angestellten mit 11,1 Prozent und Landwirten mit 10,4 Prozent, danach folgen mit 9,5 Prozent Arbeiter und mit 8,5 Prozent Facharbeiter.[127]

Kater bemerkt dazu, »die größte Sorge des Handwerks« habe »in den Nachkriegswirren den Auswirkungen der ständig fortschreitenden technischen Revolution« gegolten, die sich »zumeist in den Großstädten« manifestiert habe. Ein Teil der Handwerker sei in der Stadt zu Facharbeitern geworden und beide Gruppen daher schwer voneinander zu trennen. Bei den Kaufleuten, so interpretiert Kater seine Ergebnisse weiter, habe es sich um die kleinen Geschäftsinhaber gehandelt und die Gemischtwarenhändler: »Ihre Mitgliedschaft

114

entspringt dem charakteristischen Ressentiment der kleinen Kaufleute gegen den Kapitalismus der städtischen Großunternehmen«, gegen die Warenhäuser und die Zweigniederlassungen großer Importgesellschaften. Den hohen Anteil der Angestellten erklärt Kater mit deren wirtschaftlicher Not nach dem Weltkrieg, die vor allem »auf einer Überfüllung des Berufes und der dadurch bedingten realen oder potentiellen Arbeitslosigkeit beruhte«.[128] Für alle diese Gruppen, so summiert Kater, ist ein latenter Antisemitismus kennzeichnend; die Handwerker »erblickten im Juden den Initiator und Besitzer kapitalistischer Großbetriebe«[129]; die kleinen Kaufleute, so kann man hinzufügen, sahen »im Juden« den Konkurrenten und Warenhausbesitzer, der sie einem ruinösen Wettbewerb aussetzte usw.

Für eine Arbeiterpartei sticht der relativ geringe Prozentsatz der Arbeiter hervor. Kater verweist in diesem Zusammenhang auf die mittelständisch geprägten Forderungen des Parteiprogramms der NSDAP, die dem Arbeiter wenig geboten hätten.[130]

Einige Indizien sprechen dafür, daß dieses Soziogramm der Mitglieder der NSDAP auch auf die Zuhörer übertragen werden kann. Für die Versammlung vom 13. November 1919 im Eberlbräukeller, an der, folgt man Hitler, 129 Personen teilnahmen, liegen Angaben aus einem Bericht des Gruppenkommandos vor: »Leider waren nur 20–30 Arbeiter da, sehr viele Studenten, Offiziere, Kaufleute und Soldaten.«[131] Zweierlei geht aus dieser Notiz hervor: 1) daß man quer zu allen Kategorien sozialer Zugehörigkeit davon ausgehen muß, daß sich in den Sälen sehr viele Soldaten befanden[132], die seit der Unterzeichnung des Versailler Friedens im Januar 1920 entweder bereits demobilisiert waren oder von der Demobilisierung bedroht waren; 2) daß sich die DAP/NSDAP ihrem »Auftrag« nach insbesondere um die Arbeiterschaft bemühen sollte und wollte.

Auf welche Schwierigkeiten man dabei stieß, läßt sich dem Bericht eines V-Mannes des Gruppenkommandos 4 über eine Versammlung der NSDAP am 11. Mai 1920 im Hofbräuhaus entnehmen: »Vortrag des Herrn Adolf Hitler über das Programm d[er] D[eutschen] Arb[eiter] P[artei]. [...] Ferner brachte Hitler eine starke Judenhetze zum Ausdruck, die der dicht gefüllte Saal mit großem Beifall erwiderte. Es waren meist Leute vom Mittelstand. Die wenigen Arbeiter, welche anwesend waren [sic] schimpften über die Ausführungen des Redners, so erklärte ein M[it]gl[ied] der U. S. P. [D] an meinem Tische, daß diese Partei eine raffinierte Schwindelbande sei.«[133] Daß man bei der Gewinnung von »Arbeitern« nicht besonders viel Erfolg hatte, war zumindest Adolf Hitler bewußt. Am 3. Juli 1920 antwortete er dem Reichswehrmajor Konstantin Hierl, der die kritische Ansicht geäußert hatte, daß die Versammlungen der NSDAP »zu wenig Besuch erhielten aus den Kreisen der industriellen Arbeiterschaft«, in höchst dialektischer Weise: Einerseits verkenne man »die Schwierigkeit« nicht, »Arbeiter, die zum Teil schon jahrzehntelang Organisationen angehören, ohne weiteres zu uns bekehren zu können«. Andererseits schließe sich der Arbeiter aber nur einer machtvollen Bewegung an, die es verstehe, »Massenversammlungen« zu veranstalten. Um aber den ruhigen Verlauf solcher Massenversammlungen zu garantieren, habe sich die NSDAP »an eine gewisse Mittelschicht« wenden müssen, »von der wir wußten, daß sie innerlich national dachte und fühlte [...]. Dadurch bekamen unsere Versammlungen von vornherein einen sehr gemischten Anstrich. Neben den Staatsbeamten Werkzeugschlosser, neben den Doktoren Gasthof-Köchinnen usw. Aber das soll ja gerade auch das Ziel unserer Partei sein, nicht Klassenorganisation, sondern Volksbewegung zu werden.«[134] Auf dem Wege dahin erwiesen sich die unteren Mittelschichten als die eigentlich verläßliche Klientel der NSDAP. Später, als er im Jahre 1924 vor Gericht

116

stand, bezeichnete Hitler den kleinen Krämer und den »kleinen Spießer« als Hauptadressaten der NSDAP.[135]

Zeitgenössische Beobachter, die an den frühen Massenveranstaltungen der NSDAP teilgenommen haben, bestätigen dieses Bild: Karl Alexander von Müller, der am 27. Januar 1923 Hitler im Löwenbräu-Keller hörte, gibt folgendes Bild: »Eigne Kampflieder, eigne Fahnen, eigne Symbole, ein eigner Gruß [...], militärähnliche Ordner, ein Wald grellroter Fahnen mit einem schwarzen Hakenkreuz auf weißem Grund, die seltsamste Mischung von Soldatischem und Revolutionärem, von Nationalistischem und Sozialem – auch in der Zuhörerschaft: überwiegend der herabgleitende Mittelstand, in all seinen Schichten – wird er hier neu zusammengeschweißt werden?«[136]

Worin lag die Anziehungskraft, die Hitler auf dieses Publikum ausübte? Welche Themen sprach er an, womit erhielt er den meisten Beifall und welche Darbietungsform bevorzugte er? Das Kaleidoskop der Themen, mit denen sich der Redner Hitler bis zum Novemberputsch 1923 beschäftigte, ist vor dem Hintergrund der ersten Jahre der Weimarer Republik und angesichts des Milieus, in dem Hitler sich bewegte, wenig auffällig. Es ist alltäglich im wahrsten Sinne des Wortes. Er behandelte vorwiegend tagespolitische Themen und versuchte sich in historischen und völkisch-ideologischen Erklärungen für die innen- und außenpolitische Misere der Weimarer Republik.

Im ersten geschlossenen Jahr von Hitlers Rednertätigkeit – 1920 –, das hier herausgegriffen sei, war das bei weitem wichtigste Sachthema der Versailler Friede. Hitler verglich ihn in der Regel mit dem Frieden von Brest-Litowsk, wobei es ihm weniger auf nachprüfbare Tatsachen als vielmehr auf eine einseitige, zugespitzte Gegenüberstellung deutscher »Fairneß« und französisch-englischer Haßgesinnung ankam: Während der Friede von Brest-Litowsk Rußland die nationale Existenz und Ehre gelassen habe, raube der Versailler Friede Deutschland beides – die Existenz und die Ehre – und versklave es für ein halbes Jahrhundert. Aus diesen außerordentlich selbstgefälligen und dem deutschen Selbstgefühl schmeichelnden Prämissen leitete er dann die entsprechende Polemik gegen die Siegermächte einerseits und die Weimarer Republik und ihre Repräsentanten andererseits ab: während die Siegermächte sich als skrupellose Imperialisten entpuppt hätten, dabei jedoch immerhin die Interessen ihrer Länder vertreten hätten, habe die deutsche Delegation bei den Friedensverhandlungen die deutschen Interessen verraten und sich als verlängerter Arm internationaler, jüdischer Interessen entpuppt, also mit den Feinden gemeinsame Sache gemacht.[137]

Um die Gegenwart in möglichst schwarzen Farben malen zu können, griff Hitler in der Regel zum Vergleich mit solchen Epochen der deutschen Geschichte, die sich für eine skrupellose Idealisierung und Heroisierung besonders gut zu eignen schienen. Friedrich der Große und Bismarck behaupteten die absolute Prominenz. Auch das wilhelminische Kaiserreich und seine Repräsentanten wurden anfangs noch positiv abgehandelt. Allerdings schilderte er die inneren Zustände vor dem Krieg als morsch und lieferte auf diese Weise den Übergang zur Erörterung der Ursachen des deutschen Zusammenbruchs im Ersten Weltkrieg. Hitler intonierte die Dolchstoßlegende keineswegs radikaler als Ludendorff und die anderen Militärs. Die Schuld wurde noch auf viele Schultern verteilt, aber »die« Juden und »die« Marxisten sowie »die« Presse und »der« Internationalismus besaßen bereits Vorrang.

Einen erheblichen Anteil am Themenspektrum behaupteten die Auseinandersetzung mit der Demokratie als Staatsform und mit den Parteien als deren Vollstrecker, allgemeine Erörterungen der Weltlage und der deutschen und bayerischen Politik sowie natürlich die Erklärung des Parteiprogramms der NSDAP und die Werbung für die Partei. Der Antisemitis-

118

mus war ein sich durch nahezu alle Reden hindurchziehendes Motiv, entwickelte sich daneben aber auch zum eigenen Vortragsthema – »Warum sind wir Antisemiten?« –, das immer wiederkehrt, ohne aber zum Beispiel die Häufigkeit des Themas »Versailler Friede« zu erreichen.

Versucht man ein Stimmungsprofil der Redeauftritte Hitlers anhand der Polizeiberichte und anderer Veranstaltungsberichte von dritter Seite zu zeichnen, so sticht neben der latenten Gewaltbereitschaft, mit der Gegner und auch Juden von den Ordnern der Partei behandelt werden, die rhetorische Begabung Hitlers ins Auge. Sie wird nicht nur immer wieder explizit festgestellt, sondern ist auch an dem häufigen Zwischenbeifall abzulesen und anhand der wenigen wörtlich überlieferten Redetexte auch heute noch nachvollziehbar. Hitler sprach nicht nur klar, einfach, für jeden verständlich und pointiert, sondern er verstand es auch, das Publikum zum Lachen zu bringen und aus seinen Auftritten mit Witz, Ironie und Sarkasmus eine »Gaudi«[138] zu machen, wie man in Bayern sagt. Viele werden daher allein schon wegen des relativ hohen Unterhaltungswertes gekommen sein, den Hitlers Auftritte besaßen. Da die Versammlungen der NSDAP in Kneipen bzw. Bierschwemmen und am Abend stattfanden, konnte man zudem nebenbei sein Bier trinken.

Macht man für das erste Berufsjahr Hitlers eine Statistik der emotionalen Höhepunkte auf und fragt, zu welchen Äußerungen der Beifall am größten war, so liegen die antisemitischen Parolen an der Spitze. Von 184 über die einfache Kategorie »Beifall« hinausgehenden außergewöhnlichen Beifallsbekundungen (z. B. »stürmischer«, »lebhafter«, »langer«, »brausender Beifall« etc.) entfallen 57 allein auf antisemitische Äußerungen. 41 außergewöhnliche Beifallsbekundungen sind für Appelle an die nationale Einigkeit, Größe und Ehre sowie für Volksgemeinschafts- und Solidaritätsappelle verzeichnet, 14 für Äußerungen gegen die Regierung, einzelne

Regierungsmitglieder bzw. die Regierungsparteien, zehn für Bekundungen der Siegeszuversicht und des Kampfeswillens der Partei; jeweils acht für Äußerungen gegen den Versailler Frieden und für die Ankündigung einer nationalen Wiedergeburt, Erhebung oder völkischen Machtergreifung; sechsmal wurde dem Parteiprogramm und einzelnen Zielen der Partei mit außergewöhnlichen Beifallsbekundungen zugestimmt. Jeweils fünf außerordentliche Beifallsbekundungen gab es für Äußerungen gegen »Lumpen«, »Schieber«, »Wucherer« und »Korruption«, gegen Frankreich sowie zu wirtschaftlichen Forderungen der Partei, wie die Reduzierung der Preise und die Abschaffung des »Leih- und Börsenkapitals«. Viermal riefen Äußerungen gegen die Novemberrevolution und die »Revolutionsverbrecher« und dreimal antibolschewistische Äußerungen Beifallsstürme hervor.[139]

Die Grundstruktur dieser emotionalen Höhepunkte ist einfach: Die Schuld für die Misere wird bei den Juden, den Alliierten, den Marxisten, den Revolutionären und der Regierung »abgelegt«, die nationale Größe und Unbesiegbarkeit wird als historische Reminiszenz, als heroische Vergangenheit beschworen, und die Rechtfertigung für die Politik der Partei wird darin gesehen, die Schuldigen an der gegenwärtigen Misere zu bestrafen und durch eine nationale Erhebung Anschluß an die vergangene Größe zu finden. Offenbar war dieses ebenso einfache wie eingängige Muster besonders konsensfähig. Auffällig ist die konsensstiftende Kraft antisemitischer Parolen. Zweifellos kam der Antisemitismus dem Redestil Hitlers besonders entgegen. Einen wesentlichen Teil der Wirkung erzielte Hitler bei diesem Thema durch Lächerlichmachen, durch Sarkasmus, Witz und Ironie.

Ein Paradebeispiel ist die im Wortlaut verfügbare Rede vom 13. August 1920, die mit dem Thema »Warum sind wir Antisemiten?« an den Litfaßsäulen plakatiert worden war.[140] Neben zahlreichen Beifallsbekundungen verzeichnete der Ste-

120

nograph 20mal »Heiterkeit«. Hitler knüpfte erfolgreich an die lange Tradition eines zur Karikatur verzerrten Judenbildes an, das in der damaligen Öffentlichkeit weit verbreitet, literarisch fest verankert und für eine »Lachnummer« immer gut war und erst nach 1945 in Deutschland seine Wirkung eingebüßt hat. Es beruhte auf den bekannten Stereotypen »des« arbeitsscheuen, auf Rassereinheit bedachten, nicht kreativen, zur Staatsbildung nicht befähigten, von der Geldleihe lebenden, die Presse beherrschenden, für ein Geschäft alles verratenden Juden. Viel Stoff bezog dieses Klischee aus dem Ariermythos, in dem der »häßliche Jude« den Gegentypus zum Arier darstellte, und aus einer nicht nur einseitigen, sondern auch ganz hanebüchenen, nichtsdestoweniger aber populären »Interpretation« des Alten Testaments.

Der Inhalt der Reden Hitlers, ihre rhetorische Struktur und ihre Darbietungsform sowie der äußere Rahmen der Bierlokale verraten ein hohes Maß von Anpassung an den Geschmack des kleinbürgerlichen nationalkonservativen, völkisch-antisemitischen Publikums in Bayern. Hitler sprach an, was diese Leute politisch bewegte, spielte erfolgreich auf der Klaviatur ihrer Vorurteile, appellierte an ihren Chauvinismus, predigte Fremdenhaß und Gewalt und wies gerade auch durch diese Verbalradikalität emotionale Wege aus den weit verbreiteten Ohnmachtsgefühlen. Zudem bot er eine gekonnte Gaudi für einen bierseligen Abend, indem er dicht an die Tradition der Büttenreden im Karneval anschloß, auch wenn er zweifellos eine weniger harmlose Variante bot. Doch was er sagte, sagten andere in diesem Milieu auch. Nicht durch das, was er sagte, fiel er auf, sondern durch die Art, wie er es sagte.

Das dünne Destillat, das sich aus einer Analyse der emotionalen Höhepunkte seiner Reden, für seine politische »Mission« ergibt, läßt sich in zwei, in besonderer Weise Emotionen transportierenden, Reizthemenkomplexen fixieren: erstens dem Appell an die Einheit, Solidarität und Größe der Deutschen und ihrer Geschichte und zweitens dem Appell an die Haßgefühle gegen »Feinde« und »Fremde«, die sich in besonderer Weise im Antisemitismus bündeln. Im Grunde deutet sich hier ein simples bipolares »Weltbild« an, das aus dem Gegensatz »Gut« – »Böse«; »Positiv« – »Negativ«; »Bejahung« – »Verneinung«, »Aufbau« – »Untergang« lebte und das sich im völkischen Milieu mit dem Rassegedanken verband und sich im Mythos von »Arier« und »Juden« »literarisch« längst herauskristallisiert hatte.

Bemerkenswert, wenn auch nicht überraschend ist, daß dieses bipolare Weltbild massenpsychologisch griff. Bevor man sich hier allerdings in Betrachtungen über Hitlers demagogisches Talent ergeht, sollte man abzuschätzen versuchen, welche Rolle Hitler auf diesem Feld spielte, das er ja nicht allein beackerte. Das Werbe- und Propagandamuster, das er verwendete, hatte sich als psychologisches Palliativ bereits am Ende des Ersten Weltkriegs in weiten Teilen des Bürgertums verankert, und es ist organisatorisch 1919 gut faßbar. Im Februar 1919 hatte sich der Alldeutsche Verband in seiner Bamberger Erklärung nicht nur zu seinen großdeutschen Zielen bekannt, sondern auch ganz offen zu einer rassistischen und antisemitischen Zielsetzung. Mit dem »Deutsch-völkischen Schutz- und Trutzbund« hatte der Alldeutsche Verband zudem einen antisemitischen Kampfbund geschaffen, der die Juden nicht nur ganz generell als »Hauptursache des Zusammenbruchs« diffamierte, sondern diese Schuldzuweisung auch in seiner Satzung verankerte. Der Bund betrieb eine intensive politisch-publizistische Kampagne, die die Abdrängung der Juden in den Status einer fremden Minderheit zum Ziel hatte.[141]

Hinzu kamen die Soldatenverbände, die sich seit Kriegsende formierten und zum Teil offen zum Antisemitismus bekannten, die deutschen und österreichischen Burschenschaften, die 1919 mehrheitlich beschlossen, nur noch »Arier« aufzunehmen und Juden keine Satisfaktion zu geben, sowie die »Deutschnationale Volkspartei«, die sich im Dezember 1918 als Nachfolgerin der konservativen Parteien des Kaiserreichs gebildet hatte und einen gemäßigten Antisemitismus vertrat. Zu diesen Organisationen trat ein schier unübersichtliches Geflecht von antisemitisch-völkischen Bünden und Klubs, wie etwa die logenartig organisierte »Thule-Gesellschaft«, sowie von paramilitärischen Wehrverbänden, die mit dem Begriff »Vaterländische Verbände« zusammengefaßt wurden. Schließlich sollte man nicht vergessen, daß die öffentlichen Schuldzuweisungen Wilhelms II., Hindenburgs und Ludendorffs für die Niederlage im Ersten Weltkrieg eindeutige antisemitische Bezüge aufwiesen.

Kurz: Wer – wie Hitler – 1919/20 vom Rande der Reichswehr her und in der völkischen Hochburg München »politische Propaganda« betreiben wollte, wurde auf das Thema des Antisemitismus zwangsläufig verwiesen und konnte gar nicht umhin zu bemerken, daß dieses Thema Konjunktur hatte. Die Konkurrenz auf diesem Feld war aber ebenfalls groß, und Hitler hatte erhebliche Mühe, sich dort zu etablieren. Hierzu einige Beispiele: Im Januar 1920 vermochte der »Deutschvölkische Schutz- und Trutzbund« im Münchener-Kindl-Keller etwa 6000 bis 7000 Menschen zusammenzubringen. Thema der Veranstaltung war »Die Judenfrage«. Von solchen Größenordnungen konnte Hitler im Jahre 1920 nur träumen. Er erreichte in den Spitzen nicht einmal die Hälfte.

Das Jahr 1921 stand in München im Zeichen einer beträchtlichen völkisch-nationalistischen Massenmobilisierung. Am 6. Februar 1921 brachte eine Protestkundgebung der »Vaterländischen Verbände« vor der Feldherrnhalle, die sich gegen die Deutschland im Januar auferlegten Reparationsleistungen wandte, »etwa 20 000 Personen« zusammen. Auch Hitler sprach, »konnte aber nicht durchdringen«[142], wie der Polizeibericht vermerkt. In seinen eigenen Veranstaltungen – nun immerhin schon mehrfach im »Zirkus Krone« – bekam Hitler 1921 nie mehr als 7000 Menschen zusammen (25. August), meistens waren es erheblich weniger. Zu einer der Großveranstaltungen des Jahres 1922, die die »Vaterländischen Verbände« am 16. August auf dem Königsplatz in München veranstalteten, kamen etwa 50 000 Menschen. Hitler erreichte am 21. Januar 1923 immerhin »etwa 9000 Personen« im Zirkus Krone.

Es ist wichtig zu sehen, daß sich Hitler bis zum November 1923 in einem »politischen Milieu« bewegte, das bereits auf dasselbe Grundmuster fixiert war, das seine Propaganda aufwies. Aus diesem zahlenmäßig sehr schwer faßbaren Milieu rekrutierte er seine Anhänger. Sicher ist, daß dieses »Milieu« zahlenmäßig die Anhängerschaft weit übertraf, die Hitler erreichte. Das läßt sich nicht nur an den Massenveranstaltungen ablesen, sondern auch etwa an den Mitgliederzahlen. So besaß der antisemitische »Deutschvölkische Schutz- und Trutzbund« auf dem Höhepunkt seiner Wirksamkeit – 1922 – etwa 200 000 Mitglieder. Die Mitgliedszahl der NSDAP belief sich zu dieser Zeit nur auf etwa ein Zehntel davon.

Die DAP/NSDAP ist in den ersten Jahren ihrer Existenz, die weitgehend durch den Massenagitator Hitler geprägt wurde, sowohl ideologisch-weltanschaulich als auch in ihren organisatorischen Bemühungen von diesen Wettbewerbsbedingungen her zu verstehen. Sie entsteht als Teil des völkisch-antisemitisch-alldeutschen Milieus und versucht innerhalb dieses Milieus Anteile zu gewinnen. Wenn irgend etwas an dieser Partei im Unterschied zu den anderen Parteien und Organisationen hervorsticht, dann die außerordentlich große Zahl der öffentlichen Massen-Veranstaltungen und ihre schnelle Folge. Die DAP/NSDAP war ein Propagandaverein und sie wurde – wesentlich durch die Tätigkeit Adolf Hitlers – allmählich zu einer gut funktionierenden Propagandamaschinerie. Für das

Jahr 1920 weist der Veranstaltungskalender der DAP/NSDAP allein 45 öffentliche Veranstaltungen auf.[143]

Vor diesem Hintergrund ist die Frage zu stellen, welche Rolle Hitler über seine Redetätigkeit hinaus in der DAP/NSDAP spielte. Welche Struktur hatte die Partei? War sie eine charismatische Führerpartei? War sie gegründet worden, um eine Mission zu erfüllen? Und war diese Mission die Mission Adolf Hitlers?

Hitlers Gefolgschaft und die Formierung der Führerpartei

Um den richtigen Ausgangspunkt für die Untersuchung zu gewinnen, ist es sinnvoll, die bisherigen Ergebnisse in der Terminologie der Herrschaftssoziologie zu fassen und die Differenz zwischen der Wirklichkeit und Webers idealtypischen Begriffen zu kennzeichnen. Das Charisma ist im Falle Hitlers nicht »ursprünglich rein«[144] anzutreffen. Es wächst nicht als irrationale, göttlichen Ursprüngen verhaftete, außeralltägliche Erscheinung in einer Nische der legal-bürokratischen Herrschaft ungestört heran, um diese dann schließlich in die Schranken zu fordern und revolutionär zu verändern. Hitler tritt 1919 nicht als charismatische Persönlichkeit auf die Bühne der Politik, sondern sein Charisma wird von der Reichswehr gewissermaßen an den Tag gefördert. Das Redetalent Hitlers, seine charismatische Begabung, wird in der Reichswehr entdeckt, geschult und auf den Weg gebracht, es wird also in einem Subsystem »erzeugt«, das ebenso wie das Makrosystem »Staat«, in das es eingefügt ist, eine hochkomplexe »Mischstruktur« aufweist.

Diese »Mischstruktur« besteht – in den Begriffen Max Webers – aus einer Amalgamierung legal-bürokratischer, traditionaler und charismatischer Herrschaftselemente. In dieser »Mischstruktur« wird Hitlers Redetalent mit der Absicht geschult und materiell unterstützt, eine Systemtransformation – die Revolution von 1918/19 – rückgängig zu machen. Hitlers Redetalent soll also konterrevolutionären Zwecken dienstbar gemacht werden. Ganz im Sinne von Arthur Schweitzers Begriff des synergetischen Charismas dienen die legal-bürokratischen und traditionalen Strukturen der Reichswehr der Entwicklung und Verstärkung des Charismas. Das Ziel dieser Synergie – die eine strategische und eine tatsächliche ist – liegt teilweise außerhalb der Reichweite der Weberschen Begrifflichkeit und kann unter Zuhilfenahme der Begriffe der klassischen Staatstheorie als Versuch definiert werden, die demokratische Staatsform mit Hilfe des revolutionären Prinzips des Charismas in eine autoritäre Staatsform zu retransformieren. Dabei griff man taktisch auf den Antisemitismus zurück, um das ins Proletariat absinkende Kleinbürgertum und einen Teil der Arbeiterschaft ins nationale Lager zu ziehen. Bis zum September/Oktober 1923 funktionierte Hitler im Rahmen der Erwartungen, die man in der Reichswehr in ihn gesetzt hatte.

Analysiert man das personale Umfeld Hitlers mit den Weberschen Begriffen der »Gefolgschaft« und der durch Glauben an eine gemeinsame Mission konstituierten Sozialbeziehungen zwischen diesen personalen Umfeldern und der charismatischen Führerfigur, so spricht im Falle Hitlers alles dafür, daß sich die Anhängerschaft *vor* der Gefolgschaft konstituierte, ja mehr noch, daß es eine wesentliche Bedingung für die Konstituierung von »Gefolgschaft« war, daß Hitler »Anhänger« zu mobilisieren vermochte. Es ist daher sinnvoll, sich zunächst der Anhängerschaft Hitlers zuzuwenden.

Der Begriff ist unpräzise und nicht genau operationalisierbar. Erfaßt wird der feste Stamm der in allen Versammlun-

126

gen sitzenden Zuhörer Hitlers, von dem angenommen werden kann, daß er die von Hitler vorgetragenen Ansichten mit diesem teilte bzw. von ihnen angesprochen wurde. Den harten Kern dieser Anhänger machten die Parteimitglieder aus. Korreliert man die durchschnittlichen Zuhörerzahlen mit den Parteimitgliederzahlen, so liegen sie für die Jahre 1920 bis Oktober 1922 relativ eng zusammen. Erst die massive regionale Ausbreitung der NSDAP über den Raum München hinaus ließ die Mitgliedschaft erheblich über die mittlere Mobilisierungsquote der Veranstaltungen in München hinausgehen. Es ist daher wahrscheinlich, daß die Veranstaltungen der NSDAP in München in großem Umfang von immer denselben Münchener Parteimitgliedern besucht wurden. Ihre Sozialstruktur, in der Handwerker, Kaufleute, Angestellte und Landwirte überwogen, kann, wie gesagt, als vom unteren Mittelstand, der ins Proletariat abzusinken drohte, geprägt bezeichnet werden. Mit Bezug auf die frühe NSDAP kann man im Sinne der These von Lipset von einem »Extremismus der Mitte« sprechen[145] oder genauer: von einem Extremismus des unteren Mittelstands. An die »Arbeiter«, die die Hauptzielgruppe der DAP/NSDAP darstellten – jedenfalls wenn man sich an ihrem selbstgesetzten Ziel, »Arbeiterpartei« zu werden, orientiert –, kam Hitler nicht so recht heran. Wenn »Arbeiter« zu Anhängern der NSDAP wurden, dann waren es jedenfalls vorwiegend keine Industriearbeiter, sondern sozial abgestiegene Handwerker und Landarbeiter.

Wesentliche Gründe hierfür sind im Programm der NSDAP zu suchen, im Antisemitismus ebenso wie im Nationalismus und im kriegerisch akzentuierten Heroenkult und Charismaglauben. Im Unterschied zum Mittelstand ließ sich die im Geist des Internationalismus und Marxismus erzogene Industriearbeiterschaft über diese Propagandakonfigurationen nicht so leicht ansprechen. Andererseits lag Hitlers Reden eine einfache bipolare Weltsicht zugrunde, deren massenpsycholo-

127

gische Wirkung sich ganz unabhängig von bestimmten Inhalten zu entfalten vermochte, sofern die Situation eine extreme Reduktion von Komplexität zu rechtfertigen schien, und dies ist in unübersichtlichen chaotischen Krisensituationen fast immer der Fall. Die mit völkisch-rassistisch-antisemitischen Inhalten aufgeladene bipolare Weltsicht der Reden Hitlers ordnete diese zudem einem größeren Umfeld zu, in dem der gleichen »Vision« oder »Mission« nachgejagt wurde.

Einige dieser Organisationen sind schon genannt worden: allen voran der »Alldeutsche Verband« und der »Deutschvölkische Schutz- und Trutzbund« sowie die »Thule-Gesellschaft«. In diesem »trüben Teich« des völkisch-antisemitischrassistischen kleinbürgerlichen Milieus fischten also viele, und Hitler hatte keineswegs das größte Netz. Er war aber wohl der beste Fischer, ein Virtuose der Menschenfischerei. Über die Größe des »Teiches« sollte man sich zudem keinen Illusionen hingeben: Bei den bayerischen Landtagswahlen im April 1924 wurde der »Völkische Block« mit 35 Prozent der abgegebenen Stimmen die stärkste Gruppierung im Stadtgebiet von München. Bei den Reichstagswahlen am 4. Mai 1924 errang der Völkische Block in München immerhin noch 29 Prozent der Stimmen.[146] Bedenkt man die relative Begrenzung der NSDAP auf wenige, vorwiegend süddeutsche Regionen, so sind die 6,6 Prozent der Stimmen, die sie 1924 bei den Reichstagswahlen erzielte, durchaus auch ein Zeichen eines erheblichen Einzugsbereichs.

Ist eine Annäherung an den Begriff der »Anhänger« Hitlers nur über Hilfsbegriffe wie »Zuhörer«, »Parteimitglieder« und »Wähler« möglich, so gilt ähnliches auch für den Begriff »Gefolgschaft«. Auch der Begriff der »Gefolgschaft« ist nur über Hilfsbegriffe operationalisierbar und er ist zudem nicht trennscharf vom Begriff »Anhänger« zu unterscheiden. Geht man von Webers Begrifflichkeit aus, so wäre nach den »Jüngern« Hitlers zu fragen, nach denen, die ihm nachfolgten, sei

128

es physisch, sei es im Geiste, und die dieselbe Mission mit ihm teilten. Doch diese an Jesus und seinen Jüngern orientierte Vorstellung trifft auf Hitler nicht zu. Er bewegte sich in unterschiedlichen, d.h. unterschiedlich zusammengesetzten »Runden«, die meistens simplen gesellschaftlichen Anlässen wie Kaffeetrinken und Essen ihre Entstehung verdankten und meistens in Café-Häusern, Restaurants und großbürgerlichen Salons stattfanden. Daneben gab es »Funktionsrunden«, die unter Umständen gar nicht räumlich zusammentrafen oder nur höchst selten, aber dennoch ganz erhebliche Bedeutung besaßen.

Hier ist nur mit der Methode der »dichten Beschreibung« des gesamten engeren personalen Umfelds Hitlers weiterzukommen. Es kann dann auf dem Wege der Ausdifferenzierung versucht werden, einen Personenkreis einzugrenzen, den man eventuell mit dem Begriff »Gefolgschaft« im Sinne des Charisma-Begriffs zusammenfassen könnte. Hierfür ist es sinnvoll, Webers Kriterium der »Glaubensgemeinschaft« um das Kriterium der »Tat- bzw. Handlungsgemeinschaft« zu erweitern. Auf diesem Wege soll der Begriff der »Gefolgschaft« operationalisierbar gemacht werden.

Als Rekrutierungsbasis für Hitlers Gefolgschaft ist in erster Linie an drei Personenkreise zu denken, erstens an die Mitglieder der DAP/NSDAP, zweitens an die Soldaten der bayerischen Reichswehr und drittens an die großbürgerlichen Gesellschaftskreise des völkischen Milieus in München und teilweise in Berlin.

1. Als Hitler in die DAP eintrat, hatte sie nur wenige Mitglieder. Hitler erhielt die Mitglieds-Nummer 555. Da die Zählung mit der Nr. 501 begann, mag man daraus entnehmen können, daß die DAP zu diesem Zeitpunkt etwas mehr als 50 Mitglieder hatte.[147] Die Mehrzahl dieser Mitglieder dürfte aus dem persönlichen Umfeld der beiden Männer gestammt haben, die die DAP am 5. Januar 1919 in München gegründet

hatten, nämlich des bei der Münchener Eisenbahn-Hauptwerkstätte beschäftigten Werkzeugschlossers Anton Drexler und des völkischen Sportjournalisten und Mitglieds der Thule-Gesellschaft Karl Harrer.

Anton Drexler, von Beruf Handwerker, war 1917 der annexionistischen und antisemitischen »Deutschen Vaterlandspartei« beigetreten und hatte am 7. März 1918 mit 27 Arbeitskollegen einen »Freien Arbeitsausschuß für einen guten Frieden« gegründet. Am 5. Januar 1919 gründete er mit Harrer die DAP, deren Vorsitzender er bis zum 29. Juli 1921 war. Danach hatte er bis zur Auflösung der NSDAP im November 1923 den Ehrenvorsitz inne.[148] Drexler veröffentlichte Ende August 1919 in München eine Broschüre mit dem Titel: »Mein politisches Erwachen. Aus dem Tagebuch eines deutschen sozialistischen Arbeiters«. Drexler dürfte eine Gruppe von 30 bis 40 Handwerkern und Facharbeitern aus der Eisenbahn-Hauptwerkstätte in München, die national und antisemitisch eingestellt waren und die er bereits seit 1918 um sich geschart hatte, in die DAP »eingebracht« haben.[149]

Karl Harrer (1890–1926), Kriegsteilnehmer, war seit 1918 als Journalist bei der »München-Augsburger Abendzeitung« tätig. Er war bis zu seinem Ausscheiden aus der DAP im Januar 1920 Mitglied des Arbeitsausschusses der DAP, einer Art Vorstand oder Führungszirkel, der aus sieben Personen, ganz überwiegend Handwerkern, bestand. Harrer war Mitglied der »Thule-Gesellschaft«, die um die Jahreswende 1917/18 als bayerischer Zweig des 1912 in Leipzig gegründeten Germanen-Ordens ins Leben gerufen worden war.[150] Die Thule-Gesellschaft war ein antisemitischer »völkischer gesellschaftlicher Klub im Stil einer Loge«[151], der sich im vornehmen Münchener Hotel »Vierjahreszeiten« traf. Über die Verbindung zur Thule-Gesellschaft kamen völkische Antisemiten aus dem Münchener Bürgertum zur DAP/NSDAP, unter ihnen die Ingenieure Gottfried Feder und Dr. Paul Tafel[152], der Dentist Dr. Friedrich Krohn, der Schriftsteller Dietrich Eckart, die Verleger Lehmann und Boepple sowie die Studenten Hans Frank, Rudolf Heß und Alfred Rosenberg.[153]

2. Mit Hitlers Eintritt in die DAP/NSDAP öffnete sich die Partei den Soldaten der Reichswehr: »Seit Mitte September 1919 kamen nicht mehr nur in erster Linie Arbeiter und Handwerker, sondern vornehmlich Soldaten, die eben erst demobilisiert worden waren. Die noch im Wehrdienst stehenden Soldaten traten der Partei mit ganz wenigen Ausnahmen offiziell zwar nur sehr selten bei; aber sie gehörten zu ihren festen Anhängern, auf die sich besonders Hitler stützen konnte.«[154]

Verifizierbar sind unter anderen Hitlers Regimentskamerad Vizefeldwebel Rudolf Schüssler[155], von Beruf Kaufmann, der die Mitgliedsnummer der DAP/NSDAP 641 erhielt und von Januar 1920 bis zum Juli 1921 deren Geschäftsführer war; sodann Hermann Esser[156], der der Partei am 8. März 1920 beitrat und die Mitgliedsnummer 881 erhielt. Esser hatte wie Hitler an den Aufklärungskursen des Reichswehrgruppenkommandos 4 teilgenommen und war Pressereferent von Hauptmann Mayr gewesen; ferner der Feldwebel Max Amann[157], der in der gleichen Kompanie gedient hatte wie Hitler und 1922 Geschäftsführer der NSDAP wurde.

Der hochrangigste und in mancher Hinsicht bedeutendste Soldat aus der Frühzeit der NSDAP war Hauptmann Ernst Röhm.[158] Er erhielt die Mitgliedsnummer 623. Die relativ niedrige Mitgliedsnummer erklärt sich daraus, daß Röhm bereits 1919 Mitglied der DAP geworden war. Er gehörte dem rechtsradikal eingestellten Offiziersklub »Eiserne Faust« an, den auch Hauptmann Mayr regelmäßig besuchte und zu dem er Hitler gelegentlich mitnahm. Röhm hat in der bayerischen Reichswehr ganz offensichtlich aktiv für die DAP/NSDAP geworben. Er verfügte über weitreichende Verbindungen, die über die Reichswehr in die Politik hineinreichten.[159]

Nach Röhm traten eine ganze Reihe ehemaliger Offiziere in die NSDAP ein, darunter der Leutnant a. D. der Luftwaffe Rudolf Heß (Mitgl.-Nr. 1600, 1.7.1920), der Kapitänleutnant a. D. Hellmuth von Mücke (Mitgl.-Nr. 3579, 8.7.1921), der Leutnant d. R. Hans Ulrich Klintzsch, der von August 1921 bis März 1923 Führer der SA war (Mitgl.-Nr. 3603, 20.7.1921), und schließlich der bekannteste ehemalige Offizier, der NSDAP-Mitglied wurde, der letzte Kommandeur des Richthofen-Geschwaders und Träger des Ordens »Pour le mérite«, Hermann Göring; er stieß erst Ende 1922 zur NSDAP.[160] »Diese Soldaten«, so bemerkt Joachim Fest, »waren es auch, die allmählich das soziologische Gesicht der Partei zu verändern begannen und die beschauliche Stammtischrunde aus Arbeitern und kleinen Gewerbetreibenden mit dem harten Typus des gewaltgewohnten Dauersoldaten durchsetzten. Die früheste Mitgliederliste der Partei vermerkt unter 193 Namen nicht weniger als 22 Berufssoldaten.«[161]

3. In die Münchener und in die Berliner Gesellschaft wurde Hitler durch Dietrich Eckart[162] eingeführt. Eckart war es auch ganz wesentlich zu verdanken, daß in der Münchener und Berliner Gesellschaft Unterstützungspotential für die DAP/NSDAP mobilisiert wurde, obgleich er selbst der DAP/NSDAP nicht beitrat.[163] Eckart hielt am 14. August 1919 einen Vortrag auf einer DAP-Versammlung[164], so daß er spätestens seit dieser Zeit Kontakte zur Partei hatte. Wann er Hitler kennenlernte, wissen wir nicht genau, wahrscheinlich im Herbst 1919.[165]

Eckart war ein gebildeter und gesellschaftlich gewandter Mann. Er konnte witzig und geistreich, gelegentlich auch sarkastisch sein.[166] Er verfügte über einen großen Bekanntenkreis sowohl in München als auch in Berlin, wohin er in seiner Eigenschaft als Dramatiker immer mal wieder fahren mußte.[167] »Eckart«, so schreibt seine Biographin, »hatte […] eine ausgesprochene Vorliebe für Cafés, Weinstuben und Bierlokale.

132

So konnte man ihn im ›Café Heck‹, in der ›Osteria Bavaria‹, im ›Bratwurstglöckl‹ oder in der Schwabinger Weinstube ›Die Brennessel‹ in der Runde diskutierender Männer antreffen. [...] Hier, am Stammtisch, wurden Bekanntschaften vermittelt und geknüpft und Parteianhänger geworben, hier popularisierte Eckart seinen Mann Adolf Hitler.«[168]

»Dank seiner Unterstützung wurde Hitler mit der Zeit gesellschaftsfähig und kreditwürdig.«[169] Die Namensliste derjenigen, die Hitler durch Eckart kennenlernte, ist lang. Er führte Hitler bei dem Klavierfabrikanten Carl Bechstein und seiner Frau Helene Bechstein ein.[170] »Der Klavierfabrikant Bechstein und seine Frau, die im Winter regelmäßig in München wohnten, luden Hitler zum Souper in ihre Suite im Hotel ›Bayerischer Hof‹ oder in ihr Landhaus nach Berchtesgaden ein. Solche Einladungen trugen natürlich auch finanzielle Früchte für die Partei und für Hitler selbst; Frau Bechstein stiftete der Partei sogar ein Darlehen in Form von Schmuckgegenständen und fühlte sich bemüßigt, Hitler gesellschaftlichen Umgang beizubringen.«[171] Die Eheleute Bechstein wiederum führten Hitler im »Hause Wahnfried« in Bayreuth bei der Familie Wagner ein (im Sommer 1923), wo Hitler auch Houston Stewart Chamberlain kennenlernte.[172] Einer der wichtigsten Kontakte, die Eckart für Hitler herstellte, war der Kontakt zum Münchener Polizeipräsidenten Ernst Pöhner, der wohl schon Ende 1919 zustande kam. Pöhner und sein Mitarbeiter Wilhelm Frick hielten in München ihre »schützende Hand« über die rechtsradikale, völkische »Szene« und insbesondere über die DAP/NSDAP, in der sie den »Keim für Deutschlands Erneuerung« sahen.[173]

Die Namensliste der Bekanntschaften, die Eckart vermittelt hat, weist zahlreiche Sponsoren auf, die die DAP/NSDAP oder auch Adolf Hitler selbst finanziell unterstützten[174], und die Namen wichtiger »Politiker« wie Erich Ludendorff, den Hitler möglicherweise 1920 in Berlin durch Vermittlung von

Eckart kennenlernte.[175] Auch seinen späteren »Hoffotografen«, Heinrich Hoffmann, lernte Hitler über Eckart kennen.[176]

Eckart war nicht der einzige, der Hitler in der Gesellschaft herumreichte, aber wohl einer der ersten, wenn nicht der erste, der dies tat. Später kamen andere Vermittler wie Ernst Röhm, Graf Ernst zu Reventlow, Kurt Lüdecke und Ernst Hanfstaengl hinzu.[177] Auch Erich Ludendorff gab später an, er habe Hitler »in weiten Kreisen empfohlen«.[178] Offenbar bewegte sich Hitler, je bekannter er als Volksredner wurde, desto mehr in einem weitgespannten gesellschaftlichen Netzwerk von Sympathisanten und Sponsoren. Knotenpunkte dieses Netzwerkes waren neben dem Haus Bechstein die großbürgerlichen Münchener Häuser und Salons des Verlegers Julius F. Lehmann, der angesehenen Kunsthändlerfamilie Hanfstaengl sowie des alldeutschen Verlegers Hugo Bruckmann.

In allen diesen Fällen waren es die Frauen, denen Hitler es besonders angetan hatte, Helene Bechstein, Erna Hanfstaengl und Elsa Bruckmann. Frau Bruckmann zum Beispiel »pflegte zu ihren Soirées alles zu laden, was in München einen Namen hatte. [...] Bei der politischen Einstellung des Hauses konnte da nun auch Hitler nicht fehlen«, zumal sich beide in der Verehrung für Wagner trafen. »Frau Bruckmann lud Hitler bald regelmäßig ein, wenn sie Gäste hatte, die für ihn von Nutzen sein konnten, seien es Industrielle, Aristokraten, Militärs oder Wissenschaftler.«[179] Dabei mögen unterschiedliche Faktoren zusammengekommen sein: die übertrieben höfliche, etwas linkische Aufmerksamkeit, die Hitler den Hausherrinnen bezeugte, seine äußere Erscheinung, die die Mitte zwischen martialischem Söldner und verarmtem »abgerissenen« Hauslehrer zu halten versuchte, seine Vorliebe für Kuchen und Kaffee und sein merkwürdiger politischer Fanatismus. Auf jeden Fall war Hitler ein Star, der nicht nur auf der Redner-Bühne für Unterhaltung sorgte, sondern auch in den bürgerlichen Salons zur Attraktion wurde: »Man amüsierte sich über seinen komischen Aufzug mit Frack, Trenchcoat, Pistole und Hundepeitsche, sein linkisches Auftreten und seine Weltfremdheit.«[180]

Alexander von Müller hat einen solchen Hitler-Auftritt im Hause Hanfstaengl in seinen Erinnerungen beschrieben: »Wir[...] saßen schon zu viert am blanken Mahagonitisch vor dem Fenster, als die Wohnungsglocke klang; durch die offene Tür sah man, wie er auf dem schmalen Gang die Gastgeberin fast unterwürfig höflich begrüßte, wie er Reitpeitsche, Velourshut und Trenchcoat ablegte, schließlich einen Gürtel mit Revolver abschnallte und gleichfalls am Kleiderhaken aufhängte. Das sah kurios aus und erinnerte an Karl May. [...] Der Mann, der hereinkam, war nicht mehr der trotzigverlegene Ausbilder in einer schlechtsitzenden Uniform, der mir 1919 gegenübergestanden war; aus seinem Blick sprach schon das Bewußtsein des öffentlichen Erfolges: aber etwas seltsam Linkisches haftete ihm immer noch an, und man hatte das unangenehme Gefühl, er spürte es und nahm es einem übel, daß man es bemerkte. Auch das Gesicht war immer noch schmal und bleich, beinahe mit einem leidenden Zug.«[181]

Die Beschreibungen, die über Hitlers Auftritte in der Gesellschaft Münchens vorliegen[182], laufen alle auf dasselbe hinaus: Hitler hatte in seinem Äußeren, in seinem Benehmen und in seinen Ansichten etwas Skurriles, Absonderliches, Allürenhaftes, Exzentrisches, Linkisches. Kurz: Er war eine Attraktion der Salons. Man mußte ihn gesehen, »erlebt« haben, dann hatte man etwas zu erzählen! Natürlich kann man sich fragen, ob bei allem Exzentrischen und Linkischen, das Hitlers Benehmen und Auftreten anhafteten, nicht ein gut Teil Inszenierung war. Auch Zeitgenossen haben sich das gelegentlich gefragt.[183] Manches spricht dafür, daß Hitler sich auch in Szene setzte, aber man sollte doch nicht vergessen, woher er kam. Viele Verhaltensweisen waren der Tatsache geschuldet, daß er sich einfach nicht »benehmen« konnte und

135

unsicher war, zumindest in dem großbürgerlichen Milieu, in dem er sich als »Berühmtheit« nun bewegte.

Seine Lebensweise in München hatte dabei durchaus auch charismatische Züge. Seit dem 1. April 1920 lebte er ohne feste Einnahmen und ohne Beruf, wenn man nicht »Politiker« und »Propagandist« als seinen Beruf gelten lassen will. Die Partei bezahlte ihn für diese Tätigkeit aber nicht. Wovon Hitler lebte, bleibt unklar.[184] Sofern man nicht annehmen will, daß die Reichswehr ihn verdeckt weiterbezahlte – Belege haben sich für eine solche Annahme nicht finden lassen –, wird man davon ausgehen müssen, daß Hitler von Gelegenheitserwerb[185] und von Spenden bzw. Zuwendungen lebte. Später in den Tischgesprächen im Führerhauptquartier gab er am 10. März 1942 an, »mütterliche Freundinnen« wie Erna Hanfstaengl, Elsa Bruckmann und Helene Bechstein hätten ihn unterstützt.[186] Offenbar war Hitler, der Junggeselle war und in der Thierschstraße in München anfangs nur möbliert wohnte, häufig bei anderen zu Gast. Dabei wird nicht nur an die großbürgerliche Gesellschaft Münchens, sondern auch an Parteigenossen wie Drexler und Oskar Körner zu denken sein.[187] »Eine Art zu Hause fand er bei der Witwe eines Studiendirektors, der ›Hitler-Mutter‹ Carola Hoffmann, im Münchener Vorort Solln.«[188]

Versucht man, aus diesen Rekrutierungsfeldern, der DAP/NSDAP, der Reichswehr und der Münchener Gesellschaft, die engere Gefolgschaft Hitlers zu rekonstruieren, bemerkt man zunächst einmal, daß der Begriff »Gefolgschaft« zu ungenau ist. Ist nur der »Glaube« an Hitler das entscheidende Kriterium, wird man wenigstens drei Gruppen zu unterscheiden haben: erstens eine Anzahl von zumeist älteren Männern und Frauen, die Hitler gegenüber eine Art von Mentoren-, Ratgeber-, Vater- bzw. Mutterrolle spielten.[189] Zu dieser Gruppe »geistiger« Väter und Mütter zählten Karl Mayr, Gottfried Fe-

136

der, Paul Tafel und Johannes Dingfelder[190], Dietrich Eckart, Ernst Röhm[191] und die Frauen Bechstein, Hanfstaengl, Bruckmann und Hoffmann. Zweitens eine Anzahl von Gleichaltrigen, in der Regel aber jüngeren Männern, die zu Hitler aufschauten und ihn bewunderten. In dieser Gruppe ist erneut zu unterscheiden zwischen denen, die in Hitlers Entourage die Funktion einer Art von Bodyguard hatten, und den »Jüngern« im eigentlichen Sinne, die an Hitlers politischer Aufgabe (Mission, Propaganda) intellektuell partizipierten.

Zur Gruppe der Bodyguards gehörten der spätere Fahrer Hitlers Emil Maurice[192], der Pferdehändler Christian Weber[193] und der Fleischergeselle Ulrich Graf.[194] Zur Gruppe der »Jünger« Hitlers gehörten Alfred Rosenberg, Rudolf Heß, Hermann Esser, Max Amann, Max Erwin von Scheubner-Richter[195], Heinrich Hoffmann, Kurt Lüdecke und Julius Streicher.[196] Eine dritte Gruppe derjenigen, die an Hitler glaubten, an seine propagandistischen Fähigkeiten und an seine politischen Ziele, ist der weitgezogene Kreis der Sponsoren, der Mächtigen, der gesellschaftlichen »Größen«, die schützend ihre Hand über ihn hielten, ihm ihr Prestige zur Verfügung stellten oder ihn in anderer Weise förderten, kurz: die Unterstützer- und Sympathisantenszene. Sie können nach der Herkunft unterteilt werden in »Geldgeber« (Unternehmer, Industrielle etc.)[197], in »Mächtige« (Politiker, Funktionsträger etc.)[198] und in Intellektuelle, Künstler, Verleger etc.[199]

Um aus der Vielzahl der Namen eine Auswahl zu treffen, werde ich mich nicht einer dieser Gruppen zuwenden, sondern ich werde ein zusätzliches Auswahlkriterium einführen, das es erlaubt, quer zu diesen Gruppen eine neue Gruppe zu konstituieren: In den Blick geraten sollen nur diejenigen, die sich als Propagandisten Hitlers und als unmittelbare Unterstützergruppe betätigten, also die, die im Verdacht stehen, den »Führer-Mythos« geboren zu haben. Anders formuliert: Nicht die Glaubensgemeinde, sondern die »Tatgemeinschaft im Glauben« kommt in den Blick. Der zeitlich erste und der Wichtigste, der in diesem Zusammenhang zu nennen ist, ist erneut Dietrich Eckart. Bei ihm läßt sich beobachten, wie seine allgemeine Messias-Erwartung, die als Prädisposition vorhanden war, die politische Szene gewissermaßen nach in Frage kommenden Figuren absuchte und nach einigen Enttäuschungen schließlich bei Hitler ihr Ziel fand.

Eckart teilte sowohl die in seiner Zeit übliche Bewunderung für die »großen Männer«, die Geschichte machen, als auch den Erwartungsglauben an den »Retter aus der Not«.[200] Zunächst hatte er diesen politischen Messias-Glauben auf den ostpreußischen Generallandschaftsdirektor Wolfgang Kapp projiziert, doch nachdem der Kapp-Putsch im März 1920 gescheitert war, begann er in Adolf Hitler den zukünftigen »Retter des Vaterlandes« zu sehen. Um den Charakter dieser »Hitler-Verehrung« zu verstehen, muß man sich klarmachen, daß Dietrich Eckart 21 Jahre älter war als Hitler. Obwohl Hitler und Eckart sich duzten und sich Freunde nannten, wird man an eine Art von Vater-Sohn-Beziehung denken müssen.[201] Zugleich war Eckart einer von Hitlers geistigen »Mentoren«, der dessen Texte durchsah und mit ihm an seinen Redeauftritten feilte[202], ihn überhaupt aufzutreten lehrte. Eckart, so könnte man sagen, »baute Hitler auf«. Das Medium, mit dessen Hilfe er dies auch öffentlich tun konnte, war der »Völkische Beobachter«.

Nachdem die NSDAP die Zeitung im Dezember 1920 mit starker Unterstützung durch Dietrich Eckart erworben hatte, wurde Eckart im August 1921 Chefredakteur des »Völkischen Beobachters« und blieb dies bis März 1923. Die Hauptlast der täglichen redaktionellen Arbeit erledigte Eckart aber nicht selbst, sondern überließ sie seinem Adlatus Alfred Rosenberg, mit dem er seit 1919 die Zeitschrift »Auf gut deutsch« herausgegeben hatte.[203] Eckart ergriff im Sommer 1921, als um die Führungsposition in der NSDAP gestritten wurde, die Par-

138

tei Adolf Hitlers und porträtierte ihn am 4. August 1921 im »Völkischen Beobachter« mit folgenden Worten: »Selbstloser, opferwilliger, hingebender und redlicher kann, meiner festen Überzeugung nach, überhaupt kein Mensch einer Sache dienen, als Hitler sich der unsrigen widmet.« Er habe »mit eiserner Faust« in die Parteiangelegenheiten eingegriffen.[204]

Der Begriff »Führer« wurde im Zusammenhang mit Hitler im »Völkischen Beobachter« erstmals im Dezember 1921 gebraucht[205], was aber nicht viel besagen will und zunächst auch eine Eintagsfliege blieb. Auf Versammlungsplakaten und in Zeitungsannoncen wurde der erste Vorsitzende der NSDAP bis zum Ende des Jahres 1922 als »Herr Adolf Hitler«[206] oder als »Parteigenosse Hitler«[207] oder als »Parteigenosse Herr Adolf Hitler«[208], angekündigt. Seit November 1922 – am 28. Oktober 1922 hatte Mussolinis »Marsch auf Rom« stattgefunden – änderte sich diese Praxis im »Völkischen Beobachter« allmählich. Nun tauchte der Begriff »Führer« im Zusammenhang mit Hitler häufiger auf. »Am vergangenen Dienstag sprach unser Führer Adolf Hitler im Saale des Salvatorkellers«, begann ein Bericht im »Völkischen Beobachter« vom 25. November 1922.[209] Daß der Begriff noch als Terminus technicus verwandt wurde und noch nicht mystifiziert war, zeigte der »Völkische Beobachter« vom 16. Dezember 1922. Die Balkenüberschrift auf Seite 1 lautete: »Abrechnung mit dem marxistischen Führergesindel«. Ebenso ins Auge fallend befand sich auf derselben Seite die Ankündigung einer »große[n] Deutsche[n] Weihnachtsfeier« auf der »Unser Führer, Parteigenosse Adolf Hitler«, die »Julrede« halten werde.[210]

Die Nationalsozialisten waren zudem zu diesem Zeitpunkt nicht die einzigen, die den Führerbegriff verwandten. Noch 1927 erschien eine Schrift von Curt Geyer mit dem Titel »Führer und Masse in der Demokratie«, die den »Führer-Begriff« für demokratische Führer reklamierte.[211] Dennoch änderte der »Völkische Beobachter« Ende 1922/Anfang 1923 seine

Haltung gegenüber Hitler. Bereits am 8. November 1922 hatte Hermann Esser im »Völkischen Beobachter« Hitler mit Mussolini gleichgesetzt und die Parole ausgegeben: »Der Mussolini Deutschlands heißt Adolf Hitler!«[212] Zu Hitlers 34. Geburtstag am 20. April 1923 wetteiferten Dietrich Eckart und Alfred Rosenberg miteinander, Hitler zum charismatischen Führer zu stilisieren. Unter der Balkenüberschrift »Deutschlands Führer« druckte der »Völkische Beobachter« auf der Titelseite ein Gedicht Dietrich Eckarts, das mit den Zeilen endete: »Die Herzen auf! Wer sehen will, der sieht! Die Kraft ist da, vor der die Nacht entflieht!«[213] Alfred Rosenberg, der die Hauptschriftführung für den »Völkischen Beobachter« im März 1923 von Dietrich Eckart übernommen hatte, konstatierte in derselben Ausgabe des »Völkischen Beobachters« (20. April 1923), daß Hitler inzwischen zum »Führer des deutschen Volkes« herangewachsen sei: »Wer Gelegenheit gehabt hat, Adolf Hitlers Wirken zu verfolgen, der weiß, wie er von Monat zu Monat reifer, größer und hinreißender wurde. Sein Feuer übertrug sich von ihm auf seine Zuhörer und pflanzte ihnen nach dem Zusammenbruch aller bisherigen Ideen wieder einen starken Glauben ins Herz. Scharen Verzweifelter fanden wieder eine Stütze für ihr Leben, und Männer, welche nach einem Führer des deutschen Volkes Ausschau hielten, blicken immer erwartungsvoller auf den Mann in München. Es bildete sich jene geheimnisvolle Wechselwirkung zwischen Führer und Anhänger heraus«, meinte man im »Völkischen Beobachter« feststellen zu können, »welche heute für die deutsche Freiheitsbewegung so kennzeichnend geworden ist.«[214]

Der Versuch, Hitler zum charismatischen Führer zu stilisieren, blieb nicht unbemerkt. Am 23. April 1923 kommentierte die sozialdemokratisch orientierte »Münchener Post« unter der Überschrift »Evangelium Hitler« mit beißender Ironie deren Versuch, Hitler in das »Gewebe eines Übermenschen« zu hüllen. Zugleich begriff die »Münchener Post« diese Be-

140

mühungen als Kompensation für eine inhaltsleere, nur im Negativen verharrende Programmatik. »Das Schimpflexikon der deutschen Sprache ist von A bis Z erschöpft, und mit der Aufforderung zu Mord, Totschlag und Verbrechen aller Art läßt sich auf die Dauer die Gefolgschaft weder zusammenhalten noch in ersehnter Weise vergrößern. Man muß also die ›objektiven‹ Momente der Bewegung durch subjektive, in der Persönlichkeit des Braunauer Anstreichers liegende Eigenschaften ergänzen. Und zwar solcher Art, daß daraus, für ein mehr als naives Volksempfinden, die Gestalt eines Messias herauswächst.«[215]

Die Stilisierung Hitlers zum charismatischen Führer nicht nur der Partei, sondern des deutschen Volkes und zum »deutschen Mussolini«, die Eckart, Rosenberg und Esser seit Frühjahr 1923 im »Völkischen Beobachter« intensiv betrieben, wurde 1923 durch ein Flugblatt ergänzt, das die NSDAP verteilte. Dieses Flugblatt hatte eine merkwürdige Vorgeschichte: »Im Herbst 1922 veranstaltete ein in Südamerika lebender Auslandsdeutscher ein von der Münchener Universität [...] gefördertes Preisausschreiben über das Thema ›Wie wird der Mann beschaffen sein, der Deutschland wieder zur Höhe führt?‹«[216] Den ersten Preis gewann ein Essay, den ein schon etwas älterer Student der Volkswirtschaft und der Geschichtswissenschaft, der ein Schüler des Geopolitikers Karl Haushofer war, verfaßt hatte. Dieser Student hieß Rudolf Heß. In seinem Essay hatte er folgende Beschreibung dieses Mannes zu Papier gebracht: »Der Glaube an die Reinheit der eigenen Sache [...] eine unbändige Willenskraft geben ihm die Macht der hinreißenden Rede, die die Massen ihm zujubeln läßt. Um der Rettung der Nation willen verabscheut er nicht, Waffen des Gegners, Demagogie, Schlagworte, Straßenumzüge usw. zu benutzen. Wo alle Autorität geschwunden ist, schafft Volkstümlichkeit allein Autorität [...]. Kraft seiner Rede führt er, wie Mussolini, die Arbeiter zum rücksichtslosen Nationa-

141

lismus, zertrümmert die international-soziale marxistische Weltanschauung. An ihre Stelle setzt er den national-sozialen Gedanken. Hierzu erzieht er Handarbeiter wie sogenannte Intelligenz. Gesamtinteresse geht vor Eigeninteresse, erst die Nation, dann das persönliche Ich. [...] Der Führer muß gesunde Geistesrichtungen seiner Zeit aufnehmen und sie zur zündenden Idee zusammengeballt wieder hinausschleudern unter die Masse. [...] Er selbst hat mit der Masse nichts gemein, ist ganz Persönlichkeit, wie jeder Große. Die Macht der Persönlichkeit strahlt ein Etwas aus, das die Umgebung in seinen Bann zwingt und immer weitere Kreise zieht. Das Volk lechzt nach einem wirklichen Führer, frei von allem Parteigefeilsche, nach einem reinen Führer mit innerer Wahrhaftigkeit. [...] Noch wissen wir nicht, wann er rettend eingreift, der ›Mann‹. Aber daß er kommt, fühlen Millionen.«[217] Obgleich der Name Hitlers auf dem Flugblatt, das diesen Essay verbreitete, nicht erwähnt war, sollten die Leser in diesem Porträt die zum charismatischen Führer stilisierte Figur des NSDAP-Demagogen erkennen. Das Flugblatt nannte seinen Namen wohlweislich nicht und hielt geschickt die Mitte zwischen den allgemeinen Charisma-Erwartungen und der Person Hitlers, um nicht in allzu platte Propaganda zu verfallen. Das Flugblatt schloß mit dem von Dietrich Eckart verfaßten und Schillers Glocke nachempfundenen »Sturm-Lied« der SA, dessen Strophen in den Refrain ausmünden: »Deutschland erwache!«[218]

Rudolf Heß war ebenso wie Eckart, Rosenberg und Esser ein Hitler-Parteigänger der ersten Stunde. Bereits im Sommer 1921 optierte er für Hitler: »Seid ihr wirklich blind dagegen, daß dieser Mann die Führerpersönlichkeit ist, die allein den Kampf durchzuführen vermag? Glaubt ihr, daß ohne ihn die Massen sich im Zirkus Krone stauten?«, fragte er die innerparteilichen Gegner Hitlers am 11. August 1921 im »Völkischen Beobachter«.[219] Bei Heß gewinnt man den Eindruck, daß er bald jede Fähigkeit verloren hat, Hitler gegenüber auf

142

Distanz zu gehen, daß er ihm förmlich anheimgefallen ist. Am 11. April 1921 beschreibt er die Wirkung einer Hitler-Rede auf sich selbst seiner Verlobten gegenüber so: »Es packte mich so, daß ich die Zähne aufeinanderbeißen mußte.« Von Hitlers Rede ginge etwas »Unbeschreibbares« aus, er sei »besessen«.[220]

Während der gemeinsamen Haft in Landsberg kamen sich Hitler und Heß so nahe, daß sie »miteinander weinten«, und am 29. Juni 1924 gesteht Heß seiner Verlobten: »Ich bin ihm ergeben mehr denn je! Ich liebe ihn!«[221] Auf Heß trifft auch in anderer Hinsicht zu, daß er Hitler wie ein Jünger nachfolgte. Im Unterschied zu Alfred Rosenberg, den Eckart gewissermaßen von der Straße auflas und dessen Tätigkeit für den »Völkischen Beobachter« seine einzige Existenzgrundlage war, kam Heß, der 1894 in Alexandria als Sohn eines Export-Kaufmanns geboren worden war, aus großbürgerlichem Haus. Er war ein hinlänglich begabter Student und hätte bei seinem Lehrer Karl Haushofer auch wohl Assistent werden können. Er schlug diese Möglichkeit aus, wie er zuvor schon die Chance ausgeschlagen hatte, ins väterliche Geschäft einzusteigen. Wie Hitler und andere führende Nationalsozialisten meldete er sich 1914 freiwillig zum Kriegsdienst und wurde 1918 als Leutnant der Luftwaffe entlassen. Am 1. Juli 1920 trat er in die NSDAP ein (Mitgl.-Nr. 1600) und machte eine Parteikarriere im unmittelbaren Umfeld Adolf Hitlers. 1925 wurde er dessen Privatsekretär, nachdem er während der gemeinsamen Landsberger Haftzeit Hitler bereits bei der Niederschrift des ersten Bandes von »Mein Kampf« geholfen hatte. 1933 wurde Heß Stellvertreter des Führers in Parteiangelegenheiten und blieb dies bis zu seinem Englandflug am 10. Mai 1941.

Vielleicht hat es mit Ausnahme von Joseph Goebbels, der Hitler aber erst 1926 näher kennenlernte, keinen zweiten Nationalsozialisten gegeben, der Hitler so ergeben, ja verfallen war und diese Haltung bis in den Tod hinein nicht änderte wie Rudolf Heß. Für Heß war Hitler-Glaube Religionsersatz. Er sah in ihm den sehnsüchtig erwarteten Messias.[222] Es ist nicht davon auszugehen, daß Eckart, Rosenberg und Esser auf dem Weg zum Hitler-Glauben so weit fortgeschritten sind wie Heß. Was wir an Schriftlichem von ihnen haben, spricht eher für eine verhaltenere, mehr mit taktischem Kalkül durchsetzte Haltung. Was die anderen im engeren Kreis angeht, also Emil Maurice, Christian Weber, Ulrich Graf, Max Amann, Heinrich Hoffmann, Max Erwin von Scheubner-Richter, Ernst Hanfstaengl und Kurt Lüdecke, wissen wir aus primären Zeugnissen über ihre Beziehung zu Adolf Hitler vor dem November 1923 wenig.

Einige von ihnen wie Heinrich Hoffmann[223], Kurt Lüdek-ke[224] und Ernst Hanfstaengl[225] haben später Memoiren verfaßt, in denen sie auf den engeren Hitler-Kreis eingegangen sind. Lüdecke, der sich bald wieder von Hitler und der NSDAP distanzierte, diagnostizierte später – 1938 – einen irritierend hohen Grad von Selbstaufgabe und devoter Unterwürfigkeit in Hitlers Entourage[226], während Hoffmann und Hanfstaengl eher auf den künstlerisch-bohèmehaften Charakter der regelmäßigen Montagstreffen der Hitler-Clique im Café Heck bzw. im Café Neumaier aufmerksam gemacht haben. Daß Hitler in diesem Kreis in recht unkritischer Weise bewundert wurde, läßt sich aber auch ihren Ausführungen entnehmen. Mit einem gewissen Rest an Unsicherheit können wir also konstatieren, daß sich bis zum Frühjahr 1923 eine kleine Schar von Hitler-Gefolgsleuten herauskristallisierte, die an Hitlers Charisma glaubte und in ihm den zukünftigen Führer und Retter Deutschlands erblickte. Diese kleine Gruppe ging seit dem 28. Oktober 1922 immer mehr in die publizistische Offensive und versuchte, in der NSDAP ein Hitler-Bild aufzubauen und einen Führer-Begriff zu etablieren, der sich am Beispiel des italienischen Duce Mussolini orientierte. Taktisches Kalkül ging hierbei eine enge unlösbare Verbindung mit dem Glauben an die Rednergabe und das persönliche Charisma Hitlers ein.[227]

Dieser engere Hitler-Kreis, Hitlers Entourage, war eine geschlossene Gruppe, die sich wenigstens einmal in der Woche im Café traf. Einige aus dieser Gruppe waren ständig in Hitlers Nähe und fungierten als Adjutanten, Leibwächter oder Sekretäre, manche hatten Funktionen, die dem Weberschen Begriff des »Sendboten« nahekommen. Diese Entourage bestand aus etwa einem Dutzend Männern: Emil Maurice, Christian Weber, Ulrich Graf, Alfred Rosenberg, Rudolf Heß, Hermann Esser, Max Amann, Max Erwin von Scheubner-Richter, Heinrich Hoffmann, Kurt Lüdecke und Ernst Hanfstaengl. Auch Dietrich Eckart war meistens mit von der Partie.

Neben diesem engeren Kreis, der wöchentlich als geschlossene Gruppe in Erscheinung trat, gab es Gefolgschaften, die weniger fest gefügt waren. Sie überlappten sich zwar partiell mit dem engeren Kreis, waren aber nicht auf Parteimitglieder beschränkt und griffen daher personell weiter aus. Eine solche Gefolgschaft entstand aus dem Rekrutierungsfeld der Soldaten bzw. ehemaligen Soldaten der Reichswehr. Sie kamen zu einem beträchtlichen Teil aus dem Regiment »List«, in dem Hitler während des Krieges als Meldegänger gedient hatte, aber nicht nur. Zu dieser »Soldaten-Gefolgschaft« zählen Hitlers Feldwebel Max Amann, sein Vizefeldwebel Rudolf Schüßler, Teilnehmer an den Aufklärungskursen und Pressereferent von Hauptmann Mayr; Hermann Esser sowie Hauptmann Ernst Röhm, Leutnant a. D. Rudolf Heß und Hans Ulrich Klintzsch, Kapitänleutnant a. D. Hellmuth von Mücke und der Pour-le-mérite-Träger Hermann Göring, der letzte Kommandeur des Richthofen-Geschwaders.

Eine weitere »Gefolgschaft« rekrutierte sich aus der völkisch-alldeutschen bürgerlichen Gesellschaft Münchens, die zu einem Teil über die »Thule-Gesellschaft« mit der DAP/

145

NSDAP verknüpft war oder einfach nur zur Sponsoren- und Unterstützer-Szene gehörte. Diese »Gesellschafts-Gefolgschaft« bestand aus einer Anzahl von zumeist älteren Männern und Frauen, die Hitler gegenüber eine Art von Sponsoren-, Mentoren-, Ratgeber- und Vater- bzw. Mutterrolle spielten. Zu ihnen zählten Karl Mayr, Gottfried Feder, Dietrich Eckart und die Frauen der großbürgerlichen Gesellschaft Helene Bechstein, Elsa Bruckmann, Erna Hanfstaengl sowie die »Hitler-Mutti« Carola Hoffmann. Dieser Kreis läßt sich weiter ziehen, wenn man sich von dem Begriff des personalen Umfelds löst. Dann kann man zur »Gesellschafts-Gefolgschaft« zum Beispiel auch Houston Stewart Chamberlain und Winifred Wagner rechnen oder den Verleger Julius F. Lehmann.

Nach diesem im Sinne von Webers Charisma-Begriff positiven Befund bleibt noch die Frage zu klären, wie die Bewunderung seiner Gefolgsleute auf Hitlers Selbsteinschätzung einwirkte. Fühlte er sich selbst als Führer oder gar als Messias? Hier ist zunächst eine skeptische methodische Bemerkung angebracht. Es ist natürlich nur eine Hypothese, daß zwischen dem charismatischen Glauben der Gefolgsleute und dem Selbstverständnis des charismatischen Führers eine Wechselbeziehung besteht. Sofern Hitlers Glaube an sich selbst überhaupt von außen induziert oder mitinduziert wurde, können natürlich auch andere Quellen für diese Induktion ausgemacht werden, z. B. wird an den Einfluß von sogenannten Autoritäten gedacht werden müssen, die nicht zur »Gefolgschaft« zu rechnen sind. So mag man sich fragen können, wie z. B. die Bewunderung Erich Ludendorffs oder Houston Stewart Chamberlains auf Hitler gewirkt hat. Chamberlain z. B. schrieb Hitler, nachdem sie sich in Bayreuth kennengelernt hatten, am 7. März 1923 einen Brief, in dem folgendes stand: »Mein Glauben an das Deutschtum hat nicht einen Augenblick gewankt, jedoch hat mein Hoffen – ich gestehe es – eine tiefe Ebbe erreicht. Sie haben den Zustand meiner Seele mit

146

einem Schlage umgewandelt. Daß Deutschland in der Stunde seiner höchsten Not sich einen Hitler gebiert, das bezeugt sein Lebendigsein.«[228]

Läßt man einmal die Frage unbeantwortet, ob die seit 1920 wachsende Anerkennung, die Hitler von vielen Seiten erfuhr, sich direkt in wachsendes Selbstbewußtsein umsetzte, so kann man zunächst einmal – gestützt auf die Forschungsergebnisse von Albrecht Tyrell – konstatieren, daß Hitlers Selbstverständnis erheblichen Wandlungen unterlag: das Selbstverständnis des charismatischen Führers, das er in »Mein Kampf« zum Ausdruck bringt, darf nicht auf die Jahre 1920 bis 1923 zurückprojiziert werden.[229] Folgt man Tyrell, dann sah sich Hitler in den Jahren 1920 bis 1923 als Propagandist, als »Trommler«, als »Wegbereiter«, als »Apostel«[230], als »Johannesnatur«, die auf den »Christus« wartet.[231] Erst nach dem gescheiterten Putsch habe sich die Wandlung im Selbstbewußtsein Hitlers vollzogen.[232] Hitlers umfassender Führeranspruch sei als Folge des gescheiterten Putsches entstanden. Hitler hätte sich demzufolge also nicht als »Deutschlands Mussolini« gesehen und damit eine selbstkritische Haltung bewiesen, die sich deutlich von der kritiklosen Bewunderung seiner Entourage unterschieden hätte.[233]

Die Belege, die Tyrell und andere, die seiner Interpretation gefolgt sind, hierfür geben, sind beeindruckend: Im Frühjahr 1922 äußerte Hitler Moeller van den Bruck gegenüber: »Ich bin nichts als ein Trommler und Sammler.«[234] In demselben Sinn hatte sich Hitler im Mai 1921 – ein Jahr zuvor also – bereits gegenüber dem Hauptschriftleiter der »Deutschen Zeitung« (ein alldeutsch orientiertes Blatt) Max Maurenbrecher geäußert: »Was mir den tiefsten Eindruck machte, war die unumwundene Klarheit, mit der Hitler damals die Grenzen seiner Begabung selbst überschaute. Er sagte mit deutlichen Worten, daß er nicht der Führer und Staatsmann sei, der das im Chaos versinkende Vaterland zu retten vermöge. Er sei

147

wohl der Agitator, der Massen zu sammeln verstehe. Aber er sei nicht der Baumeister, der Plan und Aufriß des neuen Gebäudes bildhaft klar vor seinen Augen sieht. [...] Er brauche den Größeren hinter sich, an dessen Befehl er sich anlehnen dürfe.«[235] Am 4. Mai 1923 hielt Hitler eine Rede auf einer NSDAP-Versammlung, die mit folgenden Sätzen endete: »Was Deutschland retten kann, ist die Diktatur des nationalen Willens und der nationalen Entschlossenheit. Da entsteht die Frage: Ist die geeignete Persönlichkeit da? Unsere Aufgabe ist es nicht, nach der Person zu suchen. Die ist entweder vom Himmel gegeben oder ist nicht gegeben. Unsere Aufgabe ist, das Schwert zu schaffen, das die Person brauchen würde, wenn sie da ist. Unsere Aufgabe ist, dem Diktator, wenn er kommt, ein Volk zu geben, das reif ist für ihn!«[236] Und noch kurz vor dem Novemberputsch, am 14. Oktober 1923, definierte Hitler seine Rolle in diesem Sinn: Sein »Ziel«, das er sich selbst gestellt habe und das er nicht aus den Augen verlieren wolle, sei »Wegbereiter zu sein der großen deutschen Freiheitsbewegung, die uns die Einigung nach innen und nach außen bringen soll, und dabei will ich mich auf niemand stützen als auf meinen ungeheuren Tatwillen und mit ihm und durch ihn siegen oder untergehen. Heil!«[237]

Das letzte Zitat sprengt den von Tyrell vorgegebenen Rahmen; aber Tyrell meint, Hitler habe in keiner Weise andere als propagandistische Neigungen erkennen lassen und in keiner Weise staatspolitische Ambitionen entfaltet.[238] Dies ist zweifellos richtig, aber dem ist ein entscheidendes, einfaches Argument entgegenzuhalten: Hitler sah überhaupt nur zwei politische Aufgaben: Die eine war die Formung des politischen Willens der Nation, die nationale Wiedergeburt durch Propaganda und Weltanschauung, und die andere war die Wiedererrichtung eines Heeres, einer Armee. Die erste Aufgabe hatte er immerhin sich selbst zugedacht, die zweite Ludendorff. Skepsis ist auch den Belegen gegenüber angebracht,

148

auf denen Tyrells Argumentation aufbaut. Die meisten stammen aus dem Jahre 1923 oder wurden 1923 veröffentlicht. Das trifft auch auf das Maurenbrecher-Zitat vom Mai 1921 zu. 1923 stand Hitler aber in einer komplizierten politischen Bündniskonstellation, die es ihm nicht geraten erscheinen lassen konnte, sich selbst als den kommenden Führer Deutschlands zu präsentieren. Das hätte seine Bündnispartner, allen voran den bayerischen Generalstaatskommissar Gustav Ritter von Kahr, gewiß verschreckt, und vor allem Ludendorff vor den Kopf gestoßen. Zudem wurden die Bündnispartner, mit denen Hitler den Novemberputsch vorbereitet hatte, bis Oktober 1923 von der Hoffnung zusammengehalten, daß sich der Chef der Heeresleitung, General Hans von Seeckt, an die Spitze der Bewegung stellen und eine Rechtsdiktatur im Reich etablieren würde. Mehr als eine politisch-propagandistische Rolle konnte sich Hitler daher schon aus taktischen Gründen offiziell nicht anmaßen. Seinem Selbstverständnis ist daher durch öffentliche Äußerungen aus dem Jahre 1923 nicht so ohne weiteres nahe zu kommen.

Natürlich kann man bezweifeln, daß Hitler wirklich fähig war, sich dem Byzantinismus seiner Umgebung zu entziehen, und dafür gibt es auch Indizien. So berichtet der Herausgeber der »Deutschen Rundschau«, Rudolf Pechel, als er im Herbst 1922 nach München kam, sei ihm von allen Seiten erzählt worden, daß Hitler »größenwahnsinnig« geworden sei. »Die Ursache dafür suchte ein Zeitgenosse in der Beeinflussung Hitlers seitens seiner Jünger. ›Das ständige Schüren seiner Eitelkeit [...] brachte Hitler allmählich dazu, sich selbst als den kommenden Großen zu betrachten, der Deutschland befreit.‹ Daß seine Gefolgschaft Hitlers Selbstbewußtsein zum Größenwahn anwachsen ließ, konstatierte auch der damalige Münchener Polizeiminister Schweyer.«[239] Ich lasse die Frage, welches Selbstverständnis Hitler bis zum Novemberputsch 1923 hatte, zunächst einmal offen. Sie kann nur in größeren

149

Zusammenhängen beantwortet werden, nämlich durch eine Analyse der Parteistruktur und der Machtbefugnisse Hitlers.

War die DAP/NSDAP eine charismatische Führerpartei? Und wenn ja, ab wann war sie dies? Die Geschichte der DAP/ NSDAP bis zum November 1923 läßt sich in drei Entwicklungsphasen einteilen, in denen Hitler jeweils eine andere Rolle spielte und die Partei ihre Struktur signifikant änderte. Die erste Phase reicht von der Gründung der Partei im Januar 1919 bis zum Juli 1921, als Hitler den Parteivorsitz übernahm. Die zweite Phase reicht vom Juli 1921 bis zum September 1923, als Hitler die politische Leitung des »Deutschen Kampfbundes« übernahm, und die dritte Phase umschließt dann die Vorbereitung und Durchführung des Putsches und reicht bis zur Auflösung der NSDAP am 11. November 1923, eine Phase, die in einem eigenständigen Kapitel abgehandelt wird.[240]

In der ersten Phase war der Werkzeugschlosser Anton Drexler Parteichef. Hitler, der im Oktober 1919 in die Partei eintrat, wurde sein »Werbeobmann«, d.h. er war für die Propaganda zuständig. Die Partei wurde von einem »Arbeitsausschuß« geleitet, dem außer Drexler als Vorsitzender zunächst ein Schriftführer und ein Kassenwart sowie Karl Harrer ohne nähere Funktionsbezeichnung angehörten. Im Laufe des Sommers 1919 wurde dieser Arbeitsausschuß auf sechs Personen erweitert.[241] Ende des Jahres 1919 – das genaue Datum kennen wir nicht[242] – trat Hitler als siebtes Mitglied in diesen Arbeitsausschuß ein.[243] Hitler spielte in diesem Gremium von Anfang an eine wichtige Rolle. Zusammen mit Drexler betrieb er die Ausbootung Karl Harrers und die Abkopplung der DAP von der »Thule-Gesellschaft«. In diesem Zusammenhang wurde im Dezember 1919 eine Geschäftsordnung[244] entworfen, deren Verfasser Drexler und Hitler waren.

Die Geschäftsordnung sah eine demokratische Struktur

150

der Partei, so die Wahl der Ausschußmitglieder durch die Gesamtheit der Parteimitglieder vor. Über die mit Abstand wichtigste Aktivität, die Veranstaltung von Versammlungen und die Bestellung der Redner, entschied der Ausschuß kollegial, nach dem Mehrheitsprinzip.[245] Ob die Praxis der Partei dieser Geschäftsordnung ganz entsprach, ist allerdings zweifelhaft. Zumindest Hitler scheint durch Kooptation in den Arbeitsausschuß gelangt zu sein, und vermutlich hat man auch in anderen Fällen kooptiert und nicht gewählt.[246] Die große Mitgliederfluktuation im Arbeitsausschuß[247] hätte den Wahlaufwand bei korrekter Einhaltung der Geschäftsordnung zudem unverhältnismäßig groß werden lassen. In der ersten Phase ihrer Existenz war die DAP/NSDAP also wahrscheinlich keine an strikter innerparteilicher Demokratie orientierte Organisation, sie war aber auch keine diktatorisch geführte Partei. Hitler selbst ging in seinem Entwurf einer Geschäftsordnung vom Dezember 1919, der erhalten ist, wie selbstverständlich von einer kollegialen Führung aus und von der demokratischen Wahl der Ausschußmitglieder.[248] Daß das Prinzip der innerparteilichen Demokratie zumindest in wichtigen Fragen in Geltung war, sieht man an Drexlers Versuch, dem Arbeitsausschuß einen dreiköpfigen Aktionsausschuß vorzuschalten. Beim ersten Versuch, diesen Aktionsausschuß zu etablieren, scheiterte er im Mai 1920 an der Mehrheit im Arbeitsausschuß. Erst im zweiten Anlauf konnte er sich im Dezember 1920 durchsetzen. Nun legte er die Satzungsänderung der Mitgliederversammlung zur Entscheidung vor, die mit großer Mehrheit dafür stimmte.[249] Kollegial und in gewisser Weise »demokratisch« wurde auch die Lösung der wichtigsten Frage in der ersten Phase der Partei durchgeführt, die Formulierung des Parteiprogramms und die Beschlußfassung über den Text.

Bereits am 16. November 1919 war ein fünfköpfiger Programmausschuß gebildet worden, dem Drexler, Harrer, Feder,

Dr. Tafel und Hitler angehörten. Harrer, der bereits im Januar 1920 aus der Partei austrat, wird allerdings kaum noch am Text des Parteiprogramms mitgewirkt haben, wenn der Ausschuß denn überhaupt in dieser Zusammensetzung je getagt hat.[250] Aber unabhängig hiervon war der Text, der im Februar 1920 zustande kam, das Ergebnis kollegialer Beratungen und ein Gemeinschaftswerk, das die Handschrift mehrerer Autoren trug: Neben Anton Drexler und Adolf Hitler waren an seiner Abfassung Gottfried Feder und Dietrich Eckart maßgeblich beteiligt.[251] Der Text wurde dann immerhin am 24. Februar 1920 einer [Mitglieder-]Versammlung der DAP Punkt für Punkt verlesen und von Hitler erläutert. Von einer ordnungsmäßigen Abstimmung über den Text oder gar einer Art Ratifizierung durch die Mitgliederversammlung konnte jedoch angesichts der zeitweise tumultuösen Zustände, die im Saal herrschten, keine Rede sein.[252]

Analysiert man das Parteiprogramm inhaltlich, so wird die »Handschrift« Dietrich Eckarts, Gottfried Feders und Anton Drexlers sehr deutlich, während Hitlers Anschauungen sich eher im allgemeinen alldeutsch-antisemitischen Forderungskatalog verlieren und er sich mit seinem radikalen Antisemitismus jedenfalls nicht durchsetzen konnte.[253] Hitler akzentuierte den Antisemitismus anders, als dies vor seinem Eintritt in die Partei, im Oktober 1919, in der DAP üblich gewesen war. Er akzentuierte ihn rassistisch und deutete in den sprachlichen Wendungen, die er benutzte, an, daß er die Ausgrenzung der Juden biologisch und physisch verstand. Er wollte offenbar über die alldeutsche antisemitische Zielsetzung hinausgehen, die in der DAP vertreten wurde. Der einzige, allerdings sehr sprechende Beleg hierfür ist der Brief an Adolf Gemlich vom 16. September 1919. Darin bezeichnet Hitler das Wirken der Juden »in seinen Folgen« als »Rassentuberkulose der Völker« und deutet eine zweistufige Zielsetzung an: 1. Die »Beseitigung der Vorrechte des Juden« auf gesetzlichem Wege, d. h.

eine »Fremdengesetzgebung«. Diese Forderung findet sich im Parteiprogramm der NSDAP. Sie stellt eine alte Forderung des politischen Antisemitismus seit den siebziger Jahren des 19. Jahrhunderts dar und spiegelt in etwa das antisemitische Denken des Gründers der DAP, Anton Drexler, und der beiden »Ideologen«, an denen er sich orientierte, nämlich Gottfried Feder und Dietrich Eckart. Hitler fügte dieser Forderung zweitens einen perspektivischen Ausblick hinzu, mit dem Satz: »Sein [d.h. des Antisemitismus] letztes Ziel aber muß unverrückbar die Entfernung der Juden überhaupt sein.«[254] Hitler hat diesen Standpunkt offenbar auch in seinen Reden in ähnlicher Schärfe akzentuiert, soweit die Berichte in diesem Punkt verläßlich sind.[255]

Die Herkunft dieser rassistisch-antisemitischen Zielsetzung Hitlers läßt sich nicht genau bestimmen. Möglicherweise hat er sie sich in seiner Ausbildungszeit bei der Reichswehr angeeignet. Sicher kann man aber sagen, daß dieser Tenor auch der Tenor des Leiters der Aufklärungsabteilung des Gruppenkommandos 4, Hauptmann Mayr, war. In dem Begleitbrief, den er Hitlers Ausführungen an Gemlich beilegte, formulierte er ebenso eindeutig wie Hitler: »Alle schädlichen Elemente müssen wie Krankheitserreger ausgestoßen oder ›verkapselt‹ werden. So auch die Juden!«[256] Weitere Belege für diese Auffassung des Hauptmann Mayr lassen sich finden: Gemlich war wie Hitler V-Mann. So zeigt der Brief von Gemlich an Mayr vom 4. September 1919, daß die Schulungsarbeit der Aufklärungsabteilung offenbar außerordentlich radikale Antisemiten hervorbrachte, und die Art der Beantwortung zeigt, daß Mayr dies offenbar für das erwünschte Ergebnis hielt; interessant ist zudem, daß Mayr im Januar 1920 Hermann Esser, der als ebenso überzeugter Rassist wie Hitler auftrat, zu seinem Pressesprecher machte, nachdem er seine Überzeugungstreue zuvor hatte überprüfen lassen. Dafür, daß ein radikaler rassistischer Antisemitismus im Erwartungs-

153

horizont lag, den die Reichswehr vermittelte, sprechen zwei weitere Indizien: Hitlers Brief an den Reichswehrhauptmann Konstantin Hierl vom 3. Juli 1920 und Mayrs Brief an Kapp vom 24. September 1920.[257] An Konstantin Hierl schreibt Hitler ganz im Sinne des Gemlich-Briefs. Die Juden werden als »Rassentuberkulose der Völker« apostrophiert: Den Juden »bekämpfen heißt ihn entfernen«.[258] Mayr wiederum schreibt im September 1920 an Kapp, daß sich die NSDAP ganz im Sinne seiner Intentionen mache, nur das Programm sei »gewiß noch etwas unbeholfen und vielleicht auch lückenhaft. Wir werden es ergänzen.«[259] Natürlich kann man nicht wissen, welche Ergänzung Mayr vor Augen schwebte. Aber sollte ihm aus seiner Perspektive nicht aufgefallen sein, daß der von ihm vertretene rassistische Antisemitismus im Programm der NSDAP fehlte?

Insgesamt ergibt sich für die erste Phase der Partei das Bild einer kollegialen Zusammenarbeit zwischen Drexler und Hitler, wobei es ein erhebliches Maß an Arbeitsteilung gegeben hat. Drexler kümmerte sich um die Partei und Hitler um die Propaganda. Wichtige Fragen wurden kollegial behandelt und demokratisch abgestimmt. Zwischen Drexlers »Leuten« in der Partei und den Anhängern Hitlers bestand eine Art Gleichgewicht. Zwischen diese Gruppierungen schob sich die sehr wichtige Gruppe der völkisch-antisemitischen Honoratioren, auf die die Partei essentiell angewiesen war und die sich in ihrer Mehrheit keineswegs auf Hitler festgelegt hatte.

Gewiß war die DAP/NSDAP in dieser ersten Phase keine charismatische Führerpartei, und – das hat Tyrell überzeugend nachgewiesen – Hitler machte auch gar keinen Versuch, sie in diese Richtung hin umzugestalten. Hitlers Wirkungen gingen in eine ganz andere Richtung: Seit er Propaganda machte, stiegen die Mitgliederzahlen ständig an. In der gesamten ersten Phase stiegen die Zahlen von 190 im Januar 1920 auf 3300 im August 1921. Dies war einerseits auf Hitlers

Redetalent zurückzuführen, aber auch darauf, daß er aus dem kleinen Biertisch-Klub, der die DAP bei seinem Eintritt gewesen war, eine Partei zu machen im Begriff war. Allein schon durch die rasche Folge der Propagandaveranstaltungen, durch die Vorbereitung, Werbung und Durchführung dieser Veranstaltungen mußte sich eine gewisse Struktur entwickeln. Die Partei benötigte ein Büro, sie hatte Einnahmen, die registriert werden mußten, es mußten Mitgliederlisten angelegt werden und so weiter. Der praktisch in Permanenz geführte Wahlkampf schuf durch die dichte Folge der Massenversammlungen, die einen hohen organisatorischen Aufwand erforderten, einen erheblichen Zwang, eine effiziente Organisationsstruktur aufzubauen. Seit Dezember 1920 besaß die Partei zudem eine Zeitung, den »Völkischen Beobachter«, der zweimal in der Woche erschien. Die Zeitung zwang ebenfalls zum Aufbau organisatorischer Strukturen. Die Partei ging mit dem Erwerb des »Völkischen Beobachters« zudem erhebliche finanzielle Verpflichtungen ein, die getilgt werden mußten und zum Aufbau einer geregelten Finanzwirtschaft sowie zur Pflege der Beziehungen zu den Sponsoren zwangen.

Um diese drei Kernbereiche herum, nämlich Massenveranstaltungen, Zeitschrift und Finanzen, entwickelten sich notgedrungen die Anfänge bürokratischer Strukturen. Hitler übte einen starken Modernisierungsdruck auf die Partei aus und trug durch seine Aktivitäten erheblich dazu bei, daß die DAP/NSDAP sich von einem »Biertisch-Verein« und »Debattierklub« zu einer modernen Partei entwickelte. Dies brachte ihn in Gegensatz zu einigen älteren betulichen Parteimitgliedern, während Anton Drexler sich auf die Seite der Modernisierer schlug und wesentlich dazu beitrug, daß die organisatorischen Konsequenzen aus den neuen Aufgaben gezogen wurden. Tyrell hat überzeugend nachgewiesen, daß Drexler auf eine straffere Spitzenstruktur der NSDAP hinarbeitete und daß er Hitler stärker in diese Struktur einbinden wollte.

Damit kommen wir zur zweiten Phase der Entwicklung der NSDAP.

Am Anfang dieser Phase steht im Juli 1921 eine Führungskrise innerhalb der NSDAP. Ausgelöst wurde sie durch Bestrebungen, die »Deutschsozialistische Partei« (DSP) – eine völkische Gruppierung mit ähnlicher Zielsetzung wie die NSDAP[260] – mit dieser zu vereinigen. Die DSP war von einem Diplom-Ingenieur namens Alfred Brunner[261] gegründet worden. Die Nürnberger Ortsgruppe der DSP leitete Julius Streicher. Hitler war ein Gegner dieser Fusion, weil er meinte, die regional weit zersplitterte »Deutschsozialistische Partei« werde zu einer Schwerpunktverlagerung weg von München führen, die die NSDAP überfordere. Offenbar wandte er sich aber auch gegen das Ziel der DSP, den politischen Kampf auf die parlamentarische Ebene zu verlagern, d. h. an Parlamentswahlen teilzunehmen. Hitler plädierte statt dessen für die *action directe*, übrigens unter Berufung auf die Kommunisten, die »mit diktatorischem Willen« erfüllt seien und seiner Ansicht nach die Entscheidung mit »Maschinengewehre[n] und Handgranaten auf der Straße« suchten.[262]

Offenbar haben die Gegner Hitlers[263] in der NSDAP versucht, die Mehrheit im Arbeitsausschuß gegen Hitler einzunehmen, indem sie seine ablehnende Haltung gegen die Fusion, die schwer zu vermitteln war[264], zu funktionalisieren versuchten. Auch in der DSP gab es Kräfte, die Hitler über die Fusion und die Schaffung neuer Mehrheitsverhältnisse kaltstellen wollten. Über das Ausmaß des parteiinternen Konflikts gehen die Meinungen in der Forschung auseinander. Auch wenn man den Konflikt nicht für so gravierend hält, wird man doch einräumen müssen, daß sich Hitler seit Frühjahr 1921 in der Fusionsfrage in der Defensive sah.[265] Ende März 1921 kam es am Rande des dritten Parteitages der DSP zu einer vorläufigen Fusionsvereinbarung.[266] Anton Drexler, der offenbar mit der Rückendeckung der Mehrheit des Ausschus-

156

ses in die Verhandlungen gegangen war, zeigte sich gleichwohl unsicher, ob die verabredete Fusion im Arbeitsausschuß der NSDAP mehrheitsfähig sein werde: »Nötigenfalls« werde er den Vorsitz der NSDAP niederlegen, wenn er »nicht das richtige Verständnis für die Sache finden sollte«.[267] Tatsächlich trafen die im April in das Endstadium gehenden Fusionsverhandlungen nun auf den erbitterten Widerstand Hitlers, der nun seinerseits mit dem Parteiaustritt zu drohen begann.

Hitlers Erbitterung gegen den Kurs der Mehrheit im Arbeitsausschuß nahm zu Beginn des Sommers 1921 auch dadurch erheblich zu, daß der Arbeitsausschuß in der Fusionsfrage verhandlungsbereit blieb und in dem völkischen Publizisten Otto Dickel[268] einen Propagandisten für die NSDAP gewann, der am 24. Juni 1921 im Hofbräuhausfestsaal vor »überfülltem« Haus einen Vortrag hielt, der außerordentliche große Beachtung fand. Hitler war zu diesem Zeitpunkt in Berlin und fand sich bei seiner Rückkehr in einer delikaten Situation wieder: die Fusionsbestrebungen waren nicht vom Tisch, und in seiner ureigensten Domäne – der Propaganda – war ihm eine Konkurrenz erwachsen, die weit davon entfernt war, auf seine Person fixiert zu sein, wie dies für Hermann Esser galt, den neben Hitler wichtigsten Propagandisten der NSDAP.[269] Zu allem Überfluß schaltete sich Dickel, der Mitglied der NSDAP geworden war, auch noch in die Fusionsverhandlungen ein und regte eine Ergänzung des Parteiprogramms an, die auf fruchtbaren Boden fiel. Offenbar steuerte die Mehrheit im Arbeitsausschuß einen Expansions- und Akquisitionskurs, der die bisherige Basis erweitern und der NSDAP ein breiteres personelles und sachlich-politisches Profil geben sollte. Dickel gegenüber wurde darauf verwiesen, daß die von ihm vorgeschlagene Ergänzung des Parteiprogramms eine Aufgabe sei, die Hitler »als einfacher Mann trotz seines Fleißes [...] zu lösen nicht in der Lage gewesen sei.«[270]

In dieser Situation griff Hitler zu einem aus der Verzweiflung geborenen äußersten Mittel: Er trat am 11. Juli 1921 aus der NSDAP aus und machte seinen Wiedereintritt von Bedingungen abhängig, d.h. er zwang die Partei bzw. den Arbeitsausschuß, sich zwischen ihm und der Fortsetzung der Fusions-Politik zu entscheiden, noch bevor diese Politik Ergebnisse zeitigen konnte.[271] Das glich der berühmten Entscheidung zwischen dem Spatzen in der Hand und der Taube auf dem Dach. Die Unbedingtheit der Entscheidungssituation nach dem Motto »wer nicht für mich ist, ist wider mich«, aber auch die Gründe für den Austritt und die Bedingungen für den Wiedereintritt in die NSDAP sowie das gesamte Szenario lassen Hitler als charismatische Figur erscheinen.

Ganz im Sinne von Webers Charisma-Begriff schrieb Hitler am 14. Juli 1921 an den Arbeitsausschuß der NSDAP, er habe die Partei immer als »revolutionär-nationale Bewegung« begriffen und daher nicht nur »jede parlamentarische Taktik«, sondern auch »die Form des heutigen Parlamentarismus überhaupt« verworfen. Die NSDAP dürfe keine normale Partei werden, sondern müsse »als schärfste Waffe« der völkischen Bewegung »den Kampf zur Zertrümmerung der jüdisch-internationalen Herrschaft über unser [deutsches] Volk« durchführen, d.h. sich scharf gegen die bestehende Staatsordnung wenden. München müsse zudem »einmal für immer« Sitz der Partei bleiben, und das Programm der NSDAP könne nicht verändert werden, weil es »als unverrückbar und unverletzlich vor einer tausendköpfigen Volksmenge beschworen« und »in mehr denn hundert Massenversammlungen als granitene Grundplatte« verwendet worden sei. Da alle diese Prinzipien verletzt worden seien, habe er sich entschlossen, aus der Partei auszutreten. In den Bedingungen, die Hitler für seinen Wiedereintritt formulierte, versuchte er die Partei nicht nur zu einem Kurswechsel in der Fusionsfrage und in ihrer Haltung gegenüber Otto Dickel zu zwingen, sondern ihren Charakter als charismatische Partei festzuschrei-

158

ben und sich selbst als charismatischer Führer zu etablieren. Er forderte daher die »sofortige Einberufung einer außerordentlichen Mitgliederversammlung«, den Rücktritt der bisherigen Parteileitung und seine Wahl zum 1. Vorsitzenden »mit diktatorischer Machtbefugnis zu sofortiger Zusammenstellung eines Aktionsausschusses, der die rücksichtslose Reinigung der Partei von den in sie heute eingedrungenen fremden Elementen durchzuführen hat. [...] Ich stelle diese Forderung nicht«, so schloß Hitler seinen Brief, »weil ich machtlüstern bin, sondern weil mich die letzten Ereignisse mehr denn je davon überzeugt haben, daß ohne eiserne Führung die Partei [...] in kürzester Zeit aufhören würde, das zu sein, was sie sein sollte: Eine Nationalsozialistische Deutsche Arbeiterpartei und kein Abendländischer Bund.«[272]

Die Radikalität des »Entweder-Oder«, mit der Hitler die Parteiführung konfrontierte, wird dadurch unterstrichen, daß der engere Kreis um Hitler im Juli 1921 offenbar erwog, eine neue Partei zu gründen, falls man Hitlers Forderungen nicht entsprechen sollte.[273] Es drohte also eine Parteispaltung. Offenbar war diese Gefahr Hitlers schärfste Waffe in dem nun einsetzenden Machtkampf. Hitler hat diesen Machtkampf für sich entschieden: Am 29. Juli 1921 wurde eine außerordentliche Mitgliederversammlung abgehalten, die Hitler zum Ersten Vorsitzenden wählte und eine neue Satzung verabschiedete, die seine Führer-Position festschrieb. »Um eine geschlossene Leitung der Bewegung zu ermöglichen«, so hieß es in §5, sei »für die Führung des Gesamt-Vereines in erster Linie« der 1. Vorsitzende verantwortlich. Dieser würde vom Arbeitsausschuß völlig unabhängig (§5 und §7) und sollte nur der Mitglieder-Versammlung gegenüber verantwortlich sein. Das charismatische Element dieser Führerstellung wurde zusätzlich dadurch verstärkt, daß der 1. Vorsitzende aus eigener Machtvollkommenheit einen Aktions-Ausschuß »einsetzen« konnte, »um in Zeiten dringender Not«, wie es hieß,

»eine straffe und energische Führung der Gesamt-Bewegung sicherzustellen«. (§ 10)[274]

Die Strukturreform, die mit der Übernahme des Parteivorsitzes durch Hitler verbunden war, hatte ein Janusgesicht. Auf der einen Seite wurde das charismatische Element gestärkt: Die NSDAP wurde nun zu einer »Führer-Partei« und untermauerte ihre scharfe Frontstellung gegen das parlamentarische System durch die Abschaffung der innerparteilichen Demokratie und des Kollegialitätsprinzips. Der revolutionäre Charakter der Partei wurde auf diese Weise unterstrichen und das Parteiprogramm vom 24. Februar 1920 für »unabänderlich« (§ 2) erklärt und auf diese Weise in den Rang eines Glaubensbekenntnisses gehoben. Zugleich erlangte die kleine Gruppe der Hitler-Gefolgsleute – allen voran Dietrich Eckart, Hermann Esser, Rudolf Heß, Max Amann und Alfred Rosenberg – die Kontrolle über die Partei. Am 29. Juli 1921 wurde auch beschlossen, Max Amann mit der »technischen Führung der Geschäfte der Partei« zu beauftragen und ihn »in den Parteidienst« zu übernehmen. Mit Rundschreiben vom 10. September 1921 teilte Hitler dies mit. Amann wurde »allein zeichnungsberechtigt außer dem Vorsitzenden der Partei«.[275] Die Gegner Hitlers verließen die Partei oder wurden – wie Otto Dickel – ausgeschlossen.[276] Es galt die Maxime: »Wer sich nicht fügen will, kann gehen«.[277] Neben der Partei übernahm die engere Gruppe der Hitler-Gefolgsleute auch die restlose Kontrolle über den »Völkischen Beobachter«: Dietrich Eckart wurde Chefredakteur des »Völkischen Beobachters«, unterstützt durch Alfred Rosenberg. Auch den parteieigenen Eher-Verlag brachte die Hitler-Gruppe unter ihre Kontrolle. Im November 1921 löste Josef Pickel den Hitler-Gegner Ernst Ehrensperger im Amt des Geschäftsführers des Eher-Verlages ab, und am 4. April 1922 übernahm Max Amann diese Funktion.[278]

Doch schon dieser zielbewußte Zugriff der Hitler-Entourage auf die Macht und die Medien-Macht der Partei und deren

Instrumentalisierung im Sinne Hitlers zeigt, daß der Begriff einer »charismatischen Partei« nicht hinreicht, um die strukturellen Veränderungen zu erfassen. Vielmehr haben wir es auch mit einem Modernisierungsschub in Richtung auf eine bürokratisch-strukturierte Massenpartei zu tun: »Um einen großzügigen Ausbau der Organisation zu ermöglichen«, so hieß es in der Satzung vom 29. Juli 1921 ($\S 6$), werden unter dem Arbeitsausschuß Unterausschüsse gebildet. Vorgesehen waren insgesamt sechs Ausschüsse, nämlich für Propaganda, für Finanzen, für Jugend, für Sport und Turnen, für die Prüfung der Mitglieder (Eintritte, Ausschlüsse) und zur »Anlegung eines Nachrichtendienstes« sowie schließlich ein Schlichtungsausschuß. Damit erhielt die Partei erstmalig eine durchorganisierte hierarchische Struktur, einen Apparat. Allerdings vermied man es noch, die Leiter der Unterausschüsse zu bezahlten Funktionären zu machen. Sie hatten ehrenamtlich tätig zu sein ($\S 13$), d.h., es wurde an der strikten Trennung zwischen Apparat (mit besoldeten Geschäftsführern) einerseits und politischem Führungspersonal andererseits unterschieden, deren Legitimation charismatischer Natur war. Das gleiche Prinzip sollte auch für die Ortsgruppen gelten.[279]

Hitler war keineswegs gegen eine regionale Ausbreitung der NSDAP, nur wollte er sie nicht durch Fusionen, sondern aus der NSDAP heraus und unter ihrer Kontrolle vorantreiben. Dies sollte durch Ortsgruppen-Bildung geschehen, durch regionalen Ausbau der Partei-Organisation. Dabei sollte einigen großen Ortsgruppen der Vorrang vor vielen kleinen gegeben werden, um die Kräfte nicht zu zersplittern und die Schlagkraft zu erhöhen.[280] Ein wesentlicher Zweck dieser organisatorischen Bemühungen bestand darin, die NSDAP aus dem engen Milieu völkischer Honoratioren-Vereine herauszuführen und die Grundlagen für eine Massenpartei und eine Volkspartei zu legen. Die Anweisung zur Ortsgruppengründung,

161

die die Hauptgeschäftsstelle der Parteileitung 1922 herausgab, versuchte dieses Ziel auf recht gewaltsame Weise zu erreichen, nämlich durch die Festlegung einer Mitglieder-Mischquote: »Es ist grundsätzlich dafür Sorge zu tragen, daß in jeder Ortsgruppe die Partei den Charakter einer wahrhaftigen Volkspartei erhält.« Leitungs- und Mitgliederstruktur sollte daher »der Schichtung der Bevölkerung« entsprechen: »Mindestens zwei Drittel Handarbeiter, höchstens ein Drittel Akademiker bzw. sonstige geistige Berufe. Standesvorurteile, Standesdünkel oder Klassenbewußtsein haben in unseren Reihen keinen Platz.«[281] Auch wenn diese Zielsetzung zu diesem Zeitpunkt kaum mehr als ein frommer Wunsch war, so ist sie als solche doch interessant, weil sie zeigt, in welche Richtung Hitler und seine engere Gefolgschaft die Partei zu steuern versuchten. Die Anweisung zeigt zudem, mit welchem Pragmatismus und welcher organisatorischen Gründlichkeit zu Werke gegangen wurde. Jeder halbwegs Begabte war nach der Lektüre der Anweisung in der Lage, eine Ortsgruppe zu bilden.

Interessant ist, auf wessen Kosten und mit welchen Mitteln die organisatorische Ausbreitung der NSDAP erfolgen sollte, nämlich auf Kosten der anderen Gruppen der völkischen Bewegung und mit Hilfe des Antisemitismus. So hatten die Ortsgruppenleiter die Aufgabe, über »das Vorhandensein antisemitischer Bünde in dem betreffenden Ort« zu berichten und »über die Stärke der Juden«. Die Abwerbung sollte über das Thema Antisemitismus erfolgen, wobei die Art der Propaganda entsprechend dem Adressaten zu variieren war: »Grundsätzlich ist bei Angehörigen sogenannter ›gebildeter‹ Berufe die Judenfrage mehr vom Gesichtspunkt der wissenschaftlichen Erkenntnis des Rasseproblems, der höheren Ethik usw. zu behandeln, während bei Angehörigen der handarbeitenden Klassen das rein gefühlsmäßige Moment aufgegriffen werden muß, die gefühlsmäßige Abneigung gegen den Juden mit allen Mitteln zu steigern ist.«[282]

162

Aufschlußreich ist auch das politische Ziel, dem Hitler die organisatorischen Maßnahmen zuordnete. Es ging ihm ja nicht um den parlamentarisch-demokratischen Kampf um Wählerstimmen. Aber worum ging es dann? Die Antwort ist in dem Argument zu finden, mit dem Hitler den antiparlamentarischen Kurswechsel der NSDAP begründete, nämlich daß die Marxisten den parlamentarischen Kampf in Deutschland nur zum Schein betrieben und es ihnen eigentlich um die Errichtung der Diktatur des Proletariats mit dem Mittel der Gewalt gehe. Deutschland stehe daher am Rande der bolschewistischen Revolution. Gegen diese Gefahr sollte sich die NSDAP in Stellung bringen, sie sollte, wie Hitler formulierte, ein »Gegengewicht außerparlamentarischer Art gegen die marxistische Welle« bilden und sich auf einen »Kampf auf Leben und Tod« mit den marxistischen Organisationen vorbereiten. Er wollte ein Gegengewicht gegen die »gigantische Propaganda der marxistischen Maschinerie« schaffen und hierzu die »breiten Massen« dem nationalen Gedanken zurückgewinnen. Dabei handelte er in dem Bewußtsein, daß es überhaupt erst einmal darauf ankomme, dem Bürgertum klarzumachen, daß »dem brutalen Machtkoloß« auf der marxistischen Seite »auf der anderen zum Teile jämmerlichste Unzulänglichkeit« gegenüberstehe. »Die Erkenntnis eines Kampfes auf Leben und Tod fehlt hier vollständig.«[283]

Offenbar ordnete Hitler die Organisationsstruktur der NSDAP dem Zweck zu, das Bürgertum fit für den Bürgerkrieg zu machen, den er vorherzusehen meinte. Dabei begriff er die Propaganda nur als eine der beiden zentral wichtigen Voraussetzungen, die andere hatte die militärische Vorbereitung auf die kommende Auseinandersetzung zu sein. Beides sah er komplementär: »Was durch Papierkugeln zu gewinnen ist«, schrieb er am 22. Oktober 1922, »braucht dereinst nicht durch stählerne gewonnen zu werden.«[284] Es war daher nur konsequent, daß die NSDAP nicht nur als Propagandaorganisation konzipiert wurde, sondern auch als militärischer Apparat. Das Führerprinzip, das die Organisationsstruktur auf Befehl und Gehorsam ausrichtete, diente dem ebenso wie der Aufbau der paramilitärischen Organisation der SA. Die SA beschrieb Hitler folgendermaßen: »Eine Organisation rücksichtslosester Kraft und brutalster Entschlossenheit, bereit, jedem Terror des Marxismus einen noch zehnfach größeren entgegenzusetzen.«[285] Neben der Organisationsreform, die aus der NSDAP eine konterrevolutionäre Partei »neuen Typs« zu machen bestrebt war, wurde die Parteiführerschaft Hitlers zum Ausgangspunkt des Aufbaus der SA und damit der Militarisierung eines Teils der Anhängerschaft.

Die Anfänge der SA[286] reichen vor den Juli 1921 zurück, aber sie sind von vornherein eng mit Adolf Hitler verbunden. Im November 1920 war erstmals eine »Turn- und Sportabteilung« unter der Leitung des Hitler-Vertrauten Emil Maurice gegründet worden, die damit begann, die zum »Saalschutz« eingesetzten Ordner der NSDAP als »Sturm-Abteilung« zu organisieren. Nach Hitlers parteiinterner Machtergreifung im Juli 1921 begann man systematisch mit der »Zusammenfassung und körperlichen Ertüchtigung der sich in der Bewegung befindlichen männlichen Jugend«, wie es in der Satzung vom 29. Juli 1921 hieß.[287] Auf sich allein gestellt, war die NSDAP 1921 aber nicht imstande, eine paramilitärische Organisation aufzubauen, die geeignet gewesen wäre, mit den anderen paramilitärischen Organisationen im völkisch-konservativen Lager gleichzuziehen. Hitler wandte sich daher im August 1921 mit der Bitte um Entwicklungshilfe an den Korvetten-Kapitän Hermann Ehrhardt, der 1919 unter dem Namen »Marinebrigade Ehrhardt« ein Freikorps aufgestellt hatte, das sich an der Niederschlagung von als kommunistisch angesehenen Aufständen beteiligte. 1920 nahm die »Brigade Ehrhardt« am Kapp-Putsch teil. 1921 lebte Ehrhardt illegal in München, wo er den geheimen Bund »Organisation Consul«

164

aufbaute, aus dem die Mörder von Erzberger und Rathenau hervorgingen.

Dieser in einschlägiger Weise ausgewiesene Mann stellte Hitler für die Ausbildung der SA Militärfachleute zur Verfügung, darunter den Marineleutnant Hans Ulrich Klintzsch, der am 20. Juli 1921 der NSDAP beigetreten war und im August 1921 Vorsitzender des Turn- und Sport-Ausschusses der NSDAP und damit Leiter und Ausbilder der SA wurde. Er blieb dies bis zum März 1923. Ehrhardt unterstützte auch finanziell die SA, in deren Reihen er nun ehemalige Freikorps-Kämpfer unterbrachte. Der Preis, den Hitler hierfür bezahlte, war die Unterordnung der SA unter den militärischen Oberbefehl Ehrhardts. Hitler verblieb jedoch die politische Führung der SA (»Oberster SA-Führer«). Die SA widmete sich vorwiegend der paramilitärischen Ausbildung junger Leute, die nicht mehr am Weltkrieg teilgenommen oder einem der Freikorps angehört hatten. Die Altersgrenze ihrer Mitglieder wurde daher auf 25 Jahre festgelegt, und der einzelne SA-Mann mußte die Verpflichtung unterschreiben, »jederzeit bereit zu sein, im Kampfe um die Ziele der Bewegung Leib und Leben einzusetzen« und den »militärischen Vorgesetzten und Führern gegenüber [...] unbedingten militärischen Gehorsam« zu leisten.[288]

Nicht nur durch die militärische Ausbildung der SA wurden Hitler und die NSDAP auf die Kooperation mit von ihnen unabhängigen Größen verwiesen, sondern auch durch die Bewaffnung. Ohne Zugang zu Waffen konnte die SA die ihr zugedachte Rolle als Bürgerkriegstruppe kaum erfüllen. Über Waffen verfügte natürlich die bayerische Reichswehr. Zur Schlüsselfigur in diesem Bereich war der Stabsoffizier und Waffenreferent der Brigade Epp, Ernst Röhm, geworden. Seine Aufgabe bestand darin, die Waffen der Reichswehrtruppen, die infolge des Versailler Friedensvertrages entwaffnet werden mußten, an den Kontrolloffizieren der Alliierten vorbeizumogeln. So schuf er in den Jahren 1920/21 ein riesiges Waffenlager, die geheime »Feldzeugmeisterei«, »eine getarnte, schon aus Sicherheitsgründen unter fast ausschließlicher Kontrolle Röhms stehende Depotorganisation, die auch über die entsprechenden Transportmittel verfügte, um die Bestände durch häufiges Verschieben der Entdeckung zu entziehen«.[289] Röhm war seit Ende 1919 Mitglied der NSDAP und gehörte zum engeren Freundeskreis um Hitler, wenn auch nicht zu seiner ständigen Entourage. Zugleich verfügte Röhm über eine eigene paramilitärische Hausmacht: Er war Chef der bayerischen Organisation »Reichsflagge«.

Die Bürgerkriegsperspektive, der Hitler seine politische Propaganda und die Parteiorganisation zuordnete, sowie der Aufbau der SA als paramilitärischer Verband zwangen Hitler also dazu, über die Grenzen der NSDAP hinauszugehen und sich Kooperationspartner zu suchen, die zwar über die Parteimitgliedschaft oder ihre Interessen mit der NSDAP verbunden waren, die sich aber der Kontrolle der Partei und ihres Führers mehr oder weniger entzogen. Wenn Hitler dies ändern wollte, mußte er sich jenseits der Grenzen seiner Partei politisch-organisatorisch engagieren. Hierzu bewog ihn aber auch noch etwas anderes: die vor allem 1923 sich zuspitzende Krise in Deutschland und die wachsende Sorge, die Ereignisse könnten sich überstürzen und würden nicht warten, bis er die NSDAP und die SA, den politisch-propagandistischen und den militärischen Arm der »Bewegung«, zur entscheidenden Kraft im nationalen Lager gemacht hatte. Die Angst, zu spät zu kommen, bewog ihn, sich auf ein Umfeld einzulassen, in dem er nicht nur keinen Führeranspruch erheben konnte, sondern in dem auch größere, mächtigere Figuren agierten als er. Dies führt direkt in die Geschichte des Hitler-Ludendorff-Putsches im November 1923 hinein, die abschließend zeigt, in welchem Sinne und mit welchem Geltungsanspruch Hitler als charismatische Führerfigur im bayerisch-süddeutschen Raum anerkannt war. Zugleich bildet dieser gescheiterte Putsch sowohl für die Struktur der NSDAP als auch für Hitlers Persönlichkeit und seine Führerstellung einen entscheidenden Baustein.

Charismatische Situation und Führerbewährung: Der Novemberputsch 1923

1923 war ein Krisenjahr in der Entwicklung der Weimarer Republik, in dem die demokratisch-parlamentarische Verfassungsordnung mehrfach auf der Kippe stand und auch die im Versailler Frieden bewahrte Reichseinheit gefährdet war. Am 9. Januar 1923 hatte die alliierte Reparationskommission festgestellt, daß Deutschland seinen Reparationsverpflichtungen vorsätzlich nicht nachgekommen sei: Die französische und belgische Regierung reagierten auf diese Pflichtverletzung der deutschen Seite mit dem Einmarsch von Truppen ins Ruhrgebiet. In Deutschland löste dies helle Empörung aus und führte zu einer breiten nationalen Solidaritätswelle. Die Regierung unter Reichskanzler Wilhelm Cuno entschloß sich vor diesem Hintergrund zum »passiven Widerstand«. Die Verzweiflungsaktion wurde von allen Parteien und Gewerkschaften unterstützt und lähmte bald das gesamte Wirtschaftsleben im Ruhrgebiet: Die Eisenbahnen standen still, die Kohlezechen stellten die Förderung ein, in den meisten Betrieben ruhte die Arbeit, und die Beamten wurden von der Reichsregierung angewiesen, alle »Art von Dienstleistungen zu verweigern und den Abtransport von Waren und Rohstoffen« durch die Besatzungsmächte nach Kräften zu behindern.[290]

Die belgische und französische Militäradministration reagierte auf den passiven Widerstand mit Härte und Entschlossenheit. Sie ließ die streikenden Beamten in großer Zahl aus-

167

weisen, nahm bei Bedarf Verhaftungen vor und unterlief den passiven Widerstand, indem sie Eisenbahnen und Kohlezechen in die eigene Regie nahm und separatistische Bestrebungen im Rheinland unterstützte. Natürlich stachelte das auf deutscher Seite die Emotionen an und führte dazu, daß der passive Widerstand immer häufiger in aktiven Widerstand umschlug. Sabotageanschläge wurden verübt, es kam zu Blutvergießen auf beiden Seiten, und die Besatzungsmächte scheuten nicht davor zurück, auch Todesstrafen zu vollstrecken. Einer der deutschen Widerstandskämpfer, der Weltkrieg-I-Soldat und Freikorpskämpfer Albert Leo Schlageter, der Mitglied der Großdeutschen Arbeiterpartei war – einer Tarnorganisation der in Preußen verbotenen NSDAP – und den die Franzosen exekutieren ließen, wurde zum Symbol des Widerstands. Im rechten Parteienspektrum und im völkisch-alldeutschen Milieu wurde er gar zum Märtyrer hochstilisiert.

Diesen deutsch-französisch-belgischen Konflikt, der in einen Wirtschaftskrieg einmündete – gemeinhin »Ruhrkampf« genannt – konnte Deutschland wirtschaftlich nicht lange durchhalten, denn das Ruhrgebiet war sein mit Abstand größtes Industrierevier. Zwar ließ sich die Bevölkerung des Ruhrgebiets durch reichsweite Spenden- und Hilfsaktionen eine Strecke weit über Wasser halten, aber die deutsche Wirtschaft konnte ohne die Lieferungen aus dem Ruhrgebiet, die die Besatzungsmächte wirksam unterbanden, nicht lange funktionieren. Es kam zu erheblichen Produktionsausfällen, und die Regierung hatte ungeheure Kosten, weil sie Lohnzahlungen leistete oder garantierte, obgleich nicht gearbeitet wurde. »Die Lohnkosten im besetzten Gebiet wurden schließlich im Umfang von 60 bis 100 Prozent aus öffentlichen Kassen finanziert, während nahezu keine Steuereinnahmen eingingen.«[291] Subventionen für die Industrie kamen hinzu. Die Folgen machten sich durch eine rapide Beschleunigung der Inflation bemerkbar, die sich im Laufe der Sommermonate zur Hyperinflation entwickelte und im Herbst mit dem Zusammenbruch der Währung endete. Allein im Januar 1923 war der Kurs der Reichsmark gegenüber dem Dollar von 27 000 RM pro 1 Dollar auf 49 000 RM pro 1 Dollar gefallen. Im August fiel der Kurs auf 5 Millionen RM pro 1 Dollar. Im Oktober/ November 1923 fiel der Kurs dann gewissermaßen ins Nichts und erreichte die Relation 1 Dollar zu 4,2 Billionen RM. Zu diesem Zeitpunkt war die Rentenbank aber bereits gegründet (am 15. Oktober) und die Währungsreform eingeleitet.

Die sozialen Folgen der Hyperinflation waren verheerend: Die Arbeitslosigkeit nahm sprunghaft zu. Die Löhne konnten gar nicht so schnell ausgegeben werden, wie das Geld an Wert verlor. Der Einzelhandel ging dazu über, Waren zu horten und die Geschäfte nur noch stundenweise zu öffnen; vor den Lebensmittelgeschäften bildeten sich infolgedessen lange Schlangen. Die Bauern verweigerten die Abgabe von Nahrungsmitteln; Hamsterei und Felddiebstähle nahmen ebenso zu wie Plünderungen. Arbeiter, Beamte, Rentenempfänger und Wohnungsvermieter konnten oft die Gegenstände des täglichen Bedarfs nicht mehr beschaffen, und zu all dem kam hinzu, daß einige wenige an der Inflation verdienten und einen aufreizenden Konsum zur Schau stellten. In dieser Situation war es leicht, Vorwürfen gegen die Regierung und das kapitalistische System Gehör zu verschaffen, Wucherer und Schieber anzuprangern und zu behaupten, daß sie Juden und Kapitalisten seien.

Das Klima eignete sich vorzüglich für die Agitation extremer Parteien auf der Linken und der Rechten. Die KPD wurde zur Massenpartei und versuchte, den Ruhrkampf, den sie unterstützte, zum Ausgangspunkt einer revolutionären Massenmobilisierung zu machen. In Sachsen und Thüringen drängte sie an die Macht, und in der Kominternzentrale in Moskau wurde im August 1923 die Parole ausgegeben, die KPD müsse sich für die Revolution bereithalten: Beraten von dem Deutschland-Experten der kommunistischen Internationale, Karl Radek, setzten Sinowjew und Trotzki auf eine aktive Vorbereitung des Umsturzes. Auch auf der rechten Seite des politischen Spektrums, bei der Reichswehr, bei den paramilitärischen Verbänden und bei den Konservativen und völkischen Parteien setzte man in zunehmendem Maße auf die politische Gewalt. Putschpläne hatten Konjunktur, und das Beispiel Italiens übte eine erhebliche Faszination aus.

Wenn Webers Begriff der »charismatischen Situation« auf irgendein Jahr der Weimarer Republik zutrifft, dann auf das Jahr 1923. Rufen wir uns Max Webers Formulierung in Erinnerung: Die charismatische Herrschaft »ist stets das Kind ungewöhnlicher äußerer, speziell politischer oder ökonomischer, oder innerer seelischer, namentlich religiöser Situationen, oder beider zusammen, und entsteht aus der, einer Menschengruppe gemeinsamen, aus dem Außerordentlichen geborene Erregung und aus der Hingabe an das Heroentum gleichviel welchen Inhalts.«[292] Charisma ist »eine Umformung von innen her«, die »aus Not oder Begeisterung geboren, eine Wandlung der zentralen Gesinnungs- und Tatenrichtung [...] bedeutet«.[293] Die Anerkennung eines charismatischen Führers ist »eine aus Begeisterung oder Not und Hoffnung geborene gläubige, ganz persönliche Hingabe«.[294]

Not, Begeisterung und Hoffnung sind die zentralen Kategorien. Aber sie zielen eben nicht nur auf die Situation, sondern auch auf den Führer, der Begeisterung zu wecken vermag und als Hoffnungsträger geeignet ist. Prätendenten gab es 1923 hierfür wohl, aber keiner von ihnen brachte es zu einem durchschlagenden Erfolg. Womöglich ist dies auch Adolf Hitler zuzuschreiben, der mit dem dilettantischen Putschversuch vom 8./9. November 1923 den Putschismus insgesamt desavouierte und auf diese Weise das Gegenteil dessen bewirkte, was er wollte, nämlich die Stabilisierung der Demokratie und nicht ihre Destabilisierung. Wie sehr die Situation

170

den Ruf nach außerordentlichen Maßnahmen begünstigte, kann an dem weit verbreiteten Ruf nach einer Notstandsdiktatur abgelesen werden. Diese Idee hatte bis weit in das demokratische Lager hinein ihre Befürworter. Selbst Gustav Stresemann, der nach dem Rücktritt der Regierung Cuno am 13. August ein Kabinett der großen Koalition aus Deutscher Volkspartei, Zentrum, Deutscher Demokratischer Partei und SPD bildete, hatte im Juli 1923 »mit dem Gedanken der Diktatur gespielt«.[295] Auf der Basis des Artikel 48 der Weimarer Verfassung war es ja relativ leicht, diesen Weg zu gehen, wenn der Reichspräsident bereit war, diese Richtung einzuschlagen. Doch angesichts der außenpolitischen Konfliktlage überwog schließlich die Einsicht, daß es nicht ratsam sei, den innenpolitischen Konflikt zu riskieren. Da Stresemann entschlossen war, den sinnlosen Ruhrkampf abzubrechen, versuchte er, die großen parlamentarischen Parteien einzubinden, um dem zu erwartenden Proteststurm der Rechten Paroli bieten zu können.

Eine entscheidende Rolle spielten in diesem Zusammenhang die Reichswehr und insbesondere der Chef der Heeresleitung, General Hans von Seeckt. Dieser hatte schon im Frühjahr 1923 Verbindungen zu den Führern der paramilitärischen Verbände aufgenommen und Kontakte zu Erich Ludendorff hergestellt. Mit seiner Billigung oder Duldung wurden diese Verbände eng mit der Reichswehr verbunden und erhielten Zugang zu Waffen, sofern sie ihn nicht schon hatten. Seeckt betrachtete diese Verbände als innenpolitische Hausmacht, die zusammen mit der Reichswehr als Speerspitze einer vor allem gegen die Kommunisten und die Reichstagsmehrheit gerichteten Konterrevolution eingesetzt werden konnten. Da er als Chef der Heeresleitung eine Immediatstellung gegenüber dem Reichspräsidenten und dem Reichskanzler besaß, konnte er erforderlichenfalls am Reichswehrminister vorbei handeln.[296] Als Stresemann am 26. September 1923 den passi-

171

ven Widerstand aufhob, entstanden im unmittelbaren Umfeld von Seeckt, in seinem Beraterstab und Freundeskreis, Pläne, die politische Macht im Reich einem Dreierdirektorium zu übertragen, an dessen Spitze Seeckt stehen sollte. Seeckt entwarf hierfür »eine Art ›Regierungsprogramm‹, das neben dem berufsständischen Umbau der Verfassung vor allem die Ausschaltung der sozialistischen Parteien, die Beseitigung der Gewerkschaften und die Aufhebung des Tarifvertragssystems, ferner die Vereinigung der Ämter des Kanzlers und des preußischen Ministerpräsidenten vorsah«.[297]

Eine wichtige Rolle spielte in diesen Diktaturplänen Bayern. Bayern, seit der Niederschlagung der Räterepublik im Mai 1919 ein Hort der Reaktion und ein Eldorado der paramilitärischen Verbände sowie der völkischen Parteien und antisemitischen Vereinigungen aller Art, hatte auf die Aufhebung des passiven Widerstands mit dem offenen Verfassungsbruch reagiert. Die bayerische Regierung ließ in Berlin mitteilen, daß sie die Aufhebung des passiven Widerstandes als »zweites Versailles« betrachte. Sie rief für Bayern den Ausnahmezustand aus und übertrug die vollziehende Gewalt einem Generalstaatskommissar, zu dem der frühere Ministerpräsident Gustav von Kahr[298] ernannt wurde. Zweck dieses spektakulären Schrittes war es, Bayern von Berlin abzukoppeln und, gestützt auf die in Bayern stationierte Reichswehr und die paramilitärischen Verbände, einen »Marsch auf Berlin« vorzubereiten und die Regierung Stresemann zu stürzen. An sich hätte die Regierung in Berlin gegen Bayern vorgehen müssen, aber von Seeckt und Reichswehrminister Geßler verweigerten den Einsatz der Reichswehr und hielten die schützende Hand über von Kahr.[299] Tatsächlich hatte von Kahr in Bayern eine so starke Stellung, daß ein Eingreifen Berlins womöglich einen Bürgerkrieg heraufbeschworen hätte; denn Kahr hatte für den geplanten Marsch auf Berlin seinerseits ein Direktorium geplant, das sich aus drei Personen zusammensetzen sollte, mit

172

denen er längst in konspirativer Verbindung stand, nämlich General Otto Hermann von Lossow, Hans Ritter von Seißer und Adolf Hitler.

General von Lossow war Kommandeur der im Wehrkreis VII in Bayern stationierten Reichswehrtruppen, Oberst von Seisser war Chef der bayerischen Landespolizei, und Adolf Hitler gehörte diesem »Klub« an, weil er der politische Chef des »Deutschen Kampfbundes«[300] war, zu dem sich ein Teil der paramilitärischen Verbände zusammengeschlossen hatte. Der andere Teil der paramilitärischen Verbände hatte sich von Kahr untergeordnet. Diese vier Männer repräsentierten also die gesamte militärisch einsetzbare Macht Bayerns. Seeckt ging gegen diesen Machtblock aber nicht nur nicht vor, weil dies das Risiko eines Bürgerkrieges heraufbeschworen hätte, sondern weil er für seine eigenen Pläne eines Reichsdirektoriums auf die Unterstützung dieser »bayerischen Ordnungszelle« der Gegenrevolution reflektierte. Auch die Gruppe um von Kahr hoffte auf die Unterstützung Hans von Seeckts, um einem möglichen Widerstand der in den anderen Reichsteilen stationierten Reichswehrtruppen zu begegnen. Man wollte mit Hans von Seeckt gemeinsam losschlagen und hatte sich zusätzlich noch der Unterstützung General Erich Ludendorffs versichert, doch sollte dieser zunächst einmal im Hintergrund bleiben, um die französische Regierung nicht zu provozieren. Um das geplante Arrangement mit Seeckt perfekt zu machen, begab sich Oberst von Seisser Anfang November nach Berlin.

Nach einer Niederschrift, die Seisser anfertigte, lief das Gespräch mit Seeckt, das am 3. November stattfand, folgendermaßen ab: »Ich schilderte kurz die Auffassung in Bayern und das großdeutsche Ziel Kahrs: Schaffung einer vom Parlament freien nationalen Diktatur, die mit durchgreifenden Maßnahmen gegen den sozialistischen Unrat vorgeht. Seeckt: Das ist auch mein Ziel, aber ich habe es erheblich schwieriger als Sie in Bayern. Zweifel an Stresemann, Unterschied im

173

Tempo, aber nicht im Ziel. Legaler Weg muß gegangen werden.«[301] Offenbar wollte Seeckt nicht ohne die Zustimmung des Reichspräsidenten vorgehen und zudem eine weitere Zuspitzung der Krisenlage abwarten. Wie Seisser von anderer Seite bei seinen Sondierungen in Berlin erfuhr, zeigte Reichspräsident Ebert keine Bereitschaft, ohne Parlament, also nur gestützt auf Artikel 48 der Verfassung, zu regieren. Er werde »sich auch durch Drohungen nicht einschüchtern lassen«[302], ließ er verlauten. Offenbar gab es bei einigen Gesprächspartnern in Berlin noch Hoffnungen, Seeckt zum Handeln bewegen zu können, andere setzten bereits auf Seeckts Ablösung. Einig war man sich nur darin, daß ohne die Unterstützung der Reichswehr ein Machtwechsel in Berlin nicht gewagt und auch nicht erreicht werden könne. Seeckt schickte von Kahr am 5. November einen Brief[303], in dem er deutlich machte, daß es ihm weniger um die Einhaltung der Verfassung gehe, als um die Vermeidung eines Bürgerkrieges. Zudem war vom Kapp-Putsch her noch in Erinnerung, daß ein Putsch leicht durch einen Generalstreik unterlaufen werden konnte. Seeckt wollte sichergehen und gewiß auch erst einmal abwarten, bis Stresemann die außenpolitischen Kohlen aus dem Feuer geholt und die Hyperinflation eingedämmt hatte.

In München zog von Kahr aus der Lage die Schlußfolgerung, man müsse notfalls ohne Seeckt vorgehen und sich in Berlin neue Bündnispartner suchen.[304] Solange dies aber nicht gelungen sei oder deutlich werde, daß dies nicht gelingen könne, habe eine Aktion zu unterbleiben, weshalb von Kahr die Parole ausgab, zunächst einmal abzuwarten. Aber offenbar hatte er die Rechnung ohne den Wirt gemacht; denn Hitler ließ sich in eine solche Strategie weiteren Zuwartens nicht mehr einbinden, weil ihm die Felle davonzuschwimmen drohten. Er nutzte daher die erste beste Gelegenheit zum Putsch. Sie bot sich am 8. November.

Für den Abend des 8. November hatte Gustav von Kahr die

174

gesamte bayerische Politprominenz zu einer Kundgebung in den Bürgerbräukeller geladen.[305] Hitler ließ den Saal von SA-Einheiten abriegeln, nachdem die Veranstaltung begonnen hatte, und versuchte Kahr, Lossow und Seisser mit Hilfe Ludendorffs, der zu diesem Zweck herbeigeschafft wurde, dazu zu zwingen, die nationale Revolution auszurufen, während seine Kampfbundtruppen mehr oder weniger systematisch den Versuch unternahmen, München unter ihre Kontrolle zu bringen. Kahr, Lossow und Seisser ließen sich zum Schein hierauf ein und leiteten kaum, daß sie ihre Handlungsfreiheit wieder zurückgewonnen hatten, noch in der Nacht vom 8. auf den 9. November Gegenmaßnahmen ein. Der Putsch blieb stecken, und im Laufe des Vormittags des 9. November entschlossen sich die Putschisten zu einem Verzweiflungsschritt. Sie unternahmen, angeführt von Ludendorff und Hitler, einen bewaffneten Protestmarsch durch München, ausgehend vom Bürgerbräukeller, um die Bevölkerung auf ihre Seite zu ziehen und die Initiative zurückzugewinnen. Dieser Protestmarsch wurde an der Einmündung der Residenzstraße in den Odeonsplatz unmittelbar vor der Feldherrenhalle durch Landespolizei gestoppt, wobei es zu einem Schußwechsel kam. Unter den Putschisten gab es 14 Tote, bei der Polizei waren es drei. Da es auch andernorts zu gewaltsamen Auseinandersetzungen gekommen war, gab es noch zwei weitere Todesopfer unter den Putschisten. Diese 16 Toten des Putsches wurden 1933 »in steinernen Sarkophagen in der Feldherrenhalle beigesetzt«. Sie standen jedes Jahr im Mittelpunkt eines jeweils am 9. November stattfindenden Gedächtniszeremoniells.[306]

Hitler, der zunächst hatte entkommen können, wurde wenige Tage später verhaftet und vor dem Volksgericht München I 1924 wegen Hochverrats angeklagt. An sich, das heißt nach § 13 des Republikschutzgesetzes[307], wäre der »Staatsgerichtshof zum Schutze der Republik« in Leipzig für den Fall zuständig gewesen. Die bayerische Regierung zog den Fall jedoch aus naheliegenden Gründen nach München, denn vor dem Staatsgerichtshof in Leipzig hätte sich die Rolle, die Kahr, Lossow und Seisser gespielt hatten, kaum vertuschen lassen können, wie das dann in München geschah. Für Hitler geriet diese Tatsache zum Vorteil. Er fand außerordentlich gnädige Richter und wurde nur zu fünf Jahren Haft verurteilt. Bereits am 20. Dezember 1924 wurde er auf Bewährung aus der Haft entlassen. Die Ereignisse sind in dreierlei Hinsicht von Bedeutung.

Sie zeigen erstens, daß Hitler weit davon entfernt war, der Mussolini Deutschlands zu werden. Er konnte die charismatischen Erwartungen der Zeit nur in ganz begrenztem Maße auf sich ziehen. Selbst im völkischen Milieu galt der Name Ludendorff mehr, und wenn es darum gehen sollte, die Macht in Deutschland zu erringen, kam niemand an Seeckt vorbei.[308] Selbst im begrenzten bayerischen Mächtespiel war Hitler nur eine von vier wichtigen Figuren und unter ihnen die unwichtigste. Seine Hausmacht war viel zu klein, als daß er hätte allein agieren können. Der Putsch machte dies in aller Klarheit deutlich. Zugleich zeigte er die große Distanz, die zwischen Hitler einerseits und den adeligen bayerischen Polithonoratioren andererseits bestand. Man war einander in herzlicher Verachtung zugetan und im Grunde genommen ließen Kahr, Lossow und Seisser Hitler »im Regen« stehen. Allerdings brachten sie nicht den machiavellistischen Zynismus auf, ihn zum Tode verurteilen oder nach Österreich abschieben zu lassen.

Zweitens: Hitler war durch den Putsch, der eher einem Verzweiflungsakt glich als einem kühl berechneten Schritt im Machtspiel, überregional bekannt geworden und sein Bekanntheitsgrad steigerte sich durch den Prozeß, dessen ordentliche Verhandlungen ihm eine Tribüne für große Auftritte boten. Hitler stand mit einem Mal im Mittelpunkt einer Geschichte, einer »Story« von allgemeinem Interesse, die

176

sich interessant erzählen ließ. Zugleich ließ sich der Putsch mythologisch verklären. Die »Bewegung« verfügte nun über Märtyrer, und Hitler umwehte die Aura des Revolutionärs und treuen, verratenen Patrioten. Von diesem Ereignis konnten daher durchaus charismatische Wirkungen ausgehen, wenn man es richtig anstellte. Von dem Ereignis gingen zudem gruppenbildende Wirkungen aus. Wer »dabei« gewesen war, gehörte nun zum engeren Kreis der »alten Kämpfer«. Die Gefolgschaft Hitlers verfügte damit über einen Ein- und Ausschlußmechanismus, der ihr den Charakter einer verschworenen Gemeinschaft verlieh. Zugleich wurde der Putsch, in dem die »Bewegung« ihre Feuertaufe erhalten hatte, zum Symbol einer das Letzte gebenden Einsatzbereitschaft, an der in Zukunft jedes Parteimitglied gemessen wurde. Die Todesbereitschaft wurde zum Orientierungsmaß.

Der Putsch offenbarte drittens einen erschreckend geringen Realitätssinn bei Hitler und eine erhebliche Neigung, den gekonnten Auftritt in romantisch-heroischer Pose für das Eigentliche zu halten. Ein Typ wie Hitler besaß aber andererseits in dem politischen Honoratiorenmilieu der Weimarer Republik auch nur wenige Anknüpfungspunkte, um Politik zu machen. Er bewegte sich wohl nicht zufällig während der Stunden des Putsches in extremer Isolierung. Für einen wie ihn gab es in der vom Adel und vom Bürgertum geprägten politischen Gesellschaft keine wirkliche Basis. Ob Hitler das Zeug zu einem Mussolini habe, so meinte Lossow, müsse sich erst noch zeigen. Und Seeckt, der sich Hitler hatte vorstellen lassen, hielt ihn eher für eine Belastung und allenfalls für eine bayerische Skurrilität.

Unabhängig davon, wie sich Hitler selber einschätzte und wie ihn seine Entourage einschätzte, ließ ihn die politische Gesellschaft der Weimarer Republik über die Rolle des »Trommlers« und »Massenagitators« nicht hinauskommen, und »solche Leute« faßte man allemal mit spitzen Fingern an und fand sie allenfalls »kurios«. Sie waren Teil des Unterhaltungsprogramms, aber nicht gesellschaftsfähig. Es ist kaum anzunehmen, daß Hitler dies nicht gespürt hat.

Charisma als Werbestrategie:
Hitlers Selbststilisierung in »Mein Kampf«

Für Adolf Hitler gab es während seiner einjährigen Haftstrafe, die er in Landsberg verbrachte, ganz praktische Gründe, über sich selbst und sein Image nachzudenken. Als Werberedner war er zwar erfolgreich gewesen, aber doch nur im lokalen bayerischen Bereich und auch dort nur in einem eng begrenzten Sozialmilieu. Als Politiker hingegen war er völlig gescheitert. Obgleich im Krisenjahr 1923 in Deutschland eine günstige Situation für einen Umsturz bestanden hätte, hatte er sie nicht zu nutzen vermocht, weil er auf die Hilfe und das Prestige anderer angewiesen blieb und die eigene Machtbasis zu schmal und der persönliche Nimbus zu gering gewesen waren, um ihm wirksame Handlungsmöglichkeiten zu eröffnen. Er war nicht einfach nur zu kurz gesprungen, sondern das Charisma der Person war erheblich hinter den Möglichkeiten der charismatischen Situation zurückgeblieben.

Wollte Hitler seine berufliche Zukunft für die Zeit nach der Haftentlassung sichern, mußte er sich politisch profilieren. Da ihm eine zweite Gelegenheit für einen Putsch kaum gegeben werden würde und da er nichts anderes gelernt hatte, als zu reden und zu agitieren, blieb ihm kaum etwas anderes übrig, als die Basis der Propaganda zu verbreitern und zu versuchen, mit diesem Instrument in Zukunft stärker in das politische Feld hineinzuwirken. Die politische Macht mußte in seinem Fall direkt aus der Propaganda hervorgehen, also über die Mobilisierung der Massen gewonnen werden. Aus

178

dem »Trommler« mußte der »Führer« werden. Für einen Propagandisten, wie Hitler es war, bestand damit die Versuchung, den Führer aus dem Bild des Führers entstehen zu lassen. Doch besaß Hitler die hierfür erforderliche Fähigkeit zur Selbstreflexion?

Sieht man den ersten Teil von »Mein Kampf«, den Hitler weitgehend in seiner Haftzeit fertigstellte[309], unter dieser Fragestellung durch, fällt zunächst einmal ganz generell die Professionalität seiner Ausführungen über Propaganda und Massenmobilisierung ins Auge und seine Fähigkeit, auf diesem Felde zweckrationale Erwägungen anzustellen. Er spricht erkennbar aus Erfahrung und urteilt als ebenso zynischer wie versierter politischer Werbefachmann. Mit Nachdruck hat hierauf bereits Georg Lukács in den vierziger Jahren hingewiesen. Die Methoden und Tricks der Massenbeeinflussung seien das einzige gewesen, was Hitler »eingehend und gewissenhaft studiert« habe. Hitlers Originalität bestand für Lukács darin, daß er »als erster die amerikanische Reklametechnik« auf die politische Propaganda in Deutschland anwandte.[310] Hitler selbst hat diesen Vergleich provoziert; denn er bezeichnete die Propaganda nicht nur als »Werbekunst« und »politische Reklame«, sondern hat sie auch offen an den Methoden der Produktreklame orientiert: »Was würde man zum Beispiel über ein Plakat sagen, das eine neue Seife anpreisen soll, dabei jedoch auch andere Seifen als ›gut‹ bezeichnet? Man würde darüber nur den Kopf schütteln. Genauso verhält es sich aber auch mit politischer Reklame. Die Aufgabe der Propaganda ist z.B. nicht ein Abwägen der verschiedenen Rechte, sondern das ausschließliche Betonen des einen eben durch sie zu vertretenden.«[311] Der Manipulation wurde also keine Grenze gezogen und nur ein Ziel gesetzt: Erfolg zu haben.

Hitler erörtert die Konsequenzen, die diese Maxime für die Propaganda und die Weltanschauung einer Partei hat, die die Massen erreichen will, in »Mein Kampf« ganz explizit. Hierauf wird noch zurückzukommen sein. Er erörtert sie hingegen nicht in bezug auf die Präsentation seiner Person. Sollte er diese Frage nicht unter propagandistischen Gesichtspunkten betrachtet und entsprechend seiner zynischen »Wahrheitsmaxime« reflektiert haben? Sollte er nicht auch sich selbst als Produkt gesehen haben, das einer kalkulierten Reklametechnik bedurfte, um marktfähig und massenwirksam zu werden? Daß er dies in »Mein Kampf« nicht explizit erörtert hat, spricht nicht dagegen; denn die offene Erörterung einer Führer-Vermarktungsstrategie in »Mein Kampf« hätte ihm weitgehend die Möglichkeit genommen, mit dem Buch selbst bereits den ersten Schritt zur wirksamen Vermarktung seiner Person zu tun. Genau dies war aber ein wesentlicher Zweck von »Mein Kampf«. Zeigen läßt sich das allerdings nur auf dem Wege des Indizienbeweises, und das heißt zugleich, es läßt sich nicht sicher beweisen, sondern nur wahrscheinlich machen. Das Design, das Hitler für den Zweck der Selbstvermarktung wählte, war das Bild des charismatischen Führers, das in der Öffentlichkeit weit verbreitet war, das Hitlers eigenem Geschichtsbild entsprach, das er als Typus des klassischen strahlenden heroischen Helden vor grandioser Kulisse bei seinen zahlreichen Besuchen der Opern Wagners und der Theaterstücke Schillers, die er bevorzugte, schon in Linz, Wien und München internalisiert hatte und das seine Entourage bereits auf ihn zu projizieren begann.

Ein Hauptproblem in der Vermarktung der eigenen Person als charismatischer Führer bestand für Hitler in seinem wenig heroischen Lebensweg bis zum Eintritt in die Politik. Wie ließ sich diese Zeit stilisieren? Mit welchen Mitteln konnte aus einem Namen- und Bedeutungslosen ein politischer Messias gemacht werden? Paradoxerweise erwies sich die Randexistenz, die Hitler in Wien und München geführt hatte, als Vorteil für die Stilisierung: es gab wenig Zeugen seines Lebensweges, so daß sich für jemanden, dem die Wahrheit nichts bedeutete, große Gestaltungsmöglichkeiten eröffneten. Hitler hat sie nicht nur skrupellos genutzt, sondern später, als er Reichskanzler war, auch dafür gesorgt, daß der Betrug nicht aufflog: Er gab der Gestapo den Auftrag, Zeugnisse seiner frühen Jahre zu sammeln und das zu vernichten, was nicht in die inzwischen offiziell gewordene Linie seines Charismas paßte.[312] Das Hauptarchiv der NSDAP schob sich auf diese Weise wie ein Filter zwischen Legende und Wirklichkeit und sorgte durch gezielte Selektionen dafür, daß es auch heute noch schwer ist, die Wirklichkeit zu erkennen.

Die Selbststilisierung Hitlers hat mehrere sich überlagernde Schichten. Die allgemeinste, umfassendste Schicht stellt das Bezugsfeld dar, das den Begriff der historischen Größe des charismatischen Führers konstituiert. Hitler maß der Persönlichkeit eine außerordentliche Bedeutung für den Lauf der Geschichte zu. Ganz im Sinne des Weberschen Charismabegriffs war er davon überzeugt, daß Staaten und insbesondere neu gegründete Staaten oft vollständig von ihren Führern abhängen: »Daher werden solche Staatsgebilde«, so heißt es in »Mein Kampf«, »je jünger sie sind, um so mehr von der Größe der Führung abhängen, ja als Werk überragender Gewaltmenschen und Geistesheroen oft schon nach dem Tode des einsamen großen Begründers wieder zerfallen.«[313] Der »wahrhaftige Führer« ist für Hitler daher mit der »Kraft und Genialität eines Riesen« ausgestattet, er ist ein »großer Geist«, ein »überlegener Kopf«, ein »Genie« und was derartige Attribute mehr sind.[314] Hitler traut der parlamentarischen Demokratie keine Führerauslese zu: »Eher geht auch ein Kamel durch ein Nadelöhr, ehe ein großer Mann durch eine Wahl ›entdeckt‹ wird. Was wirklich über das Normalmaß des breiten Durchschnitts hinausragt, pflegt sich in der Weltgeschichte meistens persönlich anzumelden.«[315]

Das Problem, das Hitler mit der parlamentarischen Demokratie hatte, liegt in der Abhängigkeit der Führung von Mehr-

181

heitsentscheidungen. Statt dessen setzte er auf das Prinzip der »wahrhaften germanischen Demokratie«[316], weil sie seiner Ansicht nach ein Führer-Gefolgschaftsverhältnis etabliert, das dem in einer »freien Wahl« per Akklamation bestimmten Führer die volle Verantwortung überträgt und ihn nicht an den Willen der Gefolgschaft bindet, solange er sich als würdig erweist.[317] Sollte sich gleichwohl einmal ein Unwürdiger einschleichen, so hält Hitler dasselbe Rezept bereit, das auch Weber beim Nichtbewähren des Charismas vorsieht, nämlich den Sturz, die Vertreibung des Führers.[318] Allerdings faßt Hitler auch die gegenteilige Entwicklung ins Auge, denn in seiner darwinistischen Geschichtsauffassung müssen sich auch die Völker im Daseinskampf bewähren: »Unterliegt aber ein Volk in seinem Kampf um die Rechte des Menschen, dann wurde es eben auf der Schicksalswaage zu leicht befunden. [...] Die Welt ist nicht da für feige Völker.«[319] Die direkte Beziehung zwischen Führer und Gefolgschaft, die er mit dem Mythos der germanischen Demokratie bezeichnet, fordert nicht nur eine Absage an die parlamentarische Demokratie und das Parlament, sondern auch an die üblichen Parteien. Der Führer stützt sich nicht auf eine »gewöhnliche politische Tagespartei«, er wendet sich vielmehr direkt an das Volk. Er verkündet eine »neue Weltanschauung«, die eine Volksbewegung hervorbringt. Er ist Träger einer historischen Mission, die auf eine revolutionäre Veränderung zielt.[320]

Sein vornehmstes Mittel für die Verkündung der Weltanschauung ist die Rede und der Ort der Verkündung die Massenversammlung. Hier wird die Volksbewegung geboren in der »unmittelbar persönlichen Beeinflussung« der Masse durch den Führer. Die Rede ist der Motor der revolutionären Veränderung: »Die Macht aber, die die großen historischen Lawinen religiöser und politischer Art ins Rollen brachte, war seit urewig nur die Zauberkraft des gesprochenen Wortes. Die breite Masse eines Volkes vor allem unterliegt immer nur der

Gewalt der Rede. Alle großen Bewegungen aber sind Volksbewegungen, sind Vulkanausbrüche menschlicher Leidenschaften und seelischer Empfindungen, aufgerührt entweder durch die grausame Göttin der Not oder durch die Brandfackel des unter die Masse geschleuderten Wortes.«[321]

Interessant ist der Nachdruck, den Hitler auf die Leidenschaft legt. Sie hat zwei Pole, die Masse und den Redner: »Völkerschicksale vermag nur ein Sturm von heißer Leidenschaft zu wenden; Leidenschaft erwecken aber kann nur, wer sie selbst im Innern trägt.«[322] Die Leidenschaft, die den Redner beseelt, wird zum Beweis seines Charismas, seiner außerordentlichen Fähigkeiten, denn sie ist nicht von dieser Welt: »Wem aber Leidenschaft versagt und der Mund verschlossen bleibt, den hat der Himmel nicht zum Verkünder seines Willens ausersehen.«[323] Hitler war sich dessen bewußt, daß Leidenschaft – an anderer Stelle spricht er von »Begeisterung«, »Rausch«[324] – eine ephemere Erscheinung ist, die schnell »geknickt« werden kann, wenn sie nicht ständig geschürt, bis zur »Siedehitze« gesteigert wird.[325] Um dies zu demonstrieren, verwies auch er auf das August-Erlebnis von 1914.[326] Seine Antwort auf das Versiegen der nationalen Begeisterung im Ersten Weltkrieg formulierte er in seiner Propagandatheorie, die auf dem Prinzip der ständigen Wiederholung ein und desselben und auf der ständigen Erneuerung des direkten Kontaktes zwischen Führer und Masse basierte.

Hineinverwoben in diese Typologie des charismatischen Führers, die Hitler vor allem in der Kritik an dem Wiener Oberbürgermeister Lueger und dem Alldeutschen Verband als Lehre aus der Geschichte entwickelt, wird die eigene Biographie in »Mein Kampf« präsentiert. Hitler war davon überzeugt, daß die Begnadung des charismatischen Führers schon in der Kindheit in Erscheinung treten müsse: »Ich glaube heute fest daran«, so heißt es in einer aufschlußreichen Wendung in »Mein Kampf«, »daß im allgemeinen sämtliche

183

schöpferischen Gedanken schon in der Jugend grundsätzlich erscheinen, soferne solche überhaupt vorhanden sind. Ich unterscheide zwischen der Weisheit des Alters [...] und der Genialität der Jugend.«[327] Ein wesentliches Mittel der Stilisierung und der Legitimation seines Anspruchs, ein charismatischer Führer zu sein, ist daher die Rückprojektion von Eigenschaften und Fähigkeiten, die Hitler Mitte der zwanziger Jahre auszeichneten oder die er sich, ohne Widerspruch zu finden, attestieren konnte, in die Kindheit und Jugend. So behauptete er, sein »rednerisches Talent« habe sich bereits in der Schulzeit gezeigt, und bereits als Soldat habe er die Absicht geäußert, »nach dem Kriege als Redner [...] wirken zu wollen«.[328] Ebenso wie er sich bescheinigte, der »geborene Redner« zu sein, attestierte er sich auch, der »geborene Führer« zu sein. Er beschrieb sich in »Mein Kampf« als »kleiner Rädelsführer« in der Schulzeit, betonte die Entschluß- und Willenskraft, mit der er sich im Alter von elf Jahren seinem Vater widersetzt habe, und schrieb sich schon für diese Lebenszeit prophetische Gaben zu.[329]

Natürlich fehlt in diesem Repertoire auch der Topos des »verkannten Genies« nicht. Das Scheitern in der Schule und später in Wien und München als Kunstmaler wird auf die Ignoranz seiner Mitmenschen und die widrigen Umstände zurückgeführt, aber auch darauf, daß er selbst seine Mission noch nicht klar genug erkannt gehabt hätte. Um seinen »Trotz« zu überwinden und ihn auf die richtige Bahn zu führen, bedarf es übermenschlicher Kräfte. So übernimmt denn das »Schicksal«, bzw. die »Vorsehung«, seine Erziehung[330] und formt ihn zum Führer, indem es ihm jene Läuterungsprüfungen auferlegt, die aus Erziehungsromanen und Märchen bekannt sind und deren vornehmste die Armut ist: »Was damals mir als Härte des Schicksals erschien, preise ich heute als Weisheit der Vorsehung. Indem mich die Göttin der Not in ihre Arme nahm und mich oft zu zerbrechen drohte, wuchs der Wille zum Widerstand, und endlich blieb der Wille Sieger.«[331]

Die »Weisheit der Vorsehung« zeigt sich darin, daß sie den späteren Führer der Armut in die Arme wirft, damit er sein Volk kennenlernt: »Das danke ich am inständigsten meiner damaligen Leidenszeit, daß sie allein mir mein Volk wiedergegeben hat.«[332] Hitler stilisiert seine »Stadtstreicherjahre« in Wien als ein mystisches Zurück- oder Eintauchen in das Volk. Er beansprucht daher für sich das Etikett »Arbeiter«[333] und fügt seine eigene Biographie auf diese Weise in den Anspruch der NSDAP der zwanziger Jahre ein, Arbeiterpartei zu sein. Zugleich begründet er auf diese Weise das darwinistisch-eugenische Sozialprogramm der NSDAP als Ergebnis einer frühen, aus der Erfahrung der eigenen Not und der Empathie mit der Not der anderen geborenen Erkenntnis: »Schon damals ersah ich, daß hier nur ein doppelter Weg zum Ziele einer Besserung dieser Zustände führen könne: Tiefstes soziales Verantwortungsgefühl zur Herstellung besserer Grundlagen unserer Entwicklung, gepaart mit brutaler Entschlossenheit in der Niederbrechung unverbesserlicher Auswüchslinge.«[334]

Auch wenn Hitler das mystische Volk-Führer-Verhältnis, das er später immer wieder beschwor[335], in »Mein Kampf« aus der Behauptung ableitet, daß er das Volk kenne und aus dem Volk komme, so will er doch nicht so verstanden werden, als mache er sich mit dem Volk gemein. Er stilisiert sich als jemand, der dazu erkoren ist, das Volk zu studieren, indem er seine Qualen erleidet, der aber auf Abstand zu seinem Studienobjekt bedacht bleibt. Er benutzt selbst einmal den Begriff »Sonderling«[336] und schildert sich als jemand, der sich abseits hielt und seine Ansichten allenfalls in kleinem Kreis erprobte.[337] Er stilisiert sich als außeralltägliche, genial begnadete, frühreife Führerpersönlichkeit, die sich nicht mit Menschen im Dialog befand, sondern mit dem Schicksal, mit dem er

185

hadert, das ihm Antworten gibt, Fragen vorlegt und ihn erprobt.

Als wichtigstes Ergebnis dieses fiktiven transzendenten Dialogs präsentiert Hitler seine Weltanschauung. Sie schlummert, da er sich als begnadetes Genie sieht bzw. darstellt, natürlich in ihm und muß durch das Schicksal nur geweckt werden. Auch für dieses Thema spielt der Topos des Haderns mit dem Schicksal eine wichtige Rolle. Hitler führt nämlich den für seine Weltanschauung konstitutiven Antisemitismus als »Damaskus-Erlebnis« in seine Selbstbiographie ein. In Wien habe sich seine »schwerste Wandlung überhaupt«[338] vollzogen, seine Bekehrung »vom schwächlichen Weltbürger zum fanatischen Antisemiten«.[339]

Um dieses Damaskus-Erlebnis glaubwürdig zu machen, zieht Hitler alle Register. Er beschreibt die Bekehrung als »lange[n] innere[n] Seelenkampf«, ja als größte »Umwälzung« in seinem »Innern« überhaupt.[340] Er habe sich, so wird suggeriert, die Sache nicht leicht gemacht. Erst nach langen inneren Kämpfen habe schließlich der Verstand über das Gefühl gesiegt. Dem Seelenwandel wird sodann historische Legitimität verliehen. Er wird in die Wiener Zeit zurückprojiziert und mit dem antisemitischen Milieu der Stadt und der antisemitischen Propaganda ihres Bürgermeisters Lueger verknüpft. Hitler verleiht ihm ferner wissenschaftliche Qualität, indem er ihn als Ergebnis intensiver Studien erscheinen läßt, und er stilisiert ihn schließlich durch die Berufung auf das Schicksal, den Himmel und die »ewige Natur« als Gnadenakt der Erleuchtung, aus dem er seine historische Mission direkt ableitet, nämlich die Welt aus dem Elend der jüdischen Gefahr zu erretten und sie vor der Apokalypse zu bewahren: »Siegt der Jude mit Hilfe seines marxistischen Glaubensbekenntnisses über die Völker dieser Welt, dann wird seine Krone der Totentanz der Menschheit sein, dann wird dieser Planet wieder wie einst vor Jahrmillionen menschenleer durch den Äther

186

ziehen. Die ewige Natur rächt unerbittlich die Übertretung ihrer Gebote. So glaube ich heute im Sinne des allmächtigen Schöpfers zu handeln: Indem ich mich des Juden erwehre, kämpfe ich für das Werk des Herrn.«[341]

Verräterisch an dieser Formulierung ist das kleine Wort »heute«. Es deutet das Stilmittel an, mit dem Hitler seine Weltanschauung zu legitimieren und sich selbst zum Propheten zu stilisieren sucht: die Rückprojektion und die rückwärtsgewandte Prophetie. So werden die Propagandaschwerpunkte, denen Hitler und die NSDAP zwischen 1920 und 1923 ihre Erfolge verdankten, als frühe Erkenntnisse Hitlers in die Wiener Zeit zurückprojiziert und mit einem historischen Erfahrungshorizont verbunden, aus dem Lehren abgeleitet werden, die die Politik der NSDAP legitimieren sollen. So kritisiert Hitler Lueger und den Alldeutschen Verband aus einer fiktiven Perspektive früher Jugenderkenntnisse und stellt die NSDAP als eine Partei vor, die dank ihres genialen Führers die Fehler der Vorläuferbewegungen vermieden hat. Zugleich werden in diesen Spannungsbogen zwischen »Jetzt« und »Damals« rückwärtsgewandte Prophetien eingefügt, die mit dem Duktus daherkommen »schon damals habe ich erkannt ...«

Diese Zeitfigur hat allerdings noch eine andere Funktion: Sie soll unter Beweis stellen, daß der »Führer« Hitler unwandelbare Auffassungen vertritt, die eng mit seiner historischen Mission und deren transzendenter Legitimation zusammenhängen. Damit wird zugleich suggeriert, daß diese Auffassungen nicht verändert werden dürfen und nicht Teil der alltäglichen Politiksphäre sind; denn was göttlichen Ursprungs ist, soll der Mensch nicht ändern. Erst durch eine »grundlegende Weltanschauung«, so kennzeichnete Hitler diese charismatische Funktion der Doktrin, gewinne der Führer das erforderliche Maß an »Stetigkeit der eigenen Betrachtungsweise gegenüber den Fragen des Tages«. Ändere er dagegen seine

Auffassungen, verunsichere er seine Anhänger und degeneriere zum »Politiker«.[342] Einen Irrtum in grundlegenden Fragen der Weltanschauung hielt er daher für ein Sakrileg, das den Führer unbedingt zum Rücktritt zwinge, da es beweise, daß er nicht »auserwählt« sei.[343] Es verwundert daher nicht, wenn Hitler die Unwandelbarkeit, die »geradezu granitene Grundlage«[344] seiner Weltanschauung seit seinen Wiener Tagen immer wieder betonte und allenfalls einzuräumen bereit war, daß sie hier und da »vertieft« oder »ergänzt« worden sei.[345] Die Unwandelbarkeitsthese gehört gewissermaßen zur Vermarktungsstrategie.

Wie zweckrational und zynisch kalkuliert Hitler in diesem Zusammenhang dachte, läßt sich an seinem erfolgreichen Versuch zeigen, das mehr als dürftige Parteiprogramm der NSDAP vom Februar 1920 zum unveränderbaren Glaubensbekenntnis hochzustilisieren. Offenbar störte er sich nicht daran, daß dieses Programm zu großen Teilen gar nicht von ihm stammte.[346] Er identifizierte sich einfach damit, um jeden Anschein einer Kluft zwischen Führer und Partei zu vermeiden. Wichtiger als der Inhalt des Programms war ihm dessen Offenbarungscharakter. Er wollte ihm Charisma durch Ewigkeit verleihen und jeden Prozeß der Veralltäglichung schon im Keim ersticken. Der enge Schulterschluß, der so zwischen den für unwandelbar erklärten Auffassungen des Führers und dem für unabänderlich erklärten Parteiprogramm der NSDAP zustande kam, sollte den Führer und seine Partei aus dem Alltag herausheben. Dem gleichen Zweck diente auch das Prinzip der Einfachheit. Glaubensbekenntnisse bestehen in der Regel aus wenigen, einfachen Geboten. Sollte das Parteiprogramm seine Rolle als »politisches Glaubensbekenntnis« spielen, wie dies Hitler vorschwebte, mußte es diesem Anforderungsprofil entsprechen. Wenn die »völkische Idee« Erfolg haben wolle, so meinte er im zweiten Band von »Mein Kampf«, dann müsse sie »aus ihrer weiten Gedankenwelt be-

188

stimmte Leitsätze herausgreifen, die ihrem Wesen und Inhalt nach geeignet sind, eine breitere Menschenmasse auf sich zu verpflichten«.[347] Aus diesem Grund sei das Parteiprogramm der NSDAP »in wenigen, insgesamt fünfundzwanzig Leitsätzen zusammengefaßt«, die auch dann auf gar keinen Fall geändert werden dürften, wenn einige Punkte erkennbar überholt seien.[348] Hitler verweist in diesem Zusammenhang auf das Vorbild der katholischen Kirche: »Obwohl ihr Lehrgebäude in manchen Punkten [...] mit der exakten Wissenschaft und der Forschung in Kollision gerät, ist sie dennoch nicht bereit, auch nur eine kleine Silbe von ihren Leitsätzen zu opfern. Sie hat sehr richtig erkannt, daß ihre Widerstandskraft nicht in einer mehr oder minder großen Anpassung an die jeweiligen wissenschaftlichen Ergebnisse liegt, die in Wirklichkeit doch ewig schwanken, sondern vielmehr im starren Festhalten an einmal niedergelegten Dogmen, die dem Ganzen erst den Glaubenscharakter verleihen.«[349]

Wenn Hitler dieses Prinzip auf die NSDAP überträgt und davor warnt, »dem jeweiligen Zeitgeist Konzessionen zu machen«[350], so ist der charismatische Aspekt des Glaubens, die göttliche Aura des Dogmas, nahezu vollständig funktionalisiert, denn er hat vorwiegend die Massenanziehungskraft im Sinn. Die Masse aber ist seiner Auffassung nach vollständig außerstande, Veränderungs- und Differenzierungsprozessen zu folgen. Man müsse ihr immer dasselbe in unermüdlicher Wiederholung einhämmern, wolle man bei ihr Erfolg haben: »Jede Reklame, mag sie auf dem Gebiete des Geschäftes oder der Politik liegen, trägt den Erfolg in der Dauer und gleichmäßigen Einheitlichkeit ihrer Anwendung.«[351] Der funktionale und manipulative Umgang mit Weltanschauungsfragen tritt beim Feindbild am deutlichsten hervor. Man dürfe, so führt Hitler schon im ersten Band von »Mein Kampf« aus, »der Masse niemals zwei oder mehr Gegner zeigen«, da dies »zu einer vollständigen Zersplitterung der Kampfkraft« einer

189

Bewegung führe. »Magnetische Anziehungskraft« gewinne sie nur, wenn sie sich auf einen Gegner konzentriere.[352] Hitler wollte diese Maxime keineswegs nur als taktisches Mittel begrenzter Reichweite verstanden wissen, vielmehr zielte er mit ihr auf die gesamte nationalsozialistische Weltanschauung. Seiner Auffassung nach mußte sie ebenso wie die großen Weltreligionen streng manichäischen Charakter haben. Er griff zu diesem Zweck auf den Rasse-Mythos vom »guten« Arier und »bösen« Juden zurück[353], was im völkischen Milieu nahelag.

Hitler war sich offenbar dessen bewußt, daß das moderne politische Spektrum der Gegner der NSDAP sich diesem Klischee nicht so ohne weiteres einfügen lasse. In der Lösung dieses Problems sah er seine genuine Aufgabe: »Es gehört zur Genialität eines großen Führers, selbst auseinanderliegende Gegner immer nur als zu einer Kategorie gehörend erscheinen zu lassen«. Eine »Vielzahl von innerlich verschiedenen Gegnern« müsse »immer zusammengefaßt werden, so daß in der Einsicht der Masse der eigenen Anhänger der Kampf nur gegen einen Feind allein geführt wird. Dies stärkt den Glauben an das eigene Recht und steigert die Erbitterung gegen den Angreifer«.[354] Wenig später ist dann vom Kampf gegen die Juden die Rede, dem das »Merkmal einer inneren und höheren Weihe« nur verliehen werden könne, wenn ihm die »Überzeugung« zugrunde liege, »daß es sich hier um eine Lebensfrage der gesamten Menschheit handle, von deren Lösung das Schicksal aller nichtjüdischen Völker abhänge«.[355]

Die »Idee«, die nationalsozialistische Weltanschauung auf ein geschlossenes Feindbild zu fixieren und zu diesem Zweck an die Tradition des Antisemitismus anzuknüpfen, lag für den Propagandisten Hitler aus verschiedenen Gründen nahe. Neben dem Führermythos, den er gerade dabei war, aufzubauen, und dessen Integrationskraft noch nicht erprobt war, gab es keine zweite »force integrale«, die es im völkischen Milieu mit dem Antisemitismus aufnehmen konnte. Wollte der im Gefängnis sitzende Hitler die Kontrolle über seine Partei zurückgewinnen und den erfolgreich begonnenen Versuch der NSDAP fortsetzen, völkische Splittergruppen aufzusaugen, konnte er auf den Antisemitismus nicht verzichten. Zudem gab es im nationalistischen politischen Spektrum kein zweites Modell für eine manichäisch-religiöse Weltsicht, das es mit dem rassistischen »Ariermythos« aufnehmen konnte, der seit der Mitte des 19. Jahrhunderts über eine große literarische und populäre Tradition verfügte.[356]

In dieser Tradition war zudem bereits der Versuch gemacht worden, den Begriff »Jude« als Chiffre für eine integrale antimodernistische Weltsicht zu benutzen und »die Juden« zum Sündenbock für die Verluste an lebensweltlicher Stabilität zu stempeln, die der Fortschritt den Menschen zusehends abverlangte. So war es seit den 70er Jahren des 19. Jahrhunderts eine in dieser politisch-literarischen Subkultur eingeübte Praxis, den Begriff des Juden als Synonymon für Internationalismus, Kapitalismus und Geldwirtschaft, Demokratie, Presse, Parteien, Sozialismus und Marxismus zu verwenden. Diese Sammlung wurde in den ersten beiden Jahrzehnten des 20. Jahrhunderts nur noch um einige Begriffe erweitert, wie den des Pazifismus und des Bolschewismus. Für einen Propagandisten wie Hitler, der viel las, eine rasche Auffassungsgabe besaß und der wußte, wonach er suchte, lag alles bereit. Er mußte die Elemente nicht einmal zusammensetzen, sondern nur in die Form der säkularisierten »Weltreligion« bringen, die ihm als Propagandakonzept vorschwebte. Viele der politischen Konflikte, die in der NSDAP bis zum Jahre 1934 immer mal wieder ausgetragen wurden, haben mit dem Versuch einzelner unabhängiger Köpfe wie z.B. Gregor Strasser zu tun, sich dem religiös überhöhten Dogmatisierungsversuch zu widersetzen, mit dem Hitler sein Propagandakonzept und seinen Führungsanspruch durchsetzte.

Der Versuch Hitlers, den Antisemitismus zum Fixpunkt der Propaganda und der Weltanschauung zu machen und sich im »internationalen Judentum« einen als Passepartout verwendbaren modernen Beelzebub zu verschaffen[357], hat jedoch noch einen weiteren Grund: Er hoffte, über dieses Feindbild Anschluß an den Rassismus und die Eugenik zu finden, die seit dem Ende des 19. Jahrhunderts begonnen hatten, sich als Wissenschaft zu etablieren.[358] Deshalb betonte Hitler, wenn er auf den Antisemitismus zu sprechen kam, dessen rationale Grundlage, die er im Rassismus erblickte.[359] Nur wenn der Antisemitismus auf dem Rasseprinzip »aufgebaut« werde, gelinge es, ihm wissenschaftlichen Charakter zu geben und die »Intelligenz« zu gewinnen.[360] Auch diese Idee war nicht neu. Schon der »Deutsch-Völkische Schutz- und Trutzbund« hatte den Versuch gemacht, den vulgären Antisemitismus über die Schiene des Rassismus und eine wissenschaftlichen Anspruch erhebende rassistische Zeitschrift im Milieu der akademischen Intelligenz anknüpfungsfähig zu machen.[361]

Gewiß sind Hitlers Ausführungen nicht sehr stringent, seine Gedanken hüpfen assoziativ von einem Punkt zum anderen und sein Stil ist schwer erträglich, und doch hat »Mein Kampf« eine ganz klare Achse, um die herum alles konzipiert ist: der Erfolg der als Reklametechnik begriffenen politischen Propaganda. Um diese Achse herum werden das Charisma des Führers, die manichäische Weltanschauung und die NSDAP als »politische Heilsbewegung der deutschen Nation«[362] aufgebaut und konstruiert. »Die Durchschlagskraft der Hitlerbewegung«, so hat Kenneth Burke bereits 1939 festgestellt, »ist die Durchschlagskraft der einen Stimme.«[363]

Woran aber glaubte Hitler selbst? Glaubte er nur an seinen höchst persönlichen Propagandaerfolg? War er ein Nihilist, wie Hermann Rauschning schon 1938 meinte? Was war der letzte über das eigene Ego hinausgehende Zweck von Hitlers Propaganda? Womöglich sind diese Fragen falsch ge-

192

stellt. Ganz unabhängig von der nicht lösbaren Schwierigkeit, der sich der Historiker bei den Antworten gegenübersieht, schließen Manipulation und Glaube einander nicht aus.[364] Was funktionaler Betrachtung zugänglich ist, kann durchaus auch geglaubt werden, ganz oder zu Teilen. Die menschliche Psyche ist kompliziert. Würde ein Autoverkäufer Autos verkaufen, ohne von diesem Fortbewegungsmittel überzeugt zu sein? Lassen ihn seine Parolen unberührt? Wo fängt die Selbstmanipulation an und wo endet sie?

Will man sich einer Antwort nähern, wird man, weil es um Hitlers Psyche geht, Hitler selbst fragen müssen. Hat er der Zweckrationalität der Propagandatechnik eine Grenze gezogen und wenn ja, wo? Tatsächlich hat er das Bedürfnis empfunden, sich in »Mein Kampf« mit dieser Frage zu beschäftigen. Erneut erstaunt der rationale Umgang mit der Frage mehr als die Antwort. Zunächst betont er den Gedanken der Zweckrationalität noch einmal mit aller Radikalität: »Die beste Idee wird zur Gefahr, wenn sie sich einbildet, Selbstzweck zu sein, in Wirklichkeit jedoch nur Mittel zu einem solchen darstellt.« Dann folgt ein persönliches Bekenntnis, das wenig überrascht: »Für mich aber und alle wahrhaftigen Nationalsozialisten gibt es nur eine Doktrin: Volk und Vaterland.« Das mußte er natürlich sagen. Von einigem Interesse ist dagegen die rassistische Konkretisierung, die diese Doktrin erfährt: »Für was wir zu kämpfen haben, ist die Sicherung des Bestehens und der Vermehrung unserer Rasse und unseres Volkes, die Ernährung seiner Kinder und Reinhaltung des Blutes, die Freiheit und Unabhängigkeit des Vaterlandes, auf daß unser Volk zur Erfüllung der auch ihm vom Schöpfer des Universums zugewiesenen Mission heranzureifen vermag.«[365] Tatsächlich läßt sich die nationalsozialistische Weltanschauung dieser Generalformel in allen Punkten funktional zuordnen. Sie zeugt daher zunächst einmal von Hitlers Fähigkeit, integral zu denken. Und so nutzt er sie genau zu diesem

Zweck: »Jeder Gedanke und jede Idee, jede Lehre und alles Wissen haben diesem Zweck zu dienen. Von diesem Gesichtspunkte aus ist auch alles zu prüfen und nach seiner Zweckmäßigkeit zu verwenden oder abzulehnen. So kann keine Theorie zur tödlichen Doktrin erstarren, da alles ja nur dem Leben zu dienen hat.«[366] Der Propagandist tritt in diesen Formulierungen deutlich hervor, es sei denn, man interpretiert die Zweckrationalität als *façon de parler*, als Versuch Hitlers, sich zum versierten Fachmann zu stilisieren. Was gleichwohl auch dann bliebe, ist seine Fähigkeit, mit seinen Obsessionen zweckrational und kalkuliert umzugehen. Daß er dies konnte, zeigt sich bei der Umsetzung des in »Mein Kampf« entwickelten Propaganda- und Weltanschauungskonzepts in die politische Praxis in den seiner Haftzeit folgenden Jahren.

Natürlich gibt es andere Möglichkeiten, »Mein Kampf« zu interpretieren. Dabei interessiert vor allem die zeitgenössische Rezeption, weil die Zeitgenossen »Mein Kampf« zukunftsblind lasen. Von besonderem Interesse ist hierbei wiederum die Reaktion der Schriftsteller[367], weil sie die maßgeblichen Topoi der Interpretation prägten. Die Schriftsteller unterzogen »Mein Kampf« einer erbarmungslosen Stilkritik, allerdings wird das Buch erst spät rezipiert. Die meisten Kritiken stammen aus der Zeit nach 1930 oder gar nach 1938. Eine der ersten Rezensionen stammt aus dem Jahre 1925, von Stefan Großmann.[368] »Klappt man dieses dicke und doch armselige Buch zu, so fragt man sich, wie es möglich war, daß ein besessener Psychopath, wie es Hitler unzweifelhaft ist, Tausende um sich sammeln konnte. Die Erklärung ist verhältnismäßig einfach: Hitler ist ein Rhetor, und dem Rhetor ist ein nicht allzu großes Quantum Wahnsinn gestattet, ja, es befeuert ihn. Am Schreibtisch aber muß man dauerhaftere und tiefere Wirkungen erzielen […] alle Versammlungshysterie fällt weg, da enthüllt sich jeder Kopf.«[369] 1933 bzw. kurz danach lesen

194

Gerhart Hauptmann, Arnold Zweig, Klaus Mann, Heinrich Mann, Lion Feuchtwanger und Anna Seghers »Mein Kampf«. Sieht man von Gerhart Hauptmann ab, der »Mein Kampf« relativ wohlwollend glossierte, ist die Kritik eindeutig. Lion Feuchtwanger entdeckte »unter den 164000 Worten« dieses Buches »164000 Verstöße gegen die deutsche Grammatik oder die deutsche Stillehre«[370], und Reinhold Schneider schrieb 1934: »Der größte Teil des Buches ist schriftstellerisch so schlecht als irgend möglich«. »Mein Kampf« habe das »Niveau eines schlechten Leitartikels, an dem nur die Vehemenz der Vitalität bemerkenswert«[371] sei.

Neben der Stilkritik stand sehr früh schon die Anerkennung für den Propagandisten, die allerdings vor dem Hintergrund der Propagandaerfolge der NSDAP und Hitlers gelesen werden muß und daher zu Teilen Projektion von der Wirklichkeit auf das Buch ist. Man suchte in »Mein Kampf« nach Erklärungen und fand sie. Gesehen wurde in diesem Zusammenhang auch, daß die Hitlersche Weltanschauung massenpsychologische Wirkung zu entfalten vermöge. So schränkte Reinhold Schneider seine Kritik 1934 ein: »Man muß versuchen, gerecht zu sein und gelten zu lassen, was Anspruch auf Geltung hat. Dazu gehört [...] die hohe Einschätzung des propagandistischen Elements, das freilich nur in Zeitaltern der Masse: das heißt in Zeiten, wo die Dummheit ein nicht mehr auszuschaltendes Eigengewicht erlangt, Geltung hat. [...] Die Leute werden es ja gerne glauben, daß sie der höchstwertigen Rasse angehören [...]. Am begeistertsten werden die sein, die noch nie auf solche Gedanken gekommen sind: die breiten Schichten.«[372] Ähnlich äußerte sich 1940 Hermann Broch: »Es gibt keine Menschengruppe, die sich nicht selbst zum ›edlen Blut‹ rechnen würde, es gibt keine, die sich nicht zur Herrschaft bestellt fühlte, denn es gibt keine, die ihre sadistischen Urtriebe nicht auf diese Weise auszuleben wünschte. [...] Von hier aus gesehen hat das Hitlersche Weltbild weitaus stärkeren Plausibilitätscharakter und demnach auch weitaus bessere Verwirklichungsaussichten als das lediglich abstrakte des marxistischen Zukunftsstaates und seiner theoretischen Endgültigkeit.«[373]

Natürlich ist diese Bemerkung des überzeugten Marxisten Hermann Broch im Jahre 1940 kaum mehr als eine bittere Lehre aus den Ereignissen und eine späte Erkenntnis, daß man »Mein Kampf« früher hätte lesen und – allen Abgeschmacktheiten diese Buches zum Trotz – hätte intensiv studieren müssen. Gleichwohl sollte man die Bedeutung von »Mein Kampf« auch nicht überschätzen: Mehr als die Blaupause für die Inszenierung des Nationalsozialismus als politische Religion bietet das Buch nicht.

Die Umsetzung der Idee in die Wirklichkeit: Die Inszenierung von Hitlers Charisma

Die Inszenierung des Nationalsozialismus als politische Religion, die von Hitler ausging, von seiner Entourage aktiv mitgestaltet wurde und darauf hinauslief, den Führer der NSDAP in der Öffentlichkeit als Messias, die Partei als Glaubensgemeinschaft und ihr Programm als Glaubensbekenntnis darzustellen, wurde seit 1925 zum wesentlichsten Mittel der Integration der nationalsozialistischen Bewegung. Der Auf- und Ausbau der organisatorischen Struktur der NSDAP war demgegenüber von deutlich nachgeordnetem Rang.

Vor allem für Hitler selbst stand die Inszenierung im Vordergrund und war die Organisation der Partei nur Mittel zum Zweck. Noch am Ende der »Kampfzeit«, als die NSDAP längst eine moderne Parteimaschine im Weberschen Sinne geworden war, hielt er den direkten Kontakt zwischen Führer und Volk »ohne organisatorische Zwischenleitung« für das

Ideal.[374] Doch dieser charismakonforme Denkansatz Hitlers darf nicht darüber hinwegtäuschen, daß es eine unmittelbare, spontane Beziehung zwischen Volk und Führer in der Wirklichkeit nicht gab, sondern nur deren Inszenierung und Vorspiegelung. Paradoxerweise bedurfte die NSDAP hierzu einer ausgefeilten Organisationstechnik und Organisationsstruktur. Um als charismatische Partei zu erscheinen, wurde sie zur Partei des neuen, des bürokratischen Typs und zum Vorläufer der modernen Volkspartei. Sie schuf sich für diesen Inszenierungszweck eine modernere Organisationsstruktur, als sie die anderen Parteien der Weimarer Republik besaßen.

Das Inszenierungskonzept und die von ihm ausgehenden organisatorischen Veränderungen durchliefen drei Phasen. Die erste Phase begann mit dem Wiederaufbau der NSDAP nach Hitlers Haftentlassung im Dezember 1924 und endete mit dem Beginn der großen Krise der Weltwirtschaft 1929/30. In dieser Phase war der Wirkungsradius der NSDAP weitgehend auf das völkische Milieu begrenzt. Hitler gelang es zwar, seinen Führungsanspruch durchzusetzen und die NSDAP in diesem Milieu zur einzigen politischen Kraft von Bedeutung zu machen, aber der Ausbruch aus diesem politischen Ghetto gelang nicht. Bei den Reichstagswahlen 1928 erlangte die NSDAP lediglich 2,6 Prozent der Stimmen[375], was ihren Charakter als politische Sekte unterstreicht.

In dieser Phase wurden die Rituale der politischen Glaubensgemeinschaft entwickelt und eingeübt, wurde die Anhängerschaft auf den »blinden fanatischen Glauben« an die Führung eingeschworen.[376] Begünstigt wurde diese Formierung und Ritualisierung durch die zahlreichen zum Teil lang andauernden Redeverbote, die in den Jahren 1925 bis 1928 in den meisten Ländern des Reichs gegen Hitler ausgesprochen wurden.[377] Hitlers Hauptwaffe, die Rede, wurde auf diese Weise nahezu vollständig auf die Partei konzentriert; denn geschlossene Parteiversammlungen waren von den Verboten nicht berührt. Hitler reiste daher notgedrungen von Ortsgruppe zu Ortsgruppe, was erhebliche organisatorische Schubkräfte auslöste und die liturgische Ritualisierung seiner Redeauftritte begünstigte; denn er sprach ja ausschließlich zur Gemeinde der Gläubigen, die die Immediatstruktur der mythischen Führer-Gefolgschaftsbeziehung und ihre Symbole und Riten bereitwillig internalisierten.

Die zweite Phase, die mit der Staats- und Wirtschaftskrise der Weimarer Republik einsetzte und mit dem Durchbruch der NSDAP zur Massenpartei im September 1930 erkennbar wurde, stand im Zeichen der Mobilisierung größerer Wählerschichten. Sie endete mit den Wahlen im November 1932[378], in denen sich der Aufwärtstrend der NSDAP in der Wählergunst brach und Hitlers Charisma erstmals seit 1923 wieder eine ernste Bewährungsprobe zu bestehen hatte. Organisatorisch stand diese Phase im Zeichen des Ausbaus des Apparats der NSDAP und des Aufbaus neuer, meist berufsständisch orientierter Gliederungen, die locker mit der Partei verbunden waren und ihr eine plurale, dem Charakter der Volkspartei angenäherte Struktur gaben.[379] Die Selbstdarstellung der NSDAP und ihres Führers Adolf Hitler zielte nun stärker, als dies bisher der Fall gewesen war, in die gesamte Öffentlichkeit hinein. Die Massenversammlungen wurden wichtiger als die Parteiversammlungen.

Man sollte den Wandel gleichwohl nicht überschätzen. Einerseits waren die Parteiversammlungen selbst in der Hochzeit des Redeverbots nicht hermetisch gegen die Öffentlichkeit abgeschlossen. Durch die Ausgabe provisorischer Mitgliedskarten der NSDAP wurde ein Teil der interessierten Öffentlichkeit in die Parteiversammlungen hineingezogen, zudem berichtete die Partei- und Regionalpresse über sie und hielt das öffentliche Interesse an der NSDAP und ihrem Führer wach. Auf der anderen Seite bestand die Zuhörerschaft von Massenveranstaltungen zu großen Teilen aus Parteimit-

198

gliedern, die zu diesem Zweck von weit her herangekarrt wurden.[380] Die Wirkung auf die Öffentlichkeit wurde auch in diesem Fall weniger durch die Zuhörerschaft als durch das Ereignis und seine Inszenierung sowie durch das Bild, das die Presse davon widerspiegelte, bestimmt.

Die dritte Phase begann mit der Ernennung Hitlers zum Reichskanzler und stand im Zeichen der Gleichschaltung der intermediären Strukturen, der reichsweiten Etablierung des Personenkults um Hitler und der Verschmelzung der Propagandainstrumente des Staates mit jenen der Partei. Diese Phase war mit der staatsrechtlichen Absicherung von Hitlers Führerposition nach Hindenburgs Tod im August 1934 im wesentlichen abgeschlossen. Auch in dieser Phase dienten die Inszenierungskünste der nationalsozialistischen Führung in erster Linie der Integration der Parteimitglieder und Anhänger, der »Bewegung«, und zielten erst in zweiter Linie auf die breitere Öffentlichkeit. Dies läßt sich besonders gut am Reichsparteitag der NSDAP von 1934 zeigen, der der Beschwörung der Einheit der Bewegung nach den Säuberungen im Zusammenhang mit dem sogenannten Röhm-Putsch diente und die gesamte Partei und ihre Gliederungen als Abbild der mobilisierten Volksgemeinschaft inszenierte. Das Ereignis wurde durch Leni Riefenstahl nahezu idealtypisch verfilmt und anschließend in den Lichtspielhäusern gezeigt.[381]

Von nun an wurden die Kulissen für die nationalsozialistischen Inszenierungen immer gigantischer und die technischen Mittel immer raffinierter, an den Ritualen und Liturgien änderte sich aber nur noch wenig.[382] Der entscheidende Unterschied zu den früheren Phasen lag in der Technik der Multiplikation der einzelnen Inszenierung durch die Medien Rundfunk und Film und in der seit dem 30. Januar 1933 gegebenen Möglichkeit, alle Winkel der deutschen Öffentlichkeit in den Bann der nationalsozialistisch ausgerichteten Medien zu ziehen. Der technische Fortschritt und die politische Macht ergänzten sich in diesem Prozeß auf das Wirksamste.

Den technischen Fortschritt hatten Hitler und die NSDAP-Führung schon vor 1933 in den Dienst der Propaganda zu stellen versucht. Die Erfolge waren aber eher bescheiden geblieben. So setzten die Nationalsozialisten ähnlich wie die Kommunisten und Sozialdemokraten in begrenztem Umfang Kraftfahrzeuge für die Propaganda und die Mobilisierung der Anhängerschaft ein. Hitler selbst unterstrich seine Bedeutung gern durch einen großen Daimler-Benz, und 1932 mietete er gar ein Flugzeug für seine »Deutschland-Flüge«. Seit etwa 1930 wurden für Hitlers Redeauftritte Lautsprecheranlagen installiert. Es gab auch einige eher unbeholfene Versuche, den Film als Propagandamittel einzusetzen, und im Juli-Wahlkampf 1932 wurden erstmals Schallplatten in kleiner Stückzahl verteilt. Auf den Rundfunk hingegen konnten die Nationalsozialisten vor dem 30. Januar 1933 gar nicht zugreifen und ebenfalls nicht auf die Lichtspielhäuser, und natürlich war ihre Pressemacht vor 1933 außerordentlich begrenzt.

Für die NS-Propaganda, die auf der theatermäßigen Inszenierung vor geschlossenen Kulissen basierte, die in breitem Umfang nur medial in die Öffentlichkeit hinein kommunizierbar ist, stellte der Zugriff auf die staatlichen Medien und den Film einen Quantensprung dar; denn nun erreichte die Inszenierung erstmals das Volk und konnte der charismatische Führer als Kultfigur einer politischen Religion in immer neuen Bildern präsent gemacht und eine medial vermittelte inszenierte Beziehung zwischen Volk und Führer hergestellt werden, die sich im Bewußtsein der Menschen als direkte Beziehung zwischen Führer und Volk manifestierte und Gemeindecharakter annahm, jedenfalls dort, wo sie auf Gläubigkeit traf. Mit welchen Mitteln wurde das religiöse Weihestück auf die Bühne gebracht, in dessen Mittelpunkt Adolf

Hitler stand? Welche Rolle spielte Hitler selbst dabei? Welche Liturgie wurde entwickelt, und mit welchen Riten und Mysterien wurde gearbeitet?

Wie bei jedem Theaterstück beginnt die Inszenierung mit der Vorbereitung. Bevor Hitler überhaupt einen Redeauftritt zusagte, mußten ganz bestimmte Voraussetzungen erfüllt sein, die die Parteizentrale mit dem jeweiligen Veranstalter abklärte. Zur Vereinfachung und Formalisierung dieses Abklärungsprozesses dienten Fragebögen und wurden »Richtlinien für Hitler-Versammlungen« entwickelt, die nichts dem Zufall überließen und jedes noch so unwichtige Detail zu regeln suchten.[383] Hatte die Parteizentrale den Auftritt Hitlers zugesagt, begann die Werbung durch Plakate und Handzettel. Schon dieser Akt wurde zu ideologischen Aussagen genutzt. Die Plakate zeigten in der Regel die aus der Trikolore des Kaiserreichs übernommenen Farben der Bewegung Schwarz-Weiß-Rot sowie das Hakenkreuz als Symbol des Rassismus und Antisemitismus. Zusätzlich wurde auf den Plakaten vermerkt, daß Juden nicht zugelassen seien und Arbeitslosen und Schwerkriegsbeschädigten freier Eintritt gewährt werde. Der Ausschluß der Juden demonstrierte die Entschlossenheit der NSDAP, ihr Programm in diesem zentralen Punkt zu verwirklichen. Mit der Bevorzugung von Arbeitslosen und Schwerkriegsbeschädigten ließ sich soziale Kompetenz demonstrieren; denn die NSDAP erhob für gewöhnlich einen Eintrittspreis von einer oder gar zwei Reichsmark.

Hitler selbst hatte seine Redeauftritte sehr genau einstudiert. Er sprach fast immer frei, besaß aber mitunter Stichwortnotizen, vor allem dann, wenn er Themen behandelte, die einer gewissen sachlichen Vorbereitung bedurften. Da er eine große Zahl von Redeauftritten absolvierte, seine eigenen Propagandamaximen auf das Prinzip der Wiederholung abhoben und seine integrale Weltanschauung universal anknüpfungsfähig war, konnte er sein Repertoire allerdings bald

201

auswendig bzw. vermochte sich zu allem aus dem Stand zu äußern. Er benötigte daher auch keinen Ghostwriter. Zudem hätte die Übernahme fremder Textvorgaben dem Prinzip der messianischen Eingebung ebenso widersprochen wie der intuitiv medialen Struktur seiner Reden. Eine mediale Beziehung zwischen Redner und Publikum entsteht ja nur, wenn der Redner sich nicht an ein Manuskript hält, sondern sich von den Stimmungen im Publikum »treiben« lassen kann.

Wichtiger als der Inhalt der Reden war zudem die Art und Weise, wie sich der Redner präsentierte. Eine Rolle spielte in diesem Zusammenhang, daß Hitler bis zur Ernennung zum Reichskanzler fast immer ohne Katheder sprach. Er stand auf erhöhtem Podest frei vor oder mitten in seinem Publikum und war wie ein Schauspieler auf der Theaterbühne ganz zu sehen. Sofern er ein Manuskript benutzte, legte er dies auf einem kleinen Tischchen ab, das er neben sich aufstellen ließ.[384] Die Ganzkörperansicht erforderte ein großes Maß an Disziplin in der Gestik, gab ihr aber natürlich auch eine erhöhte Bedeutung für den Gesamtauftritt. Da Hitler 1923 damit begonnen hatte, an seinem fotografischen Konterfei mit Akribie zu arbeiten und sich mit Hilfe seines »Hoffotografen« Heinrich Hoffmann auch optisch zum Führer zu stilisieren[385], ist davon auszugehen, daß er auch seine Redegestik sorgsam einstudiert hat.

Seine Sucht, fotografiert zu werden, die an den zahlreichen Porträtsitzungen abzulesen ist, die er im Atelier Hoffmann in den Jahren 1923 bis 1933/34 absolvierte[386], läßt ein hohes Maß an anfänglicher Unsicherheit über sein Erscheinungsbild erkennen und den Rückschluß zu, daß er in der Fotografie auch eine Kontrollinstanz erblickte, die ihm Aufschluß über den Fortschritt seiner Bemühungen um Selbststilisierung gab. Auch wenn die bekannten Szenenphotos des Redners Hitler, die Hoffmann seit 1927 als Postkartenserie vertrieb[387], gestellt sind und nicht die Redegestik wiedergeben, so

202

zeigen sie doch deutlich, daß Hitler seinen gesamten Körper als Ausdrucksmittel begriff und wie ein Schauspieler agierte. Bevor Hitler allerdings im Versammlungssaal eintraf und die Bühne betrat, lief ein musikalisches Vorprogramm ab, wie es für politische Massenveranstaltungen auch heute noch üblich ist, sofern man davon absieht, daß der Musikgeschmack der NSDAP heute wohl kein Publikum mehr finden würde und die Ordner damals natürlich uniformiert waren.

Massenveranstaltungen boten der Partei eine willkommene Gelegenheit, die paramilitärische Ordnungskraft der SA öffentlich vorzuführen und Organisationsfähigkeit zu demonstrieren. Hitler kam grundsätzlich zu spät, traf erst ein, kurz bevor die Erwartungsspannung des Publikums ihren Höhepunkt erreicht hatte. Alles war auf seine Person konzentriert. Die Richtlinien wiesen auch dem Versammlungsleiter nur eine Statistenrolle zu: »Der Versammlungsleiter soll sich bei Eröffnung der Versammlung sehr kurz fassen. Die Rede Adolf Hitlers wirkt durch sich selbst, Worte nach ihrer Beendigung bergen die Gefahr der Abschwächung in sich. Am besten ist daher am Schluß lediglich ein Heil auf Deutschland (auf keinen Fall auf Adolf Hitler) auszubringen und die Versammlung zu schließen.«[388] Selbstverständlich wurde auch nicht diskutiert, wie dies bis 1923 durchaus gelegentlich der Fall gewesen war. Dies geschah auch im kleinen Kreis nicht. Hitler blieb für seine Anhänger persönlich unerreichbar und zog sich sofort nach seinem Redeauftritt in sein Hotelzimmer zurück. Die Richtlinien vermerken hierzu: »Adolf Hitler ist nach der mehrstündigen Rede unbedingt ruhebedürftig. Die Ortsgruppe muß sich daher damit abfinden, daß er nach der Versammlung keinesfalls mehr unter den Mitgliedern weilen kann.«[389]

Da Hitler sich bereits in der Planungsphase eines Redeauftritts ein Soziogramm des jeweils zu erwartenden Publikums sowie Daten über den Ort und die Ortsgruppe der NSDAP

203

geben ließ, war er in der Lage, zu Beginn seiner Rede auf lokale Besonderheiten einzugehen. In der Regel fielen solche Bemerkungen aber sehr knapp aus[390] und dienten nur dem Zweck der Einstimmung. Auch in diesem Bereich vermied Hitler jede Veralltäglichung, die eine ausführliche Erörterung von Tages- und Alltagsproblemen mit sich gebracht hätte. Eine Ortsgruppe, die die Inszenierungsbedingungen, die die Parteizentrale für Hitlerauftritte formuliert hatte und die sie konsequent durchsetzte, akzeptierte, ließ sich auf ein Ritual der Anerkennung der Führerautorität Hitlers ein. Gerade die Ritualisierung hob ihn aus dem Alltag heraus und enthob ihn der Notwendigkeit, sich vor Ort um irgendwelche konkreten Belange kümmern zu müssen. Der Parteichef »regierte« vor Ort nicht und mischte sich schon gar nicht in irgendwelche Streitigkeiten ein. Diese hatten als Vorbedingung seines Auftritts geklärt zu sein oder durften jedenfalls in seiner Gegenwart nicht angesprochen werden. Hitler ergriff nicht Partei, sondern stand über allen Parteiungen und forderte eine unbedingte Loyalität gegenüber seiner Person ein, die voraussetzte, daß man ihn mit Konflikten nicht behelligte. Wer dies nicht akzeptierte, mußte die Partei verlassen.

Die Ritualisierung seiner Auftritte schützte Hitler vor der Veralltäglichung oder genauer vor der Alltäglichkeit seiner Person und damit vor der Auflösung seines Führungsanspruchs. Dies erscheint auf den ersten Blick paradox; denn Ritus ist ja veralltäglichtes Charisma. Doch wir haben es hier mit der Konstruktion und der Inszenierung von Charisma zu tun. Wie soll sie sich anders vollziehen als über den Zugriff auf in der Form aufgehobenes, veralltäglichtes Charisma, auf Mythos und Ritus und auf Kulthandlungen? Form und Inhalt näherten sich in Hitlers Reden daher weitgehend an. Die inszenierte Rahmenhandlung und die Kernhandlung der Rede waren eng miteinander verbunden und gingen bei bestimmten Anlässen, wie den Reden zum 9. November oder den Parteitagsauftritten Hitlers, gänzlich ineinander über, verbunden durch rituelle Handlungen wie Aufmärsche, Fahnenweihen, Vereidigungen, Einschwörungen und Verpflichtungen aller Art. Die Verschmelzung von Choreographie und Rhetorik, die viele Einzelfacetten aufweist, denen hier nicht weiter nachgegangen werden kann, läßt sich an zwei eng miteinander verflochtenen Themenblöcken am besten zeigen, am Thema der Gemeinschaft und der Totenehrung. In beiden Fällen wurde die Parteigeschichte mit der Nationalgeschichte verknüpft und die Partei zur Verkörperung der Nation.

Da jede Versammlung, in der Hitler sprach, prinzipiell aus »Parteigenossen« und »Volksgenossen« zusammengesetzt war, auch wenn die Parteigenossen überwogen, ließ sich der Korpus der Versammelten bei entsprechender Inszenierung ebenso als Modell der verschworenen Parteigemeinschaft wie der Volksgemeinschaft begreifen. Der Akzent lag eindeutig auf dem Versuch, die Versammlung als Querschnitt des Volkes zu behandeln. Auch wenn Hitler vor Parteiversammlungen sprach, wählte er daher die Anrede: »Deutsche Volksgenossen und -genossinnen!«[391] Das Stück, das aufgeführt wurde, hieß »Führer und Volk«, d.h. es war eine Gemeinschaftsaufführung, an der jeder im Raum mehr oder weniger freiwillig mitwirkte. Unterstrichen wurde dies durch die Aufhebung des Unterschiedes zwischen Zuschauerraum und Bühne. Hitler selbst löste die Differenz zwischen sich und den Zuhörern dadurch auf, daß er kein Katheder benutzte. Er stand scheinbar »ungeschützt« auf einem Podium im Raum und agierte mit lebhaften Körperbewegungen in diesen Raum hinein. Zudem war er auf dem Podium nicht allein. In den Richtlinien wurde gefordert, daß auf dem Podium sechs »als ehrenhaft bekannte, möglichst ältere Männer« Platz zu nehmen hätten, »welche bereit sind, den Inhalt der Rede nötigenfalls zu beeiden«.[392] Darüber hinaus befanden sich auf dem Podium in der Regel SA- oder SS-Leute und je nach den

205

räumlichen Verhältnissen auch Parteiprominenz und andere Honoratioren.

Die Übergänge zum Publikum waren fließend. Dafür sorgten auch der uniformierte Ordnerdienst der Partei und die Gepflogenheit, an ihren Abzeichen erkennbare Parteimitglieder gleichmäßig auf den Raum zu verteilen. Dies wirkte disziplinierend auf das Publikum. Oppositionelle wagten sich meistens nicht zu rühren. Taten sie es dennoch, schritt der Ordnerdienst ein. Auf diese Weise wurde die Neigung gefördert, sich nicht nur ruhig zu verhalten, sondern auch artig Beifall zu spenden, um nicht aufzufallen. Diese Inszenierung der disziplinierten Gemeinschaft konnte auch deshalb gelingen, weil das Publikum durch das rigide Einlaßreglement in seiner großen Mehrheit handverlesen war. Juden waren generell ausgeschlossen und wurden, wenn sie dennoch hineingeschlüpft waren und erkannt wurden, in spektakulären Aktionen hinausgeworfen. Wer hinein wollte, wurde – das liegt in der Konsequenz dieser »Politik« – einer Gesichtskontrolle am Eingang unterworfen. Sie wurde von SA- oder SS-Leuten vorgenommen, die die Eintrittskarten kontrollierten. Da die Eintrittsbillets relativ teuer waren, wurde ohnehin schon für eine Vorauswahl gesorgt; denn in der Regel waren nur Anhänger und Sympathisanten bereit, dieses Opfer zu bringen.

Die rigide Regulierung des Einlasses führte zudem oft zu Stauungen vor dem Versammlungssaal und gelegentlich zu leeren Sitzreihen bzw. Stehplätzen im Innern. Diese Spannungssituation wurde, da Hitler möglichst nicht vor leeren Reihen reden sollte, oft erst in letzter Minute bereinigt, und zwar dadurch, daß Parteigenossen, die sich zur Verfügung halten mußten, zur Auffüllung umsonst eingelassen wurden. Dies wurde dann ebenfalls als soziale Maßnahme verkauft, indem man z.B. das Gerücht in Umlauf setzte, Hitler habe entschieden, draußen wartende »Arbeiter« umsonst in den Versammlungsraum zu lassen. Welche Wege zur Einlaßregulierung im Einzelfall auch immer beschritten wurden, Hitler sprach vor einem auf manipulative Weise zusammengesetzten Publikum, das in seinen Reaktionen keineswegs frei war, sondern eine erhebliche Disposition zur Akklamation aufwies und für die Ressentiments, den Haß und die Leidenschaften empfänglich war, in die Hitler sich im Laufe einer Rede hineinzusteigern pflegte. Vor diesem Hintergrund sollte man die an moderne Rock- und Pop-Festivals erinnernden, das Publikum oder Teile davon mitreißenden, orgiastischen Rausch- und Verzückungswirkungen sehen, die auch kritische zeitgenössische Beobachter dem Redner Hitler immer wieder attestiert haben.[393]

Wenn Hitler also die Einheit der Partei und die Geschlossenheit der Volksgemeinschaft beschwor, wenn er zu diesem Zweck das religiöse Vokabular der Glaubensgemeinschaft aktivierte, wenn er die nationale Aufbruchsstimmung von 1813 und 1914 gegen die Zerrissenheit der Demokratie ins Feld führte, dann verfügte er über ein Auditorium, das dieses Gemeinschaftsideal bereits repräsentierte, das die neue Ordnung vorführte und das Gefühl zu vermitteln suchte, daß die Zukunft des totalen Staates bereits begonnen hatte. Die NSDAP, so wurde Hitler nicht müde zu betonen, sei keine normale Partei, sondern eine »machtpolitische Erscheinung«.[394] Dies deutlich zu machen, war der Zweck einer jeden Hitler-Versammlung.

Bei der Inszenierung der Gemeinschaftsidee (Parteigemeinschaft, Volksgemeinschaft) gab es nicht nur einen engen Bezug zwischen dem Redner, dem Redeinhalt, der Choreographie der Versammlung und der Zusammensetzung des Publikums, sondern die Inszenierung setzte sich nach der Rede in rituell-symbolische Handlungen um. Eine solche Handlung war der sogenannte Rundgang Hitlers, der der Vertiefung der Beziehung zwischen dem Führer und seiner Gefolgschaft diente. Ohne mit dem einzelnen ein Wort zu wechseln, machte Hitler bei einer repräsentativen Auswahl von Parteigenossen die Runde, gab jedem die Hand und sah ihm betont intensiv in die Augen.[395] Von dieser stummen Einschwörung, die auf den Topos, Hitler habe magnetische Augen, abhob und an Reichsparteitagen mit der Fahnenweihe verbunden wurde, ging eine Sogwirkung aus, die auch jene Anhänger in den Bann schlug, die nicht den Rang oder das Glück besaßen, in dieser Weise ausgezeichnet zu werden, und sich damit begnügen mußten, »ihren Führer« gesehen zu haben.

Die Verbindung zum öffentlichen Raum außerhalb des Versammlungssaals wurde durch die Marschkolonne hergestellt. Sie repräsentierte den Gedanken der Formierung und Gemeinschaft, sie kam von außen und ging nach außen. So schildert Franz C. Weiskopf 1936, wie zu Beginn einer Hitler-Rede SA-Truppen durch ein Spalier in den Versammlungsraum marschieren und auf der Bühne Aufstellung nehmen,[396] die Ordnung also gewissermaßen von außen in den Saal hereinkommt. Eine besonders wirksame Aufführung der gegenteiligen Bewegungsrichtung stellten die seit 1927 ritualisierten Gedenkmärsche der »Alten Kämpfer« am 9. November zur Feldherrnhalle dar, die im Anschluß an Hitlers Gedenkrede seit 1927 regelmäßig stattfanden.[397]

Die Rahmenhandlung des An-, Auf- und Abmarsches uniformierter Kolonnen, mit der Hitlers Redeauftritte in den öffentlichen Raum eingebunden waren und in diesen Raum hineinwirkten, wurde am perfektesten auf den Reichsparteitagen inszeniert. Wie die Spinne im Netz zog das Reichsparteitagsgelände die Marschkolonnen, die die Gliederungen der Partei aufzubieten und nach Nürnberg zu schicken hatten, aus dem ganzen Reich an und entließ sie wieder ins Reich, nachdem sie die massenchoreographische Kulisse für Hitlers Auftritte gestellt und in der Architektur der Menschenkolonnen die gemeinschaftstiftende Kraft der Partei ebenso demonstriert hatten wie ihre Fähigkeit, das ganze Volk mit Hilfe paramilitärischer Formationen auf die Beine zu bringen und zur Akklamation zu bewegen.[398]

Doch auch in diesem Fall ging es nur um die allerdings ins Gigantische gesteigerte Inszenierung der Volksgemeinschaft mit Hilfe der Parteigänger und Anhänger. Der Raum der Inszenierung war nur scheinbar offen. In den inneren Kreis der Kolonnen konnte natürlich kein Fremder hineinkommen, und die Öffentlichkeit wurde zwar in großem Umfang geladen, aber nur in homöopathischer Dosis in die Zuschauerränge der hermetisch nach außen abgeschlossenen Arenen und Versammlungsräume gelassen. Ein größeres Risiko wirklicher Öffentlichkeit lief man nur mit der Bevölkerung Nürnbergs, die die Straßen säumte. Doch war dies wirklich ein Risiko? Schon vor der Machtergreifung war Nürnberg eine Hochburg der Nationalsozialisten gewesen. Wer kein Sympathisant oder gar Anhänger der Nationalsozialisten war, konnte doch seinen Blick nicht davor verschließen, daß die Parteitagsspektakel für Nürnbergs Bürger sehr gute Verdienstmöglichkeiten eröffneten. Die Nationalsozialisten inszenierten nicht nur perfekt, sondern sie kurbelten durch ihre Veranstaltungen auch den Fremdenverkehr an.[399] Warum also sollte man etwas gegen diese Art der Volksfeste haben und ihrem Hauptdarsteller nicht akklamieren? Schließlich wurden ja auch Karnevalsumzüge beklatscht.

Durch eine Vielzahl äußerer Mittel wurden die Räume zudem geschlossen. Das begann mit den engen Straßen und Plätzen Nürnbergs, in denen die Marschkolonnen und Autokarawanen das Publikum buchstäblich an die Seite und in die Vereinzelung der Häuser drängten; das setzte sich fort mit den Bauten, Fahnen, Tribünen und Kulissen aller Art, die die Versammlungsplätze im Freien umsäumten, und reichte bis zu den Fackelzügen und Lichtdomen der nächtlichen Veranstaltungen.

Das wirksamste Mittel, den Raum der Inszenierung zu

209

schließen, war die Bildmedienauswertung und hier insbesondere die Verfilmung. Leni Riefenstahls Film »Triumph des Willens«, der den Reichsparteitag von 1934 zum Gegenstand hatte, zeigt dies in exemplarischer Weise. Der Film vermag alle alltäglichen Randerscheinungen – angefangen bei den Bierleichen bis hin zu Schmutz, Dreck, Uringestank und mißglückten Inszenierungen – wegzulassen oder sie in die »richtige« Kameraperspektive zu rücken. Die Ästhetisierung der Politik erreicht im Film den Gipfel ihrer Möglichkeiten. Die Handlung wird gerafft, die Abläufe werden in eine neue stringentere Form gegossen und an einem Thema orientiert. Für Leni Riefenstahl hieß dies Thema: »Der charismatische Führer und seine Gefolgschaft begriffen als Ausdruck der Volksgemeinschaft und der Nation«. »Das Kinoerlebnis des Parteitages«, so bemerkt Loiperdinger zutreffend, »ist in der Absicht konstruiert, den Zuschauer in Ergriffenheit an der quasi-sakralen Liturgie des Opferschwurs für die Nation teilhaben zu lassen.«[400]

Der Film zeigt den Idealtypus der Inszenierung des Charismas. Dabei entspricht das größte Ausmaß der Entrücktheit des Führers zugleich der größten Nähe zu Gefolgschaft und Volk: »Wenn wir uns hier treffen, dann erfüllt uns alle das Wunderbare dieses Zusammenkommens. Nicht jeder von euch sieht mich, und nicht jeden von euch sehe ich. Aber ich fühle euch, und ihr fühlt mich!« Die Isolierung des einzelnen in den ungeheuren Dimensionen der in Menschenquadern aufmarschierten uniformierten Gefolgschaft und Anhängerschaft, die sich in der völligen Vereinzelung des punktförmig kleinen Führers widerspiegelte, der im Rund des Aufmarschfeldes nicht einmal von allen Plätzen aus gesehen werden konnte, wurde durch die Beschwörung der *unio mystica* überwunden, die im nationalen Glauben, in der gemeinsamen Herkunft aus dem einfachen Volk und in der Überhöhung des einzelnen Ich durch die Masse gesucht und im Topos der

210

messianischen Glaubens- und Erlösungsgemeinschaft gefunden wurde: »Es ist der Glaube an unser Volk, der uns kleine Menschen groß gemacht hat, der uns arme Menschen reich gemacht hat, der uns wankende, mutlose, ängstliche Menschen tapfer und mutig gemacht hat; der uns Irrende sehen machte und der uns zusammenfügte.«[401]

Leni Riefenstahl setzt die Distanz des Führers zu seinem Volk und deren Aufhebung und damit den ständigen Spannungsbogen der Erwartungen, die Hitler entgegengebracht werden sollten, perfekt ins Bild. Kein Topos wird ausgelassen. Gottähnlich schwebt der »Führer« aus dem Himmel über den Wolken kommend in Nürnberg ein. Im offenen Wagen stehend durchfährt er die von jubelnden Menschen umsäumten Straßen Nürnbergs, um dann der auf dem Parteitagsgelände in geometrischer Choreographie aufmarschierten Gefolgschaft gegenüberzutreten und ihr aus größter räumlicher Distanz, gottgleich über alle erhoben, die Epiphanie des Messias beschwörend die mystische Vereinigungsformel zuzurufen: »Das ist das Wunder unserer Zeit, daß ihr mich gefunden habt [...] unter so vielen Millionen! Und daß ich euch gefunden habe, das ist Deutschlands Glück!«[402]

Auf dem Reichsparteitag schlüpfte Hitler nacheinander – von Redeauftritt zu Redeauftritt – in alle Rollen, die der Führer-Mythos ausgebildet hatte, in die des Messias und Propheten, in die des Hohen Priesters, des Obersten Richters, des Ideologen und Rassetheoretikers, des Feldherrn, des Kunstzensors usw. Der Parteitag selbst war nach der Machtergreifung nur der Höhepunkt des Festkalenders des »Dritten Reiches«. Er begann mit dem Neujahrsempfang des Diplomatischen Korps, am 30. Januar gedachte man der Machtergreifung, am 24. Februar der Gründung der NSDAP, im März stand der Heldengedenktag an, dann Hitlers Geburtstag und dann der 1. Mai, der Muttertag und die Sommersonnenwende. Nach dem Reichsparteitag im August/September folgte das Erntedankfest auf dem Bückeberg, und am 9. November gedachte man des gescheiterten Putsches im Jahre 1923.[403] Immer stand dasselbe in schwerpunktverschobenen Akzentuierungen auf dem Programm: die *unio mystica* von Führer, Volk und Vaterland, deren parolenhafte Wiederholung das ganze Jahr über allgegenwärtig war.

Im Zentrum dieser *unio mystica*, als rituelle Verweisung ständig präsent, stand die *unio mystica* zwischen den Lebenden und den Toten, als deren Vermittler sich Adolf Hitler verstand. Die Idee, einen Totenkult zu entwickeln, ist Hitler offenbar in Landsberg gekommen. Die nationalsozialistische Bewegung hatte beim Novemberputsch 1923 Tote und Verwundete gehabt. Was lag näher, als sie zu Märtyrern zu stilisieren? Bereits in seiner ersten großen Rede nach der Haftentlassung, am 27. Februar 1925, versuchte Hitler diejenigen, »die am 9. November gefallen sind«,[404] als Kronzeugen für seine Einigungsbemühungen im völkischen Lager anzurufen. In einem Aufruf vom Vortag hatte er davon gesprochen, daß sie »durch ihren Märtyrertod zu Blutzeugen« des »politischen Glaubens und Wollens« der Nationalsozialisten geworden seien.[405] Wenig später hieß es, daß die nationalsozialistische Bewegung am 9. November 1923 »die Bluttaufe empfangen« habe.[406]

Am 4. November 1925 ließ Hitler die Gauleitungen und Ortsgruppen der NSDAP anweisen, in Zukunft alljährlich am 9. November Gedenkfeiern abzuhalten. Dabei sollte nicht nur der beim Novemberputsch »gefallenen Kämpfer« der Bewegung, sondern auch der Toten des Ersten Weltkrieges gedacht werden.[407] Die doppelte Stoßrichtung der Totenfeiern suggerierte, daß die »Soldaten« der Bewegung für dieselbe Sache gestorben seien wie die Soldaten des Ersten Weltkrieges, nämlich für das Vaterland. Bewußt drangen die Nationalsozialisten auf diese Weise in den öffentlichen Raum ein und okkupierten einen rituellen Bereich, der normalerweise Staat und Kirche zukommt. Die Weimarer Republik tat sich jedoch mit dem Gedanken an die Toten des Weltkrieges schwer, und die NSDAP drang in dieses Vakuum ein, indem sie den 9. November bereits 1926 zum »Reichstrauertag« ausrief und es ihren Ortsgruppen zur Pflicht machte, »am Gefallenendenkmal ihres Ortes einen Kranz mit Schleife und Inschrift« niederzulegen.[408]

1926 wurde auch bereits versucht, das Szenario des Novemberputsches zu ritualisieren. Dies scheiterte zwar noch am Einschreiten der Polizei, aber 1927 lief das Gedenk-Ritual, das von nun an Jahr für Jahr wiederholt wurde, erstmals ab: Hitler hielt im Münchener Bürgerbräukeller eine große Rede vor Parteimitgliedern, die 1927 unter dem Thema »Die Toten des Novembers 1923« an den Litfaßsäulen angekündigt worden war.[409]

Nach der Rede formierte sich die Versammlung zum Zug zur Feldherrenhalle. Dem Zug vorangetragen wurde die sogenannte Blutfahne, eine Hakenkreuzfahne, von der behauptet wurde, sie sei den Putschisten am 9. November 1923 vorangetragen und mit dem Blut der »Märtyrer der Bewegung« benetzt worden. Seit 1926/27 diente diese Fahne zur Fahnenweihe. Bei dieser Zeremonie faßte Hitler die »Blutfahne«, die von einem Standartenführer getragen wurde, mit der rechten Hand und berührte damit die zu weihende Fahne. Vor allem auf Reichsparteitagen spielte dieses Ritual eine wichtige Rolle und ließ sich, wie man an Leni Riefenstahls Reichsparteitagsfilm sehen kann, außerordentlich effektvoll in Szene setzen.

Das gleiche galt für die Totenehrung im engeren Sinn: »Bereits die ersten zentralen Gedenkfeiern der NSDAP ließen ein liturgisches Gesamtkonzept erkennen, das sich um einen mit der Hakenkreuzfahne geschmückten Sarg gruppierte, aus Fahneneinmarsch von SA und SS, Trauermärschen und -chorälen und gemeinsam gesungenen Liedern bestand und sich auf den pathetischen Weihespruch des Festredners als dem

Höhepunkt des liturgischen Rituals konzentrierte.«[410] Für 1927 waren neben der zentralen Veranstaltung mit Hitler in München 47 Kranzniederlegungen und Trauerfeiern überall im Reich vorgesehen. 1932 erschien ein »Hilfsbuch für Parteistellen«, das den Ablauf auch der Totenfeiern einheitlich zu regeln suchte,[411] aber offenbar gelang dies nicht vor 1935 und nicht ohne daß sich die Nationalsozialisten Anregungen in Italien geholt hatten.[412]

Seit 1935 besaß die zentrale Totenfeier in München am Königsplatz ihre eigene Kulisse. Dort hatte der Architekt Paul Ludwig Troost zwei Ehrentempel errichtet, die den Platz nach Osten hin abschlossen. In ihnen wurden die bronzenen Sarkophage der »Märtyrer der Bewegung« aufgestellt, die 1935 aus der Feldherrnhalle nach dort überführt worden waren.[413] »Andere Generationen«, so führte Hitler bei dieser Gelegenheit aus, »die lernen von Heldensagen, von Heldenzügen. Wir haben diese Sage gelebt und sind mit im Zug marschiert.«[414] Das Kunststück, das hier vollbracht wurde, bestand darin, die wenig heroische Frühgeschichte der NSDAP mit Legenden zu umgeben und die außeralltägliche Qualität des mißglückten Putsches durch die wiederkehrende Aufführung ins Positive zu wenden und als charismatisch-ästhetische Legitimation für das »Dritte Reich« nutzbar zu machen.

Die manipulative Rationalität des von Hitler geprägten Propagandakonzepts der NSDAP läßt sich nicht zuletzt an den Bemühungen ablesen, generelle Inszenierungsvorschriften zu erlassen. Dahinter verbarg sich die Absicht, das öffentliche Erscheinungsbild der NSDAP zu vereinheitlichen und ihr ein gewisses Maß an Inszenierungsprofessionalität zu verschaffen. Im Zentrum dieser Bemühungen hatte seit der Neugründung der Partei die Rednerschulung gestanden. Hitler selbst wies in einer seiner ersten Reden nach der Haftentlassung auf die Notwendigkeit hin, das Potential guter Redner durch Rednerschulung zu erhöhen.[415] Anordnungen

214

zur politischen Schulung und zur Einführung politischer Zentralsprechabende folgten.[416] Während Hitler 1925 noch davon ausgegangen war, daß die NSDAP über kaum mehr als zehn bis zwölf Redner verfüge, bezifferte er sie ein Jahr später auf 70. 1928 standen der NSDAP reichsweit 300 Redner zur Verfügung, die in diesem Jahr nach parteieigenen Angaben 20000 Veranstaltungen durchgeführt haben.[417]

Im Sommer 1928 eröffnete Fritz Reinhardt in Herrsching am Ammersee eine Rednerschule und übernahm die Leitung der für die Rednerschulung zuständigen Reichspropagandaleitung II der NSDAP. Seit 1929 gab er das Redner- und Schulungsmaterial der NSDAP heraus, »bei dem es sich um Redevorlagen zu bestimmten, nach Sachgebieten geordneten Themen handelte«.[418] Weiteres Broschüren- und Lehrmaterial kam hinzu.[419] Die Zahl der Redner wurde nun außerordentlich gesteigert und der Grad ihrer Professionalität erhöht. Zur Reichstagswahl 1930 setzte die NSDAP etwa tausend Redner ein, die insgesamt 34000 Wahlversammlungen abhielten.[420] Seit 1930 übertraf die NSDAP in der Veranstaltungsdichte ihre beiden Hauptkonkurrenten, die SPD und die KPD.[421] Seit etwa 1931 gab es ein Prüfungswesen, das den Rednern einen Befähigungsnachweis abverlangte und sie entsprechend ihrer Qualifikation in »Bezirksredner«, »Gauredner« und »Reichsredner« unterteilte. Nur wer über einen entsprechenden Ausweis verfügte, durfte auch reden.[422] Der »Beruf« des Redners war beliebt. Jährlich absolvierten wachsende Zahlen Reinhardts Rednerschule. Bis 1933 sollen es insgesamt 6000 gewesen sein.[423] Die Entlohnung der Redner war bis ins kleinste geregelt und der Rednerhierarchie entsprechend gestaffelt.[424]

Insgesamt wird man sagen können, daß die Professionalität der Rednerschulung in der NSDAP und die Technik der Inszenierung von Massenveranstaltungen sowie der Grad der Ritualisierung vor allem des Totenkults und anderer Feierzeremonien seit etwa 1929/30 alles übertraf, was andere Parteien der Weimarer Republik in dieser Hinsicht aufzubieten hatten. Gewiß spielte das Talent Hitlers in diesem Zusammenhang eine entscheidend wichtige Rolle, doch sollte nicht übersehen werden, mit welcher Breite und organisatorischen Dichte die Propaganda der NSDAP betrieben wurde und welche organisatorische Professionalität hier am Werke war. Neben Adolf Hitler waren die großen Organisatoren dieses Apparats neben Fritz Reinhardt, Gregor Strasser, der 1926 Reichspropagandaleiter und 1928 Reichsorganisationsleiter der NSDAP wurde, Heinrich Himmler, der als Strassers Adjutant ihn vor allem organisatorisch unterstützte, und Josef Goebbels, der 1930 die Leitung der Reichspropagandastelle der NSDAP übernahm.[425]

Reinhardt, Strasser, Himmler und Goebbels bauten die Propagandamaschinerie der NSDAP auf, die ihre große Bewährungsprobe in den Wahlkämpfen des Jahres 1932 bestand. Zwar erzielte dieser Apparat seine Spitzenleistungen mit Adolf Hitler – nur Strasser, Goebbels, Göring und Frick konnten ihm annähernd das Wasser reichen –, aber daneben durchpflügte dieser Apparat jeden Winkel Deutschlands und erreichte eine Breitenwirkung, die die Starredner allein niemals erreicht hätten. Schon für 1930 gab z.B. der Leiter des Nachrichtendienstes der politischen Polizei in Hessen-Darmstadt folgenden Lagebericht über die Aktivitäten der NSDAP: »Hunderte von Versammlungen wurden abgehalten. Selbst die kleinsten Orte wurden nicht vergessen und nicht nur einmal, sondern immer wieder von nationalsozialistischen Rednern aufgesucht. Dabei muß zugegeben werden, daß diese Redner fast ausnahmslos rhetorisch recht gut geschult sind.«[426] Ähnliche Beobachtungen wurden auch andernorts gemacht. In einer Denkschrift des Preußischen Innenministeriums vom Mai 1930 wurde den Rednern der NSDAP neben ihrer flächendeckenden Aktivität »Gewandtheit« bescheinigt und die

216

Fähigkeit attestiert, ihre Vortragsthemen »geschickt auf die jeweiligen Zuhörer« zuzuschneiden. Dies sichere den Versammlungen »fast durchweg überfüllte Säle und den Beifall der Teilnehmer«. Versammlungen »mit einer Besucherzahl von 1000 bis 5000 Personen« seien »in größeren Städten eine tägliche Erscheinung«.[427]

Im Gesamtbild der Propaganda der NSDAP schwächt sich die Rolle Adolf Hitlers also deutlich ab. Spätestens seit 1930 sind nicht nur die charismatischen Momente seiner Auftritte durchritualisiert und inszeniert, sondern ist ein Apparat, eine Propagandamaschine tätig, die diese Elemente des veralltäglichten Charismas in das letzte Dorf trägt und in dieser Verbreitung einer weiteren Veralltäglichung unterliegt, die einerseits durch systematische Professionalisierung und Schulung und die andererseits durch Talentausdünnung, durch das Ersetzen genuinen Charismas durch pure Inszenierung mittelmäßiger Träger und Repräsentanten gekennzeichnet ist. Für die Kompensation dieses – in jeder Kirche anzutreffenden – Abstiegs in die Banalität der Talentlosigkeit ist die Ritualisierung, sind die Regeln der Inszenierung von erheblicher Bedeutung. Charisma wird auf diese Weise zum Amtscharisma. Daneben tritt freilich 1933 die filmische Direktverbreitung der großen Inszenierungen. Läßt sich in diesem Netzwerk sich überlappender charismatischer Elemente ganz unterschiedlicher Qualität die Wirkung von Hitlers Charisma überhaupt noch ausmachen? Bevor wir uns der Beantwortung dieser Frage abschließend zuwenden, ist es zunächst einmal erforderlich, die Strukturen genauer in den Blick zu nehmen, die Hitlers Charisma produziert haben, nämlich die Strukturen der NSDAP.

Die Organisationsstrukturen der NSDAP: Charismatische Führerpartei, bürokratische Maschinerie und Volkspartei

Um die Besonderheiten der NSDAP nach dem mißlungenen Novemberputsch 1923 präzise herauszuarbeiten, wäre ein Vergleich mit den anderen Parteien der Weimarer Republik erforderlich. Lohnend wäre darüber hinaus ein Vergleich mit dem »Partito Nazionale Fascista« (PNF), mit der KPdSU und mit einer der beiden großen amerikanischen Parteien, den Demokraten oder den Republikanern. Die Fragestellung für einen solchen Vergleich läge auf der Hand: Zu fragen wäre, ob es möglich ist, den spektakulären Durchbruch der NSDAP zur Massenpartei im September 1930, die Machtergreifung Hitlers im Januar 1933 und die ebenso schnelle wie durchgreifende Etablierung der Diktatur in den Monaten von Januar 1933 bis August 1934 mit Besonderheiten der NSDAP zu erklären.

Eine solche Vergleichsstudie liegt bisher nicht vor.[428] In der geschichtswissenschaftlichen Literatur sind wohl vergleichende Perspektiven anzutreffen, aber ein systematisch durchgeführter Vergleich fehlt. Er kann im Rahmen dieses Buches nicht nachgeholt werden.[429]

Unter diesen Umständen bleibt kaum etwas anderes übrig, als eine typologische Beschreibung zu versuchen, die sich der idealtypischen Methode Webers bedient. Webers Idealtypen der charismatischen, traditionalen und legal-bürokratischen Herrschaft und ihre Desaggregierung auf die Ebene der Partei sind für ein solches Verfahren allerdings nicht ausreichend. Die historische Entwicklung der Parteien nach Max Webers Tod im Sommer 1920 macht es nötig, den Typus der legal-bürokratischen Partei aufzuspalten in zwei oder drei Typen. Zu unterscheiden wäre der legal-bürokratische Typus mit innerparteilicher Demokratie von jenem mit diktatorischen

Entscheidungsstrukturen. Innerhalb des diktatorischen Typs wiederum wäre zwischen Kaderpartei und Massenpartei zu unterscheiden.

Auch der Typus der charismatischen Partei ist differenzierungsbedürftig. Die Ausstrahlung des charismatischen Führers kann über die Mitglieder der Partei hinaus organisatorische Kohäsionskräfte entfalten. Hierfür ist es sinnvoll, den Typus der »charismatischen Bewegung« einzuführen. Eine charismatische Bewegung ließe sich z.B. als Strukturtypus begreifen, in dem sich die charismatische Partei mit charismatischen Verbänden durch partielle Personalunionen überlappt. Die Verbände gehören der Partei nur teilweise an, weil nur Teile ihrer Führungskader und Mitglieder auch Parteimitglieder sind. Ein solcher Fall ist etwa bei paramilitärischen Verbänden gegeben. Sie bringen darüber hinaus noch eine weitere Unterscheidung ins Spiel, nämlich die zwischen zivilen und militärischen charismatischen Parteistrukturen. Bei dem Versuch, die Organisationsstruktur der NSDAP mit Hilfe dieser idealtypischen Begriffe als komplexe Mischstruktur zu beschreiben, bediene ich mich hilfsweise auch der Vergleichsperspektive. Sie kann dazu beitragen, Fragen zu präzisieren und die Ausmessung der Distanz zwischen Idealtypus und Wirklichkeit durch Zwischenbegriffe zu erleichtern und differenzierter zu gestalten.

Zum Zweck der typologischen Beschreibung sei die Entwicklung der NSDAP in zwei Phasen unterteilt. Die erste reicht von der Neugründung Anfang 1925 bis zu den Reichstagswahlen von 1928 und die zweite von 1929 bis 1934, d.h., vom Beginn der Weltwirtschaftskrise bis zum sogenannten Röhm-Putsch. Vor dem Hintergrund der Propagandastrategie der NSDAP, in deren Mittelpunkt Hitlers Charisma stand, aber auch angesichts der Entwicklungsgeschichte der NSDAP bis zum November 1923 ist es sinnvoll, mit dem Begriff der charismatischen Führerpartei zu beginnen.

219

Angesichts des Desasters des Novemberputsches 1923 ist es nicht selbstverständlich, daß Hitlers Charisma ungebrochen fortbestand, denn als politischer Führer hatte er versagt und als Redner wurde er sofort nach der Wiederzulassung der NSDAP im Januar 1925 durch das bereits im Februar 1925 in Bayern und dann in den meisten Reichsländern geltende Redeverbot praktisch lahmgelegt. Daß die NSDAP trotzdem mit Hitler Propaganda betrieb, muß kein Gegenargument sein; denn Hitlers Charisma kann rein funktional und abgehoben von den Realitäten als ideologisches Versatzstück gehandhabt worden sein.

Tatsächlich spricht zunächst manches für eine solche Interpretation. Während der Haftzeit Hitlers war es zu einer Zersplitterung der ehemaligen nationalsozialistischen Partei gekommen. Alfred Rosenberg, den Hitler vor seiner Inhaftierung damit beauftragt hatte, ihn in seiner Abwesenheit zu vertreten, konnte die Partei nicht zusammenhalten. Innerhalb der »Großdeutschen Volksgemeinschaft«, die am 31. Januar 1924 als Tarnorganisation der verbotenen NSDAP ins Vereinsregister eingetragen wurde, kam es zu heftigen Flügelkämpfen zwischen den Gefolgsleuten Hitlers. Hermann Esser und Julius Streicher revoltierten gegen Rosenberg und verdrängten ihn von der Parteileitung.[430] Neben der »Großdeutschen Volksgemeinschaft« bildete sich Ende März 1924 der »Völkische Block«, ein Wahlbündnis völkischer Gruppen in Bayern, Thüringen, Sachsen, Württemberg, Hessen, Baden und dem Rheinland, an dem sich auch Nationalsozialisten beteiligten. Auf diese Weise gelangten bei den bayerischen Landtagswahlen am 6. April 1924 sechs Nationalsozialisten in den bayerischen Landtag, und bei den Reichstagswahlen am 4. Mai gelangten drei Nationalsozialisten in den Reichstag.[431]

Zwischen diesen Abgeordneten einerseits und der »Großdeutschen Volksgemeinschaft« andererseits kam es zu persönlichen und politisch-taktischen Differenzen. Dabei ging es

220

um die Frage, wem der politische Primat gebühre, den Abgeordneten oder der »Partei«, die sich zwar großdeutsch nannte, aber eine bayerische Führungsstruktur besaß, und welche Rolle die parlamentarische Tätigkeit überhaupt spielen sollte. Zusätzlich kompliziert wurde die Situation durch die von Erich Ludendorff, Gregor Strasser und Albrecht von Graafe betriebene organisatorische Fusion der völkisch-nationalsozialistischen Organisationen (»Großdeutsche Volksgemeinschaft«, DVFP, »Völkischer Block«) auf Reichsebene, die im August 1924 in Weimar unter dem Namen »Nationalsozialistische Freiheitsbewegung Großdeutschlands« zustande kam und eine aus Ludendorff, Strasser und Graafe bestehende »Reichsleitung« etablierte.

Aus Protest gegen diese Reichsleitung und ihren parlamentarischen Kurs kam es in Niedersachsen (Göttingen/Lüneburg) zur Gründung einer »Nationalsozialistischen Arbeitsgemeinschaft«, der »sich Gruppen aus Hamburg, Schleswig-Holstein, Pommern, Sachsen und Baden« anschlossen.[432] Auch in München, bei der »Großdeutschen Volksgemeinschaft«, kam es zu einer feindlichen Haltung gegenüber der Reichsleitung, die dazu führte, daß Strasser und Ludendorff versuchten, Esser und Streicher auszuschließen.[433] Hitler hielt sich aus all diesen Konflikten heraus, legte im Juni 1924 »die Führung der Bewegung« nieder und lehnte es ab, die »Verantwortung« für eine der politischen Richtungen zu übernehmen.[434]

Bemerkenswert ist jedoch, daß sich die miteinander streitenden Gruppen alle bemühten, sich auf Hitler zu beziehen oder ihn zu sich herüberzuziehen. Bar jeder politischen Machtstellung hatte Hitler eine Schlüsselstellung inne, die auf seinem Ansehen als »Mann der Tat« und erfolgreicher Propagandist und überzeugungstreuer Ideologe beruhte. Dieses Ansehen strahlte als Folge der Novemberereignisse und des Prozesses weit über Bayern hinaus bis in den norddeutschen Raum hinein. Als es im Januar 1925 zum Konflikt zwischen

Hitler und der »Deutsch-Völkischen Freiheitspartei« kam, wurde ihm vorgeworfen, er maße sich die Rolle eines »Papstes« an.[435] Der Begriff verdeutlicht, daß Hitlers Rolle bereits zu diesem Zeitpunkt von der politischen Machtsphäre her nicht mehr ausschließlich definiert werden kann, sondern ins Prinzipielle, ins Ideologisch-Mythische »abgehoben« war. Das hieß aber zugleich auch, daß sie auf eine Führer-Gefolgschaftsbeziehung im Sinn einer direkten Sozialbeziehung nicht mehr unbedingt angewiesen war. Es bildete sich vielmehr eine Gefolgschaftsstruktur geistig immaterialer Art heraus, in der funktionale Elemente mit ideologisch-mystischen verschmolzen. Dies schuf die Möglichkeit, an Hitler zu glauben, ohne ihn zu kennen.

Als Beispiel mag der spätere Gauleiter von Pommern, Walther von Corswant-Cuntzow, gelten können, der im Januar 1925 folgendes an einen Parteigenossen schrieb: Angesichts der Streitereien und Intrigen in der nationalsozialistischen Bewegung müsse man »mit diesem üblen ›Parlamentarismus‹ in [den] eigenen Reihen [...] Schluß machen. [...] Lieber schon, daß der eine Führer, zu dem man das meiste Zutrauen hat, versagt, als dieses Hin und Her der vielen, von denen ein jeder etwas anderes will. Ich glaube nun einmal an das Gottesgnadentum Hitlers, den ich persönlich nie gesehen habe, und glaube daran, daß Gott ihn erleuchten wird, jetzt aus diesem Chaos den richtigen Weg zu finden.«[436]

Bei seinem Wiedereintritt in die Politik – nach der Haftentlassung im Dezember 1924 – setzte Hitler zunächst ausschließlich auf seine charismatische Anziehungskraft. Er ignorierte alle bestehenden nationalsozialistisch-völkischen Organisationen, er nahm den Machtkampf nicht auf, sondern gründete die NSDAP neu. Dank seiner guten Kontakte zur bayerischen Politikerprominenz gelang es ihm bereits im Februar 1925, die Wiederzulassung der NSDAP in Bayern zu erreichen. Die anderen Reichsländer folgten dem bayerischen

222

Beispiel. Die Neugründung erfolgte auf höchst bezeichnende Art: Es wurden grundsätzlich für alle neue Parteibücher ausgegeben.

In den Richtlinien formulierte Hitler: »Die Mitgliedschaft der neuen Partei kann nur durch Neuaufnahme erfolgen. Aufnahmescheine werden von der Parteileitung hinausgegeben, Mitgliedsbücher ebenfalls von dieser zugestellt. Eine Übernahme bestehender Verbände in geschlossener Form findet nur dann statt, wenn sich in dem Wirkungsbereich des aufzunehmenden Verbandes keine Zersplitterung in verschiedene Gruppen vorfindet. Die geschlossene Übernahme solcher Verbände kann nur auf Grund einer ausdrücklichen Genehmigung des 1. Vorsitzenden der Partei erfolgen. Die Verhandlungen darüber sind mit ihm persönlich zu führen.«[437] Einzige Bedingung für die Aufnahme in die Partei war die Loyalität gegenüber dem Führer Adolf Hitler. »Ich bin nicht gewillt, mir Bedingungen vorschreiben zu lassen«, formulierte Hitler am 26. Februar 1925 im »Völkischen Beobachter«,[438] und offen und unumwunden bezeichnete er sich als »Führer der Bewegung«.[439]

Noch bevor Hitler die offizielle Zulassung der NSDAP erreicht hatte, gingen bereits Ergebenheitsadressen in München ein. Der Tenor erinnert ebenso wie der Vorgang selbst an mittelalterliche Lehnsvasallität: die »Gauleiter der früheren ›Nationalsozialistischen Freiheitsbewegung Großdeutschlands‹ von Westfalen, Rheinland-Nord, Rheinland-Süd, Hannover [und] Pommern«, so hieß es in einer solchen Ergebenheitsadresse vom 23. Februar 1925, »geloben erneut unerschütterliche Treue und Gefolgschaft ihrem Führer Adolf Hitler. Wir sehen im nationalen Sozialismus nach wie vor den einzigen Weg zur Befreiung des deutschen Arbeiters und damit zu Deutschlands Erneuerung und sind entschlossen und gewillt, auch künftig für diesen Gedanken unter unserem Führer Adolf Hitler in alter Gefolgstreue zu kämpfen.«[440]

Die »Sammlung« der Hitler-Gefolgschaft erfolgte reichsweit und etablierte die NSDAP von Anbeginn an als »Reichspartei«. Allerdings darf man sich vom Mitgliederzustrom keine übertriebenen Vorstellungen machen. Gemessen am Mitgliederbestand Anfang November 1923 – damals hatte die NSDAP 55 000 Mitglieder – waren die Neuanfänge 1925 mehr als bescheiden. Im April 1925 waren erst 521 neue Mitgliedsnummern ausgegeben worden, im März 1926 waren es 32 373, und erst im März 1927 überstieg die Ziffer der Mitgliedsnummern mit 57 477 die vom November 1923. In den folgenden beiden Jahren stieg die Ziffer der ausgegebenen Mitgliedsnummern nur mäßig an, auf 85 464 im März 1928 und auf 121 178 im März 1929.[441] Die Ziffer der ausgegebenen Mitgliedsnummern ist zudem mit der tatsächlichen Zahl der Mitglieder nicht identisch, weil sie die Parteiaustritte nicht berücksichtigt. Über andere Ziffern verfügen wir aber nicht.

Organisatorisch, programmatisch und in ihrer Sozialstruktur knüpfte die neue NSDAP nahtlos an die alte an. Die NSDAP wurde erneut nach dem Führerprinzip organisiert. Sie entstand als »Hitler-Bewegung«, und über Hitlers Position als Parteichef wurde nicht diskutiert, geschweige denn abgestimmt. Auch der Aufbau der regionalen Parteistrukturen erfolgte nach dem Führerprinzip: »Voraussetzung bei der Bildung größerer Unterverbände«, so hieß es in den Richtlinien, »ist immer: Erst der Führer, dann die Organisation, und nicht umgekehrt«.[442] Hitler schwebte dabei das Modell einer charismatischen Direktbeziehung zwischen Führer und Gefolgschaft vor: »Die beste Organisation ist nicht die, die zwischen der Leitung und den einzelnen Mitgliedern den größten Mittler-Apparat einschaltet, sondern diejenige, die diese Verbindung in kürzester Weise herstellt.«[443]

Programmatisch blieb ebenfalls alles beim alten. Das Parteiprogramm vom 24. Februar 1920 wurde völlig unverändert in Kraft gesetzt, und Hitler ließ in seinen ersten programmatischen Äußerungen keinen Zweifel daran aufkommen, wo der Schwerpunkt der Agitation liegen sollte: »Die gesamte Kraft der Bewegung ist auf den furchtbarsten Feind des deutschen Volkes anzusetzen: Judentum und Marxismus sowie die damit verbundenen oder diese unterstützenden Parteien, Zentrum und Demokratie.«[444] Der Stil der Gegnerbekämpfung wurde am Glaubenskrieg orientiert, als quasi-religiöse Aufgabe begriffen: »In einem Morast von Lüge, Dummheit und Feigheit«, so hieß es im Hitler-Aufruf vom 26. Februar 1925, »soll die alte Flagge, das Siegeszeichen unseres Hakenkreuzes, wieder emporreißen [sic], auf daß es, so wie einst das Kreuzeszeichen des Herrn zum Symbol unseres Glaubens wurde, zum Siegesbanner der größten Hoffnung wird, die wir alle hegen, der Freiheit unseres Volkes und Vaterlandes.«[445]

Auch der alte Glaubensinhalt wurde erneut verkündet, die manichäisch zugespitzte Weltsicht und der radikale rassistische Antisemitismus. In seiner ersten öffentlichen Rede, gehalten am 27. Februar 1925 im Bürgerbräukeller, die eine einzige Haßtirade war, wandte Hitler die Prinzipien der Propaganda, die er in »Mein Kampf« entwickelt hatte, sogleich an: die Zuspitzung des Kampfes auf nur einen Feind, der zum Prinzip des Bösen erhoben und dem der Kampf bis zur Vernichtung angekündigt wurde: »Glauben Sie mir, aus psychologischen Gründen ist es besonders bei einem Volk wie dem deutschen unbedingt notwendig, einen Feind zu zeigen und gegen einen Feind zu marschieren. Man kann auch mit einem Feinde, wenn nötig, mehrere meinen.« Es gelte der »Blutvergiftung« des deutschen Volkes ein Ende zu machen, andernfalls werde es »von seiner kulturellen Höhe sinken«; denn »alles, was wir heute an Schönem vor uns sehen, ist nur das Ergebnis des Ariers, seines Geistes und Fleißes, und nur das Schlechte ist das Erbgut des Hebräers«.[446]

Angesichts dieses Auftaktes verwundert es wenig, daß sich erneut dieselbe Klientel in der NSDAP zusammenfand wie vor

225

dem Putsch: »Die Partei blieb im großen und ganzen das, was sie in den unmittelbaren Nachkriegsjahren gewesen war: eine Interessen-Lobby für unzufriedene untere Mittelständler.«[447] Signifikante Veränderungen in der Mitgliederstruktur traten erst seit 1929 auf und sind in der zweiten Entwicklungsphase der NSDAP zu behandeln.

Die Tatsache, daß Hitler die NSDAP als charismatische Führerpartei konzipierte und sein Charisma zum Kristallisationspunkt für die Parteimitglieder wurde, heißt noch nicht, daß die NSDAP mit der Weberschen Kategorie der charismatischen Partei zutreffend und umfassend beschrieben werden kann. Da Hitler die Mitgliederwerbung in den Mittelpunkt rückte und zunächst scharf gegen eine Beteiligung der NSDAP an Wahlen und am parlamentarischen System polemisierte, hatte er sich mit den Führern der »Nationalsozialistischen Freiheitsbewegung Großdeutschlands« auseinanderzusetzen, die wesentliche Teile der früheren NSDAP-Mitglieder an sich gebunden hatte und das wichtigste Rekrutierungsreservoir für die neue NSDAP darstellte. Im Klartext hieß das: Er hatte sich mit den Führungsansprüchen Ludendorffs und Gregor Strassers auseinanderzusetzen. Im Falle Ludendorffs kamen Hitler zwei Glücksfälle entgegen – Ludendorffs Frau Mathilde und der Tod Friedrich Eberts am 28. Februar 1925.

Mathilde Ludendorff, die zweite Frau des Generals Erich Ludendorff, war eine antiklerikale Sektiererin mit vorwiegend antikatholischer Stoßrichtung, die für eine »deutsche Gotterkenntnis« eintrat. Da Ludendorff sich von seiner Frau beeinflussen ließ, war es ein leichtes, ihn zu isolieren und zu diskreditieren. Zudem konnte Hitler ihn dazu überreden, bei den Reichspräsidentenwahlen am 29. März 1925 zu kandidieren. Er erreichte 1,06 Prozent der abgegebenen Stimmen und war nach diesem Desaster politisch ein toter Mann.

Den begabten Organisator und begabten Redner Gregor Strasser[448], der in Norddeutschland über großen Einfluß ver-

226

fügte, versuchte Hitler hingegen für die NSDAP zu gewinnen. Er beauftragte ihn damit, den Aufbau der NSDAP in Norddeutschland zu übernehmen, was dieser akzeptierte. Gregor Strasser, der Mitglied des Reichstages war, gelang es, eine Reihe begabter Organisatoren um sich zu scharen, darunter Joseph Goebbels, Karl Kaufmann und Otto Strasser, seinen Bruder, und sich eine eigenständige Machtbasis in Norddeutschland aufzubauen. Da Gregor Strasser einen mehr bürokratischen Aufbau der Parteiorganisation favorisierte, kam es organisatorisch zu einer Zweiteilung der NSDAP. Während Hitler die NSDAP in Süddeutschland nach dem Prinzip der charismatischen Partei aufbaute und alle Fäden in der Münchner Parteizentrale, die Philipp Bouhler leitete, zusammenliefen, schuf Strasser im Norden im Herbst 1925 mit der »Arbeitsgemeinschaft der nord- und westdeutschen Gauleiter der NSDAP« ein eigenes Gravitationszentrum, das sich wenig um die Münchner Zentrale kümmerte und sich damit begnügte, Hitlers Führer-Rolle in einem sehr allgemeinen Sinn zu akzeptieren, ohne praktische Konsequenzen daraus zu ziehen. Man kann sagen: Strasser strebte – in Webers Kategorien – eine moderne Massenpartei bürokratisch-rationaler Struktur an, eine Partei-Maschine, in der Hitlers Charisma auf seine propagandistisch-politischen Wirkungen beschränkt werden sollte und in der die charismatischen Strukturen ebenso wie die charismatische Programmatik zurückgedrängt werden sollten.

In Nord- und Westdeutschland stand die NSDAP in scharfer Konkurrenz zur SPD und zur KPD. Georg Strasser zog daraus die Konsequenz, daß die NSDAP einen ebenso straffen bürokratischen Apparat benötige wie diese Parteien und zur sozialen Frage inhaltlich Stellung beziehen müsse, wenn sie Arbeiter für sich gewinnen wolle. Die norddeutsche Partei bezog daher eine rechtssozialistisch-antikapitalistische Position, die sich mehr an den Gedanken des Nationalbolschewisten Ernst Niekisch orientierte als an dem Radau-Antisemitismus, mit dem Hitler im süddeutschen Raum operierte. Konsequenterweise löste man sich daher im Norden auch von dem in antisemitischen Traditionen verhafteten »Völkischen Beobachter« und der Pressemacht des von Max Amann geleiteten Franz-Eher-Verlages und gründete einen eigenen Verlag, den Kampf-Verlag, der bald sieben von insgesamt 17 nationalsozialistischen Parteizeitungen kontrollierte, darunter die »Nationalsozialistischen Briefe«, die Joseph Goebbels redigierte.

Der Konflikt zwischen den beiden Parteiflügeln erhielt nicht zuletzt dadurch ein erhebliches Gewicht, daß Strasser Ende 1925/Anfang 1926 den Entwurf eines neuen Parteiprogramms mit der Absicht »kursieren ließ«, das für unabänderlich erklärte Programm von 1920 zu präzisieren.[449] Der Entwurf entwickelte im Unterschied zum geltenden Parteiprogramm ein umfassendes Politikkonzept. Außenpolitisch suchte der Entwurf den Anschluß an die Pan-Europa-Idee Coudenhove-Kalergis und das Mitteleuropa-Konzept Friedrich Naumanns: Das Großdeutsche Reich sollte das Zentrum eines Mitteleuropäischen Zollvereins und »Schwergewicht für die Vereinigten Staaten von Europa« werden. In bezug auf Rußland wollte man an die preußische Tradition einer deutsch-russischen Entente anknüpfen, an der sich ja auch die Rapallo-Politik der Weimarer Republik orientiert hatte. Innenpolitisch strebte Strasser eine »Gewaltenteilung zwischen Unitarismus und Föderalismus« an. Der Parlamentarismus sollte zugunsten eines »organisatorisch aufgebauten Ständesystems« aufgegeben werden, was nach einer Anlehnung an die Ideen Othmar Spanns aussah.

Wirtschafts- und sozialpolitisch strebte man eine ausgewogene Beziehung zwischen Gemeinnutz und Eigennutz an, was eng an die bisherige Phraseologie der Nationalsozialisten anschloß. In der Landwirtschaft wollte man das Besitzrecht zu-

228

gunsten des »Erblehens« abschaffen, und für die Industrie sah man die »weitgehende Überführung der Produktionsmittel in den Besitz der Allgemeinheit« vor. Allerdings sollte ebenso wie in der Landwirtschaft auch in der Industrie das »privatwirtschaftliche Betriebssystem« erhalten bleiben – »unter Schonung des Besitzergefühls«, wie es hieß.

Bemerkenswerterweise verzichtete das Strasser-Programm sowohl auf antisemitische Forderungen als auch auf imperialistische Zielsetzungen. Es hatte vielmehr einen philanthropischen Grundzug und unterschied sich insbesondere auch hierdurch fundamental von »Mein Kampf«. Der Horizont des Programmentwurfs macht die strategischen Absichten Strassers deutlich. Er zielte in zwei Richtungen: Einerseits wollte er die konservative Klientel der »Deutsch-Nationalen Volkspartei« ansprechen und andererseits in der Landwirtschaft und bei der Industriearbeiterschaft Zugewinne erzielen. Nach Auffassung der Strasser-Gruppe war dies allein mit antisemitischen Parolen nicht zu erreichen: »Der ungeheure Umfang, den unsere Polemik zum Antisemitismus einnimmt«, hieß es hierzu in den »Nationalsozialistischen Briefen« am 15. April 1926, »hat es bisher verhindert, die Fülle der grundlegend wichtigen Fragen, mit denen sich jede politische Bewegung auseinandersetzen muß, gebührend in Angriff zu nehmen.« Es sei daher »dringend notwendig, mehr wie bisher die Einzelgebiete der Gesamtpolitik zu behandeln, damit die Angehörigen der einzelnen Berufsstände wissen, was sie von uns zu halten haben. Sicherlich ist unsere bisherige Propagandatechnik nicht ohne Schuld daran, daß in breiten Massen der Bevölkerung, die ohne Zweifel für uns gewonnen werden könnten, die Anschauung vorherrscht, daß wir nur Antisemiten seien, aber in der positiven Aufbauarbeit zu wenig leisten.«[450]

Strasser ging es bei all dem nicht darum, Hitler herauszufordern. Auch begriff er sehr wohl, daß die Nationalsozialisten in Süddeutschland anders agieren mußten als in Norddeutschland. Vielmehr schwebte ihm eine Kombination von völkischem und sozialistischem Nationalsozialismus vor, um auf diese Weise Freiräume für eine Präzisierung des Sachprogramms zu erreichen, mit dessen Hilfe eine genauere Zielgruppenansprache möglich werden sollte.[451] Hitler reagierte auf diese Herausforderung mit der Einberufung einer Führertagung nach Bamberg zum 14. Februar 1926. Einen zusätzlichen Grund hierfür hatte das Volksbegehren in der Frage der Fürstenenteignung geliefert: Während die Strasser-Gruppe zusammen mit der KPD und der SPD, die einen Volksentscheid über diese Frage initiiert hatten, für die Enteignung agitieren wollte, war Hitler dagegen.

Den Ablauf der Bamberger Führer-Tagung hielt Goebbels in Stichworten in seinem Tagebuch fest: »Hitler redet, 2 Stunden. Ich bin wie geschlagen. Welch ein Hitler? Ein Reaktionär? Fabelhaft ungeschickt und unsicher. Russische Frage: vollkommen daneben. Italien und England naturgegebene Bundesgenossen. Grauenhaft! Unsere Aufgabe ist die Zertrümmerung des Bolschewismus. Bolschewismus ist jüdische Mache! Wir müssen Rußland beerben! 180 Millionen!!! Fürstenabfindung! Recht muß Recht bleiben. Auch den Fürsten. Frage des Privateigentums nicht erschüttern! [sic] Grauenvoll! Programm genügt! Zufrieden damit. Feder nickt. Ley nickt. Streicher nickt. Esser nickt. Es tut mir in der Seele weh, wenn ich Dich in der Gesellschaft seh!!! Kurze Diskussion. Strasser spricht. Stockend, zitternd, ungeschickt, der gute, ehrliche Strasser, ach Gott, wie wenig sind wir diesen Schweinen da unten gewachsen! […] Ich kann kein Wort sagen! Ich bin wie vor den Kopf geschlagen. […] Wohl eine der größten Enttäuschungen meines Lebens. Ich glaube nicht mehr restlos an Hitler. Das ist das Furchtbare: mir ist der innere Halt genommen. Ich bin nur noch halb. […] Das Resultat: Wir sind Sozialisten. Wir wollen es nicht umsonst gewesen sein!«[452]

230

Die Tagebucheintragung ist in mehrfacher Hinsicht bemerkenswert. Sie gibt Inhalt und Tenor der Hitlerrede zutreffend wieder[453] und zeigt, daß sich Hitler auf der Bamberger Tagung[454] kritisch mit dem Konzept und den Positionen der Strasser-Gruppe auseinandersetzte. Sie zeigt zugleich die Kluft zwischen den beiden regionalen Parteigruppierungen, die nicht nur in sachlichen Differenzen wurzelte, sondern auch auf persönlichen Animositäten beruhte. Sie zeigt zudem, daß Goebbels, der später zu einem der gläubigsten Hitler-Anhänger wurde, Hitlers Charisma zu diesem Zeitpunkt nicht für sehr beeindruckend hält. Mehr als einen höchst allgemeinen Hitler-Glauben hatte er nach Bamberg offenbar nicht mitgebracht und der wurde nun – durch sachliche Differenzen – erschüttert. Allerdings deutet sich der Konflikt zwischen der Faszination, die Hitler ausübte, und dem eigenen Standpunkt (»Wir sind Sozialisten ...«) bei Goebbels bereits an. Auf der Bamberger Tagung siegte aber zunächst der Sachstandpunkt, allerdings irritieren die psychisch-seelischen Rückwirkungen, die Goebbels in diesem Zusammenhang bei sich feststellt.

Entgegen dem Eindruck, den der »Völkische Beobachter« hervorzurufen suchte, man habe sich in Bamberg im Sinne Hitlers geeinigt[455], war die Strasser-Gruppe offenbar nicht dieser Auffassung und meinte, daß noch Einigungsbedarf bestehe. Folgt man den Aufzeichnungen von Joseph Goebbels, so beschloß man in der Gruppe, eine Delegation nach München zu entsenden, die Hitler auf ihre Seite ziehen und den Konflikt auf diese Weise aus der Welt schaffen sollte: »Kaufmann, Strasser und ich gehen zu Hitler, um eindringlichst mit ihm zu reden. Er darf sich von den Lumpen unten nicht binden lassen.«[456]

Es ist für den Führungsstil Hitlers, aber auch für die Geschichte der Organisationsstruktur der NSDAP interessant zu sehen, wie Hitler mit dem Konflikt umging. Er wandte seinen ganzen persönlichen Charme auf und versuchte, die Strasser-

Gruppe persönlich an sich zu binden und organisatorisch fester in die Parteileitung einzubeziehen. Opfer seines Charmes und seiner wohlinszenierten Überredungskunst wurde Joseph Goebbels. Die Tagebuchnotizen machen den Vorgang, der in der Biographie von Goebbels das »Damaskus-Erlebnis« schlechthin darstellt, gut nachvollziehbar: »13. April 1926. [...] Abends Ankunft in München, Hitlers Auto da. Zum Hotel. Welch ein nobler Empfang! [...] Hitler hat angerufen. Will uns begrüßen. [...] In einer Viertelstunde ist er da. Groß, gesund, voll Leben. Ich hab ihn gern. Er ist beschämend gut zu uns. [...] Er stellt uns für den Nachmittag sein Auto. Nach Starnberg. Im sausenden 100-klm-Tempo. Bei leuchtendem Sonnenschein. Der See. [...] Abends 8 h im Auto zum Bürgerbräu. Hitler ist schon da. Mir klopft das Herz zum Zerspringen. In den Saal. Tobende Begrüßung. Mann an Mann. Kopf an Kopf. Streicher eröffnet. Und dann rede ich 2 1/2 Stunden. Ich gebe alles. Man tobt, man lärmt. Am Schluß umarmt mich Hitler. Die Tränen stehen i[h]m in den Augen. Ich bin so etwas wie glücklich. Durch die gestauten Massen zum Auto. Rufe, Heil, ab. Hitler wartet allein im Hotel auf mich. Dann essen wir zusammen zu Nacht. Er ist der Gastgeber. Und wie groß ist er auch dabei! Heß kommt. Wir warten draußen auf das Auto. Da kommen Kaufmann, Pfeffer, Lukas. Zum Reichsadler. Konzert! Hitler ist immer bei mir.«[457]

Am nächsten Tag, vormittags, werden dann die Konfliktfragen bei Hitler behandelt: »Der Meister kommt. Hinein in sein Zimmer. Kaufmann wird gerüffelt. [...] Und dann ein ganzes Sammelsurium von Anklagen. Nobel und nett vorgebracht. Hitler ist auch da ein Kerl. Dr. Ley und Bauschen haben intrigiert. Strasser und ich kommen übel weg. Jedes unbedachte Wort wird aufgewärmt. Herrgott, diese Schweine! [...] alles kommt aufs Tapet. Am Schluß folgt die Einigkeit. Hitler ist groß. Er gibt uns allen herzlich die Hand. Schwamm drüber!«[458]

232

Am Nachmittag erscheint der »Völkische Beobachter« und Goebbels liest den Bericht über seine Rede am Vorabend: »Mein Versammlungsbericht. Glänzend. Ich freue mich sehr.« Anschließend, am Nachmittag, wird dann erneut über das Programm geredet. Hitler hält eine dreistündige Rede und argumentiert wie in »Mein Kampf«. Es kommt zu Meinungsverschiedenheiten: »Wir kommen aneinander. Wir fragen. Er antwortet glänzend. Ich liebe ihn. Soziale Frage. Ganz neue Einblicke. Er hat alles durchdacht. [...] Ich bin bei ihm in allem beruhigt. Er ist ein Mann, nehmt alles nur in allem.[459] So ein Brausekopf kann mein Führer sein. Ich beuge mich dem Größeren, dem politischen Genie! Herzlicher Abschied. Wir bekommen alle drei eine feste Bestätigung.«[460]

Die letzte Bemerkung weist darauf hin, daß die Strasser-Gruppe nicht mit leeren Händen aus München abreiste. Hitler berief Gregor Strasser in die Parteileitung und übertrug ihm die Aufgabe, die Propaganda zu koordinieren. Franz Pfeffer von Salomon wurde zum Chef der SA ernannt und Goebbels wurde Gauleiter von Berlin. In der Sache setzte sich Hitler durch. Das Programm der NSDAP vom 24. Februar 1920 wurde erneut für unabänderlich[461] erklärt, und Gottfried Feder, der auf der Seite Hitlers gestanden hatte und einer der Inspiratoren des 25-Punkte-Programms gewesen war, wurde ausdrücklich als für alle Programmfragen zuständig erklärt. Damit war klar, daß es ein spezifiziertes Zielgruppenprogramm vorerst nicht geben würde. Der Sieg Hitlers über die Strasser-Gruppe festigte seine politisch-ideologische Führungsrolle in der NSDAP, seine charismatische Führerrolle war ja selbst auf dem Höhepunkt des Konflikts von niemandem angefochten worden. Goebbels, der von einem Saulus zum Paulus geworden war, wurde nun zum eifrigsten Promotor des Führerkultes.

Die charismatische Führerpartei war gleichwohl in der ersten Entwicklungsphase bis 1928/29 noch keine konsequent

233

diktatorische Partei. Zwar wurden »alle hohen Parteiführer, einschließlich der Gauleiter«, von Hitler persönlich ernannt[462], aber das Vereinsrecht zwang die NSDAP formal zur Wahl des Vorsitzenden in der Mitgliederversammlung (§6), und die Satzung des Vereins räumte der Mitgliederversammlung das Recht ein, den Parteichef »zur Verantwortung zu ziehen, bzw. eine Neuwahl vorzunehmen« (§8), wenn er Parteiprogramm oder Satzung mißachtete. Diese vereinsrechtlichen Bestimmungen verloren erst 1935 ihre Gültigkeit, und zwar mit der Löschung des Vereins aus dem Vereinsregister beim Amtsgericht München.[463] Die diktatorische Gewalt, die Hitler ausübte, war zudem asymmetrisch. Vollständig kontrollieren konnte er nur die bayerische NSDAP und die Ortsgruppe München. Da der Sitz der Partei in München war und Hitler das Amt des Parteichefs und des Chefs der Landes- und Ortsgruppe Bayern/München in Personalunion innehatte, wurde die Münchener Clique zur maßgebenden Gruppe in der Partei. Dadurch entstanden erhebliche Reibungsverluste, zumal sich gegen die Münchener »Sauwirtschaft« in anderen Gebieten der Reichs-NSDAP immer wieder Protest erhob – ein Protest, von dem Hitler allerdings ausgenommen wurde.

Nicht ganz diktatorisch ging es auch auf der unteren Parteiebene zu. Bis zu einem gewissen Grade war Hitler hieran selbst schuld; denn in »Mein Kampf« hatte er sich ja zum Prinzip der »germanischen Demokratie« bekannt. In vielen Gauen wurden die unteren Parteiführer daher gewählt und nicht ernannt, wie es das Führerprinzip eigentlich vorgesehen hätte. »Es dauerte bis 1930, ehe die Gauleiter ihre Befehlsgewalt gegenüber den ihnen unterstellten Ortsgruppen tatsächlich durchsetzen konnten. Hitler trug dem Rechnung, indem er in der dritten Auflage von ›Mein Kampf‹ das angeblich germanische Wahlprinzip ersetzte durch den Grundsatz ›Immer wird der Führer von oben eingesetzt‹.«[464]

Mit diesen Einschränkungen kann man die NSDAP in

234

den Jahren 1926 bis 1930 als eine diktatorisch regierte, nach dem vertikalen Führerprinzip hierarchisch organisierte, charismatische Partei bezeichnen. Angesichts der geringen Mitgliederzahl, die bis zum März 1929 die Ziffer 100 000 nicht wesentlich überschritt, wird man sie zudem als Kaderpartei bezeichnen dürfen, wobei unterstellt werden kann, daß nahezu jeder Kader, der sich in einer leitenden Position befand, Hitler persönlich kannte und rituell auf die unbedingte Treue zum Führer eingeschworen war. Allerdings gab es in dieser Partei bereits erhebliche Bürokratisierungstendenzen. Die Bürokratisierung wurde nicht zuletzt durch Gregor Strasser vorangetrieben, den Hitler mit der Leitung des Propagandaapparats der NSDAP beauftragt hatte, und durch seinen Stellvertreter Heinrich Himmler. Beide bauten einen straffen vertikal strukturierten Apparat auf und unterstellten die Amtsträger in den Gau- und Ortsgruppenleitungen direkt der zentralen Propagandaleitung in München. Dies war nicht zuletzt die Konsequenz des strikten ideologisch-programmatischen Führungsanspruchs Hitlers. Er führte dazu, daß das gesamte schriftlich verteilte Propagandamaterial von München aus versandt wurde. Auf diese Weise ließ sich gewährleisten, daß die in München ausgegebenen Parolen und Sprachregelungen überall befolgt wurden. Die Rednerschulung tat ein übriges, um dies sicherzustellen.

Fragt man unabhängig von den Begriffen der charismatischen und der bürokratischen Strukturelemente der NSDAP nach der Macht Hitlers, so ist auf eine Reihe signifikanter, zum Teil auch merkwürdiger Einschränkungen aufmerksam zu machen. So gelang es der Münchener Parteizentrale, Hitlers Ernennungsbefugnis auf der Gauleiter-Ebene erst in einem allmählichen Prozeß, der bis etwa 1929/30 andauerte, durchzusetzen. Ebenso lange dauerte es, das Prinzip der Ernennung auch an der Basis der Partei fest zu etablieren. Das in der Satzung vom 22. Mai 1926 erneut festgeschriebene

Prinzip, daß der Ortsgruppenleiter als »Führer« ebenso wie der Gauleiter charismatische Qualitäten haben sollte, führte angesichts der regionalen Ausdehnung der Partei anfänglich zu einer Art von Führerpolykratie. Die Partei wuchs aus einzelnen, konzentrisch um eine Vielzahl von Führern versammelten Cliquen zusammen, die Hitler oft nur nominell anerkannten und personale Sozialbeziehungen nur zu ihrem jeweiligen Führer besaßen.

Ablesen kann man dies u. a. an den in der Partei üblichen Grußformeln. Seit 1926 grüßte man in der NSDAP mit dem erhobenen rechten Arm[465] und mit »Heil«. Noch auf dem Parteitag der NSDAP im Jahre 1929 in Nürnberg beobachtete Otto Wagener, daß die SA-Leute den Stellvertreter des obersten SA-Führers Schneidhuber – zuständig für Süddeutschland – mit »Heil Schneidhuber!« begrüßten.[466] Gauleiter Robert Wagner dagegen beendete seine Rede vor denselben SA-Leuten mit dem doppelten Gruß: »Heil unserem Führer! Heil Deutschland!«[467] Dies zeigt die Trennung der Immediatstrukturen sehr deutlich. Die Gauleiter waren personell auf Hitler fixiert, die einfachen Partei-Mitglieder und SA-Leute jedoch auf ihre jeweiligen Führer. Diese Struktur hat sich erst allmählich gewandelt, wobei den Rundreisen Hitlers und den rituellen Rundgängen (Handschlag, Augenfixierung) sowie den großen Massenritualen eine entscheidende Bedeutung zukommt. Erst allmählich stellte sich in der NSDAP eine in die Breite gehende immediate Führer-Gefolgschaftsstruktur im Sinne einer charismatischen Sozialbeziehung zwischen Hitler und den einfachen Führern und Mitgliedern der Partei her. Erst seit 1929/30 drang der Gruß »Heil Hitler«, den bezeichnenderweise Goebbels in Berlin erstmals zur Pflicht machte[468], in der Partei in breiterem Umfang durch. Erst etwa 1930 kann die NSDAP daher als diktatorisch regierte, nach dem vertikalen Führerprinzip hierarchisch organisierte, charismatische Führer- und Kaderpartei bezeichnet werden. Zu diesem Zeitpunkt befand sie sich aber bereits im vollen Wandel zu einer Massenpartei, das heißt, die gerade eben erreichte Struktur wandelte sich erneut.

Eine zweite Tendenz zur Beeinträchtigung der Macht Hitlers ging in den Jahren 1925 bis 1928/29 von der partiellen Bürokratisierung und Professionalisierung aus. Ihr Motor war Gregor Strasser, dem Hitler im November 1926 die Leitung des Propagandaapparats der NSDAP übertragen hatte. Strasser kapitulierte 1926 nur partiell. Er akzeptierte Hitlers Konzept der Glaubensgemeinschaft als Propagandakonzept, organisierte diese Propaganda aber bürokratisch. Er ließ Form und Inhalt auseinandertreten. Ganz kompromißlos unterwarf er sich dem charismatischen Glaubensprinzip und akzeptierte es als Strukturprinzip der NSDAP und als Axiom der Propaganda. »Die innerliche Hingabe an die Idee des Nationalsozialismus, der glühende Glaube an die sieghafte Kraft dieser Befreiungs-, dieser Erlösungslehre«, so formulierte Strasser am 9. Januar 1927, »verbindet sich mit einer tiefen Liebe zu der Person unseres Führers, der der leuchtende Herzog ist der neuen Freiheitskämpfer. Dies auch ist die ungeheure Überlegenheit, die die N.S.D.A.P als Kampfinstrument gegenüber allen anderen Formationen hat, [...] daß wir den überragenden Führer haben, der nicht nur die oberste Befehlsgewalt inne hat, sondern als viel stärkere Bindemacht die Liebe seiner Gefolgsmannen. Herzog – und Gefolgsmann! In diesem urdeutschen, nur dem deutschen Wesen und dem deutschen Geist ganz verständlichen, ebenso aristokratischen wie demokratischen Verhältnis von Führer zu Gefährten liegt die Wesenheit des Aufbaues der N.S.D.A.P. beschlossen, liegt die Durchschlagskraft dieser Kampfmacht begründet und das Wissen um den Sieg!«[469]

Nicht zuletzt um diesem Prinzip zum Durchbruch zu verhelfen, baute Gregor Strasser zusammen mit seinem Stellvertreter Heinrich Himmler den Propagandaapparat der

NSDAP bürokratisch-hierarchisch auf und löste ihn aus der Führerstruktur der NSDAP heraus, indem er sich die Propagandafunktionäre in den Gau- und Ortsgruppenleitungen direkt unterstellte. Da auch der Finanzapparat der NSDAP eine ähnliche, zentralistische Struktur besaß, der in der Partei allerdings mit größeren Durchsetzungsschwierigkeiten zu kämpfen hatte,[470] beruhte ein wesentlicher Teil der Schlagkraft der NSDAP auf bürokratisch-rationalen Strukturen, auf die Hitler keinen unmittelbaren Zugriff hatte. Dies paßt zur Ambivalenz des Führer-Mythos, der einerseits Realität war, andererseits aber nur durch ständige Inszenierung zum durchgängigen Prinzip werden konnte. Anders formuliert: In einer legal-bürokratischen Umwelt-Struktur bedurfte auch das Charisma bürokratisch-rationaler Strukturen zu seiner umfassenden Implementierung.

Die Organisationsstruktur der NSDAP änderte sich 1929/30 ganz erheblich. Eine wesentliche Rolle für diese Veränderungen scheinen die Reichstagswahlen im Mai 1928 gespielt zu haben, bei denen die NSDAP 2,6 Prozent der abgegebenen Stimmen erhielt. Gemessen an den Wahlergebnissen, die der »Völkische Block« bei den beiden Reichstagswahlen im Mai und im Dezember 1924 erhalten hatte (6,5 bzw. 3 Prozent), war dieses Ergebnis auf den ersten Blick ein Desaster.[471] Gut zwei Jahre später, bei den Reichstagswahlen im September 1930, erreichte die NSDAP 18,3 Prozent der abgegebenen Stimmen. Sie wurde hinter der SPD zur zweitstärksten Partei. Und erneut zwei Jahre später, am 31. Juli 1932, stieg die NSDAP mit 37,4 Prozent der abgegebenen Stimmen zur stärksten Partei auf. Obgleich sie in den wenige Monate später, am 6. November 1932 abgehaltenen Reichstagswahlen 4,3 Prozent der abgegebenen Stimmen einbüßte, blieb sie mit 33,1 Prozent der Stimmen die stärkste Partei.[472]

Natürlich kann man es sich leichtmachen und den Anstieg der Wähler der NSDAP auf die Weltwirtschaftskrise zurück-

238

führen. Doch selbst dann, wenn man dies tut, bleibt die Frage bestehen, warum die NSDAP von der Krise in so hohem Maße profitieren konnte. Neben der NSDAP konnte nur noch die KPD zwischen 1928 und 1932 erhebliche Zugewinne verbuchen. Ihr Stimmenanteil stieg von 10,6 auf 16,5 Prozent (November 1932) an. Doch im Unterschied zu den Gewinnen der NSDAP verblieben die Erfolge der KPD im üblichen Bereich von Wählerverschiebungen.[473] Gab es, so könnten Historiker fragen, organisatorische und programmatische Voraussetzungen für diesen Zuwachs? Gab es Zusammenhänge zwischen dem Erscheinungsbild der NSDAP in den Jahren seit 1925/26 und diesen Ergebnissen? Haben wir es hier gar mit einem Erfolg von Hitlers Charisma zu tun, wie Ian Kershaw in seiner Hitler-Biographie gemeint hat?[474]

Einen ersten Befund liefert die Wahlanalyse. Danach war der Wählereinzugsbereich der NSDAP bereits 1930 breit gefächert. Das größte Kontingent stammte aus der allgemeinen Wählermobilisierung und aus Verlusten der DNVP. Die Wahlbeteiligung stieg von 75,6 Prozent 1928 auf 82,0 Prozent 1930, und die Verluste der DNVP beliefen sich zwischen 1928 und 1930 auf 7,2 Prozent. Von diesen Potentialen hat die NSDAP überproportional profitiert. Daneben profitierte die NSDAP überproportional von den Verlusten der liberalen Mittelparteien, insbesondere der DVP, deren Stimmenanteil von 8,7 Prozent 1928 auf 4,7 Prozent 1930 zurückging. Die Wahlen von 1932 zeigen ein etwas anderes Bild, erweitern jedoch die Breite des Einzugsbereichs der NSDAP-Wähler erneut. Nun löste sich der Anteil der Splitterparteien, die 1928 und 1930 noch 14 Prozent der Wähler auf sich gezogen hatten, nahezu vollständig auf. Sie erzielten im Juli 1932 nur noch 2 Prozent. Jürgen Falter schätzt, daß 30 Prozent der Zugewinne der NSDAP in den Juli-Wahlen 1932 von den Splitterparteien stammten. Weitere 15 Prozent der Zugewinne stammten von der SPD, und zwischen 10 und 13 Prozent der NSDAP-

Zugewinne waren Wechselwähler von den Deutschnationalen und den Liberalen.[475]

Als relativ stabil erwiesen sich dagegen die Wähleranteile des Zentrums und der BVP sowie der KPD, was den Schluß zuläßt, daß sowohl die katholischen als auch die kommunistisch geprägten Milieus dem Nationalsozialismus gegenüber relativ resistent blieben. Demgegenüber erzielte die NSDAP große Erfolge in den evangelisch-bürgerlichen Sozialmilieus Norddeutschlands. Insgesamt läßt das Wählerspektrum der NSDAP in den Jahren 1930 und 1932 die Charakterisierung als »Volkspartei des Protestes«[476] zu. Faßt man alte und neue Mittelschicht zusammen, so entstammten 60 Prozent der NSDAP-Wähler der Mittelschicht und 40 Prozent der Arbeiterschaft. Falter bezeichnet die NSDAP daher auch als »Volkspartei mit Mittelstandsbauch«.[477]

Eine direkte Korrelation zwischen dem Anstieg der Arbeitslosigkeit und den Wahlerfolgen der NSDAP bestätigt die Wahlanalyse nicht: »In Kreisen und Gemeinden mit hoher Arbeitslosigkeit schnitt die NSDAP insgesamt schlechter ab als in Gebieten mit geringerer Arbeitslosigkeit. Arbeitslose wählten weit überdurchschnittlich den Extremismus der Linken, nicht den der Rechten oder der Mitte als Instrument ihres politischen Protestes.«[478] Die Zusammenhänge zwischen den Wahlerfolgen der NSDAP und dem Krisenverlauf sind daher nur indirekt herzustellen. Offenbar verloren breite Schichten der Bevölkerung ihr Vertrauen in die Problemlösungskapazität der regierenden Parteien und wählten die NSDAP aus Protest oder weil sie der NSDAP eine größere Problemlösungskapazität zutrauten.

Ein etwas anderes Ergebnis erhält man allerdings, wenn man die Indikatoren für die Krise erweitert. So trat die Agrarkrise früher in Erscheinung als die Krise des Bankensystems und der industriellen Produktion. Auch im gewerblichen Mittelstand kriselte es bereits vor 1929/30. In beiden Bereichen kam es zu steigender Verschuldung. Die Wahlanalyse zeigt für die Jahre 1930 und 1932 ein überproportional leicht besseres Abschneiden der NSDAP in Gebieten mit einer höheren landwirtschaftlichen oder gewerblichen Verschuldung.[479] Zu diesem Befund könnte auch ein anderer Befund passen. Bezieht man nicht nur die Reichstagswahlergebnisse, sondern auch die Ergebnisse der Landtags- und Kommunalwahlen vor 1930 in die Betrachtung ein, so zeigt sich, daß sich der Überraschungserfolg von 1930 in eine Trendlinie einfügt, die sich vorher schon andeutete.

So wuchs der Stimmenanteil der NSDAP »in Mecklenburg-Schwerin von 1926 bis 1929 von 1,7 Prozent auf 4,1 Prozent, in Baden zwischen 1925 und 1929 von 1,4 auf 7 Prozent und in Thüringen zwischen 1927 und 1929 von ca. 1,6 auf 11,3 Prozent. In Sachsen gelang es der NSDAP sogar, ihren Stimmenanteil zwischen Mai 1929 und Juni 1930 beinahe zu verdreifachen.«[480] Es gab also nicht nur eine Krise vor der Krise, sondern auch einen Wahlerfolg der NSDAP vor dem Überraschungserfolg vom September 1930. Sucht man nach einem Anfangsdatum für die Wahlerfolge der NSDAP, so liegt es offenbar nicht im Jahre 1930, sondern deutlich zurück. Das Jahr 1928, das heißt, das Jahr der für die NSDAP desaströsen Reichstagswahl vom Mai, könnte ein solches Anfangsdatum sein.

Fragen wir zuerst nach den Konsequenzen, die die NSDAP aus den Wahlen zog. Eine genaue Evaluation der Wahlergebnisse sucht man vergebens. Hitler wertete den Wahlausgang in seinem Rechenschaftsbericht, den er vor der Generalmitgliederversammlung am 31. August 1928 gab, positiv: Es sei der NSDAP gelungen, zehnmal so viele Wähler auf sich zu ziehen, wie sie Mitglieder habe. Das stimmte ziemlich genau. Die NSDAP zog im Mai 1928 810 127 Stimmen auf sich und besaß zu diesem Zeitpunkt etwa 80 000 Mitglieder (Hitler gab 85 000 an).[481] Zudem sei es der NSDAP gelungen, die völki-

241

sche Konkurrenz völlig zu marginalisieren. Dabei bezog er sich auf München, wo die NSDAP 10,7 Prozent der Stimmen erreichte, während der »Völkisch-Nationale Block« auf 0,2 Prozent der Stimmen kam.[482] Im übrigen meinte er, daß die NSDAP, die 1928 über 1200 Ortsgruppen verfügte, sich organisatorisch konsolidiert habe, wobei er auf »das langsame Vordringen des Führerprinzips« besonders verwies.[483] Positiv vermerkte er auch, daß die NSDAP nun über eine kleine Reichstagsfraktion verfüge, die eine konsequente »Opposition« betreibe. Tatsächlich hatte sich die Reichstagsfraktion der NSDAP von drei Abgeordneten (Dezember 1924 gewählt) auf zwölf Abgeordnete erhöht. Schließlich erwähnte Hitler noch, daß sich als »Ergänzung der nationalsozialistischen Bewegung« die Frauenorganisation neu konstituiert habe, und zwar als »Deutscher Frauenorden Rotes Hakenkreuz«, ohne daß Hitler hieraus generelle organisatorische Schlußfolgerungen ableitete.[484]

Etwas deutlicher wurde Gregor Strasser, der im Januar 1928 die Organisationsabteilung der NSDAP übernommen hatte. Nachdem das deutsche Volk auf den Nationalsozialismus aufmerksam geworden sei, komme es nun darauf an, die Organisation zu stärken, die Methode der Propaganda zu überprüfen und zu verbessern sowie die »geistige Schulung« zu intensivieren.[485] Heinrich Himmler legte hierfür im Dezember 1928 ein Konzept vor. Die NSDAP solle eine Konzentration ihrer Propagandaaktionen vornehmen und »70 bis 200 Versammlungen in einem Gau im Zeitraum von 7–10 Tagen« durchführen. Von dieser »zeitliche[n] [und räumlichen] Anhäufung« versprach sich Himmler eine größere Presse-Aufmerksamkeit, und auch die Bevölkerung werde besser auf die NSDAP aufmerksam als durch zeitlich und örtlich gestreute Veranstaltungen. Sowohl die SA als auch die Hitler-Jugend seien in diese Schwerpunkt-Kampagnen einzubeziehen.[486] Die Propaganda-Woche sei mit Versammlungen

242

einzuleiten, denen ein Werbe-Abend der SA, der HJ und ein Werbe-Tag für die Presse zu folgen habe. Es seien in großem Umfang Werbeplakate, Flugblätter, Broschüren und Zeitungen zu verteilen, und eines der zwei bis drei einzusetzenden Autos müsse als »fahrender Bücherstand« eingerichtet sein. Damit die NSDAP solchen Kampagnen gewachsen war, wurde im Juni 1928 die erwähnte Redner-Schule der NSDAP in Herrsching am Ammersee eingerichtet. Sie sollte sicherstellen, daß die NSDAP über genügend Redner verfügte, um auch »in Kleinstädten und Dörfern« Versammlungen abhalten zu können.[487] Bei diesen Schwerpunkt-Kampagnen zielte die NSDAP vornehmlich auf ländliche und kleinstädtische Gebiete. Eine Analyse der Wirkungen dieser Kampagnen auf ländliche Gebiete für die Jahre 1931 und 1932[488] kommt zu dem Ergebnis, daß die NSDAP allein durch die Dichte und Intensität ihrer Veranstaltungen erhebliche Wahlerfolge erzielte. Interessant ist, daß sie die bürgerlichen Parteien in der Veranstaltungsdichte völlig marginalisierte und auch die SPD deutlich übertraf. Lediglich die KPD konnte in etwa mithalten. Leider gibt es eine solche Untersuchung nicht für die Jahre 1928 bis 1930.

Gleichwohl ist davon auszugehen, daß 1928 nicht nur eine erhebliche Intensivierung der Propagandaaktivitäten einsetzte, sondern zugleich eine »strategische Schwenkung«[489] stattfand, die insbesondere die ländliche Bevölkerung in den Dörfern und Kleinstädten ins Auge faßte, während die Propaganda zuvor aus Kräftemangel stärker auf die großen Städte konzentriert worden war, die für die NSDAP nur sehr schwer zu gewinnen waren. Zugleich wurden die Propagandainhalte stärker auf die jeweiligen Zielgruppen orientiert, d.h., man öffnete sich breiteren Wählerschichten durch eine Diversifizierung der Propagandainhalte und eine Abschwächung des Antisemitismus als einzigem Agitationsmittel. Diese »strategische Schwenkung« wurde durch das organisatorische Vordringen der NSDAP in einzelne Berufsbereiche mit Hilfe »angeschlossener Verbände«[490] ergänzt.

Der älteste der angeschlossenen Verbände war der »Nationalsozialistische Deutsche Studentenbund« (NSDStB), gegründet im Dezember 1925. Baldur von Schirach übernahm im Juli 1928 seine Leitung, die er bis Juni 1932 innehatte. Die vorliegenden Wahlergebnisse bei den AStA-Wahlen zeigen, daß die NSDAP in den Universitäten sehr früh Fuß zu fassen vermochte. Bereits 1927/28 hatte der NSDStB in Erlangen 20 Prozent, in Greifswald 13,3 Prozent, in Würzburg 10,0 Prozent und in Leipzig und München je 6,6 Prozent der AStA-Sitze inne. 1928/29 waren es in Erlangen bereits 32 Prozent, in Greifswald 20 Prozent, in Würzburg 20 Prozent, in Leipzig 7,1 Prozent und in München 10 Prozent. In vier weiteren Universitäten hatte der NSDStB deutlich mehr als 10 Prozent der Sitze inne. 1929/30 waren es in Erlangen 56 Prozent, in Greifswald 53 Prozent, in Würzburg 30 Prozent, in Leipzig 28,6 Prozent und in München 16,6 Prozent. In sieben weiteren Universitäten hatte er 20 Prozent oder deutlich mehr Sitze inne.[491]

1927 wurde durch Alfred Rosenberg der »[Nationalsozialistische] Kampfbund für Deutsche Kultur« gegründet, der es sich zur Aufgabe machte, Künstler und Architekten um sich zu sammeln und eine Front gegen die avantgardistische moderne Kunst zu bilden und für eine arteigene, völkische Kunst und Architektur zu werben. Ebenfalls 1927 wurde der »Deutsche Frauenorden« »Rotes Hakenkreuz« gegründet, aus dem 1931 die »NS-Frauenschaft« hervorging. Eine ältere Frauenorganisation hatte schon 1923 kurz bestanden. Die Leiterin war bis 1933 Elisabeth Zander. Im September 1928 wurde der »Bund Nationalsozialistischer Deutscher Juristen« (BNSDJ) durch den Rechtsanwalt Hitlers, Dr. Hans Frank, gegründet. Seit 1931 gab der BNSDJ eine eigene Monatsschrift »Deutsches Recht« heraus, deren Ziel die »Propagierung völkisch-

244

nationalsozialistischer ›Rechtserneuerung‹« war.[492] Im August 1929 wurde der »Nationalsozialistische Deutsche Lehrerbund« (NSLB) gegründet, dessen Leitung der Gauleiter in der Bayerischen Ostmark, Hans Schemm, innehatte. Der NSLB gab seit August 1929 die »Nationalsozialistische Lehrerzeitung« heraus. Im selben Monat des Jahres 1929 wurde ferner der »Nationalsozialistische Deutsche Ärztebund« gegründet, dessen Leitung 1932 der berüchtigte Dr. med. Gerhard Wagner übernahm. In demselben Jahr wurde schließlich auch noch der »Nationalsozialistische Schülerbund« gegründet, dessen Leitung der promovierte Wirtschaftsjournalist und Parteigenosse Theodor Adrian von Renteln übernahm, der gleichzeitig Führer der Hitlerjugend war, bis ihm am 15. Juni 1932 Baldur von Schirach nachfolgte. Für die Zielgruppe der Jugendlichen bestand innerhalb der NSDAP seit 1926 die »Hitler-Jugend« für die 14- bis 18jährigen, seit 1929 der »Bund Deutscher Mädel« und seit 1931 das »Deutsche Jungvolk« für die 8- bis 14jährigen.

Für die Zielgruppe der Bauern und Landarbeiter wurde innerhalb der NSDAP eine eigene bürokratische Struktur errichtet, der »Agrarpolitische Apparat«, der unter der Leitung von Richard Walter Darré stand. Dieser hatte in Halle Agrarwissenschaften studiert und sich dabei auf Fragen der Tierzucht und der Vererbungslehre spezialisiert. Er war mit einer Reihe von Veröffentlichungen hervorgetreten, in denen er eine am Rassismus orientierte Agrarromantik vertrat. 1928 erschien sein Buch »Das Bauerntum als Lebensquell der nordischen Rasse«, 1930 folgte »Neuadel aus Blut und Boden« und 1931 »Das Zuchtziel des deutschen Volkes«. Ihm schwebte eine Aufwertung des Bauerntums als biologische Kernsubstanz des deutschen Volkes vor, und er sah in den Bauern den zukünftigen »Adel« des nationalsozialistischen Reiches. Er gab mehrere Zeitschriften heraus, darunter die »Nationalsozialistische Landpost«.[493]

Darrés agrarpolitischer Apparat besaß eine eigene hierarchische Struktur, die über Fachberater und Vertrauensleute für agrarpolitische Fragen von der Gauebene über die Kreisebene bis zur Ortsgruppenebene herunter reichte. Der Apparat betrieb nicht nur Propaganda, sondern wirkte in besonderem Maße auch durch fachliche Beratung der Bauern. Bedeutung erlangte der agrarpolitische Apparat nicht zuletzt dadurch, daß es ihm gelang, die bestehenden agrarpolitischen Verbände und Selbstverwaltungsorganisationen zu infiltrieren. Bereits 1931 erzielte die NSDAP große Erfolge bei der Durchdringung des »Reichslandbundes«, der bereits im Frühjahr 1932 offen auf die Seite der NSDAP trat und wesentlich mit dazu beitrug, den Druck auf Hindenburg zu erhöhen, Hitler zum Reichskanzler zu ernennen. »In den landwirtschaftlichen Organisationen und Selbstverwaltungskörperschaften«, so urteilt Broszat, »war die nationalsozialistische Unterwanderung bereits vor dem 30.1.1933 weiter gediehen als in jedem anderen Sektor der Gesellschaft.«[494]

Sehr viel schwerer tat sich die NSDAP mit der Zielgruppe der Arbeiter. Hitler hatte dem Gedanken, eine nationalsozialistische Gewerkschaft zu gründen, im Unterschied zu Gregor Strasser seit den Anfängen der Partei ablehnend gegenübergestanden. Er fürchtete, durch eine solche Organisation werde die NSDAP die Trennschärfe zur marxistischen Arbeiterbewegung verlieren und ihre kleinbürgerlich-mittelständische Klientel verschrecken. Aber in demselben Maße, in dem die NSDAP in der Arbeiterschaft Anhänger gewann, begannen sich diese zu organisieren. So war es schon 1927/28 in einigen Berliner Großbetrieben zur Bildung nationalsozialistischer Betriebszellen gekommen, die bald auch in anderen Industrierevieren entstanden. Goebbels richtete 1928 in der Gauleitung von Berlin ein »Sekretariat für Arbeiterangelegenheiten« ein, dessen Leitung er Reinhold Muchow übertrug. Er war Goebbels dadurch aufgefallen, daß er in seiner

246

Ortsgruppe Neukölln nach dem Vorbild der KPD Straßenzellen eingerichtet hatte. Nun sollte er dem gleichen Modell folgend nationalsozialistische Betriebszellen aufbauen. Auch Gregor Strasser unterstützte das Experiment, und da es gelang, war auch Hitler schließlich für die Idee zu gewinnen. Im Januar 1931 wurde in der Münchener Parteileitung eine »Reichs-Betriebszellen-Abteilung« eingerichtet und die »Nationalsozialistische Betriebszellenorganisation« (NSBO) als Arbeitnehmerorganisation der NSDAP etabliert. Ab März 1931 gab Muchow, der maßgeblich am Aufbau der NSBO beteiligt war, eine eigene Zeitschrift heraus unter dem Titel »Arbeitertum«. Der Erfolg der NSBO blieb, gemessen an den anderen Gewerkschaften, in der Weimarer Republik bescheiden. Ende 1931 hatte die NSBO 39000 Mitglieder und Mitte 1932 etwa 100000. Gleichwohl unterstreicht sie den Versuch der NSDAP, für jede Wählergruppe eigene Organisationsstrukturen mit einer eigenen Presse aufzubauen.[495]

Die letzte Zielgruppe, für die das noch vor der Machtergreifung versucht wurde, war der gewerbliche Mittelstand. Im Dezember 1932 gründete der Wirtschaftsjournalist Theodor Adrian von Renteln den »Kampfbund für den gewerblichen Mittelstand«, der allerdings keine Bedeutung mehr erlangte.

Die Organisationsstruktur der NSDAP läßt unterschiedliche Schlußfolgerungen zu. Die Vielzahl der angeschlossenen Verbände und integrierten Apparate zeigt den seit 1927/28 erkennbaren Versuch, alle relevanten Wählerschichten für die Partei zu erschließen. Dabei war ein hohes Maß an Pragmatismus und programmatischem Opportunismus im Spiel. Die zentralen Weltanschauungs-Maximen der NSDAP und insbesondere Hitlers schwächten sich in diesem System immer mehr ab. Hitler selbst erlegte sich seit 1930 äußerste Zurückhaltung auf und sorgte dafür, daß der Antisemitismus aus dem Erscheinungsbild der NSDAP-Propaganda immer mehr verschwand bzw. auf jene Klientelbereiche beschränkt wurde, die auf ihn ansprachen. Dabei trat eine Zweiteilung der Argumentation in Erscheinung, die bereits in Hitlers ersten Stellungnahmen zu dem Thema deutlich geworden war. Neben den »Radau-Antisemitismus« trat ein mit wissenschaftlichen Argumenten operierender Rassismus, der eine enge Anlehnung an die Rassenkunde und die Eugenik suchte, die sich seit der Jahrhundertwende überall in den modernen Industriestaaten als Wissenschaften zu etablieren begannen. Die Grundidee, daß sich auf diese Weise Teile des akademischen Milieus und insbesondere der Mediziner, Naturwissenschaftler, Lehrer und Juristen für die NSDAP würden gewinnen lassen, erwies sich dabei vermutlich als zutreffend.

Die Vielzahl der Organisationen hat andererseits den Eindruck einer mehr oder weniger chaotischen Organisationsstruktur entstehen lassen. So hat Martin Broszat im Blick auf die NSDAP vor der Machtergreifung festgestellt, eine »institutionelle und bürokratische Einheit des Parteiapparates« habe nicht bestanden. Vielmehr sei die Partei nur locker durch die Person Hitlers und sein »Führertum« zusammengehalten worden. Daraus hätten sich Klientel- und Cliquenstrukturen ergeben, die »den Grundsätzen rationaler bürokratischer Verwaltung und Organisation vielfach widersprachen«.[496] Dieses Urteil erweist sich bei näherem Hinschauen als problematisch, weil es der Bedeutung der Zäsur nicht gerecht wird, die das Jahr 1928 für die NSDAP auch in organisatorischer Hinsicht bedeutete.

Am 2. Januar 1928, also deutlich vor der Reichstagswahl, die im Mai stattfand, hatte Gregor Strasser die Reichsorganisationsleitung der NSDAP übernommen, die er bis zu seinem Zerwürfnis mit Hitler im Dezember 1932 innehatte. Strasser baute die vertikale Organisationsstruktur der NSDAP erheblich aus und band die horizontale Struktur der angegliederten Verbände in die Reichsleitung der NSDAP ein, so daß eine zentrale Steuerung möglich wurde. Dies geschah dadurch, daß die Leiter der Verbände in Personalunion auch die Leitung der für die Verbände in der Reichsleitung der NSDAP geschaffenen Fachressorts übernahmen. Zugleich setzte Strasser durch, daß innerhalb dieser Hierarchie die Dienstwege eingehalten wurden. Ferner etablierte Strasser in Gestalt der Landes- und Reichsinspektionen ein vertikales Kontrollsystem, »das ihm die Möglichkeit verschaffte, die Stellenbesetzungen auf der Gauebene sowie die immer wichtiger werdenden Kandidatenvorschläge für die Landtage und den Reichstag planmäßig zu beeinflussen«.[497] Zwar traf Strasser dabei auf den zähen Widerstand der Gauleiter, die sich die Personalpolitik nicht aus den Händen nehmen lassen wollten, aber für die entscheidend wichtige Phase der großen Wahlkämpfe 1930 und 1932 besaß die NSDAP eine schlagkräftige Organisationsstruktur, die einer modernen Bürokratie in nichts nachstand. Erst im Dezember 1932 wurden nach dem Machtkampf mit Hitler und der Säuberung der Partei von den Strasser-Leuten diese Strukturen partiell rückgängig gemacht.

Sieht man sich die von Strasser geschaffene Organisationsstruktur der NSDAP genauer an, so verstärkt sich der Eindruck, daß sich die NSDAP um jede Zielgruppe einzeln bemühte und für jede Zielgruppe eine Sachabteilung eröffnete, die den Auftrag hatte, ein spezifiziertes Sachprogramm zu entwickeln. Nichts wurde in dieser Organisation dem Zufall überlassen, und für jeden relevanten Bereich gab es Fachleute. Sowohl die Wahlerfolge der NSDAP als auch die schnell einsetzende Regierungs- und Handlungsfähigkeit der nationalsozialistischen Regierung nach der Ernennung Hitlers zum Reichskanzler haben hier eine ihrer wesentlichsten Ursachen. Hitlers Charisma verblaßt vor diesem Hintergrund erheblich. Hans Mommsen geht in dem Bestreben, Hitler zum »schwachen Diktator« zu stempeln, sogar noch einen Schritt weiter: »Durch seine rastlose Organisationsarbeit und sein parla-

249

mentarisches Auftreten gewann Gregor Strasser steigendes Ansehen innerhalb und außerhalb der Partei, so daß sich eine förmliche Strasser-Verehrung herausbildete [...] Die persönliche Ausstrahlungskraft Strassers als Versammlungsredner war während der Durchbruchsphase der NSDAP von großer Wirkung. [...] Strasser galt als wichtiger Ansprechpartner für die nach dem Septemberumschwung zunehmend an der NSDAP interessierten Verbände und Parteien der politischen Rechten. Sie wiegten sich in der Hoffnung, daß dessen grundsätzliche Bereitschaft, die Partei zu einer konstruktiven Politik zu veranlassen, die radikalen Gruppierungen schwächen und Hitler zum Einlenken gegenüber den späten Präsidialkabinetten veranlassen werde.«[498]

Die spezifische Struktur der NSDAP, ihre Wahlerfolge und ihr Regierungshandeln können jedoch nicht verstanden werden, ohne abschließend einen Blick auf die SA zu werfen. Wolfgang Schieder hat den Versuch gemacht, die NSDAP als »Partei des faschistischen Typs«[499] zu beschreiben, und hat dabei neben dem Führerprinzip auf die Tatsache hingewiesen, daß die NSDAP »sowohl einen politischen als auch einen militärischen Flügel« besaß.[500] Dies habe sie von den anderen Parteien der Weimarer Republik unterschieden und rücke sie in die Nähe des »Partito Nazionale Fascista« (PNF). Dieses Argument ist in hohem Maße präzisierungsbedürftig; denn neben der SA gab es in der Weimarer Republik eine ganze Reihe anderer paramilitärischer Organisationen. Man wird also genauer hinsehen müssen, um hier zu einem Urteil über die Besonderheiten der NSDAP zu gelangen.

Die Struktur der paramilitärischen Verbände der Weimarer Republik hat sich Mitte der zwanziger Jahre entscheidend gewandelt. In den Jahren unmittelbar nach dem Krieg operierten die paramilitärischen Verbände, die in der Mehrzahl ihrer Mitglieder aus demobilisierten Soldaten bestanden, in enger Zusammenarbeit mit der Reichswehr und nahmen militärische Aufgaben nach außen (Baltikum, Grenzschutz) und nach innen wahr (Kampf gegen die Räteherrschaft, antikommunistische, antiparlamentarische Ordnungsmacht). Sie wurden, nachdem die akute äußere und innere Bedrohung nachgelassen hatte, als Reserve der Reichswehr betrachtet und an Waffen ausgebildet, oft durch Reichswehroffiziere und auf den Übungsplätzen der Reichswehr. Mit der innen- und außenpolitischen Konsolidierung der Weimarer Republik in den Jahren 1923 bis 1925 wurden sie in dieser Funktion entbehrlich. Sie formierten sich neu und versuchten, neben und mit den politischen Parteien politische Aufgaben wahrzunehmen.[501]

Der älteste Verband dieser Art, der »Stahlhelm, Bund der Frontsoldaten«, entstand 1918 aus einer Veteranenorganisation. Er wurde von Hauptmann Franz Seldte als antirepublikanischer Wehrverband gegründet. Mitte der zwanziger Jahre nahm der »Stahlhelm« eine Reihe anderer Kampfbünde auf und zählte 1924/25 etwa 400 000 Mitglieder. Als überparteilicher Verband konzipiert, stand der »Stahlhelm« der Deutsch-Nationalen Volkspartei nahe und war durch zahlreiche Personalunionen mit ihr verbunden. Sowohl Seldte als auch sein Stellvertreter Theodor Duesterberg waren gleichzeitig Mitglieder der DNVP, letzterer hatte sogar eine Führungsposition in der DNVP inne. Juden waren von der Mitgliedschaft im »Stahlhelm« ausgeschlossen. Zusammen mit der DNVP und anderen Rechtsgruppierungen wandte sich der »Stahlhelm« 1924 gegen den Dawes-Plan, kämpfte 1929 in dieser Koalition auch gegen den Young-Plan und ging schließlich in der »Harzburger Front« ein Bündnis mit der DNVP und der NSDAP ein. Dem »Stahlhelm« gesellten sich eine Reihe national-konservativer Literaten zu, darunter Ernst Jünger, Franz Schauwecker und Werner Beumelburg. Sie gaben dem Verband eine national-revolutionäre Ausrichtung, bekämpften die parlamentarisch-republikanische Ordnung und traten für eine »nationale Diktatur« ein, die sie sich als »Staat der

251

Frontsoldaten« vorstellten. Die deutlich politische Ausrichtung des »Stahlhelm« spiegelte sich auch darin, daß er 1926 auch Nichtsoldaten in seine Reihen aufnahm, d.h. sich vom Veteranen-Verband zum politischen Verband mauserte.[502]

Auch auf der anderen Seite des politischen Spektrums bildeten sich paramilitärische politische Verbände. Der zahlenmäßig größte Verband dieser Art war das »Reichsbanner Schwarz-Rot-Gold«. Es wurde 1924 als republikanische Selbstschutzorganisation gegründet und erhob ebenfalls den Anspruch, überparteilich zu sein. Bei seiner Gründung unterstützten die Parteien der Weimarer Koalition, die SPD, die DDP und das Zentrum den Verband, doch zogen sich die DDP und das Zentrum bald aus ihm zurück. De facto wurde das »Reichsbanner« auf diese Weise zum Wehrverband der SPD. Es war mit mehr als einer Million Mitgliedern bald eine Massenorganisation, die die Wehrverbände auf dem rechten politischen Spektrum zahlenmäßig weit übertraf. Innerhalb des »Reichsbanner« bildete sich ein militärisch gegliederter Kampfverband, die Schutzformation oder »Eiserne Front«, heraus, die zeitweilig 400000 Mitglieder umfaßte. Ähnlich wie die SA übernahm das »Reichsbanner« Aufgaben des Saalschutzes, der Absicherung republikanischer Kundgebungen und der Demonstration paramilitärischer Macht auf der Straße. Nicht nur in den politischen Kampfformen näherte man sich auf diese Weise den Methoden der politischen Rechten an, sondern auch in der Radikalität der politischen Auffassungen. Im »Reichsbanner« und insbesondere in seinem militanten Kern, der »Eisernen Front«, sammelten sich junge Leute, denen die Vereinsdemokratie zu langweilig und unmobil war. Sie hingen dem Führerprinzip an und stritten unter der Parole des »Kampfes um die zweite Republik« für eine radikaldemokratische Staatsform mit egalitär-autoritären Zügen. Anhänger der Weimarer Republik und des Parlamentarismus waren sie nur in sehr eingeschränktem Sinn, insofern als sie gegen die ärgsten Feinde der Republik, die rechten Parteien und Verbände, kämpften.[503]

Die politische Radikalität entfremdete das »Reichsbanner« und insbesondere die »Eiserne Front« nicht nur dem Zentrum und der DDP, sondern auch dem Parteivorstand der SPD. Von einer straffen Führung des »Reichsbanner« durch den SPD-Vorstand kann daher keine Rede sein. Das »Reichsbanner« schlug sich zwar in zahlreichen Straßenschlachten Anfang der 1930er Jahre mit der SA, wobei allein in den Monaten Juni/Juli 1932 acht »Reichsbanner«-Angehörige umkamen, aber eine verläßliche Stütze der Weimarer Demokratie und ein Machtinstrument der SPD-Führung war das »Reichsbanner« nicht.

Im Unterschied zum »Reichsbanner« war der Wehrverband der KPD, der »Rote Frontkämpferbund«, durchaus ein Instrument der Partei. 1924 gegründet, war er nur zum Schein überparteilich. De facto waren mehr als die Hälfte seiner Mitglieder zugleich Mitglieder der KPD, und ihr Chef, Ernst Thalmann, war ein prominenter kommunistischer Funktionär des stalinistischen Flügels. Seit 1924 war er Mitglied des Exekutivkomitees der Komintern, und im September 1925 wurde er Vorsitzender der KPD. Das Handicap des »Roten Frontkämpferbundes« bestand in seiner niedrigen Mitgliederzahl und in dem kommunistenfeindlichen Klima der Weimarer Republik. 1928 zählte der Verband lediglich 80000 bis 100000 Mitglieder. Die blutigen Auseinandersetzungen in den ersten Maitagen des Jahres 1929 führten zum Verbot des »Roten Frontkämpferbundes«, der nun in der Illegalität weiterbestand.

Vor diesem Hintergrund ist es zunächst einmal nicht besonders auffällig, daß auch die NSDAP über einen Wehrverband verfügte, die »Sturmabteilung« (SA). Die entscheidende Frage, die sich in bezug auf die SA stellt, lautet daher, ob die NSDAP-Leitung, das heißt Hitler, in der Lage war, die SA zu kontrollieren, wie dies die KPD mit ihrem Wehrverband vermochte, oder ob auch die SA mehr neben als in der Partei bestand. Vereinsrechtlich war die SA eine Formation der NSDAP. Dies war in der Satzung vom Juli 1921 so verankert worden und dies blieb auch in der Satzung vom 22. Mai 1926 so. Sie war dem Sport- und Turnausschuß untergeordnet, dessen Vorsitzender zugleich die SA leitete. Die Aufgabe der SA wurde 1926 ganz ähnlich wie 1921 definiert:»Zusammenfassung und körperliche Ertüchtigung der sich in der Bewegung befindlichen männlichen Jugend.« Ihr Zweck war »die Abstellung des Schutz-, Ordner- und Sicherungsdienstes für die Bewegung«.[504]

Hitler, der ja nur auf Bewährung aus der Haft entlassen worden war, versuchte, die SA als rein politischen Wehrverband unter strikter Parteikontrolle zu halten. In den Richtlinien für die Neugründung der NSDAP hieß es daher unmißverständlich: Die Organisation der SA »hat dem Vereinsgesetz zu entsprechen. Bewaffnete Gruppen oder Verbände sind von der Aufnahme in die SA ausgeschlossen. Wer entgegen den Anordnungen der Leitung Waffen trägt oder in Depots aufzubewahren versucht, wird sofort aus der SA und Partei ausgeschlossen.«[505] Die Voraussetzungen für die Durchsetzung dieses Prinzips waren jedoch zunächst nicht besonders günstig. Die SA war ebenso wie die NSDAP nach dem Novemberputsch 1923 verboten worden. Doch im Unterschied zur NSDAP, deren Nachfolgeorganisation während der Haftzeit der politische Führer fehlte, war dies bei der SA nicht der Fall. Ernst Röhm, früher aus der Haft entlassen als Hitler (am 1. April 1924), hielt den Kern der SA zusammen und organisierte ihn reichsweit als »Frontbann«.[506] Wie bei Röhm nicht anders zu erwarten, sah er den »Frontbann« vollständig in der militärischen Tradition der alten SA und unterstellte ihn nominell Erich Ludendorff. »Als Hitler die Neugründung der SA Röhm übertrug, strebte dieser eine von der NSDAP unabhängige Organisation an, die den militärischen Arm der

254

nationalen Opposition bilden sollte. Hitler hielt jedoch daran fest, die SA als zivilen politischen Verband im Rahmen der Partei aufzubauen. Darüber kam es im April 1925 zum Bruch. Röhm legte SA- und Frontbann-Führung nieder und zog sich nach Bolivien zurück.«[507]

Nach der Resignation Röhms blieb die SA zunächst ohne zentrale Leitung. Erst am 1. November 1926 richtete Hitler wieder eine zentrale SA-Führung ein und ernannte Franz Pfeffer von Salomon zum »Obersten SA-Führer« (OSAF).[508] Pfeffer von Salomon war genauso wie Röhm Berufsoffizier gewesen und besaß als Freikorps-Kämpfer und Teilnehmer am Kapp-Putsch sowie am Ruhrkampf eine einschlägige Biographie. Auch er organisierte die SA nach militärischen Prinzipien,[509] hielt sich im übrigen aber an die politischen Vorgaben Hitlers, der eine militärische Ausbildung an Waffen untersagte und der SA die Aufgabe gab, die »Straße« durch Demonstrationen, Aufmärsche und Schlägereien für den Nationalsozialismus zu erobern. Um die Verflechtung mit anderen Wehrverbänden unmöglich zu machen, wurde SA-Mitgliedern verboten, anderen Wehrverbänden anzugehören. Zugleich wurde angeordnet, daß SA-Mitglieder der NSDAP anzugehören hatten,[510] was in der Praxis aber nicht immer durchgehalten wurde.

Die Grundlage war eine klare Aufgabenverteilung zwischen SA und Partei. Im November 1926 hieß es in einem grundlegenden SA-Befehl: »Der SA-Mann ist der heilige Freiheitskämpfer. Der Pg. ist der kluge Aufklärer und gerissene Agitator.«[511] Agitation und Propaganda waren der SA untersagt: »Es ist verboten«, so hieß es in dem gleichen Befehl, »daß sich eine SA mündlich oder schriftlich an die Öffentlichkeit (oder gar an den Gegner!) wendet, sei es durch Aufrufe, Bekanntmachungen, Flugblätter, Presse-›Berichtigungen‹, Eingesandtes, Inserate, Einladungen zu Festen oder Versammlungen oder sonst irgendwohin.«[512] Die Art und Weise, wie die SA eingesetzt wurde, läßt sich exemplarisch am Beispiel von Berlin erkennen. Goebbels, der im November 1926 Gauleiter von Berlin geworden war, setzte die SA vor allem in Propagandamärschen und Saalschlachten gegen Kommunisten und Sozialdemokraten ein. Die Ausübung physischer Gewalt diente dabei ganz wesentlich dem Zweck, den Gegner einzuschüchtern und die NSDAP mit Schlagzeilen in die Presse zu bringen. Der SA-Mann wurde auf diesem Wege zum gewalttätigen »Rabauken« erzogen.[513]

Daneben gab es allerdings auch ein anderes Erscheinungsbild der SA. Vor allem in ländlichen Gebieten sorgten disziplinierte Aufmärsche uniformierter SA-Leute mit Musikkapelle und Gulaschkanone für eine Abwechslung, die irgendwie die Mitte zwischen Schützenfest und Karneval einerseits und Manöveratmosphäre andererseits zu halten versuchte. Auf diesem Wege wurden die Nationalsozialisten bekannt und führten sich als »schneidige« Ordnungsmacht bei der Bevölkerung ein. In manchen Ortschaften verblüffte die SA auch dadurch, daß sie sonntags diszipliniert in die Kirche marschierte und sich lammfromm den Gottesdienst anhörte. Von den großen Wehrverbänden war die SA in den Jahren 1925/26 bis 1928/29 der kleinste. Man schätzt ihre Mitgliederzahl für 1926 auf 10 000–15 000 Mann.[514] Der Aufstieg der SA zur Massenorganisation begann erst 1929. Die Kontrolle der Parteiführung über die SA läßt sich sinnvoll nur mit der Kontrolle der KPD über den »Roten Frontkämpferbund« vergleichen. Doch waren die Mitglieder der SA enger mit der NSDAP verknüpft als die Mitglieder des »Roten Frontkämpferbundes« mit der KPD. Andererseits war die Kontrolle der Parteiführung über den Wehrverband im Fall der KPD enger, lückenloser als im Falle der NSDAP.

Der große Vorteil der SA gegenüber dem »Roten Frontkämpferbund« bestand darin, daß sich die SA im bürgerlichen Milieu der Weimarer Republik einer weit größeren Unterstützung erfreute. Zugleich gelangen ihr große Einbrüche im ländlich-bäuerlichen Milieu und beachtliche Zugewinne auch im proletarischen Milieu. Die NSDAP mit Bezug auf die SA als Partei »faschistischen Typs« zu bezeichnen, ist jedoch nicht möglich. Vielmehr ist für die Weimarer Republik insgesamt zu konstatieren, daß die Parteien und das Parlament sowie die regulären Berufsverbände und die Gewerkschaften nicht imstande waren, den politischen Meinungsbildungsprozeß zu kanalisieren. Es gab, verbunden mit der Kritik am Parlamentarismus und am Parteienwesen, eine außerparlamentarische Opposition quer durch alle politischen Lager, die vor allem junge Leute und ehemalige Soldaten anzog und die ein Klima der Gewalt dadurch erzeugte, daß sie die *action directe* offen als politisches Mittel propagierte. Die SA bestätigt also nur das Bild, das die NSDAP bietet. Schon von ihrer Größe und militärischen Organisationsstruktur her, aber auch von der Art des »blutigen« Straßenkampfes am Rande der Konspiration her gesehen, war sie eine Kaderorganisation.

In den Jahren 1930 bis 1933 wurde die SA parallel zur Entwicklung der NSDAP eine Massenorganisation für den außerparlamentarischen Kampf – oder anders formuliert: für die Propaganda in jenem Bereich der Gesellschaft, der über politische Strukturen nicht zu erreichen war. Gleichzeitig diente sie der Einschüchterung der politischen Gegner durch Terror. Hieran änderte sich auch nichts, als Ernst Röhm im Januar 1931 die Führung der SA als »Stabschef« wieder übernahm. Er baute die Organisation der SA aus und schuf – wie Strasser für die NSDAP – die Voraussetzungen dafür, daß die steigenden Mitgliederzahlen integriert werden konnten. Allein im Jahre 1931 verdreifachte sich die Zahl der SA-Mitglieder: »Zählte man im Januar noch 88 000 Mitglieder, so waren es im April 1931 119 000, im November 227 000 und im Dezember 260 000.«[515] Bis zur Machtergreifung erreichte die SA eine Mannschaftsstärke von etwa 400 000.

257

Auch die SA begann damit, eine diversifizierte Verbandsstruktur gewissermaßen horizontal um die militärische vertikale Kommandostruktur herumzulegen, und Röhm fing diese Diversifikation ebenso wie Strasser durch eine Durchbürokratisierung der Vertikalstruktur auf. Auch wenn Röhm auf mittlere Sicht höher gesteckte Ambitionen hatte, so ordnete er die SA vor 1933 doch gänzlich dem politischen Auftrag unter, den Hitler der SA 1926 gegeben hatte, nämlich die marschierende Kolonne als Werbemittel und Einschüchterungsmittel einzusetzen. Unter den spezifischen Bedingungen der Weimarer Republik war die NSDAP also eine in alle Bereiche der Gesellschaft organisatorisch hineinwirkende Volkspartei, deren Struktur am besten mit Schweitzers Begriff des synergetischen Charismas beschrieben werden kann oder mit Webers Begriffen als eine charismatische Führerpartei mit bürokratischer Maschine. Auf diese Mischstruktur wird mit perspektivischer Einbeziehung des NS-Herrschaftssystems im nächsten Kapitel abschließend eingegangen.

Konstruktion und Funktionalisierung einer Legende

Eingangs wurde gezeigt, daß Max Weber in der Geschichte vorkommende Herrschaftssysteme als komplexe Mischsysteme begreift, für deren Analyse er drei Idealtypen legitimer Herrschaft konstruiert: die legal-bürokratische, charismatische und traditionale Herrschaft. Es ist ohne weiteres möglich und mit Webers Ansatz vereinbar, weitere Idealtypen zu konstruieren und für die Analyse zu verwenden oder die vorgeschlagenen Idealtypen zu ergänzen und auszudifferenzieren. Zwei Eigenschaften machen diesen theoretischen Ansatz und das bereitgestellte methodische Instrumentarium besonders geeignet für die Analyse des Nationalsozialismus und des in ihn eingebetteten Charismas Hitlers: Die idealtypische Methode ist gleichgültig gegenüber den klassischen Staatsformen und Verfassungssystemen. Wir können also Diktaturen, Demokratien und Monarchien in gleicher Weise mit diesem Instrumentarium analysieren. Zudem sind die Idealtypen nicht ausschließlich auf die staatliche Ebene fixiert, sondern beliebig desaggregierbar. Wir können also Mikrosysteme wie kleine Gruppen, Sekten, Verbände und Parteien ebenso mit diesem Instrumentarium analysieren wie Makrosysteme.

Das Instrumentarium gestattet es also, die ersten Jugendjahre Hitlers, die Herausbildung seiner Gefolgschaft, seine Rednertätigkeit und seine Selbststilisierung in »Mein Kampf« ebenso zu analysieren wie die Geschichte der NSDAP als kleine völkische Sekte und als große Massenpartei sowie die Entwicklung des nationalsozialistischen Herrschaftssystems. Zugleich können wir auch die Umweltbedingungen analysieren, die Hitler und die NSDAP in der Weimarer Republik vorfanden. Vor allem der Begriff »charismatische Situation« eröffnet solche Möglichkeiten, da er sich sowohl mit dem weit verbreiteten Charisma-Glauben der Zeitgenossen Hitlers in Beziehung setzen, als auch mit den Not- und Krisensituationen der Weimarer Republik korrelieren läßt. Für die Analyse der Entwicklungsgeschichte der NSDAP und der nationalsozialistischen Herrschaft sind die Kategorien Max Webers auch deswegen besonders gut geeignet, weil Weber neben den mehr statischen Idealtypen der rationalen, bürokratischen und der traditionalen Herrschaft mit dem Idealtypus der charismatischen Herrschaft einen Prozeßbegriff ausgebildet hat.

Charismatische Herrschaft kommt »rein« nur in *statu nascendi* vor. Je länger sie dauert, desto mehr verändert sie sich. Sie ist ständig im Begriff, sich in etwas anderes zu verwandeln. Weber nennt diesen Prozeß »Veralltäglichung«. Er läßt sich mit dem anderen Prozeßbegriff verbinden, den Weber »Rationalisierung der Lebenswelten« nennt und der sowohl die

259

traditionale als auch die charismatische Herrschaft verändert. Analytische Kraft gewinnt dieser Prozeßbegriff dadurch, daß Weber Charisma erstens als Anfangserscheinung definiert, die der traditionalen oder der rational-bürokratischen Herrschaft vorangeht, und zweitens als revolutionäre Kraft, die schon bestehende rational-bürokratische und traditionale Herrschaftssysteme verändert oder gar umwandelt und in die bestehenden Ordnungen einbricht. Auf diese Weise läßt sich Webers Herrschaftssoziologie zur Formulierung einer Transformationstheorie nutzen, wie Arthur Schweitzer dies vorgeschlagen hat.

Charisma als Anfangserscheinung erlaubt es, die politischen Anfänge Hitlers und der NSDAP zu analysieren und zu zeigen, wie sich eine Führer-Gefolgschaftsbeziehung zwischen Hitler und seiner Entourage herausbildet, wie die NSDAP sich als völkische Sekte formiert, in eine konterrevolutionäre Partei »neuen Typs« verwandelt, Ansätze für eine charismatische Führerpartei entwickelt und sich zunehmend bürokratisiert, bis sie sich schließlich als Volkspartei mit Maschine und Charisma-Propaganda anschickt, die Macht zu erobern. Charisma als revolutionäre Kraft der Veränderung rational-bürokratischer und traditionaler Herrschaftsstrukturen erlaubt es, die Entwicklungsgeschichte der NSDAP als Fundamentalopposition im System der Weimarer Republik zu erfassen sowie dessen Transformation in die nationalsozialistische Diktatur zu verfolgen.

Unter Rückgriff auf die vergleichend gewonnenen Ergebnisse Arthur Schweitzers, der feststellt, daß charismatische Führer in Transformationsphasen aufzutreten pflegen, läßt sich Webers Begriff der charismatischen Situation mit dem Begriff Transformationsbedarf korrelieren. Tatsächlich kann der Erfolg der NSDAP zu Teilen daraus erklärt werden, daß sie den Transformationsbedarf außerordentlich radikal formulierte, was in der Weltwirtschaftskrise offenbar auf große

260

Akzeptanz stieß. Der Verlaufstypus der revolutionären Veränderung rational-bürokratischer Herrschaftssysteme ist bei Weber nicht festgelegt. Sie kann durch den gewaltsamen Umsturz erfolgen und auf legal-plebiszitäre Weise. Mit der zweiten Variante, der legal-plebiszitären, hat sich Weber jedoch vornehmlich beschäftigt. Vor allem die Leitungsfunktionen in rational-bürokratischen Herrschaftssystemen betrachtete er als geeignete Ansatzpunkte für charismatische Veränderungen. Auch aus diesem Grund ist Webers Herrschaftssoziologie in besonderer Weise geeignet für die Analyse der NSDAP, weil die Partei und vor allem Hitler erst auf die *action directe* setzten und dann – nach 1925 – auf die legal-plebiszitäre Methode der Machteroberung umschwenkten und ihren Erfolg schließlich in einer Kombination beider Methoden verdankten. Allerdings kam mit der Ernennung Hitlers zum Reichskanzler durch Hindenburg noch ein weiterer Aspekt hinzu, den man mit dem Begriff »Zufall« oder *kairós* bezeichnen kann. Hiermit hat sich Weber nicht beschäftigt.

Die Revolutionierung moderner rational-bürokratischer Herrschaftssysteme durch Charisma setzte für Weber demagogische Fähigkeiten beim charismatischen Führer und die Gewinnung von Massenanhang voraus. Dieser wiederum ist nur zu gewinnen, wenn charismatische Situationen die Masse für demagogische Parolen empfänglich machen. In diesem Kontext stellt sich die Frage, welcher Mittel sich der charismatische Führer bedient, wenn er in modernen legalen, rational-bürokratischen Herrschaftssystemen agiert. Ohne Partei kommt er nicht aus. Weber, der die amerikanischen Wahlkämpfe genau studiert hatte, war sich darüber im klaren, daß der charismatische Führer in der Massendemokratie einen modernen bürokratischen Parteiapparat, eine Partei-Maschine benötigt, um die Wähler zu mobilisieren. Webers besonderes Interesse galt dabei den Beziehungen, die zwischen dem charismatischen Element und dem bürokratischen entstehen würden. Er beschrieb diese Beziehung als Konflikt, als dessen Ergebnis – je nach Ausgang – der Parteiapparat die »Kastrierung des Charismas« bewirken oder das Charisma »über den Betrieb«[516] siegen werde. Einen Sieg des Charismas hielt Weber jedoch immer nur kurzfristig für möglich; denn es ist »das Schicksal des Charisma, mit zunehmender Entwicklung institutioneller Dauergebilde zurückzutreten«.[517]

Daß sich bürokratischer Apparat und Charisma auf Dauer wechselseitig verstärken, daß es zu Synergieeffekten kommt, die aus einer Symbiose von Bürokratie und Charisma entstehen, hielt Weber nicht für möglich. Die Historiker sind Weber in ihrer ganz überwiegenden Mehrheit hierin gefolgt und haben das Verhältnis von Charisma und Bürokratie im Nationalsozialismus – und zwar sowohl in der NSDAP und in der Bewegungsphase wie auch im Herrschaftssystem – als Konflikt beschrieben, in dem das charismatische Element obsiegte und die legalen, rational-bürokratischen Strukturen allmählich zersetzte bzw. gar nicht erst zustande kommen ließ. Meines Wissens hat lediglich Arthur Schweitzer einen anderen Weg beschritten und mit dem Begriff des »synergetischen Charismas« eine Verstärkung des charismatischen Elements durch einen modernen bürokratischen Apparat behauptet. Für die Analyse der NSDAP und ihrer Entwicklungsgeschichte vor der Machtergreifung ist der Begriff des synergetischen Charismas m. E. ein Schlüsselbegriff. Mit der Entfaltung des Begriffs des synergetischen Charismas gelangt die Analyse ein erhebliches Stück über bisherige Interpretationen hinaus.

Ganz erhebliche wechselseitige Synergieeffekte zwischen Bürokratie und Charisma ergaben sich bereits in der Frühgeschichte der NSDAP bis zum Novemberputsch 1923. So konnte der charismatische Führer ohne eine bürokratische Parteistruktur, die die Finanzen, die Propagandaaktionen, die Presse und die Parteimitgliedschaft regelte, seine Redeauftritte

262

nicht organisieren. Der Parteibürokratie wiederum gaben die großen Redeauftritte neue Impulse, weil sie Regelungsbedarf erzeugten, weil sie Geld in die Parteikassen fließen ließen und der Partei neue Mitglieder warben. Offenbar war die NSDAP durch zwei unterschiedliche, synergetisch aufeinander bezogene Strukturen geprägt: Die eine propagierte und inszenierte Hitlers Charisma, die andere lebte die charismatische Führer-Gefolgschaftsstruktur vor, privat und politisch. Gewiß gab es Reibereien zwischen diesen Sphären, aber das störte die Synergieeffekte keineswegs.

Nach der Neugründung der NSDAP im Jahre 1925 ereignete sich in der Partei zweifellos ein Konflikt zwischen charismatischen und rational-bürokratischen Strukturelementen. Auf der einen Seite stand das mehr charismatische Parteikonzept Hitlers, der die NSDAP als Glaubensgemeinschaft begriff und auf dem Führerprinzip aufbauen wollte. Auf der anderen Seite stand die Strasser-Gruppe, die das enge Korsett der Glaubensgemeinschaft sprengen und die NSDAP zu einer offenen Programmpartei mit zentralistischem Parteiapparat fortentwickeln wollte. Ohne Apparat kam keine Seite aus, aber zweifellos ließ sich Hitlers Konzept mit einer begrenzten Bürokratie erreichen, während Strasser den Aufbau eines großen, sachlich durch Ressorts ausdifferenzierten bürokratischen Apparats ins Auge faßte. Das Ergebnis des Konflikts war ein Kompromiß, der bei aller strukturellen Widersprüchlichkeit ganz enorme Synergieeffekte zeitigte. Gerade der Kernbereich charismatischer Wirkung, die Redeauftritte und Ritualhandlungen Hitlers und der großen Zahl der Parteiredner und kleinen Führer, wurden bis ins kleinste bürokratisch durchorganisiert. Dies traf auf die Vorbereitung jeden einzelnen Hitlerauftritts ebenso zu wie für die Rednerschulung insgesamt. Ohne diese Organisation hätten sich Massen in dem erreichten Umfang wohl kaum mobilisieren lassen. Zugleich erlaubten die ausdifferenzierten Apparate die Entfaltung eines breiten Spektrums von Sachthemen, das eine sehr genaue Zielgruppenansprache ermöglichte. Sie wurde arbeitsteilig ergänzt durch die Generallinie charismatischer Glaubensverkündigung und charismatischen Veränderungswillens. Das eine Konzept ergänzte nicht nur das andere, sondern beide verstärkten ihre Glaubwürdigkeit wechselseitig.

Besonders gute Möglichkeiten eröffnet der Charisma-Begriff auf den ersten Blick für die Analyse der Figur des charismatischen Führers und die besonderen Sozialbeziehungen zwischen Führer und Gefolgschaft. Charismatische Herrschaft ist, wie wir gesehen haben, dann gegeben, wenn eine Persönlichkeit durch eine als außeralltäglich geltende Qualität als charismatisch bewertet wird und eine soziale Beziehung zwischen dieser Persönlichkeit und anderen hergestellt wird, die diese Bewertung teilen und bereit sind, vom Träger des Charismas Befehle entgegenzunehmen, sich also in die Rolle der »charismatisch Beherrschten«[518] zu begeben. Auf diese Weise konstituiert sich eine Führer- Gefolgschaftsbeziehung, die auf Geltungs- und Bewertungsmaßstäben, auf »Glauben« beruht. Diese Maßstäbe sind gesellschaftlich und kulturell vermittelt und müssen sich als gerechtfertigt herausstellen, d.h., sie unterliegen der ständigen Bewährung. Das Charisma findet »die Quellen seiner Wirkung in dem Glauben der Beherrschten«.[519] Dezidiert hebt Weber auf die in den Verben »gelten«, »werten« und »glauben« intersubjektiv vermittelten »subjektiven« Urteilskriterien ab. Wie die charismatische Qualität »von irgendeinem ethischen, ästhetischen oder sonstigen Standpunkt aus ›objektiv‹ richtig zu bewerten sein würde«, hielt er für »begrifflich völlig gleichgültig«.[520]

Für den Historiker birgt diese Definition erhebliche Operationalisierungsprobleme. Je ausschließlicher er bei der Definition des Begriffs der charismatischen Herrschaft auf die Kategorie des »Glaubens« abhebt, desto größer werden sie. Ein Problem wird durch das Webersche Konzept selbst hervorgerufen, andere Probleme haben mit den spezifischen Schwierigkeiten zu tun, denen sich der Historiker bei der Erforschung der Vergangenheit generell und im Falle Hitlers im Besonderen gegenübersieht.

Was das Charisma-Konzept angeht, so stellt sich die Frage, ob die auf die Bewertung der charismatisch Beherrschten abgestellte Definition der sozialen Beziehung zwischen Führer und Anhängern, mit der Weber seine Ausführungen über die charismatische Herrschaft in Wirtschaft und Gesellschaft eröffnet, als hinreichende Definition gemeint ist. Weber nennt im Lauf seiner Erörterungen eine Reihe weiterer Kriterien für charismatische Herrschaft. Er kennzeichnet sie zum Beispiel als »ephemer«, »revolutionär«, »irrational« oder »wirtschaftsfremd«, ohne sich dazu zu äußern, ob diesen Kriterien ebenfalls konstitutive oder ob ihnen nur akzidentelle Bedeutung zukommt.

Das Problem läßt sich bis zu einem gewissen Grade von der idealtypischen Methode her auflösen. Der Idealtypus der charismatischen Herrschaft wäre dann als Summe aller genannten Eigenschaften zu definieren, der historisch seltene Fall der genuinen charismatischen Herrschaft käme diesem Modell nahe, und die anderen historischen Fälle wären durch die Differenz zum Idealtypus, also durch das Fehlen oder die nur partielle Ausbildung dieses oder jenes Kriteriums oder mehrerer Kriterien zu beschreiben. Unklar bleibt, wie groß diese Differenz sein darf, das heißt, welcher Kriterien es unbedingt bedarf, damit noch von charismatischer Herrschaft im Weberschen Sinne gesprochen werden kann.

Zu bemerken ist, daß Kriterien wie ephemer, revolutionär, irrational und wirtschaftsfremd im historischen Prozeß der Veralltäglichung des Charismas ganz oder teilweise, einzeln oder insgesamt aufgehoben werden können, ohne daß die Führer-Gefolgschaftsbeziehung als solche aufgehoben sein muß. Liegt in solchen Fällen eine charismatische Herrschaft vor? Läßt sich zum Beispiel eine Führer-Gefolgschaftsbeziehung als charismatisch einstufen, die durch ein Marketing-Konzept hervorgerufen wird, in das auf irrationale Wirkung abhebende Auftritte des Führers und scheinrevolutionäre Zielsetzungen integriert sind, das mithin im Kern rational und nicht irrational, konservativ und nicht revolutionär ist? Reicht es, daß für die zur Attitüde verkommenen Kriterien »irrational« und »revolutionär« Geltung behauptet werden kann, d.h., daß sie geglaubt werden, oder müssen sie auch Substanz besitzen und objektivierbar sein, was Weber ja explizit ausgeschlossen hat? Konstituiert dieser Glaube, der seiner Substanz nach zweckrational manipulierter Glaube ist, Charisma, veralltäglichtes Charisma oder etwas ganz anderes?

Die soziologische Weberinterpretation gibt hierauf unterschiedliche Antworten. Während Winfried Gebhardt diesen Fall als veralltäglichtes Charisma begreifen würde, sprechen Joseph Bensman und Michael Givant von »Pseudocharisma«. Man könnte diese Differenz als pures Begriffsproblem abtun, ginge es nicht zugleich um eines der wichtigsten Kontrollelemente, das Weber in das Charisma-Konzept eingeführt hat, nämlich die Bewährung. Wie bewährt sich Charisma? Ist der Glaube der Anhänger an den Führer hinreichend, oder muß der Führer sein Charisma durch objektivierbare Erfolge bewähren? Der Einwand, daß der Glaube ohne objektivierbare Erfolge ohnehin zusammenbreche, trifft gerade im Fall von Marketing-Konzepten unter Umständen gar nicht zu. Diese Wirkung muß aber auch sonst, zum Beispiel in totalitären Systemen, die eine ausgefeilte Propagandamaschinerie besitzen, nicht eintreten, und sie wird nahezu immer mit erheblichen zeitlichen Verzögerungen eintreten.

Bewährung setzt gesellschaftlich oder kulturell vermittelte Maßstäbe voraus, also eine akzeptierte Idee oder Vorstellung von Charisma. Was aber bewährt sich im Falle des Marketing-Konzepts: das Marketing-Konzept oder das Charisma-Ideal

266

als Vermarktungskonzept? Als solches ist es veralltäglichtes Charisma, doch was für eine soziale Beziehung ruft seine Verwendung hervor? Kann als Marketing-Konzept veralltäglichtes Charisma eine charismatische Sozialbeziehung konstituieren, und, wenn ja, woran wird dies gemessen? Was gilt hier und wer wertet? Die von Weber verwendeten Begriffe »gelten«, »werten« und »glauben« sind offenbar sehr ungenau. Orientiert man sich ausschließlich an ihnen, gerät man in einen Relativismus, der keine auch nur annähernd verläßliche Kontrolle ermöglicht. Man wird die Theorie Webers also gegen den ihr innewohnenden Operationalisierungsrelativismus in Schutz nehmen müssen und seine Kerndefinition von Charisma als nicht hinreichende, durch objektive Kriterien, deren er ja viele nennt, zu ergänzende Definition betrachten müssen. Anders formuliert: Es macht für den Historiker wenig Sinn, von charismatischer Herrschaft zu sprechen, wenn diese keine strukturellen Folgen zeitigt und nicht objektivierbar ist, sondern sich ausschließlich aufgrund subjektiven Geltens und Wertens konstituiert. Ein solcher Begriff wäre für den Historiker nicht operationalisierbar.

Diese Schlußfolgerung wird durch die Quellenprobleme, mit denen es der Historiker zu tun hat, gestützt. Orientiert man sich an Webers Kerndefinition von Charisma und betrachtet sie als hinreichend, so gerät vorrangig persönliches Bekenntnisschrifttum in den Blick, eine Quellenart, die im Einzelfall wegen möglicher Stimmungsschwankungen nicht sehr zuverlässig ist, große Probleme qualitativer Bewertung aufwirft und in der Regel über den Einzelfall hinaus wenig aussagt. Wertet man sie in großer Zahl aus, lassen sich repräsentative Aussagen aus ihnen nur bei sehr dichter Überlieferung und auch dann nur für relativ kleine Gruppen und um den Preis einer relativ weichen Begrifflichkeit ableiten. Bei modernen Massengesellschaften gerät diese Methode sehr schnell an ihre Grenzen. Repräsentativität läßt sich hier nur durch die Auswertung von Meinungsumfragen und in besonders günstig gelagerten Fällen auch von Wahlergebnissen erreichen.

Im Falle von Hitlers Charisma liegen Meinungsumfragen nicht vor und sind Wahlergebnisse kaum für eine Analyse brauchbar. Die Wahlen und Plebiszite nach dem 30. Januar 1933 sind – mit einer gewissen Ausnahmestellung der Wahlen am 5. März 1933 – nicht als freie Meinungsäußerungen zu werten und geben auch dann keinen verwertbaren Anhaltspunkt, wenn sie – wie die Volksabstimmung über die Zusammenlegung der Ämter des Reichspräsidenten und des Reichskanzlers am 19. August 1934 – als persönlicher Vertrauensbeweis für Hitler konzipiert waren. Die Wahlen der Jahre 1930 bis 1932 wiederum fanden vor dem Hintergrund einer extremen Not- und Krisenlage statt, so daß die Ergebnisse kaum als Bestätigung für Hitlers Charisma gewertet werden können. In solchen Zeiten pflegt eine unverbrauchte Fundamentalopposition, die mit dem Appell an Klassensolidarität und/oder nationale Größe kombiniert ist, wie sie die NSDAP und die KPD betrieben, wohl immer zu greifen.

Zudem kann die Wahlpropaganda der NSDAP in diesen Jahren nicht auf die Verbreitung eines charismatischen Führerbildes reduziert werden. Die NSDAP präsentierte sich vielmehr als Volkspartei und konnte durch die Vielzahl ihrer berufs- und gruppenspezifischen Gliederungen durchaus diesen Anspruch mit Substanz füllen. Gerade weil diese Partei nicht streng zentralistisch durchorganisiert war, vermochte sie eine arbeitsteilige Strategie zu entwickeln, in der eine zielgruppenspezifische Interessenvertretung an der Basis mit allgemeinen Einheitsappellen an der Parteispitze wirksam kombiniert wurde. Die NSDAP war ihren Konkurrenten in dieser Hinsicht weit überlegen. Sie war es auch noch in anderer Hinsicht. Die an »ewigen« nationalistischen Werten und grundsätzlichen rassistischen Dogmen orientierte Unver-

268

bindlichkeit und Allgemeinheit ihres Programms ermöglichte ihr überraschend präzise Zugriffe in wichtigen Sachfragen. So zog die NSDAP als einzige Partei der Weimarer Republik in den entscheidend wichtigen Wahlkampf für die Juli-Wahlen im Jahre 1932 mit einem modernen Beschäftigungsprogramm, das heißt, sie fand als einzige eine Antwort auf die zentral wichtige Arbeitslosenfrage. Unter diesen Umständen sind Historiker gar nicht imstande, wirkungsgeschichtliche Aussagen zu machen, die sich auf einen, noch dazu höchst diffusen, Propagandaaspekt beschränken. Das charismatische Führer-Bild, das die NSDAP von Adolf Hitler verbreitete, läßt sich nicht in diesem komplexen Umfeld isolieren und wirkungsgeschichtlich beschreiben.

Der Fall Hitler ist aber noch aus einem anderen Grund schwierig. In der NSDAP entstand schon sehr früh, nämlich in den Jahren 1923, 1924 und 1925, ein Propagandakonzept, das wesentlich auf dem Hitler-Charisma bzw. dem Führer-Mythos beruhte. Dieses Konzept besaß eine erhebliche zweckrationale Funktionalität. Es diente objektiv – und wohl auch strategisch – der Integration des sich zur NSDAP bekennenden völkischen Milieus und der Erschließung der völkischen Bewegung durch die NSDAP. Das Charisma Hitlers war dazu geeignet, weil es neben dem Antisemitismus der kleinste gemeinsame Nenner war, auf den man sich im programmatisch zersplitterten völkischen Lager einigen konnte. Es gab daher bei den Anhängern Hitlers zweierlei Glauben. Neben dem an Hitler wirklich glaubenden Parteigenossen gab es den Typus des funktionalen Bekenners. An Hitler zu glauben, war für diesen Typus eine Frage der Parteiräson. Selbst Parteigrößen wie Gregor Strasser, die Hitler persönlich bis zuletzt skeptisch gegenüberstanden, propagierten daher das charismatische Führerbild.

Meinungsäußerungen aus dem inneren Führungskreis der NSDAP, von Heß, Göring, Goebbels u.a., die einen großen

269

Teil des in der Forschung ausgewerteten Quellenmaterials darstellen, belegen daher nicht in erster Linie die Verbreitung des charismatischen Führerglaubens, sondern vielmehr die Verbindlichkeit des mit dem Charisma arbeitenden Propagandakonzepts. Dies trifft *mutatis mutandis* auch auf Äußerungen aus dem Funktionärskorps der NSDAP zu.[521] Bestätigt wird dieses Bild durch eine Vielzahl abschätziger Äußerungen über die Person Hitlers, die aus diesem Kreis als private, nicht öffentliche Meinungsbekundungen bis 1933 überliefert sind und ganz erheblich von jenem Bild abweichen, das der »Völkische Beobachter« zeichnete.[522] Der Historiker kann daher auf der Basis dieses Materials wohl feststellen, daß die NSDAP seit 1925 mit einem charismatischen Führerkonzept Propaganda betrieb, kann aber auf dieser Basis keine gesicherten Aussagen über die Wirkungen machen, die dies auf die soziale Beziehung zwischen Führer und Gefolgschaft in der NSDAP und außerhalb in den Jahren 1925 bis 1933 hatte. Als Beurteilungsgrundlage für die Verbreitung von Hitlers Charisma hat dieses Material keinen Wert; denn es belegt lediglich die Verbindlichkeit des Propagandakonzepts.

Nach dem 30. Januar 1933 vermehrte sich dieses Material beträchtlich, weil das Propagandakonzept der NSDAP nun zum offiziellen Propagandakonzept des »Dritten Reiches« wurde. Seine Referenzebene erweiterte sich nun um die des Staates, und es wurde, jedenfalls innerhalb Deutschlands, immer schwerer, von der Propagandalinie abweichende Meinungen öffentlich und privat zu äußern. Wer dies dennoch tat, lief Gefahr, ins Konzentrationslager eingewiesen oder vor ein Sondergericht gestellt zu werden. Auch das für die Regimephase in großem Umfang vorliegende Berichtsmaterial, das in allen größeren Ämtern und Behörden erhoben wurde, ist nur begrenzt aussagefähig. Dies trifft erst recht auf die Ausforschung der Bevölkerung zu, die der Sicherheitsdienst des SD seit 1938 reichsweit betrieb.[523] Auch die Deutschland-

270

Berichte der SPD[524], die 1934 einsetzen, sind nicht, wie das häufig geschieht, zum Nennwert zu nehmen, sondern müssen quellenkritisch relativiert werden. Das Berichtswesen der unterschiedlichen Reichsinstanzen, das offiziell dem Zweck diente, Unzufriedenheiten aufzudecken, um ihre Ursachen abstellen zu können, besaß natürlich nur eingeschränkte Kritikrechte. Hitler war natürlich sakrosankt und von jeder Kritik ausgenommen. So ist denn die *façon de parler*, »wenn das der Führer wüßte«, ebenso ein Strukturelement des Systems wie die Tatsache, daß eine gelegentlich erstaunlich weitgehende Kritik an einzelnen Maßnahmen, Einrichtungen und Ministerien im »Dritten Reich« nur möglich war, solange sie durch die Versicherung abgefedert wurde, daß der »Glaube« an Hitler hiervon natürlich unberührt sei. Hieraus erklärt sich zu einem wesentlichen Teil, daß der Hitler-Mythos sich in den Quellen bis in die letzten Kriegstage hinein nachweisen läßt.[525]

Das Propaganda-Material, das sich auf Hitlers Charisma bezog, vermehrte sich nach dem 30. Januar 1933 aber nicht nur, sondern es nahm auch eine andere Gestalt an. Es wurde gewissermaßen von allen realitätsbezogenen Schlacken gereinigt und dem idealtypischen Konzept immer mehr angenähert. Auf diese Weise entstand das Bild genuinen Charismas. Dies wurde nicht nur durch die Ausdehnung der Kontrolle und deren in den Essentials lückenloses Funktionieren bewirkt, sondern vor allem durch das Medium des Films und der Fotografie, das dem NS-Regime nun vollständig zur Verfügung stand und das es virtuos handhabte. Für ein Propagandakonzept, das darauf beruhte, in geschlossenen Räumen und mit immer denselben Statisten und Claqueuren zu inszenieren, bot sich im Film die ideale Möglichkeit, die störende Realität wegzuschneiden, wegzuretuschieren oder gar nicht erst ins Bild zu rücken. Dem Filmschnitt konnte, wie das Beispiel von Leni Riefenstahls Film »Triumph des Wil-

271

lens« zeigt, ein Konzept unterlegt werden, das losgelöst von Zeitfolgen und Raumgebundenheit dem idealtypischen Charisma-Drehbuch folgte. Ohne jedes Risiko des »Rückfalls« in die Realität konnten Film und Bild beliebig oft reproduziert und überall hin verbreitet werden. Auf diese Weise entstand hochsuggestives zirkuläres Material, das ins Bild setzte und damit als real behauptete, was zu großen Teilen Fiktion war.

Gewiß ist die Annahme erlaubt, daß der in Bild und Film erscheinende charismatische Führer »ankam« und Akzeptanz fand, daß sich eine medial vermittelte »Fan-Gemeinde« aufbaute, doch hierüber kann der Historiker angesichts der Quellenlage keine gesicherten Aussagen machen. Historiker, die dies dennoch tun, erweisen sich als letzte Opfer der nationalsozialistischen Propagandainszenierungen und ihrer Manipulationskunst. Natürlich kann man auch heute noch von diesen Filmstreifen hingerissen sein; denn wie schon Bert Brecht über die nationalsozialistischen Propagandainszenierungen bemerkte: »Das ist sehr interessantes Theater.«[526] Und der Hauptdarsteller hatte seine Rolle offenkundig gelernt: »Er lernte zum Beispiel den Bühnenschritt, das Schreiten der Helden, bei dem man das Knie durchdrückt und die Sohle ganz aufsetzt, um den Gang majestätisch zu machen. Auch die eindrucksvolle Art, die Arme zu kreuzen, lernte er, und auch die lässige Haltung wurde ihm einstudiert.«[527]

Und doch ist der Zusammenhang zwischen dieser Form vorgespiegelten genuinen Charismas und dem Auftreten genuinen Charismas in der Geschichte womöglich enger, als auf den ersten Blick erkennbar ist; denn es läßt sich natürlich auch kritisch zu Weber hin fragen, ob genuines Charisma nicht in jedem Fall auf Realitätsausblendung beruht, sei diese nun durch Wahrnehmungsschranken, den Filmschnitt hervorgerufen oder durch lückenhafte Quellenüberlieferung. Für die großen Urbilder des Charisma – Jesus, Alexander der

272

Große, Caesar und Augustus – gilt dies allemal. In diesen Fällen ist Charisma weitgehend Legende.[528] Genuines Charisma ist dies wohl immer.

Natürlich soll hier nicht behauptet werden, daß Legenden keine Wirkung haben. Doch in komplexen modernen Gesellschaften mit vernetzten Politikfeldern, deren Quellenüberlieferung nicht durch die Jahrtausende hindurch ausgedünnt worden ist, entstehen für den Historiker Zurechnungsprobleme, die er nicht zu lösen vermag, wenn er nach den Wirkungen legendenhafter Politikelemente fragt. Die Geschichte von Hitlers Charisma nach 1933 zeigt dies ganz deutlich. Obgleich der Personenkult um Hitler in der NSDAP bis zur Machtergreifung eingespielt war und nach dem 30. Januar zu einem wesentlichen Element des öffentlichen Staatspropaganda-Zirkus wurde, hat sich ein wesentlicher Teil der Öffentlichkeit in Deutschland ganz offenkundig einen nüchterneren Blick bewahrt. Diese Blickperspektive ist methodisch außerordentlich interessant, weil sie die Tatsache akzentuiert, daß die Situation, die der Kanzler Hitler am 30. Januar 1933 vorfand, Chancen für den Erwerb bzw. die Bewährung von Charisma bot, die aus dem Amt, den Aufgaben und der Macht des Reichskanzlers immer, und in Krisenzeiten in besonderer Weise, resultieren. Neben Hitlers Charisma wirkte nun ein Amtsbonus, den es zu bewähren galt und an dessen Bewährung sich ganz konkrete Interessen knüpften.

Die unauflösliche Amalgamierung nüchterner Erwartungshaltungen und charismatischer Hoffnungs- und Traditionselemente zeigt die Begrüßung, die der Regierung der nationalen Konzentration am 31. Januar 1933 in den Münchener Neuesten Nachrichten durch einen überzeugten Monarchisten zuteil wurde, der nicht im Verdacht stand, ein Bewunderer Adolf Hitlers zu sein, den Freiherrn Erwein von Aretin: »Wir haben in den letzten Monaten einen beispiellosen Verfall der staatlichen Ordnung gesehen [...]. Wir haben [...] eine so lange Spanne des führenden Intrigierens um die Macht hinter uns, daß wir uns selbst verleugnen würden, gäben wir nicht ehrlich der Hoffnung Ausdruck, daß diese Wendung von Dauer sei, und daß die Größe der Aufgabe die neuen Männer herausrisse aus der Enge und der Dumpfheit der Parteien in eine Welt, in der es nur mehr Deutsche gibt und ihre Feinde [...]. Als ein riesiger, zu bewältigender Berg liegt vor der neuen Regierung das größte wirtschaftliche Problem unserer Tage, die Arbeitslosigkeit, deren wirksame Bekämpfung keiner ihrer Vorgängerinnen möglich war. Das Kabinett Hitler wird sich dessen bewußt sein, daß nichts ihm so viel Vertrauen erwerben könnte wie Erfolge, die es hier zu erzielen vermöchte. [...] Hier muß gezeigt werden, ob dem Kritiker so vieler Jahre ein besseres Können entspricht.«[529]

Das Zurechnungsdilemma wird jedoch keineswegs geringer, wenn wir die Kategorie des Erfolgs in die Betrachtung einbeziehen; denn sie ist ja mit der Kategorie der Bewährung des Charismas im Weberschen Sinn keineswegs identisch. Zudem unterliegt sie denselben subjektiven Beurteilungskriterien wie die Wirkung des Charismas auch. Aus dem Zurechnungsdilemma gibt es auch in diesem Fall nur einen Ausweg, nämlich nicht nach Wirkungen zu fragen, sondern nach Politik und ihren Objektivierungen. Tatsächlich betrieben die Nationalsozialisten nach 1933 nicht mehr nur eine Politik der Inszenierung des Charismas, sondern daneben auch eine Politik der Akkumulierung von Amtscharisma, die einerseits eng mit der Etablierung der Führerdiktatur verknüpft war, andererseits aber natürlich von den Möglichkeiten abhing, der Politik Hitlers auf den verschiedenen Feldern Erfolge zurechnen zu können, die auf breitere Resonanz stießen.

Nun ist es hier nicht möglich, die Errichtung der Führerdiktatur und die Politik des Kabinetts Hitler während dieser Phase Revue passieren zu lassen. Auch kann die Vielzahl der Maßnahmen weder ausschließlich noch vorrangig dem Ziel

274

zugeordnet werden, Hitlers Amtscharisma als Reichskanzler zu bewähren und auszubauen, obgleich vieles praktisch diese Konsequenz hatte. Statt dessen seien zwei Bereiche herausgegriffen, die in diesem Zusammenhang besonders signifikant sind: der aktive Versuch Hitlers, das Charisma Hindenburgs für sich zu vereinnahmen und das Amtscharisma des Reichspräsidenten auf sich selbst überzuleiten, sowie die Etablierung eines effizienten, wenn man so will, immediaten und verkürzten Regierungshandelns durch Terror.

Im Unterschied zu Ludendorff, dessen Rolle in der Politik mit dem gescheiterten Putsch vom 9. November 1923 im wesentlichen ausgespielt war, stellte Hindenburg, seit er 1925 als Nachfolger Eberts zum Reichspräsidenten gewählt worden war, im völkisch-konservativen Lager eine direkte Herausforderung für Hitler dar. Hindenburg besaß, was Hitler nicht besaß, den Ruhm des erfolgreichen Feldherrn, eine traditional geprägte Herkunft, Besitz und Würde des Alters, kurz: Er war eine gestandene, in mancher Hinsicht sogar charismatische Persönlichkeit. Obgleich Hitler Hindenburg durch seine Kandidatur bei der Reichspräsidentenwahl im März/April 1932 offen und gar nicht so erfolglos herausgefordert hatte, blieb er im Vergleich zu Hindenburg eine blasse Figur. Selbst Nationalsozialisten trauten ihm das Reichspräsidentenamt nicht zu. So faßte der Regierungspräsident von Unterfranken im März 1932 aus dem Kreis der NSDAP stammende Meinungsäußerungen so zusammen: »Hitler habe sich bisher nur als politischer Agitator bestätigt; man könne sich ihn jedoch nicht als Reichspräsidenten vorstellen.«[530]

Die Konfrontation mit Hindenburg bekam Hitlers Prestige im Laufe des Jahres 1932 nicht besonders gut. Hindenburg war auch nach den für die NSDAP so außerordentlich erfolgreichen Reichstagswahlen vom 31. Juli 1932 nicht bereit, Hitler zum Reichskanzler zu ernennen. Diese Zurückweisung und Hitlers Entscheidung, jede bloße Regierungsbeteiligung abzulehnen, trugen erheblich dazu bei, die Skepsis gegenüber den politischen Fähigkeiten Hitlers zu verstärken. Vor diesem Hintergrund geriet Hitlers Führungsanspruch in der NSDAP nach den verlustreichen Wahlen vom 6. November 1932 in die wohl ernsteste Krise seit 1925. Viele sahen den Stern Hitlers bereits sinken.

Nach der Ernennung zum Reichskanzler setzte Hitler alles daran, sein Image durch das Prestige Hindenburgs aufzubessern und sich mit Hindenburgs Hilfe in die Traditionslinie der großen Deutschen zu stellen. Den Ausgangspunkt stellte der sorgfältig inszenierte Tag von Potsdam dar, an dem die preußisch-deutsche Militärtradition und ihre politischen Repräsentanten, allen voran Hindenburg – in der Garnisonkirche in einem gemeinsamen Festakt mit den Repräsentanten der NSDAP und ihrer Gliederung verbunden –, für das Amtscharisma des Reichskanzlers in Dienst genommen wurden. Das Bild vom Handschlag des Reichskanzlers im Smoking und des Reichspräsidenten in voller ordensgeschmückter kaiserlicher Uniform, das Hitler in höflicher Verneigung vor Hindenburg zeigt, wurde zum Symbol der Versöhnung und wirkte wie ein moderner Ritterschlag. Es wurde zu einem der beliebtesten Postkartenmotive im Dritten Reich. Noch klarer bringt eine andere Postkarte aus dem Jahr 1933 den Versuch zum Ausdruck, das Amtscharisma des Reichskanzlers mit einer historischen Aura zu umgeben und auf diese Weise aufzuwerten. Sie zeigt von links nach rechts aus dem Bild kommend die Köpfe von Friedrich II., Bismarck, Hindenburg und Hitler und trägt die Bildunterschrift: »Was der König erobert, der Fürst formte, der Feldmarschall verteidigte, rettete und einigte der Soldat.«[531]

Natürlich zielte diese Politik nicht nur darauf, die Figur Hitlers auf das Niveau des Amts des Reichskanzlers zu heben und mit dessen charismatischem Anspruch durch eine Art

276

Ritterschlag oder Salbung zu versöhnen, sondern auch darauf, Amt und Inhaber über das normale Maß bisheriger Reichskanzler hinauszuheben und »ihm« eine nichtdemokratische »historische« und autokratische Legitimation zu verschaffen. Letztlich aber konnte der Führeranspruch mit dem Reichskanzleramt kaum befriedigt werden, und so bot Hindenburgs Tod am 2. August 1934 den willkommenen Anlaß, das Charisma des Reichspräsidentenamts und ihres Inhabers auf Hitler zu übertragen. Die Art und Weise, wie dies vollzogen wurde, zeigt, wie unsicher sich Hitler seines eigenen Charismas noch immer war. Er wagte es nicht, sich zum Nachfolger Hindenburgs wählen zu lassen, sondern ließ das Reichspräsidentenamt erlöschen und sich die »bisherigen Befugnisse des Reichspräsidenten«[532] übertragen. Daß Hitler von nun an im inneren Schriftverkehr die offizielle Amtsbezeichnung »Führer und Reichskanzler« führte,[533] zeigt jedoch, daß damit gleichzeitig eine Übertragung von Charisma suggeriert werden sollte, die in die äußere Form der Ehrerbietung vor dem »großen Toten« und der Bescheidenheit seines tatsächlichen Erben gekleidet wurde: »Die Größe des Dahingeschiedenen«, so schrieb Hitler am 2. August 1934 an Innenminister Frick, »hat dem Titel Reichspräsident eine einmalige Bedeutung gegeben. Er ist nach unser aller Empfinden in dem, was er uns sagte, unzertrennlich verbunden mit dem Namen des großen Toten.«[534]

Der »Führer und Reichskanzler« hatte in seiner Person allerdings mehr vereinigt als die Ämter des Reichskanzlers und des Reichspräsidenten: Er war zum charismatischen Führer mit souveränen Rechten geworden, der nun mit seinem Volk direkt verkehrte. Ausdruck fand dies in der plebiszitären Akklamation, die dem Staatsakt folgte.

Soldaten und Beamte pflegen in modernen Staaten auf die Verfassung vereidigt zu werden, und so war dies auch in der Weimarer Republik üblich gewesen. In einem Akt des vorauseilenden Gehorsams hatte Reichskriegsminister Blomberg

277

noch vor Hindenburgs Tod am 1. August 1934 im Reichska-
binett angekündigt, daß er beabsichtige, »unmittelbar nach
dem Ableben des Reichspräsidenten die Soldaten der Wehrmacht auf den Führer und Reichskanzler Adolf Hitler zu
vereidigen«.[535] Die Vereidigung erfolgte tatsächlich noch am
darauffolgenden Tage: »Ich schwöre bei Gott«, so lautete die
Formel, »diesen heiligen Eid, daß ich dem Führer des Deutschen Reiches und Volkes Adolf Hitler, dem Oberbefehlshaber der Wehrmacht, unbedingten Gehorsam leisten und als
tapferer Soldat bereit sein will, jederzeit für diesen Eid mein
Leben einzusetzen.«[536]

Der Schritt, den Blomberg ohne jede Not getan hatte, war
keineswegs Ausdruck der am 2. August 1934 veränderten ver-
fassungsrechtlichen Lage, denn die Soldaten der Reichswehr
und die Staatsbeamten waren schon seit Dezember 1933 nicht
mehr auf die außer Kraft gesetzte, wenn auch nicht aufgeho-
bene Weimarer Reichsverfassung vereidigt worden, sondern
auf »Volk und Vaterland«.[537] An diese Stelle trat nun Hitler
als souveräne Verkörperung des Volkswillens. Die gesetzliche
Regelung, die erst am 20. August 1934 erfolgte, schrieb diese veränderte Verpflichtung formal dann gleich auch für die
Staatsbeamten vor.[538] Die Vereidigung auf den Führer war von
nun an eine der vielen mythischen Zeremonien, in denen das
nationalsozialistische Regime sich öffentlich inszenierte.

Die Immediatbeziehung zwischen dem Führer und seinen
Soldaten und Beamten, die in der Eidesformel zum Ausdruck
kam, fand ihre Ergänzungen durch die vom Reichspräsi-
denten auf den Führer übertragene Befugnis, Offiziere und
Reichsbeamte zu ernennen und zu entlassen. Angesichts des
Massencharakters dieser Aufgabe blieb natürlich auch Hitler
nichts anderes übrig, als sie zu großen Teilen an die obersten
Reichsbehörden zu delegieren. Das »Recht der persönlichen
Entscheidung« behielt er sich jedoch für »besondere Fälle«
vor.[539]

278

Der Akt der Übertragung souveräner Volksrechte an den Führer, der durch das Gesetz über das Staatsoberhaupt vom 1. August geregelt worden war, wurde durch plebiszitäre Akklamation legitimiert. Er sollte, wie Hitler formulierte, »die ausdrückliche Sanktion des deutschen Volkes« erhalten. Dabei wurde Hitler von kryptischen Vorstellungen einer Vertragstheorie geleitet, wie sie für cäsaristische Regime typisch ist. »Fest durchdrungen von der Überzeugung, daß jede Staatsgewalt vom Volke ausgehen und von ihm in freier und geheimer Wahl bestätigt sein muß«, ordnete er für den 19. August ein Plebiszit an,[540] das, totalitären Wahlbedingungen zum Trotz, mit 10,1 Prozent gültigen Nein-Stimmen und 2 Prozent ungültigen Stimmen ein beträchtliches Oppositionspotential zeigte.

Die souveräne Stellung des Führers kam nun auch darin zum Ausdruck, daß Hitler durch ein geheimes Reichsgesetz vom 1. August 1934 das Recht erhielt, »für den Fall seines Tods oder sonstiger Erledigung der in seiner Person vereinigten Ämter« seinen Nachfolger selbst zu ernennen. Er übte diese Befugnis am 19. Dezember 1934 aus, indem er Hermann Göring für diesen Fall zu seinem Nachfolger bestimmte und zugleich festschrieb, daß auch er »unmittelbar« nach Hitlers Tod »die Mitglieder der Reichsregierung, die Wehrmacht des Deutschen Reiches sowie die Formationen der SA und SS auf seine Person zu vereidigen« habe.[541] Die Regelung hielt bis in die Apriltage des Jahres 1945, als Hitler in einer letzten Aufbäumung ohnmächtigen Zorns den »Verräter« Göring absetzte und schließlich Dönitz zu seinem Nachfolger bestimmte. Hitlers Recht, dieses zu tun, war auch jetzt völlig unangefochten, und selbst die Kriegsgegner haben es akzeptiert. Nichts vermag die gelungene Akkumulierung von Charisma im Amt des souveränen Führers deutlicher zu zeigen als diese völlig unangefochtene Autorität im Untergang.

Ein wesentliches Mittel der Akkumulierung von Macht

279

beim Führer auf charismatischem Wege stellt auch der Terror gegen vermeintliche Volksfeinde dar. Er bedarf in der Regel der Rechtfertigung durch eine außerordentliche Notsituation, die außerordentliche und das heißt außerrechtliche Maßnahmen des Führers zu erfordern scheint, der sich dadurch als Retter in der Not und damit als Führer bewährt. Auch in diesem Fall entsteht eine imaginäre Immediatbeziehung zwischen Führer und Volk; der Führer handelt einerseits als Oberster Richter und genuine Rechtsquelle im Namen des Volkes und des »gesunden Völkerempfindens«, eines verballhornten Naturrechts, an allen erheblichen Rechtswegen vorbei, und er rettet andererseits durch dieses Handeln das Volk aus einer realen, meist aber nur real wirkenden fiktiven Notlage.

Eine der Grundfiguren, mit denen Notlagen während der nationalsozialistischen Ära zum Zwecke der Rechtfertigung außerrechtlicher Gewaltmaßnahmen konstruiert wurden, war das Komplott. Schon die sogenannte Reichstagsbrandverordnung vom 28. Februar 1933, die die Grundrechte der Weimarer Verfassung »bis auf weiteres« außer Kraft setzte, arbeitete mit der Fiktion eines kommunistischen Umsturzes. Sie wurde zur Grundlage des Terrors, der nun nach Belieben gegen »Staatsfeinde« gerichtet wurde, deren Couleur die Regierung und mehr und mehr die Nationalsozialisten in und außerhalb der Regierung bestimmten. Die Fiktion der außerordentlichen Situation, die außerordentliche Maßnahmen erfordere, ist in der Rechtfertigung für den Terrorapparat, den das NS-Regime zu diesem Zweck aufbaute, überall nachweisbar und in der Regel schon an der Bezeichnung abzulesen (Sondergerichte, Schutzhaft, Konzentrationslager).

Das Paradebeispiel stellt der sogenannte Röhm-Putsch dar, ein glaubhaft vorgetäuschtes Komplott der SA, das Hitler, Göring und Himmler zu dem Zweck inszenierten, die Liquidierung der SA-Führung zu rechtfertigen. Obgleich Reichsjustizminister Gürtner den Versuch machte, das dem Recht

280

hohnsprechende Vorgehen Hitlers und seiner Schergen mit Hilfe des Begriffs der »Staatsnotwehr« im Sinne rechtsstaatlicher Normen anschlußfähig zu machen, bekannte sich Hitler nicht nur offen zu seinen Taten, sondern auch zu deren außerordentlichen und außerlegalen Charakter, und zwar unter ausdrücklichem Bezug auf seine Rolle als Führer: »Wenn mir jemand einen Vorwurf entgegenhält, weshalb wir nicht die ordentlichen Gerichte zur Aburteilung herangezogen hätten«, so erklärte Hitler am 13. Juli 1934 im Reichstag, »dann kann ich ihm nur sagen: In dieser Stunde war ich verantwortlich für das Schicksal der deutschen Nation und damit des deutschen Volkes oberster Gerichtsherr.«[542]

Das Stichwort des obersten Gerichtsherrn nahm der Staatsrechtler Carl Schmitt wenige Tage später, am 1. August 1934, zum Anlaß für grundlegende Betrachtungen zur Rolle des Führers als Richter: »Der Führer schützt das Recht vor dem schlimmsten Mißbrauch, wenn er im Augenblick der Gefahr Kraft seines Führertums als oberster Gerichtsherr unmittelbar Recht schafft. [...] Der wahre Führer ist immer auch Richter. Aus dem Führertum fließt das Richtertum. [...] In Wahrheit war die Tat des Führers echte Gerichtsbarkeit. Sie untersteht nicht der Justiz, sondern war selbst höchste Justiz.«[543]

Das Selbstverständnis des Führers als oberster Richter läßt sich bei Hitler schon 1933 nachweisen,[544] aber Politik mit Aussicht auf Verwirklichung konnte hieraus erst infolge der Paralysierung der Präsidialmacht durch die Krankheit und den Tod Hindenburgs werden, wenn man vom außernormativen Gewaltanspruch von SA, SS und Gestapo absieht, der sich 1933 praktisch etablierte und sich nur entfalten konnte, weil Hitler dies deckte oder doch zumindest die legalen Gewalten gegen diesen als revolutionär verbrämten Terror nicht zu Hilfe rief. Nach der Zäsur des Sommers 1934 ging die Entwicklung rasch voran. Dabei spielten die Berufung auf das sogenannte gesunde Volksempfinden und den »Geist« der

281

nationalsozialistischen Weltanschauung die entscheidende Rolle bei der Veränderung des Rechtsbewußtseins.

In beiden Berufungsgründen spielte Hitler als Führer eine entscheidende Rolle; denn er war der autoritative Interpret sowohl des Volkswillens als auch der NS-Weltanschauung. Dies kam bereits in der Änderung des Strafrechts vom 28. Juni 1935 zum Ausdruck, die es Richtern zur Pflicht machte, vom Buchstaben des Rechts abzuweichen und zu prüfen, ob eine Tat »nach dem Grundgedanken eines Strafgesetzes oder nach gesundem Volksempfinden Bestrafung verdient«.[545] Was das in der Praxis hieß, machte der »Reichsrechtsführer« Hans Frank unmißverständlich deutlich: »Grundlage der Auslegung aller Rechtsquellen ist die nationalsozialistische Weltanschauung, wie sie insbesondere in dem Parteiprogramm und den Äußerungen unseres Führers ihren Ausdruck findet.«[546] Gelegentlich griff Hitler auch in laufende Verfahren ein und machte auf diese Weise deutlich, daß er die letzte Rechtsinstanz im Dritten Reich zu sein beanspruchte. Anläßlich einer solchen Intervention schrieb der Chef der Reichskanzlei, Hans Lammers, dem Reichsjustizminister Franz Gürtner am 23. November 1938, daß »die Auslegung, die der Führer und Reichskanzler als letztlich alleiniger Gesetzgeber des Dritten Reiches einem von ihm erlassenen Gesetz gibt, [...] von besonderer Bedeutung« sei.[547] Im Krieg – am 26. April 1942 – ließ sich Hitler dann sogar per Akklamation des Reichstages das Recht bestätigen, Richter aus ihren Ämtern zu entfernen, die »ersichtlich das Gebot der Stunde nicht erkennen«.[548]

Die Aura, die Hitler als oberster Richter des deutschen Volkes aufbaute und die mit seinem Amtscharisma oder genauer dem Charisma der in seiner Hand vereinten Ämter zusammenfloß, ist ambivalent. Einerseits kam die Attitüde des unter Umständen persönlich eingreifenden Diktators, der an schwerfälligen Rechtswegen vorbei rasch zu handeln vermochte und »die Schuldigen bestrafte«, populistischen Vor-

282

stellungen vom harten und schnellen Durchgreifen entgegen, vor allem dann, wenn sie gegen »klassische« Gruppen von Übeltätern gerichtet war, die lynchjustizartiges Vorgehen von jeher auf sich gezogen haben, wie Schwerverbrecher, Plünderer etc. Andererseits wußte jeder, daß die Gleichheit vor dem Gesetz im »Dritten Reich« aufgehoben war, Bagatellvergehen immer wieder unproportional hart bestraft wurden und neben dem Rechtsweg, der unsicher genug geworden war, außernormative terroristische Vollzugsorgane und Einrichtungen wie die Konzentrationslager bestanden, die Willkür ausübten, eine Willkür, die dem Amtscharisma Hitlers etwas orientalisch Unberechenbares verlieh. Jeder, der Hitler persönlich gegenübertrat oder ihn sah, besaß eine Disposition zur Angst, die ihm einen Schauer über den Rücken jagte, den »heilig« zu nennen es erheblicher Verdrängungskünste bedurfte.

Eine Charismapolitik zu nennende Strategie läuft zu wesentlichen Teilen darauf hinaus, in einer unübersichtlichen, differenzierten und komplexen Welt den Eindruck der Unmittelbarkeit/Direktheit zu etablieren, die in bestimmten Notlagen Handlungsfähigkeit herstellt oder suggeriert. Der in modernen Staaten wohl wichtigste und populärste Grund für Unübersichtlichkeit, Mittelbarkeit und zeitraubende Differenzierung ist die Bürokratie. Keine Herrschaft kann auf Dauer ohne bürokratische Strukturen auskommen. Auch die charismatische Herrschaft benötigt, um für Befehle Gehorsam zu finden, auf Dauer, also im Prozeß ihrer Veralltäglichung, einen Verwaltungsstab.

Der Verwaltungsstab der charismatischen Herrschaft, so Weber, besteht weder aus Beamten, wie in der legalen Herrschaft, noch aus Dienern, Standesgenossen oder Familienmitgliedern wie in der traditionalen Herrschaft. Er ist vielmehr »seinerseits nach charismatischen Qualitäten ausgelesen: Dem ›Propheten‹ entsprechen die ›Jünger‹, dem ›Kriegsfürsten‹ die ›Gefolgschaft‹, dem ›Führer‹ überhaupt: ›Vertrauensmänner‹.[549] Die Mitglieder des Verwaltungsstabes werden daher von der charismatischen Persönlichkeit »nach Eingebung«[550] berufen. Es fehlt daher alles, was die Behördenstruktur der legalen Herrschaft ausmacht. Der charismatische Herr regiert mit »Sendboten« und nur ad hoc und im Stör- oder Versagensfall. Er stützt sich nicht auf Satzungen, sondern schafft selbst Recht, »fordert neue Gebote«,[551] das heißt, er ruft zur Revolutionierung der [bestehenden Ordnung] Verhältnisse auf.[552] Die typische Denkfigur, in der dieser revolutionäre Anspruch der charismatischen Herrschaft zum Ausdruck kommt, ist der stereotype Satz: »Es steht geschrieben – ich aber sage euch.«[553]

Der charismatische Führer wählt seinen Verwaltungsstab aus einer »abgegrenzte[n] Gruppe von Menschen«[554] aus. Dieses Rekrutierungsprinzip ist wichtig; denn der Stab stellt sozusagen den inneren Kreis der auf personalen Beziehungen beruhenden charismatischen Herrschaft dar. Je mehr charismatische Autorität »ihren Charakter wahrt«, so Weber, desto weniger kann sie »als eine ›Organisation‹ im gewöhnlichen Sinn einer Ordnung von Menschen und Dingen nach dem Prinzip von Zweck und Mittel erfaßt werden«. Das heißt aber nicht, daß sie »einen Zustand amorpher Strukturlosigkeit« zeigt, vielmehr weist sie »eine ausgeprägte soziale Strukturform mit persönlichen Organen und einem der Mission des Charismaträgers angepaßten Apparat von Leistungen und Sachgütern« auf.[555]

Gewiß kann es nicht darum gehen, die NSDAP oder gar das nationalsozialistische Herrschaftssystem gänzlich von diesen Merkmalen her zu beschreiben. So wollte Weber seine Idealtypen nicht verstanden wissen. Vielmehr war ihm klar, daß real vorfindliche Herrschaftssysteme in der Regel »Mischformen« ausbilden und daß in der Moderne zudem der Typus der legalen, bürokratischen Herrschaft vorherrscht. Das gilt auch für Hitlers »synergetisches Charisma«.

284

Anmerkungen

»Charisma« bei Max Weber

1 Max Weber, Die »Objektivität« sozialwissenschaftlicher Erkenntnis, in: Ders., Soziologie. Universalgeschichtliche Analysen. Politik, herausgegeben von Johannes Winckelmann, Stuttgart ^{5}1973, S. 186–262, hier S. 240.

2 Vgl. Werner Bienfat, Max Webers Lehre vom geschichtlichen Erkennen: Ein Beitrag zur Frage der Bedeutung des »Idealtypus« für die Geschichtswissenschaft, Diss. Berlin 1930.

3 Zu Webers Herrschaftssoziologie vgl. Reinhard Bendix, Max Weber – Das Werk. Darstellung, Analyse, Ergebnisse, München 1960; ders./ Guenther Roth (Hrsg.), Scholarship and Partisanship. Essays on Max Weber, Berkeley 1980; Stefan Breuer, Bürokratie und Charisma. Zur politischen Soziologie Max Webers, Darmstadt 1994; Edith Hanke/ Wolfgang J. Mommsen (Hrsg.), Max Webers Herrschaftssoziologie. Studien zu Entstehung und Wirkung, Tübingen 2001.

4 Max Weber, Wirtschaft und Gesellschaft. Grundriss der verstehenden Soziologie, Tübingen ^{5}1980 S. 26.

5 Ebenda, S. 122 ff.

6 Ebenda, S. 124 ff., S. 127, S. 157; vgl. Stefan Breuer, Bürokratie und Charisma, S. 57.

7 Weber, Wirtschaft und Gesellschaft, S. 124; vgl. auch S. 387 ff.

8 Ebenda, S. 181 f.

9 Ebenda, S. 396, vgl. auch S. 468–482.; vgl. weiter Breuer, Bürokratie und Charisma, S. 41 ff.

10 Weber, Wirtschaft und Gesellschaft, S. 128.

11 Ebenda, S. 128 f.

12 Ebenda, S. 130.

13 Ebenda, S. 140.

14 Ebenda, S. 664.

15 Ebenda, S. 141.

16 Ebenda, S. 661, S. 657, S. 140 f.

17 Ebenda, S. 661, S. 658; vgl. auch S. 142.

18 Dies betont zu Recht Rainer Lepsius, Charismatic Leadership: Max Weber's Model and its applicability to the Rule of Hitler, in: Carl Friedrich Graumann/Serge Moscovici (Hrsg.), Changing Conceptions of Leadership, New York 1986, S. 53–66.

19 Weber, Wirtschaft und Gesellschaft, S. 661 f.

20 Ebenda, S. 656.

21 Ebenda, S. 142.

22 Ebenda, S. 660.

23 Ebenda, S. 141.

24 Ebenda, S. 143.

25 Ebenda, S. 661.

26 Ebenda, S. 142.

27 Ebenda, S. 146, vgl. auch S. 142 ff., S. 661.

28 Ebenda, S. 148.

29 Je reiner eine charismatische Autorität ihren Charakter bewahrt, so formuliert Weber, »desto weniger« kann sie »als eine ›Organisation‹ im gewöhnlichen Sinn einer Ordnung von Menschen und Dingen nach dem Prinzip von Zweck und Mittel erfaßt werden. Dennoch zeigt sie »nicht etwa einen Zustand amorpher Strukturlosigkeit, sondern ist eine ausgeprägte soziale Strukturform mit persönlichen Organen und einem der Mission des Charismaträger angepaßten Apparat von Leistungen und Sachgütern«, ebenda, S. 659. An anderer Stelle spricht Weber sogar von einer »charismatischen Struktur«, ebenda, S. 658.

30 Ebenda, S. 661.

31 Hermann Rauschning, Die Revolution des Nihilismus. Kulisse und Wirklichkeit im Dritten Reich, Zürich 1938.

32 Vgl. hierzu Theodor Schieder, Hermann Rauschning »Gespräche mit Hitler« als Geschichtsquelle, Opladen 1972.

33 Rauschning, Nihilismus, S. 12.

34 Ebenda, S. 38.

35 Ebenda, S. 39.

36 Ebenda, S. 34 f.

37 Ebenda, S. 60.

38 Vgl. hierzu insbesondere Hans Maier (Hrsg.), »Totalitarismus« und »Politische Religionen«. Bd. 1: Konzepte des Diktaturvergleichs,

286

Paderborn 1996; Ders. (Hrsg.), »Totalitarismus« und »Politische Religionen«. Bd. 2: Konzepte des Diktaturvergleichs, Paderborn 1997; Ders. (Hrsg.), »Totalitarismus« und »Politische Religionen«. Bd. 3: Deutungsgeschichte und Theorie, Paderborn 2003. Vgl. Wolfgang Hardtwig, Political Religion in Modern Germany: Reflections on Nationalism, Socialism, and National Socialism, in: GHI Bulletin 28 (2001), S. 3–36.

39 Rauschning, Nihilismus, S. 50.

40 Ebenda, S. 60.

41 Vgl. José Ortega y Gasset, Der Aufstand der Massen, Stuttgart/Berlin 1931.

42 Rauschning, Nihilismus, S. 60.

43 Vgl. zuletzt Ian Kershaw, Hitler 1889–1936, Stuttgart ²1998, S. 21.

44 Rauschning, Nihilismus, S. 60.

45 Ebenda, S. 60 f.

46 Ebenda, S. 58.

47 Vgl. ebenda, S. 51 ff.

48 Ebenda, S. 49.

49 Ebenda, S. 52–56.

50 Ebenda, S. 51.

51 Ebenda, S. 71.

52 Martin Broszat, Soziale Motivation und Führerbindung des Nationalsozialismus, in: VfZ 18 (1970), S. 392–409; Hans Mommsen, Der Nationalsozialismus und die deutsche Gesellschaft. Ausgewählte Aufsätze, Reinbek 1991.

53 Broszat, Soziale Motivation und Führerbindung, S. 399 f.; vgl. 403.

54 Ian Kershaw, Der Hitler-Mythos. Volksmeinung und Propaganda im Dritten Reich, Stuttgart 1980.

55 Kershaw, Hitler I, S. 9.

56 Das gleiche gilt für Hans-Ulrich Wehlers Beschreibung des NS-Herrschaftssystems im vierten Band seiner Deutschen Gesellschaftsgeschichte. Hans-Ulrich Wehler, Deutsche Gesellschaftsgeschichte. Vom Beginn des Ersten Weltkriegs bis zur Gründung der beiden deutschen Staaten 1914–1949, München 2003, S. 542 ff., 600 ff. Vgl. dazu meine Rezension in: H-Soz-u-Kult, 23. 10. 2003

57 Franz Neumann, Behemoth. Struktur und Praxis des Nationalsozialismus 1933–1944, Köln/Frankfurt a.M. 1977 (nach der amer. Ausgabe New York 1963).

58 Neumann, Behemoth, S. 111.

59 Ebenda.

60 Ebenda, S. 110 f.

61 Vgl. dazu Dieter Petzina, Autarkiepolitik im Dritten Reich. Der nationalsozialistische Vierjahresplan, Stuttgart 1968; Ludolf Herbst, Das nationalsozialistische Deutschland, 1933–1945. Die Entfesselung der Gewalt: Rassismus und Krieg, Frankfurt a. M. 1996.

62 Ernst Fraenkel, Der Doppelstaat, Köln/Frankfurt a. M. 1974 (aus dem Amerikanischen ins Deutsche zurückübersetzt nach der Ausgabe von 1940).

63 Weber, Wirtschaft und Gesellschaft, S. 128.

64 Ebenda, S. 129.

65 Neumann, Behemoth, S. 543.

66 Vgl. vor allem Carl Joachim Friedrich/Zbigniew K. Brzezinski, Totalitäre Diktatur, Stuttgart 1957; Hannah Arendt, Elemente und Ursprünge totaler Herrschaft, Frankfurt a. M. 1958.

67 Martin Broszat, Der Staat Hitlers, München 1969.

68 Ebenda, S. 65.

69 Ebenda, S. 66ff, S. 79 f.

70 Ebenda, S. 80.

71 Ebenda, S. 330. Vgl. auch Peter Hüttenberger, Nationalsozialistische Polykratie, in: Geschichte und Gesellschaft 2 (1976), S. 417–442; Michael Ruck, Führerabsolutismus und polykratisches Herrschaftsgefüge – Verfassungsstrukturen im Dritten Reich, in: Karl Dietrich Bracher/Manfred Funke/Hans-Adolf Jacobsen (Hrsg.), Deutschland 1933–1945. Neue Studien zur nationalsozialistischen Herrschaft, Bonn 1992, S. 32–56.

72 Broszat, Staat Hitlers, S. 327.

73 Hans Mommsen, Der Nationalsozialismus. Kumulative Radikalisierung und Selbstzerstörung des Regimes, in: Meyers Enzyklopädisches Lexikon, Bd. 16, Mannheim ^{9}1976, S. 785–790.

74 Broszat, Staat Hitlers, S. 323.

75 Vgl. Weber, Wirtschaft und Gesellschaft, S. 153 ff.

76 Wolfgang Sauer, Die Mobilmachung der Gewalt [= Die Nationalsozialistische Machtergreifung, Bd.3], Frankfurt a. M. 1974, S. 17.

77 Sauer, Mobilmachung, S. 17.

78 Ebenda, S. 18, vgl. S. 16.

79 Ebenda, S. 19.

80 Vgl. Arthur Schweitzer, Organisierter Kapitalismus und Parteidiktatur 1933–1936, in: Schmollers Jahrbuch 79 (1959), S. 37–79.

81 Sauer, Mobilmachung, S. 29.

82 Arthur Schweitzer, The Age of Charisma, Chicago 1984; Maurizio

Bach, Die charismatischen Führerdiktaturen. Drittes Reich und italienischer Faschismus im Vergleich ihrer Herrschaftsstrukturen, Baden-Baden 1990.

83 Vgl. Schweitzer, Age of Charisma, S. 21, S. 28 f., S. 61.

84 Bach, Charismatische Führerdiktaturen, S. 111.

85 Ebenda, S. 33.

86 Wolfgang Schluchter, Umbildung des Charismas. Überlegungen zur Herrschaftssoziologie, in: Ders., Religion und Lebensführung, Bd. 2: Studien zu Max Webers Religions- und Herrschaftssoziologie, Frankfurt a. M. 1988, S. 535–554, hier S. 536.

87 Weber, Wirtschaft und Gesellschaft, S. 140.

88 Claus-Ekkehard Bärsch, Die politische Religion des Nationalsozialismus. Die religiösen Dimensionen der NS-Ideologie in den Schriften von Dietrich Eckart, Joseph Goebbels, Alfred Rosenberg und Adolf Hitler, München 1998.

89 Vgl. Bärsch, Politische Religion, S. 326 ff.

90 Joseph Nyomarkay, Charisma and Factionalism in the Nazi Party, Minneapolis 1967.

91 Georg Lukács, Die Zerstörung der Vernunft, Berlin 1954.

92 So etwa Winfried Gebhardt, Charisma als Lebensform. Zur Soziologie des alternativen Lebens, Berlin 1994; Ders., Charisma und Ordnung. Formen des institutionalisierten Charismas. – Überlegungen im Anschluß an Max Weber, in: Ders./Arnold Zingerle/Michael N. Ebertz (Hrsg.), Charisma. Theorie-Religion-Politik, Berlin/New York 1993, S. 47–68.

93 So zum Beispiel Joseph Bensman/Michael Giavant, Charisma and modernity. The use an abuse of a concept, in: Social Research 42 (1975), S. 570–614.

Hitlers Charisma

1 Vgl. Weber, Wirtschaft und Gesellschaft, S. 140.

2 Wilhelm Dilthey, Der Aufbau der geschichtlichen Welt in den Geisteswissenschaften, Frankfurt a. M. ^{5}1997, S. 309 ff.

3 Vgl. Hermann Rauschning, Gespräche mit Hitler, Zürich 1940.

4 Kershaw, Hitler I, S. 21.

5 Ebenda, S. 22.

289

6 Joachim Fest, Hitler. Eine Biographie, Frankfurt a. M. 1976, S. 697 ff.

7 Kershaw, Hitler I, S. 22.

8 Ebenda, S. 23.

9 Martin Broszat, Plädoyer für eine Historisierung des Nationalsozialismus, in: Ders., Nach Hitler, München 1988, S. 266–281.

10 Weber, Objektivität sozialwissenschaftlicher Erkenntnis, S. 94.

11 Eberhard Jäckel/Axel Kuhn (Hrsg.), Hitler. Sämtliche Aufzeichnungen 1905–1924 [künftig: HSA], Stuttgart 1980.

12 Schreiben Hitlers an Magistrat der Stadt Linz vom 21. 1. 1914, in: HSA, Dok. 20, S. 54.

13 Vgl. Brigitte Hamann, Hitlers Wien. Lehrjahre eines Diktators, München/Zürich 1996, S. 8.

14 August Kubizek, Adolf Hitler. Mein Jugendfreund, Graz/Stuttgart ^{3}1966.

15 Vgl. Hamann, Hitlers Wien, S. 82 f.

16 Vgl. Reinhold Hanisch, I was Hitler's Buddy, in: The New Republic, 5. 4./12. 4./19. 4. 1939.

17 Eduard Bloch, My Patient Hitler, in: Colliers vom 15. 3./22. 3. 1941 sowie Kubizek, Mein Jugendfreund.

18 Adolf Hitler, Mein Kampf. Zwei Bände in einem Band, München ^{583}1941, S. 19.

19 Kubizek, Mein Jugendfreund, S. 176.

20 Ebenda, S. 221.

21 Vgl. Hamann, Hitlers Wien, S. 239 f.

22 Ebenda, S. 502.

23 Vgl. Kershaw, Hitler, I, S. 128; Fest, Hitler, S. 87.

24 Handschriftlicher Bericht Hitlers über die Militärzeit vom 4. 3. 1919, in: HSA, Dok. 56, S. 84 f.

25 Vgl. Kershaw, Hitler, I, S. 147.

26 Anonymus (= Karl Mayr), I was Hitler's Boss, in: Current History 1 (1941), S. 193–199; zitiert nach: Kershaw, Hitler I, S. 166.

27 Brief Hitlers an Ernst Hepp vom 5. 2. 1915, in: HSA, Dok. 30, S. 69.

28 Ebenda.

29 Vgl. Hamann, Hitlers Wien, S. 502.

30 Vgl. Kershaw, Hitler I, S. 161 f.

31 Brief Hitlers an Ernst Schmidt vom 6. 10. 1917, in: HSA, Dok. 50, S. 82; vgl. Fest, Hitler, S. 107 f.

32 Hamann, Hitlers Wien, S. 94 f.

33 Kubizek, Mein Jugendfeund, S. 291; vgl. auch Hamann, Hitlers Wien, S. 175.

34 Fest, Hitler, S. 72 f.

35 Kubizek, Mein Jugendfreund, S. 86.

36 Vgl. Fest, Hitler, S. 34.

37 Vgl. z. B. seine antisemitische Rede vom 27. 4. 1920 auf einer NSDAP-Versammlung, in: HSA, Dok. 96, S. 127–129.

38 Vgl. Hamann, Hitlers Wien, S. 23 ff.

39 Georg Ritter von Schönerer (1842–1921), von 1873 bis 1888 und erneut 1897 bis 1907 Mitglied des österreichischen Abgeordnetenhauses, schloß sich 1879 der Deutschnationalen Bewegung an, an deren Linzer Programm von 1882 er maßgeblich beteiligt war. Schönerer war ein radikaler Antisemit und trat für den Anschluß Österreichs an das Deutsche Reich ein.

40 Kubizek, Mein Jugendfreund, S. 99.

41 Ebenda.

42 Ebenda, S. 236.

43 Hamann, Hitlers Wien, S. 89.

44 Ebenda.

45 Vgl. Kubizek, Mein Jugendfreund, S. 228.

46 Ebenda, S. 237; vgl. auch S. 94 f.

47 Vgl. ebenda, S. 128 ff.; 329 f.

48 Hamann, Hitlers Wien, S. 97.

49 Ebenda.

50 Fest, Hitler, S. 78.

51 Brief Hitlers an Anna Popp vom 20. 10. 1914, in: HSA, Dok. 24, S. 58 f., hier S. 59.

52 Ebenda.

53 Brief Hitlers an Ernst Popp vom 3. 12. 1914, in: HSA, Dok. 26, S. 60 f.

54 Brief Hitlers an Joseph Popp vom 26. 1. 1915, in: HSA, Dok. 29, S. 63 f.

55 Ebenda, S. 64.

56 Brief Hitlers an Joseph Popp vom 20. 2. 1915, in: HSA, Dok. 34, S. 71.

57 Brief Hitlers an Ernst Hepp vom 5. 2. 1915, in: HSA, Dok. 30, S. 64–69, hier S. 67 f.

58 Zitiert nach: Fest, Hitler, S. 75.

59 Vgl. Werner Maser, Sturm auf die Republik. Die Frühgeschichte der NSDAP, Düsseldorf u. a. 1994, S. 128 ff.; Kershaw, Hitler I, S. 159 f.

60 Vgl. Kershaw, Hitler I, S. 161, herausgefunden hat dies: Anton Joachimsthaler, Korrektur einer Biographie. Adolf Hitler 1908–1920, München 1989, S. 200–204, S. 211. Joachimsthaler stützt sich auf

291

Materialien aus dem Bayrischen Hauptstaatsarchiv, Abt. IV, 2. I.R., Bataillons-Anordnungen, Bl. 1504.

61 Vgl. Kershaw, Hitler I, S. 161.

62 Vgl. Maser, Frühgeschichte, S. 45 f.

63 Vgl. ebenda, S. 132.

64 Kershaw, Hitler I, S. 165. Vgl auch: Hitler, Mein Kampf, S. 227.

65 Hitler, Mein Kampf, S. 225.

66 Ebenda, S. 226.

67 Ebenda, S. 227.

68 Dies wird bei Maser, Frühgeschichte, S. 132, bei Ernst Deuerlein, Hitlers Eintritt in die Politik und die Reichswehr (Dokumentation), in: VfZ 7 (1959), S. 177–227, und auch bei Kershaw, Hitler I, S. 163 f., der sich auf Joachimsthaler, Korrektur einer Biographie, S. 184 ff. stützt, mit aller Sorgfalt erwogen.

69 Vgl. Kershaw, Hitler I, S. 161; dieser sich stützt auf Heinz A. Heinz, Germany's Hitler, London ²1938, S. 90.

70 Vgl. Kershaw, Hitler I, S. 147, S. 163, Joachimsthaler, Korrektur einer Biographie, S. 179 ff., S. 234, S. 240.

71 Vgl. Hellmut Auerbach, Hitlers politische Lehrjahre und die Münchener Gesellschaft 1919–1923. Versuch einer Bilanz anhand der neueren Forschung, in: VfZ 25 (1977), S. 1–45, S. 18.

72 Später änderte er seine Auffassung, wurde Mitglied der SPD und ein führender Organisator des Reichsbanners »Schwarz-Rot-Gold«, der paramilitärischen Organisation der SPD. Er wurde zu einem Gegner Hitlers, emigrierte 1933 nach Paris, wurde dort 1940 von den Nationalsozialisten aufgegriffen und starb 1945 in Buchenwald. Vgl. Auerbach, Hitlers Lehrjahre, S. 17, Anm. 66.

73 Maser, Frühgeschichte, S. 133 f.

74 Karl Alexander von Müller, Mars und Venus. Erinnerungen 1914–1919, Stuttgart 1954, S. 338 f.

75 Zu den Süddeutschen Monatsheften, deren Herausgeber Paul Nikolaus Cossmann war und die die Kriegsziele und die Politik des »Alldeutschen Verbandes« und der »Deutschen Vaterlandspartei« unterstützten, vgl. Auerbach, Hitlers Lehrjahre, S. 6.

76 Vgl. Maser, Frühgeschichte, S. 134, 186; Kershaw I, Hitler, S. 167; Deuerlein, Hitlers Eintritt, S. 179 f., S. 182, S. 191 f.; Joachimsthaler, Korrektur einer Biographie, S. 230 ff.; Hitler, Mein Kampf, S. 228 f.

77 Vgl. Auerbach, Hitlers Lehrjahre, S. 9.

78 Maser, Frühgeschichte, S. 134 f.

79 Vgl. Auerbach, Hitlers Lehrjahre, S. 9 f.

80 Befehl des Gruppenkommandos 4/I b/P vom 22. 7. 1919, in: Deuerlein, Hitlers Eintritt, Dok. 4, S. 195 f., hier S. 195.

81 Schlußbericht von Oberleutnant Bendt an das Gruppenkommando 4 vom 25. 8. 1919, in: ebenda, Dok. 8, S. 198 ff., hier S. 199.

82 Berichte über Reden Hitlers vom 20. 8. 1919 bis 25. 8. 1919, in: HSA, Dok. 58/59/60, S. 87 f., vgl. auch Maser, Frühgeschichte, S. 139.

83 Bericht über Rede Hitlers von Oberleutnant Bendt vom 25. 8. 1919, in: HSA, Dok. 60, S. 88.

84 Brief Hitlers an Adolf Gemich vom 16. 9. 1919, in: HSA, Dok. 61, S. 88 ff.

85 Schreiben Mayrs an Adolf Gemlich vom 17. 9. 1919, in: Deuerlein, Hitlers Eintritt, Dok. 11, S. 202 f., hier S. 203.

86 Auszüge aus den Berichten der zum Aufklärungskommando Beyschlag befohlenen Soldaten, in: ebenda, Dok. 9, S. 200 f., hier S. 200.

87 Zitiert nach: Auerbach, Hitlers Lehrjahre, S. 17 f., Anm. 66 [Übersetzung des Autors]

88 Das Datum gibt Albrecht Tyrell, Vom »Trommler« zum »Führer«. Der Wandel von Hitlers Selbstverständnis zwischen 1919 und 1924 und die Entwicklung der NSDAP, München 1975, S. 195, Anm. 77. Maser, Frühgeschichte, S. 158 f. und Kershaw, Hitler I, S. 170 übernehmen dieses Datum. Quelle ist eine Teilnehmerliste aus dem Nachlaß von Karl Harrer und eine persönliche Mitteilung von Dr. Werner aus dem ehemaligen Hauptarchiv der NSDAP (Oktober 1953); Maser, Frühgeschichte. S. 159, Anm. 69.

89 Bericht Hitlers über eine DAP-Versammlung vom 4. 10. 1919, in: HSA; Dok. 62, S. 90 f.

90 Brief Hitlers an die DAP vom 19. 10. 1919, in: HSA, Dok. 64, S. 91.

91 Berichte über DAP-Versammlungen vom 3. und 16. 10. 1919, in: HSA, Dok. 62/63, S. 90 f.

92 Maser, Frühgeschichte, S. 149.

93 Vgl. Auerbach, Hitlers Lehrjahre, S. 9.

94 Max von Gruber (1853–1927) Universitätsprofessor, Rassenhygieniker, Vorstand des Hygienischen Instituts, wurde 1902 aus Wien nach München berufen und stand wohl schon der Schönerer-Bewegung nahe. Er war einer der führenden Köpfe der Alldeutschen Bewegung. Vgl. Auerbach, Hitlers Lehrjahre, S. 7, Anm. 23.

95 Vgl. Maser, Frühgeschichte, S. 152.

96 Wohl Dr. Erich Kühn, Schriftleiter der Zeitschrift »Deutschlands Erneuerung«, herausgegeben im Verlag J. F. Lehmann. Kühn lernte Hitler am 16. Oktober 1919 auf einer DAP-Versammlung kennen, auf

der beide sprachen; vgl. Auerbach, Hitlers Lehrjahre, S. 11 u. Anm. 38. Der Titel von Kühns Vortrag auf der DAP-Versammlung lautete: »Die Judenfrage – eine deutsche Frage«.

97 Chamberlains Schrift erschien bereits in der 7. Aufl.

98 Zitiert nach: Dirk Stegmann, Zwischen Repression und Manipulation: Konservative Machteliten und Arbeiter- und Angestelltenbewegung 1910–1918. Ein Beitrag zur Vorgeschichte der DAP/NSDAP, in: Archiv für Sozialgeschichte 12 (1972), S. 351–432, hier: S. 413 f. Kershaw, der dieses Zitat von Stegmann übernimmt, merkt dazu an: »Wie Tyrell richtig angemerkt hat (»Trommler«, S. 296), beweist dies, es gab Bestrebungen, Hitler zu manipulieren, und nicht etwa, daß Hitler das Werkzeug dieser äußeren Kräfte war.« Kershaw, Hitler I, S. 807, Anm. 114.

99 Vgl. Maser, Frühgeschichte, S. 168.

100 Bericht über Rede Hitlers vom 4.3.1920, in: HSA, Dok. 87, S. 113 f., hier S. 115.

101 Notizen über Fortbildungskurse der Reichswehr, in: HSA, Dok. 75–78/81/82/84/85, S. 106–111.

102 Reichswehrberichte über DAP/NSDAP-Versammlungen vom 2. 5. 1920–4. 11. 1920, in: HSA, Dok. 97/99/105–108/ 117/134/139/147/148/160/161/167/169, S. 129–267.

103 Reichswehrbericht über Rede Hitlers vom 24. 11. 1920, in: HSA, Dok. 169, S. 266 f.

104 Vgl. Kershaw, Hitler I, S. 202. Dabei handelt es sich wahrscheinlich um den bei Jäckel/Kuhn, HSA, Dok. 72, S. 101–104 abgedruckten Text, der Hitler zugeschrieben wird: »Gewaltfriede von Brest-Litowsk und Friede der Versöhnung und Verständigung von Versailles?« Der Text ist eine Gegenüberstellung der Bedingungen der beiden Verträge in paraphrasierter Form.

105 Kershaw, Hitler I, S. 202.

106 Vgl. Maser, Frühgeschichte, S. 188 f.

107 Kershaw, Hitler I, S. 201, 221 ff.

108 Ebenda, 245 f.

109 Ebenda.

110 Weber, Wirtschaft und Gesellschaft, S. 146.

111 Tyrell, »Trommler«, S. 209, Anm. 222.

112 Kursprogramm zum Fortbildungskurs des Reichswehrgruppenkommandos Nr. 4, in: HSA, Dok. 75–78, S. 106 f., die entsprechenden editorischen Anmerkungen.

113 Bericht des politischen Nachrichtendienstes des Polizeipräsidiums

München zur Rede Hitlers vom 13. 11. 1919, in: HSA, Dok. 66, S. 92, Anm. 3; siehe auch Dok. 69, S. 98, Anm. 11.

114 Hitler, Mein Kampf, S. 256. Vgl. Deuerlein, Hitlers Eintritt, S. 187.

115 Vgl. Deuerlein, Hitlers Eintritt, S. 196 ff.

116 Vgl. ebenda, S. 178.

117 Vgl. ebenda, S 187.

118 Diese Vermutung äußert Tyrell, »Trommler«, S. 40.

119 Hitler, Mein Kampf, S. 390. Tyrell, »Trommler«, S. 197, Anm. 101, gibt unter Auswertung der Anwesenheitslisten 131 Besucher an.

120 Für alle Angaben vgl. HSA, unter den jeweiligen Daten.

121 Berichte zur Rede Hitlers vom 11. 1. 1923, in: HSA, Dok. 456, S. 781–786.

122 Berichte zur Rede Hitlers vom 29. 5. 1923, in: HSA, Dok. 532, S. 930 ff.

123 Michael H. Kater, Zur Soziologie der frühen NSDAP, in: VfZ 19 (1971), S. 124–159, S. 128.

124 Kater, Soziologie. Vgl. im übrigen Auerbach, Hitlers Lehrjahre, S. 19 f.

125 Vgl. Kater, Soziologie, S. 127.

126 Vgl. ebenda, S. 138.

127 Vgl. ebenda, S. 139.

128 Ebenda, S. 143 f.

129 Ebenda, S. 145.

130 Vgl. ebenda, S. 149.

131 Bericht des politischen Nachrichtendienstes des Polizeipräsidiums München zur Rede Hitlers vom 13. 11. 1919, in: HSA, Dok. 65, S. 92, Anm. 3.

132 13 Millionen Deutsche – von insgesamt 70 Millionen – dienten während des Krieges in der Armee, mehr als 10½ Millionen an der Front. Davon 2 Millionen Tote und 5 Millionen Verwundete. Angaben nach Kershaw, Hitler I, S. 138; vgl. zum Zusammenhang Fest, Hitler, S. 162 ff.; Maser, Frühgeschichte, S. 168.

133 Reichswehrbericht über Rede Hitlers vom 11. 5. 1920, in: HSA, Dok. 100, S. 133.

134 Brief Hitlers an Konstantin Hierl vom 3. 7. 1920, in: HSA, Dok. 116, S. 155 f.

135 Zitiert nach Kater, Soziologie, S. 124; Der Hitler-Prozeß vor dem Volksgericht in München, 2. Teil, München 1924, 87 ff.

136 Karl Alexander von Müller, Im Wandel einer Welt. Erinnerungen 1919–1932, München 1966, S. 144. Dieser »Bericht« basierte nach

295

den eigenen Angaben von Müllers auf Notizen, die er sich in der Nacht vom 27. auf den 28. Januar 1923 machte. Vgl. ebenda, S. 145.

137 Vgl. die entsprechenden Reden für das Jahr 1920 in: HSA.

138 Vgl. hierzu Deuerlein, Hitlers Eintritt, S. 190. Er zitiert dort die »Münchener Post«, das Organ der SPD, vom 14. August 1920. Dort findet sich der Begriff »Gaudi« für die Hitler-Veranstaltungen.

139 Vgl. die entsprechenden Reden für das Jahr 1920 in: HSA.

140 Rede Hitlers »Warum sind wir Antisemiten?« vom 13. 8. 1920, in: HSA, Dok. 136, S. 184–204.

141 Vgl. Uwe Lohalm, Völkischer Radikalismus. Die Geschichte des Deutschvölkischen Schutz- und Trutz-Bundes 1919–1923, Hamburg 1970.

142 Bericht zur Rede Hitlers vom 6. 2. 1921, in: HSA, Dok. 194, S. 312.

143 Vgl. Deuerlein, Hitlers Eintritt, S. 188 f.

144 Weber, Wirtschaft und Gesellschaft, S. 146.

145 Seymour Martin Lipset, »Der Faschismus«, die Linke, die Rechte und die Mitte, in: Kölner Zeitschrift für Soziologie und Sozialpsychologie 11 (1959), S. 401–444. Vgl. Jürgen W. Falter, Hitlers Wähler, München 1991, S. 364 ff. So Auerbach, Hitlers Lehrjahre, S. 28.

146 Vgl. Auerbach, Hitlers Lehrjahre, S. 42 und Anm. 195.

147 Vgl. Maser, Frühgeschichte, S. 167; Albrecht Tyrell, Führer befiehl … Selbstzeugnisse aus der »Kampfzeit« der NSDAP. Dokumentation und Analyse, Düsseldorf 1969, S. 22, auch Anm. 2: Ein Mitgliederverzeichnis der DAP/NSDAP (seit dem 2. 2. 1920) befindet sich im Bundesarchiv im Bestand Hauptarchiv der NSDAP NS 26/230.

148 Anton Drexler (1884–1942), geb. in München, katholisch, Feinmechanikerlehre, Werkzeugschlosser, von 1902–1923 in der Eisenbahn-Hauptwerkstätte München beschäftigt, kein Kriegsteilnehmer, 1923–1933 wegen schwerer Verletzung nicht berufstätig. Seit 1933 als Oberinspektor wieder im Bahndienst. Vgl. zu Drexler Tyrell, »Trommler«, S. 182 f., Anm. 1; Reginald H. Phelps, Anton Drexler – Der Gründer der NSDAP, in: Deutsche Rundschau 87 (1961), S. 1134–1143.

149 Vgl. Maser, Frühgeschichte, S. 148 sowie Tyrell, »Trommler«, S. 202 ff., Anm. 157.

150 Vgl. Tyrell, »Trommler«, S. 188, Anm. 38; Maser, Frühgeschichte, S. 148 f.; Rudolf von Sebottendorf, Bevor Hitler kam. Urkundliches aus der Frühzeit der nationalsozialistischen Bewegung, München 1933, S. 33 ff.; Reginald H. Phelps, Before Hitler Came: Thule

Society and Germanen Orden, in: Journal of Modern History 35 (1963), S. 245–261; Uwe Lohalm, Deutsch-Völkischer Schutz- und Trutzbund, S. 61 und passim.

151 Auerbach, Hitlers Lehrjahre, S. 8 f.

152 Paul Tafel, geb. 1870 in Ulm. Kadettenanstalt Berlin-Lichterfelde. Diplom-Bauingenieur (1896), Dr. Ing. (1912). Mitglied der DAP/NSDAP Nr. 670. Vgl. Tyrell, »Trommler«, S. 197, Anm. 103.

153 Vgl. Maser, Frühgeschichte, S. 149; Auerbach, Hitlers Lehrjahre, S. 9, S. 13.

154 Maser, Frühgeschichte, S. 175. Vgl. auch Fest, Hitler, S. 189 sowie Bericht über Rede Hitlers vom 13. 11. 1919, in: HSA, Dok. 66, S. 92, Anm. 3. Vgl. auch Hitler, Mein Kampf, S. 391.

155 Rudolf Schüssler, geb. am 16. 3. 1893 in München, Kaufmann. Geschäftsführer der DAP/NSDAP von Januar 1920 bis zum Juli 1921, Ende 1921 aus der Partei ausgetreten. Vgl. Tyrell, »Trommler«, S. 198, Anm. 105.

156 Vgl. Tyrell, »Trommler«, S. 209, Anm. 222.

157 Zu Max Amann vgl. Christian Zentner/Friedemann Bedürftig, Das große Lexikon des Dritten Reiches, München 1985, S. 23 f. Dietrich Orlow, The History of the Nazi Party, Bd. 1, 1919–1933, Pittsburgh 1969, S. 34.

158 Tyrell, »Trommler«, S. 197 f., Anm. 104; Conan Fischer, Ernst Julius Röhm. Stabschef der SA und unentbehrlicher Außenseiter, in: Ronald Smelser/Rainer Zittelmann (Hrsg.), Die Braune Elite, 22 biographische Skizzen, Darmstadt 1989, S. 212–222.

159 Vgl. Auerbach, Hitlers Lehrjahre, S. 16, dort weitere Nachweise.

160 Zu Göring vgl. Alfred Kube, Pour le mérite und Hakenkreuz. Hermann Göring im Dritten Reich, München 1986.

161 Fest, Hitler, S. 189. Vgl. dort auch Anm. 42, S. 1063. Vgl. zum Soldaten-Milieu, Fest, Hitler, S. 162 ff.

162 Dietrich Eckart (1868–1923) geb. in Neumarkt/Oberpfalz, Kath., Dichter, Kritiker, Schriftsteller aus bürgerlichem Elternhaus (Vater: Notar, vermögend). Zu Eckart vgl. Margarete Plewnia, Auf dem Weg zu Hitler. Der »völkische« Publizist Dietrich Eckart, Bremen 1970; Tyrell, »Trommler«, S. 190 f., Anm. 49. Eckart, völkischer Antisemit, Mitglied der Thule-Gesellschaft, gab von Dez. 1918 bis Mai 1921 die Zeitschrift »Auf gut deutsch. Wochenschrift für Ordnung und Recht« heraus. Von August 1921 bis März 1923 war er Chefredakteur des »Völkischen Beobachters«. Die Rolle Eckarts betont sehr nachdrücklich Fest, Hitler, S. 196.

163 Vgl. Plewnia, Eckart, S. 66.

164 Tyrell, »Trommler«, S. 23.

165 Vgl. Plewnia, Eckart, S. 66.

166 Vgl. ebenda, S. 71.

167 Vgl. ebenda, S. 67.

168 Ebenda, S. 72.

169 Ebenda, S. 69.

170 Vgl. ebenda, S. 69; Auerbach, Hitlers Lehrjahre, S. 33, Anm. 148.

171 Auerbach, Hitlers Lehrjahre, S. 33; vgl. Kershaw, Hitler I, S. 240, der offenbar einfach von Auerbach abgeschrieben hat.

172 Vgl. Auerbach, Hitlers Lehrjahre, S. 34 und Anm. 150; Alan Bullock, Hitler. Eine Studie über Tyrannei, Düsseldorf [16]1959, S. 77.

173 Vgl. Plewnia, Eckart, S. 70; Auerbach, Hitlers Lehrjahre, S. 29.

174 Vgl. Plewnia, Eckart, S. 70 f.

175 Ebenda, S. 71. Dies ist allerdings strittig. Auerbach, Hitlers Lehrjahre, S. 30 meint, daß Rudolf Heß den Kontakt zwischen Hitler und Ludendorff hergestellt habe (terminus post quem, Mai 1921). So auch Bruno Thoss, Der Ludendorff-Kreis 1919–1923. München als Zentrum der mitteleuropäischen Gegenrevolution zwischen Revolution und Hitler-Putsch, München 1978, S. 249.

176 Vgl. Plewnia, Eckart, S. 72.

177 Vgl. Auerbach, Hitlers Lehrjahre, S. 33.

178 Zitiert nach: Auerbach, Hitlers Lehrjahre, S. 30, nach: Erich Ludendorff, Vom Feldherrn zum Weltrevolutionär und Wegbereiter deutscher Volksschöpfung. Meine Lebenserinnerungen von 1919 bis 1925, München 1940, S. 161.

179 Auerbach, Hitlers Lehrjahre, S. 34. Auerbachs Quelle sind die Memoiren von Karl Alexander von Müller.

180 Ebenda.

181 Von Müller, Im Wandel einer Welt, Erinnerungen, Bd. III, S. 129.

182 Vgl. die Zitate in den einschlägigen Biographien von Bullock, Hitler, S. 78 f., Fest, Hitler, S. 196 ff., Kershaw, Hitler I, S. 238 ff.

183 Vgl. Fest, Hitler, S. 198.

184 Zu dieser Thematik sehr gut: Auerbach, Hitlers Lehrjahre, S. 22.

185 Vgl. Erklärung Hitlers vom 9. 9. 1920 laut Völkischem Beobachter (VB) Nr. 80: »[...], daß er von der NSDAP ›für seine Tätigkeit bisher keinerlei Honorare bezogen habe und niemals zu beziehen gedenke, dafür aber für Vorträge, die er außerhalb des Rahmens der Partei für andere Organisationen und deutschvölkische Verbände halte, selbstverständlich Honorar beziehen müsse‹«. Tyrell, »Tromm-

ler«, S. 208, Anm. 215. In einem Prozeß gegen die »Münchener Post« gab er am 5. Dezember 1921 an, »er werde von Parteigenossen in bescheidener Weise unterstützt und habe bei einzelnen Genossen gelegentlich freien Tisch«. Tyrell, »Trommler«, S. 209, Anm. 215.

186 Vgl. Tyrell, »Trommler«, S. 209, Anm. 215.

187 Vgl. ebenda, S. 41.

188 Fest, Hitler, S. 199. Auerbach, Hitlers Lehrjahre, S. 22, erwähnt noch die Frau von Theodor Lauböck neben Carola Hoffmann.

189 Auerbach, Hitlers Lehrjahre, S. 13 spricht von »die geistigen Paten«.

190 Auerbach, Hitlers Lehrjahre, S. 13, 27 f., vgl. auch Anm. 114.

191 Zu dieser Rolle Röhms vgl. Auerbach, Hitlers Lehrjahre, S. 16 u. 18. Verweist mit diesem Urteil auf Karl Dietrich Bracher, Die deutsche Diktatur, 1969, S. 96, Röhm, Eckart und Mayr hätten Hitler »gemacht«.

192 Vgl. Maser, Frühgeschichte, S. 303. Emil Maurice (geb. 1897) hatte die Mitgliedsnummer Nr. 594, Uhrmacher, Duz-Freund Hitlers, erster Führer des Saalschutzes; vgl. ebenda, S. 303.

193 Christian Weber, geb. am 25. 8. 1883, Pferdehändler, NSDAP-Beitritt am 15. 8. 1921, Mitgl. Nr. 3850, war bis 1923 als ständiger Begleiter eine Art Leibwächter Hitlers. Tyrell, »Trommler«, S. 264, Anm. 508.

194 Vgl. Maser, Frühgeschichte, S. 357, S. 445, S. 458; Fest, Hitler, S. 199.

195 Vgl. Tyrell, »Trommler«, S. 224, Anm. 392. Auerbach, Hitlers Lehrjahre, S. 21 f.

196 Ob Streicher dazu zu zählen ist, kann man bezweifeln. Er trat am 20. Oktober 1922 mit den meisten Mitgliedern seiner »Deutschen Werkgemeinschaft« in Nürnberg der NSDAP bei. Vgl. zu Streicher, Bericht über eine Tagung der NSDAP in Nürnberg am 14. 10. 1923 in: Ernst Deuerlein (Hrsg.), Der Hitler-Putsch. Bayerische Dokumente zum 8./9. November 1923, Stuttgart 1962, Dok. 41, S. 217–221, hier S. 220; vgl. auch Auerbach, Hitlers Lehrjahre, S. 37.

197 Genannt werden: Großfürst Kyrill, Baronin Gertrud von Seidlitz (Auerbach, Hitlers Lehrjahre, S. 31; Kershaw, Hitler I, S. 241.); der Chemiker Dr. Emil Ganzer, ein Angestellter der Siemenswerke. Ganzer vermittelte Spenden von Borsig, Siemens und dem Malzkaffeefabrikanten Richard Franck. Ganzer scheint als »Geldbeschaffer« der NSDAP tätig gewesen zu sein. (Auerbach, Hitlers Lehrjahre, S. 31 f.; Plewnia, Eckart, S. 70 f.; Tyrell, »Trommler«, S. 259, Anm. 440) Kapitänleutnant Hellmuth von Mücke (Auerbach, Hitlers Lehrjahre, S. 31); Kaufmann Kurt Lüdecke: »ein weitgereister, vermögender junger Herr« (Auerbach, Hitlers Lehrjahre, S. 33, auch Anm. 144).

Genannt werden ferner: Daimler (Kershaw, Hitler I, S. 242) sowie ein Brauerei- und Gutsbesitzer Simon Eckart (Auerbach, Hitlers Lehrjahre, S. 17, Tyrell, »Trommler«, S. 279, Anm. 5).

198 Genannt werden: der Münchener Polizeipräsident Ernst Pöhner und sein Ressortchef Oberamtmann Wilhelm Frick (Auerbach, Hitlers Lehrjahre, S. 29 f.; Plewnia, Eckart, S. 69 f.), der bayerische Ministerpräsident Gustav von Kahr (Auerbach, Hitlers Lehrjahre, S. 30); General Erich Ludendorff (Auerbach, Hitlers Lehrjahre, S. 30 f.); Kapitän Ehrhardt, Kommandeur der Brigade Ehrhardt (Auerbach, Hitlers Lehrjahre, S. 31, S. 35: »Im August 1921 wurde der Leutnant Klintzsch von Kapitän Ehrhardt zur SA abgestellt mit dem Auftrag der Bildung einer SA-Kampftruppe. Seine Besoldung erhielt er weiter durch die Brigade Ehrhardt.« Hauptmann Ernst Röhm, dem ab Januar 1923 die »geheime Feldzeugmeisterei der Reichswehr, in der die Waffen und Ausrüstungsgegenstände der aufgelösten Einwohnerwehren gesammelt und unterhalten wurden«, unterstand. (Auerbach, Hitlers Lehrjahre, S. 32 und Anm. 140–142); General Franz Ritter von Epp (Plewnia, Eckart, S. 68).

199 Genannt werden: Julius F. Lehmann (Auerbach, Hitlers Lehrjahre, S. 9 f., S. 13, S. 17, S. 33); Ernst Boepple (Auerbach, Hitlers Lehrjahre, S. 10, S. 13); Hugo Bruckmann (Auerbach, Hitlers Lehrjahre, S. 33, auch Anm. 149); die Schriftsteller Gottfried Feder, Karl Graf von Bothmer, Dietrich Eckart (Auerbach, Hitlers Lehrjahre, S. 9), Houston Stewart Chamberlain (Auerbach, Hitlers Lehrjahre, S. 34, Anm. 150), Winifred Wagner (Auerbach, Hitlers Lehrjahre, S. 34, Anm. 150), Ernst Hanfstaengl, ein »in den USA aufgewachsener und in Harvard graduierter Sproß einer angesehenen Münchener Kunsthändlerfamilie« (Auerbach, Hitlers Lehrjahre, S. 33, Anm. 145 f.); Klavierfabrikant Bechstein (ebenda, S. 33); Universitätsprofessor Max von Gruber (ebenda, S. 43).

200 Plewnia, Eckart, S. 61 f.

201 Vgl. ebenda, S. 67.

202 Vgl. ebenda, S. 73.

203 Vgl. ebenda, S. 35 f.

204 Zitiert nach: Ebenda, S. 81.

205 Vgl. ebenda, S. 83

206 VB, Nr. 30 vom 15. 4. 1922 und passim.

207 VB, Nr. 37 vom 10. 5. 1922.

208 VB, Nr. 63/65 vom 16. 8. 1922.

209 VB, Nr. 94 vom 25. 11. 1922.

210 VB, Nr. 100 vom 16. 12. 1922.

211 Vgl. Auerbach, Hitlers Lehrjahre, S. 24, Anm. 95.

212 Zitiert nach: Ebenda, S. 40.

213 Zitiert nach: Plewnia, Eckart, S. 90.

214 Zitiert nach: Ebenda.

215 Zitiert nach: Ebenda, S. 90.

216 Maser, Frühgeschichte, S. 350. Gestützt auf: Rudolf Heß, Briefe 1908–1933, hrsg. von Wolf Rüdiger Heß, München 1987, Claus-Ekkehard Bärsch, Politische Religion, S. 155 f. gibt eine andere Version. Danach ist das Preisausschreiben bereits im November 1921 von einem Deutschen in Spanien veranstaltet worden (laut Vorspann des Flugblatts). Diese Variante ist wenig plausibel, da im Flugblatt der Name Mussolinis genannt wird, der vor dem 28. Oktober 1922 kaum ins deutsche Bewußtsein gedrungen sein dürfte.

217 Zitiert nach: Maser, Frühgeschichte, S. 350 f. und Bärsch, Politische Religion, S. 156 f.

218 Für den Text siehe Plewnia, Eckart, S. 86 f.

219 Zitiert nach: Kershaw, Hitler I, S. 213; Tyrell, »Trommler«, S. 124.

220 Zitiert nach: Bärsch, Politische Religion, S. 159.

221 Zitiert nach: Ebenda, S. 162.

222 Vgl. auch Dietrich Orlow, Rudolf Heß – »Stellvertreter des Führers«, in: Smelser/Zitelmann (Hrsg.), Die braune Elite, S. 84–97.

223 Heinrich Hoffmann, Hitler wie ich ihn sah. Aufzeichnungen seines Leibphotographen, München 1974.

224 Kurt Lüdecke, I knew Hitler, London 1938.

225 Ernst Hanfstaengl, I was Hitler's Closest Friend, in: Cosmopolitan, März 1943; Ders., 15 Jahre mit Hitler. Zwischen Weißem und Braunem Haus, München ²1980.

226 Daß er selbst hiervon nicht frei war, zeigt das Zitat, das Fest bringt, vgl. Fest, Hitler, S. 223.

227 Eine große Zahl von weiteren Belegen findet sich bei Tyrell, »Trommler«, S. 274 f., Anm. 151 f. Vor allem auch zum Führer-Begriff und zum »Modell Mussolini«.

228 Houston Stewart Chamberlain, Ausgewählte Werke, Breslau 1934, S. 69; zitiert nach: Bärsch, Politische Religion, S. 147.

229 Tyrell, »Trommler«, S. 12 ff.

230 Stichworte Hitlers zur Rede »Vaterland oder Kolonie« vom 20. 7. 1921, in: HSA, Dok. 263, S. 439–443, hier v. a. S. 443.

231 Tyrell, »Trommler«, S. 272, Anm. 122.

232 Ebenda, S. 165 ff.

233 So Tyrell, »Trommler«, S. 160 ff. und S. 274, Anm. 151 f., dort die »anderen«, nicht in Tyrells Argumentation passenden, Belege.

234 Zitiert nach Rudolf Pechel, Deutscher Widerstand, Erlenbach-Zürich, 1947, S. 280; vgl. Auerbach, Hitlers Lehrjahre, S. 29, und gab damit das Stichwort für die Forschung seit Tyrell.

235 Zitiert nach: Plewnia, Eckart, S. 85.

236 Bericht des VB über eine Rede Hitlers vom 4. 5. 1923, in: HSA, Dok., 525, S. 921–924, hier S. 924.

237 Bericht über Rede Hitlers vom 14. 10. 1923, in: HSA, Dok. 583, S. 1031 f., hier S. 1032.

238 Vgl. Tyrell, »Trommler«, S. 160 ff.

239 Plewnia, Eckart, S. 85. Sie stützt sich auf Pechel, Deutscher Widerstand, S. 280; Friedrich Plümer, Die Wahrheit über Hitler und seinen Kreis, München 1925, S. 16; Heinrich Bennecke, Hitler und die SA, München/Wien 1962, S. 41; Wilhelm Högner, Die verratene Republik. Geschichte der deutschen Gegenrevolution, München 1958, S. 124.

240 Vgl. unten Kap. 7.

241 Vgl. Tyrell, »Trommler«, S. 22 und S. 189 f., Anm. 43.

242 Vgl. ebenda S. 198, Anm. 118 gibt an »Zwischen Mitte Oktober und Dezember 1919«.

243 Vgl. ebenda, S. 29.

244 Vgl. ebenda, S. 199, Anm. 127.

245 Vgl. ebenda, S. 32, S. 35.

246 Vgl. ebenda, S. 35 f.

247 Vgl. ebenda, S. 202 ff., Anm. 157.

248 Geschäftsordnung der DAP, Dezember 1919, in: HSA, Dok. 68, S. 95.

249 Vgl. Tyrell, »Trommler«, S. 37.

250 Vgl. ebenda, S. 29.

251 M. E. gingen Ideen von allen vieren in den Text ein. Tyrell bezweifelt allerdings, daß Eckart dabei war. Die Formulierungen in § 24 seien von Drexler, der ein Bewunderer Eckarts war, formuliert worden.

252 Berichte über DAP/NSDAP-Versammlung vom 24. 2. 1920, in: HSA, Dok. 83, S. 109 ff.

253 Abgedruckt bei Tyrell, Führer befiehl, Dok. 4, S. 23 ff.

254 Brief Hitlers an Adolf Gemlich vom 16. 9. 1919, in: HSA, Dok. 61, S. 88 ff., hier S. 89 f.

255 Vgl. z. B. Rede Hitlers vom 27. April 1920, in: HSA, Dok. 96, S. 127 f.

256 Schreiben Mayrs an Adolf Gemlich vom 17. 9. 1919, in: Deuerlein, Hitlers Eintritt, Dok. 11, S. 202 f., hier S. 203.

257 Vgl. Stegmann, Konservative Machteliten, S. 413 f., Quellennachweis in Anm. 254 auf S. 412.

258 Brief Hitlers an Konstantin Hierl vom 3. 7. 1920, in: HSA, Dok. 116, S. 155 f., hier S. 156.

259 Stegmann, Konservative Machteliten, S. 413.

260 Zum Vergleich der Parteiprogramme von DSP und NSDAP, Tyrell, »Trommler«, S. 76 ff.

261 Alfred Brunner (1871–1936) wurde 1919 in den Beirat des »Deutsch-Völkischen Schutz- und Trutzbundes« berufen. Vgl. Lohalm, Deutsch-Völkischer Schutz- und Trutzbund, S. 98.

262 Zitiert nach: Tyrell, »Trommler«, S. 100.

263 Tyrell (ebenda, S. 101) nennt: Ernst Ehrensperger, Benedikt Settele und Franz Emmer als Hitler-Gegner im Ausschuß. Vgl. ebenda, S. 203 f., Anm. 157. Zu ihnen schlug sich auch Gottfried Feder, vgl. ebenda S. 103.

264 Vgl. Tyrell, »Trommler«, S. 102.

265 Gegen Franz Willing, Maser, Orlow und Horn meint Tyrell (»Trommler«, S. 101 f.), daß der innerparteiliche Konflikt nicht zu einer scharfen Frontstellung geführt habe. Vgl. ebenda, S. 103 f.

266 Vgl. Tyrell, »Trommler«, S. 104 f.

267 Zitiert nach: Ebenda, S. 105.

268 Otto Dickel (1880–1944), Dr. phil., veröffentlichte 1921 eine Broschüre mit dem Titel »Die Auferstehung des Abendlandes. Die abendländische Kultur als Ausfluß des planetarischen Weltgefühls. Entwicklung und Zukunft«, die ihr Autor offenbar als »Anti-Spengler«, als Antwort auf Spenglers »Untergang des Abendlandes« verstanden wissen wollte. Vgl. Tyrell, »Trommler«, S. 100 ff.

269 Vgl. ebenda, S. 119 f.

270 Dickel an Streicher 3. 9. 1921; zitiert nach: Tyrell, »Trommler«, S. 122.

271 Vgl. Fest, Hitler, S. 205.

272 Schreiben Hitlers an den Ausschuß der NSDAP vom 14. 7. 1921, in: HSA, Dok 262, S. 436 ff.

273 Vgl. Tyrell, »Trommler«, 123 f.

274 Satzung der NSDAP vom 29. 7. 1921, in: Tyrell, Führer befiehl, Dok. 9, S. 31–37, hier S. 33 ff.

275 Rundschreiben der NSDAP Nr. 4 vom 10. 9. 1921, in: Ebenda, Dok. 8, S. 29 ff., hier S. 29.

276 Ebenda.

277 Rede Hitlers auf der NSDAP-Versammlung vom 29. Juli 1921, in: HSA, Dok. 269, S. 447 ff., hier S. 448.

278 Vgl. Tyrell, »Trommler«, S. 263, Anm. 489.

279 Satzung der NSDAP vom 29. 7. 1921, in: Tyrell, Führer befiehl, Dok. 9, S. 31–37, hier S. 34 sowie Anweisung zur Ortsgruppengründung, undatiert, in: Ebenda, Dok. 11, S. 39–45.

280 Schreiben Hitlers an Gustav Seifert vom 6. 9. 1921, in: Ebenda, Dok. 10, S. 37 f.

281 Anweisung zur Ortsgruppengründung, undatiert, in: Ebenda, Dok. 11, S. 39–45, hier S. 39.

282 Ebenda, S. 41 f.

283 Denkschrift Hitlers über den Ausbau der NSDAP vom 22. 10. 1922, in: Ebenda, Dok. 14, S. 47–55, hier S. 49.

284 Denkschrift Hitlers über den »Ausbau der Nationalsozialistischen Arbeiterpartei« vom 22. 10. 1922, in: HSA, Dok. 411, S. 702–708, hier S. 705.

285 Ebenda, S. 704.

286 Vgl. hierzu: Peter Longerich, Die braunen Bataillone. Geschichte der SA, München 1989, S. 22 ff.

287 Satzung der NSDAP vom 29. 7. 1921, in: Tyrell, Führer befiehl, Dok. 9, S. 31–36, hier S. 34.

288 Verpflichtungsschein der SA, in: Ebenda, Dok. 16, S. 58.

289 Longerich, Braune Bataillone, S. 16.

290 Hans Mommsen, Die verspielte Freiheit. Der Weg der Republik von Weimar in den Untergang 1918–1933, Frankfurt a. M./Berlin 1998, S. 143 f.

291 Ebenda, S. 144.

292 Weber, Wirtschaft und Gesellschaft, S. 661.

293 Ebenda, S. 142.

294 Ebenda, S. 140.

295 Mommsen, Verspielte Freiheit, S. 150.

296 Ebenda, S. 153.

297 Ebenda, S. 153 f.

298 Zu Gustav von Kahr, vgl. Martin Broszat, Die Machtergreifung. Der Aufstieg der NSDAP und die Zerstörung der Weimarer Republik, München 1984, S. 11–15.

299 Vgl. dazu Niederschrift Oberst Seißers über eine Besprechung in Berlin vom 3. 11. 1923, in: Deuerlein, Hitlerputsch, Dok. 79, S. 301–304, hier S. 303. Danach äußerte sich Seeckt gegenüber

Seißer am 3. November 1923 so: »Ich mache den Krieg 66 nicht zum zweiten Male, das ist ausgeschlossen. Ich gebe mich auf keinen Fall dazu her, mit R.W. [Reichswehr] und proletarischen Hundertschaften gegen Bayern vorzugehen.«

300 Vgl. hierzu Lothar Gruchmann (Hrsg.), Reden, Schriften, Anordnungen. Februar 1925 – Januar 1933, Bd. 1, Der Hitler-Prozeß 1924. Wortlaut der Hauptverhandlung vor dem Volksgericht München I. Teil 1. 1.–4. Verhandlungstag, München 1997, S. III ff.

301 Niederschrift Oberst von Seißers über eine Besprechung in Berlin vom 3. 11. 1923, in: Deuerlein, Hitlerputsch, Dok. 79, S. 301–304, hier S. 303.

302 Ebenda, S. 302.

303 Zitiert bei Mommsen, Verspielte Freiheit, 162 f. Zudem Schüddekopf, S. 186 ff.

304 Gedacht war an Wilhelm von Gayl und General Richard von Berendt, der als Nachfolger Seeckts »gehandelt« wurde.

305 Eine anschauliche Schilderung gibt Broszat, Machtergreifung, S. 9 ff. Ein Augenzeugenbericht bei Karl Alexander von Müller, Erinnerungen, Bd. III, S. 161 ff.

306 Broszat, Machtergreifung, S. 36.

307 Gesetz zum Schutze der Republik vom 21. Juli 1922, Reichsgesetzblatt (RGBl.) I, S. 585. Auch im Anhang von Hitler-Prozeß, 1, S. 296 ff.

308 Dies scheint auch Hitler bewußt gewesen zu sein. Vgl. Hitler-Prozeß, 1, S. 63.

309 Adolf Hitler, Mein Kampf, Bd. 1: Eine Abrechnung, München 1925; Bd. 2: Die nationalsozialistische Bewegung, München 1927. Zur Entstehungsgeschichte von »Mein Kampf« vgl. Othmar Plöckinger, Geschichte eines Buches. Adolf Hitlers »Mein Kampf« 1922–1945, München 2006.

310 Lukács, Die Zerstörung der Vernunft, S. 573.

311 Hitler, Mein Kampf, S. 200.

312 Vgl. Hamann, Hitlers Wien, S. 8 f., sowie die zitierten Hitlerbiographien.

313 Hitler, Mein Kampf, S. 78 f.

314 Ebenda, S. 86 ff.

315 Ebenda, S. 96.

316 Ebenda, S. 95.

317 Ebenda, S. 99 f.

318 Ebenda, S. 100.

319 Ebenda, S. 105.
320 Ebenda, S. 115.
321 Ebenda, S. 115 f.
322 Ebenda, S. 116.
323 Ebenda, S. 116 f.
324 Ebenda, S. 183.
325 Ebenda, S. 183 f.
326 Ebenda, S. 177 ff.
327 Ebenda, S. 21.
328 Ebenda, S. 3 u. S. 192.
329 Ebenda, S. 7, S. 14, S. 19 und passim.
330 Ebenda, S. 19, S. 40, S. 48, S. 69, S. 85, S. 136 und passim.
331 Ebenda, S. 20.
332 Ebenda, S. 46 f.; vgl. auch S. 20 ff.
333 Ebenda, S. 24, S. 40 f.
334 Ebenda, S. 29.
335 Vgl. Peter Reichel, Der schöne Schein des Dritten Reiches. Faszination und Gewalt des Faschismus, Hamburg 2006, S. 177.
336 Hitler, Mein Kampf, S. 35.
337 Ebenda, S. 41, S. 73, S. 163, S. 170, S. 192.
338 Ebenda, S. 59.
339 Ebenda, S. 69.
340 Ebenda, S. 64, S. 69.
341 Ebenda, S. 69 f.
342 Ebenda, S. 71 f.
343 Ebenda, S. 73.
344 Ebenda, S. 170.
345 Ebenda, S. 137.
346 Vgl. dazu oben S. 152 ff.
347 Hitler, Mein Kampf, S. 511.
348 Ebenda.
349 Ebenda, S. 512 f.
350 Ebenda, S. 513.
351 Ebenda, S. 203.
352 Ebenda, S. 128 f.
353 Vgl. hierzu George L. Mosse, Die Geschichte des Rassismus in Europa, Frankfurt a. M. 1990, S. 148–162.
354 Hitler, Mein Kampf, S. 129.
355 Ebenda, S. 132.
356 Vgl. hierzu Mosse, Geschichte des Rassismus.

357 Kenneth Burke, Die Rhetorik in Hitlers »Mein Kampf« und andere
    Essays zur Strategie der Überredung, Frankfurt a. M. 1973 (Der
    Titelessay entstand in den 1930er Jahren), S. 9.

358 Vgl. Hans-Walter Schmuhl, Rassenhygiene, Nationalsozialismus,
    Euthanasie. Von der Verhütung zur Vernichtung »lebensunwerten
    Lebens«, 1890–1945, Göttingen ²1992.

359 So schon in seinem Brief an Adolf Gemlich vom 16. September
    1919, HSA, Dok. 116, S. 88 ff.

360 Hitler, Mein Kampf, S. 130 f.

361 Vgl. Lohalm, Deutsch-Völkischer Schutz- und Trutzbund, S. 123 f.

362 Hitler, Mein Kampf, S. 128.

363 Burke, Rhetorik, S. 26.

364 So schon Kenneth Burke, ebenda, S. 25 ff.

365 Hitler, Mein Kampf, S. 234.

366 Ebenda, S. 234.

367 Hierüber sind wir zudem vorzüglich informiert durch Günther
    Scholdt, Autoren über Hitler. Deutschsprachige Schriftsteller
    1919–1945 und ihr Bild vom »Führer«, Bonn 1993.

368 Stefan Großmann, Hitlers Memoiren in: Das Tage-Buch 6 (1925)
    H. 45, S. 1164–1169.

369 Zitiert nach: Scholdt, Autoren, S. 361.

370 Zitiert nach: Ebenda, S. 358.

371 Zitiert nach: Ebenda, S. 364 f.

372 Zitiert nach: Ebenda, S. 365.

373 Ebenda.

374 Denkschrift über die inneren Gründe für die Verfügungen zur
    Herstellung einer erhöhten Schlagkraft der Bewegung, Teil I vom 15.
    und Teil II vom 20. Dezember 1932, in: Institut für Zeitgeschichte
    (Hrsg.), Hitler. Reden, Schriften, Anordnungen (künftig: HRSA), Bd.
    V/2, München 1997, Dok. 99, Dok. 106, S. 273–278, S. 292–296; hier
    S. 274. Vgl. auch Maria-Helene Müller-Rytlewski, Der verlängerte
    Krieg. Hitlers propagandistisches Wirken in einer historisch desori-
    entierten und sozial fragmentierten Gesellschaft, München 1996.

375 Vgl. Jürgen W. Falter u. a., Wahlen und Abstimmungen in der
    Weimarer Republik, München 1986, S. 41 ff., S. 51 ff. Vgl. auch
    Ders., Hitlers Wähler, München 1991, S. 24 ff.

376 Rede Hitlers vom 22. 4. 1926, in: HRSA, Bd. I, Dok. 136, S. 417 f.,
    hier S. 418.

377 Vgl. Tyrell, Führer befiehl, S. 107 f.

378 Vgl. Falter; Hitlers Wähler, S. 24–41.

307

379 Vgl. Broszat, Staat Hitlers, S. 49 ff.

380 Vgl. Müller-Rytlewski, Der verlängerte Krieg, S. 165, S. 180 ff.

381 Vgl. Hamilton T. Burden, Die programmierte Nation. Die Nürnberger Reichsparteitage, Gütersloh 1967; Siegfried Zelnhefer, Die Reichsparteitage der NSDAP. Geschichte, Struktur und Bedeutung der größten Propagandafeste im nationalsozialistischen Feierjahr, Nürnberg 1991; Martin Loiperdinger, Rituale der Mobilmachung. Der Parteitagsfilm »Triumph des Willens« von Leni Riefenstahl, Opladen 1987.

382 Vgl. Reichel, Der schöne Schein, S. 167 f.

383 Vgl. Müller-Rytlewski, Der verlängerte Krieg, S. 173 ff.

384 Vgl. die Richtlinien für Hitler-Versammlungen in: Müller-Rytlewski, Der verlängerte Krieg, S. 175: »Adolf Hitler spricht nicht an einem Rednerpult, sondern steht frei. Ein vorhandenes Rednerpult ist daher zu entfernen: An seiner Stelle ist für die Aufstellung eines kleinen Tischchens links vom Platz des Redners Sorge zu tragen, auf dem dieser sein Konzept ablegen kann.« Vgl. auch ebenda, S. 93.

385 Vgl. Rudolf Herz, Hoffmann und Hitler. Fotografie als Medium des Führer-Mythos, München 1974, S. 92 ff.

386 Vgl. die Übersicht bei Herz, Hoffmann und Hitler, S. 125.

387 Vgl. ebenda, S. 110 f., vgl. weiter S. 91 und 108.

388 Abgedruckt bei Müller-Rytlewski, Der verlängerte Krieg, S. 175 f.

389 Ebenda, S. 176.

390 Vgl. ebenda, S. 173 ff.

391 Rede Hitlers vom 27. 2. 1925, in: HRSA, Bd. I, Dok. 6, S. 15–28, hier S. 16, vgl. auch Dok. 7, S. 29–32 und Dok. 17, S. 48 ff.

392 Müller-Rytlewski, Der verlängerte Krieg, S. 175.

393 Vgl. Scholdt, Autoren, S. 339 ff.

394 Artikel Hitlers »Das Braune Haus« erschienen im VB vom 21. 2. 1931, in: HRSA, Bd. IV/1, Dok. 61, S. 206–218, hier S. 213.

395 Vgl. Müller-Rytlewski, Der verlängerte Krieg, S. 141 f.

396 Vgl. Scholdt, Autoren, S. 339 ff.

397 Vgl. Müller-Rytlewski, Der verlängerte Krieg, S. 161 f.

398 Vgl. Zelnhefer, Reichsparteitage, S. 133–36. Vgl. auch den Augenzeugenbericht des französischen Botschafters André François-Poncet, Als Botschafter im »Dritten Reich«. Die Erinnerungen des französischen Botschafters in Berlin. September 1931–Oktober 1938, Mainz/Berlin 1980, S. 306–311.

399 Vgl. Zelnhefer, Reichsparteitage, S. 170–178.

400 Loiperdinger, Rituale, S. 110.

401 Zitiert nach: Reichel, Der schöne Schein, S. 177.
402 Ebenda.
403 Vgl. ebenda, S. 264.
404 Rede Hitlers vom 27. 2. 1925, in: HRSA, Bd. I, Dok. 6, S. 15–28, hier S. 27.
405 Artikel Hitlers »Aufruf an die ehemaligen Angehörigen der Nationalsozialistischen Deutschen Arbeiterpartei« erschienen im VB vom 26. 2. 1925, in: HRSA, Bd. I, Dok 2, S. 4 ff., hier S. 5.
406 Rede Hitlers vom 2. 3. 1925, in: HRSA, Bd. I, Dok. 7, S. 29–32, hier S. 29.
407 Müller-Rytlewski, Der verlängerte Krieg, S. 159; vgl. auch Gerhard Paul, Aufstand der Bilder. Die NS-Propaganda von 1933, Berlin 1990, S. 129.
408 Müller-Rytlewski, Der verlängerte Krieg, S. 159.
409 Rede Hitlers vom 9. 11. 1927, in: HRSA, Bd. II/2, S. 525–544, hier S. 525, Anm. 1.
410 Paul, Aufstand der Bilder, S. 129 f.
411 Franz Hermann Woweries, NS-Feierstunden. Ein Hilfsbuch für Parteistellen, SA, SS, HJ, NSBO, Mühlhausen 1932; vgl. auch Paul, Aufstand der Bilder, S. 130.
412 Vgl. Klaus Vondung, Magie und Manipulation. Ideologischer Kult und politische Religion des Nationalsozialismus, Göttingen 1971, S. 16; Reichel, Der schöne Schein, S. 264 ff.
413 Vgl. Karlheinz Schmeer, Die Regie des öffentlichen Lebens im Dritten Reich, München 1956, S. 113; vgl. die »dichte Beschreibung« bei Fest, Hitler, S. 700 f.
414 Zitiert nach: Reichel, Der schöne Schein, S. 280.
415 Rede Hitlers vom 5. 3. 1925, in: HRSA, Bd. I, Dok. 9, S. 32 f., hier S. 33.
416 Anordnung Hitlers vom 30. 7. 1926, in: HRSA, Bd. II/1, Dok. 12, S. 33 f., vgl. weiter Müller-Rytlewski, Der verlängerte Krieg, S. 99 f.; Paul, Aufstand der Bilder, S. 120 ff.
417 Vgl. Paul, Aufstand der Bilder, S. 125.
418 Müller-Rytlewski, Der verlängerte Krieg, S. 102.
419 Vgl. ebenda, S. 102 f.
420 Vgl. Paul, Aufstand der Bilder, S. 125.
421 Vgl. ebenda, S. 126.
422 Heinz Epping, Die NS-Rhetorik als politisches Kampf- und Führungsmittel. Ihre organisatorische Entwicklung, Bedeutung und Wirkung. Ein Beitrag zur Publizistik im Dritten Reich, Phil. Diss. Münster 1954, S. 62; Müller-Rytlewski, Der verlängerte Krieg, S. 104.

423 Vgl. Epping, NS-Rhetorik, S. 62; Müller-Rytlewski, Der verlängerte Krieg, S. 104.

424 Vgl. Müller-Rytlewski, Der verlängerte Krieg, S. 105 f.

425 Vgl. ebenda, S. 100 ff.

426 Zitiert nach: Paul, Aufstand der Bilder, S. 126.

427 Zitiert nach: Ebenda.

428 Vgl. zum Typus der totalitären Partei Arych L. Unger, Totalitarian Party. Party and People in Nazi Germany and the Soviet Russia, London/New York 1974.

429 An Gesamtdarstellungen herrscht Mangel. Diesen Anspruch können eigentlich nur erfüllen: Georg Franz-Willing, Ursprung der Hitlerbewegung 1919–1923, Preußisch Oldendorf 1974; Dietrich Orlow, The History of the Nazi Party, Bd. 1: 1919–1933, Pittsburgh 1969; Bd. 2: 1933–1945, Pittsburgh 1973. S. a. Armin Nolzen. Der »Führer« und seine Partei, in: Dietmar Süß/Winfried Süß, Das »Dritte Reich«. Eine Einführung, München 2008, S. 55–76.

430 Vgl. Tyrell, Führer befiehl, S. 68–72, dazu: Abschrift aus der Völkischen Warte, in: Ebenda, Dok. 29a S. 78 f., sowie Rundschreiben an Ortsgruppen der Großdeutschen Volksgemeinschaft vom 29. 7. 1924, in: Ebenda, Dok. 31, S. 81 ff.

431 Mitteilungsblatt der Völkischen Wahlverbände vom 25. 4. 1924, in: Ebenda, Dok. 24b, S. 75.

432 Ebenda, S. 70.

433 Schreiben an die Ortsgruppen der Großdeutschen Volksgemeinschaft vom 27. 10. 1924, in: Ebenda, Dok. 34, S. 86 f.

434 Hitler an Albert Siter vom 26. 6. 1924, in: Ebenda, Dok. 28, S. 78.

435 Brief Walther von Corswant-Cuntzow an Adalbert Volck vom 15. 1. 1925, in: Ebenda, Dok. 37, S. 89–93, hier S. 90.

436 Ebenda, S. 92.

437 Grundsätzliche Richtlinien für die Neuaufstellung der Nationalsozialistischen Deutschen Arbeiter-Partei, vom 26. 2. 1925, in: HRSA, Bd. I, Dok. 4, S. 7 ff., hier S. 8.

438 Artikel Hitlers »Zum Wiedererstehen unserer Bewegung« vom 26. 2. 1925 erschienen im VB, in: HRSA, Bd. I, Dok. 1, S. 1–4.

439 »Aufruf an die ehemaligen Angehörigen der Nationalsozialistischen Deutschen Arbeiterpartei«, vom 26. 2. 1925 erschienen im VB, in: HRSA, Bd. I, Dok. 2, S. 4–6, hier S. 5.

440 Schreiben der NSDAP Gau Hannover vom 23. 2. 1925, in: Tyrell, Führer befiehl, Dok. 39, S. 104 f.

441 Michael H. Kater, Sozialer Wandel in der NSDAP im Zuge der

nationalsozialistischen Machtergreifung, in: Wolfgang Schieder (Hrsg.), Faschismus als soziale Bewegung. Deutschland und Italien im Vergleich, Göttingen 1976, S. 25–68, hier S. 26

442 Richtlinien für die Neuaufstellung der NSDAP vom 26. 2. 1925, in: Tyrell, Führer befiehl, Dok. 40, S. 106 ff., hier S. 106.

443 Ebenda.

444 Ebenda, S. 107.

445 »Aufruf an die ehemaligen Angehörigen der Nationalsozialistischen Deutschen Arbeiterpartei«, vom 26. 2. 1925 erschienen im VB, in: HRSA, Bd. I, Dok. 2, S. 4–6, hier S. 5.

446 Rede Hitlers vom 27. 2. 1925, in: HRSA, Bd. I, Dok. 6, S. 14–28. hier S. 22 f.

447 Kater, Sozialer Wandel, S. 27.

448 Zu Gregor Strasser (1892–1934) vgl. Udo Kissenkoetter, Gregor Strasser und die NSDAP, Stuttgart 1978; Peter D. Stachura, Gregor Strasser and the Rise of Nazism, London 1983.

449 Der Entwurf ausschnittweise bei Tyrell, Führer befiehl, Dok. 49a, S. 119; vollständiger Text bei Reinhard Kühnl, Zur Programmatik der nationalsozialistischen Linken: Das Strasser-Programm von 1925/26, in: VfZ 14 (1966), S. 317–333. Vgl. Mommsen, Verspielte Freiheit, S. 330, S. 335 f.

450 Nationalsozialistische Briefe Nr. 14 vom 15. 4. 1926, in: Tyrell, Führer befiehl, Dok. 50b, S. 122.

451 Vgl. ebenda, S. 120 ff.

452 Tagebucheintragung Goebbels' vom 15. 2. 1926, in: Institut für Zeitgeschichte (Hrsg.), Die Tagebücher von Joseph Goebbels. Sämtliche Fragmente (künftig: GTBB), Bd. I, München 1987, S. 161 f.

453 Eine Kurzfassung der Hitler-Rede erschien am 25. Februar 1926 im VB unter dem Titel »Die Bamberger Tagung«, in: HRSA, Bd. I, Dok. 101, S. 294–296.

454 Zur Tagung und ihren Ergebnissen vgl. Gerhard Schildt, Die Arbeitsgemeinschaft Nord-West. Untersuchungen zur Geschichte der NSDAP 1925/26, Phil. Diss., Freiburg i.Br. 1964, S. 155 ff.; Reinhard Kühnl, Die nationalsozialistische Linke 1925–1930, Meisenheim am Glan 1966, S. 43 ff.; Wolfgang Horn, Führerideologie und Parteiorganisation in der NSDAP (1919–1933), Düsseldorf 1972, S. 239 ff.

455 Rede Hitlers auf NSDAP-Führertagung in Bamberg, Kurzfassung des VB, in: HRSA, Bd. I, Dok. 101, S. 294 ff., hier S. 296, Anm. 5.

456 Tagebucheintragung Goebbels' vom 15. 2. 1926, in: GTBB, Bd. I, S. 161 f.

457 Ebenda, S. 171 ff.

458 Ebenda, S. 171.

459 Abgewandeltes Zitat aus Shakespeare, Hamlet: »Er war ein Mann, nehmt alles nur in allem. Ich werde nimmer seinesgleichen sehen.« (Schlegel-Tieck-Übersetzung).

460 Tagebucheintragung Goebbels' vom 13. 4. 1926, in: GTBB, Bd. I, 171 ff. Vgl. kritisch zu Goebbels' Verhalten in München und zu seiner Rede im Bürgerbräukeller, die die Strasser-Gruppe als »Verrat« betrachtete, der Bericht von Karl Kaufmann, in: Tyrell, Führer befiehl, Dok. 53, S. 128 f.

461 § 2 der Satzung des Nationalsozialistischen Deutschen Arbeiter-Vereins e. V., in: Tyrell, Führer befiehl, Dok. 56, S. 136–141, hier S. 136 f.

462 Vgl. Wolfgang Schieder, Die NSDAP vor 1933. Profil einer faschistischen Partei, in: Geschichte und Gesellschaft 19 (1993), S. 141–154, hier S. 146.

463 Vgl. Tyrell, Führer befiehl, S. 136, Anm. 19.

464 Schieder, NSDAP vor 1933, S. 146 f. Schieder bezieht sich auf: Herman Hammer, Die deutschen Ausgaben von Hitlers »Mein Kampf« in: VfZ 4 (1956), S. 161–178, hier S. 171 f.

465 Vgl. Tyrell, Führer befiehl, S. 129, Anm. 18.

466 Otto Wagener, Hitler aus nächster Nähe. Aufzeichnungen eines Vertrauten 1929–1932, Frankfurt a. M. 1978, S. 12.

467 Ebenda, S. 14.

468 Vgl. Broszat, Staat Hitlers, S. 43. Vgl. Tyrell, Führer befiehl, S. 163 f.

469 Artikel Gregor Strassers in »Der Nationale Sozialist für Sachsen« vom 9. 1. 1927, in: Tyrell,. Führer befiehl, Dok. 62a, S. 163 f., hier S. 163.

470 Vgl. Broszat, Staat Hitlers, S. 69 f.

471 Vgl. Falter, Hitlers Wähler, S. 25–27.

472 Vgl. ebenda, S. 25.

473 Vgl. ebenda.

474 Vgl. Kershaw, Hitler I, S. 457 f.

475 Falter, Hitlers Wähler, S. 110 ff.

476 Ebenda, S. 371.

477 Ebenda, S. 372.

478 Ebenda, S. 373.

479 Vgl. ebenda.

480 Ebenda, S. 33.

481 Vgl. Tyrell, Führer befiehl, S. 352.

482 Rede Hitlers vom 31. 8. 1928, in: HRSA, Bd. III/1, Dok. 13, S. 35–47, hier S. 40 Anm. 23.

483 Ebenda, S. 37, S. 42.

484 Ebenda, S. 44.

485 Betrachtungen zum Wahlergebnis von 1928 von Gregor Strasser, in: Tyrell, Führer befiehl, Dok. 91b, S. 243.

486 Ebenda, S. 255 ff.

487 Ebenda, S. 257 f.

488 Dieter Ohr, Nationalsozialistische Propaganda und Weimarer Wahlen. Empirische Analysen zur Wirkung von NSDAP-Versammlungen, Opladen 1997, S. 142 ff.

489 Mommsen, Verspielte Freiheit, S. 337.

490 Ihre Gründung ging auf Privatinitiative zurück. Sie wurden von Hitler offiziell als nationalsozialistisch anerkannt. »Formal unabhängig, lebten sie vom freiwilligen Interesse der Parteigenossen und der mehr oder weniger wohlwollenden Unterstützung durch die Gaue und Ortsgruppen.« Vgl. Tyrell, Führer befiehl, S. 357.

491 Vgl. Tyrell, Führer befiehl, S. 381.

492 Broszat, Staat Hitlers, S. 61.

493 Vgl. ebenda, S. 61 ff.

494 Ebenda, S. 63.

495 Zur NSBO vgl. Gunther Mai, Die Nationalsozialistische Betriebszellenorganisation. Zum Verhältnis von Arbeiterschaft und Nationalsozialismus, in: VfZ 31 (1983), S. 573–613.

496 Broszat, Staat Hitlers, S. 65.

497 Mommsen, Verspielte Freiheit, S. 339.

498 Ebenda, S. 341.

499 Schieder, NSDAP vor 1933, S. 141.

500 Ebenda, S. 145.

501 Vgl. hierzu Longerich, Braune Bataillone, S. 45 ff.

502 Vgl. Mommsen, Verspielte Freiheit, S. 240 f.

503 Vgl. ebenda, S. 241 f.

504 Satzung des Nationalsozialistischen Deutschen Arbeiter-Vereins e. V., in: Tyrell, Führer befiehl, Dok. 56, S. 136–141, hier S. 140.

505 Richtlinien für die Neuaufstellung der NSDAP vom 26. 2. 1925, in: ebenda, Dok. 40, S. 105 ff. hier S. 106.

506 Vgl. Longerich, Braune Bataillone, S. 51.

507 Mommsen, Verspielte Freiheit, S. 332. Röhm ging erst 1928 nach Bolivien und übernahm dort einen Posten in der Armee. Zuvor hatte er sich aber politisch völlig zurückgezogen.

508 Vgl. Longerich, Braune Bataillone, S. 52 ff.

509 Vgl. ebenda, S. 53 ff.

510 Vgl. ebenda, S. 57.

511 Zitiert nach: Ebenda, S. 58.

512 Zitiert nach: Ebenda, S. 57.

513 Vgl. ebenda, S. 60 f.

514 Vgl. ebenda, S. 60.

515 Ebenda, S. 111.

516 Weber, Wirtschaft und Gesellschaft, S. 669.

517 Ebenda, S. 670.

518 Ebenda, S. 140.

519 Ebenda, S. 664.

520 Ebenda, S. 140.

521 Dies trifft auch auf die sogenannte »Abel«- und die »Gimbel-Sammlung« zu, die Müller-Rytlewski, Der verlängerte Krieg, S. 51 ff. zu Teilen ausgewertet hat. Auf die »Abel-Sammlung« stützt sich auch Kershaw, Der Hitler-Mythos, S. 33 ff.

522 Vgl. z. B. Kershaw, Der Hitler-Mythos, S. 43 f.

523 Vgl. etwa die Berichte der Treuhänder der Arbeit und der Arbeitsämter bei Timothy W. Mason (Hrsg.), Arbeiterklasse und Volksgemeinschaft. Dokumente und Materialien zur deutschen Arbeiterpolitik 1936–1939, Opladen 1975. Für die SD-Berichte vgl. Heinz Boberach (Hrsg.), Meldungen aus dem Reich. Die geheimen Lageberichte des Sicherheitsdienstes der SS 1938–1945, 17 Bde, Herrsching 1984.

524 Klaus Behnken (Hrsg.), Deutschland-Berichte der Sozialdemokratischen Partei Deutschlands (Sopade), 7 Bde, Salzhausen/Frankfurt a. M. 1980.

525 So Kershaw, Hitler II, S. 1047.

526 Bertolt Brecht, Der Messingknauf, in: Gesammelte Werke, Bd. 16, Frankfurt a. M. 1967, S. 563; Vgl. Scholdt, Autoren, S. 351.

527 Brecht, ebenda, S. 561.

528 Vgl. Wilfried Nippel (Hrsg.), Virtuosen der Macht. Herrschaft und Charisma von Perikles bis Mao, München 2000, dort insbesondere S. 7 ff., S. 39 ff.

529 Zitiert nach: Kershaw, Der Hitler-Mythos, S. 44 f.

530 Kershaw, Hitler-Mythos, S. 43.

531 Herz, Hoffmann und Hitler, S. 205–207.

532 Gesetz über das Staatsoberhaupt des Deutschen Reiches vom 1. August 1934 RGBl. I, 1934, S. 747.

533 Ministerbesprechung vom 2. 8. 1934, in: Konrad Repken/Karl-Heinz Minuth (Hrsg.), Akten der Reichskanzlei. Regierung Hitler (ARKH),

314

Bd. I/2, Boppard am Rhein 1983, Dok. 383, S. 1387–1390, hier
S. 1387, Anm. 2.

534 Ebenda, S. 1387.

535 Ministerbesprechung vom 1. 8. 1934, in: ARKH, Bd. I/2, Dok. 382,
S. 1385.

536 Gesetz über die Vereidigung der Beamten und Soldaten der Wehrmacht, vom 20. 8. 1934, RGBl. I, S. 785.

537 RGBl. I, 1933, S. 1016 f.

538 Gesetz über die Vereidigung der Beamten und Soldaten der Wehrmacht, vom 20. 8. 1934, RGBl. I, 1934, S. 785.

539 Ebenda.

540 Ministerbesprechung vom 2. 8. 1934, in: ARKH, Bd. I/2, Dok. 383,
S. 1387–1390, hier S. 1387 f.

541 Ministerbesprechung vom 1. 8. 1934, in: ARKH, Bd. I/2, Dok. 382,
S. 1387–1390, hier S. 1385, Anm. 4.

542 Verhandlungen des Reichstags, IX. Wahlperiode, Bd. 458, Stenogra-
phische Berichte, 3. Sitzung, Freitag den 13. 7. 1934; zitiert nach:
Lothar Gruchmann, Justiz im Dritten Reich. 1933–1940. Anpassung
und Unterwerfung in der Ära Gürtner, München 1988, S. 458.

543 Carl Schmitt, Der Führer schützt das Recht. Zur Reichstagsrede
Adolf Hitlers vom 13. Juli 1934, in: Deutsche Juristen-Zeitschrift 39
(1934), Sp. 945–950; zitiert nach: Gruchmann, Justiz, S. 453.

544 Vgl. Broszat, Staat Hitlers, S. 403 ff.

545 Gesetz zur Änderung des Strafgesetzbuches vom 28. 6. 1935, in:
RGBl. I, 1935, S. 839.

546 Georg Dahm u. a. Leitsätze über Stellung und Aufgaben des Richters,
in: Deutsche Rechtswissenschaft 1 (1936) S. 123. Die von Georg
Dahm und vier weiteren Professoren des Rechts formulierten »Leitsätze« wurden im Auftrag von Hans Frank am 14. 1. 1936 auf der
Tagung der Gesamtvertretung der deutschen Richter, Staatsanwälte
und Rechtspfleger verkündet. Vgl. Gruchmann, Justiz, S. 1139.

547 Zitiert nach: Broszat, Staat Hitlers, S. 418.

548 Ebenda, S. 421.

549 Weber, Wirtschaft und Gesellschaft, S. 141.

550 Ebenda, S. 141.

551 Ebenda, S. 141.

552 Vgl. ebenda, S. 58 ff., S. 662.

553 Ebenda, S. 141.

554 Ebenda, S. 655.

555 Ebenda, S. 659.

Abkürzungsverzeichnis

BNSDJ	Bund Nationalsozialistischer Deutscher Juristen
DAP	Deutsche Arbeiterpartei
DDP	Deutsche Demokratische Partei
DNVP	Deutschnationale Volkspartei
DSP	Deutschsozialistische Partei
DVFP	Deutschvölkische Freiheitspartei
EK I	Eisernes Kreuz Erster Klasse
Gestapo	Geheime Staatspolizei
HJ	Hitlerjugend
KPD	Kommunistische Partei Deutschlands
KPdSU	Kommunistische Partei der Sowjetunion
K.u.k.	Kaiserlich und königlich
MSPD	Mehrheitssozialdemokratische Partei Deutschlands
NSBO	Nationalsozialistische Betriebszellenorganisation
NSDAP	Nationalsozialistische Deutsche Arbeiterpartei
NSDStB	Nationalsozialistischer Deutscher Studentenbund
NSLB	Nationalsozialistischer Lehrerbund
OSAF	Oberste SA-Führung
PNF	Partito Nazionale Fascista (National-Faschistische Partei)
RGBl	Reichsgesetzblatt
RM	Reichsmark
SA	Sturmabteilung
SD	Sicherheitsdienst
SPD	Sozialdemokratische Partei Deutschlands
SS	Schutzstaffel
USPD	Unabhängige Sozialdemokratische Partei Deutschlands
VB	Völkischer Beobachter
VfZ	Vierteljahrshefte für Zeitgeschichte

317

Literaturverzeichnis

Hannah Arendt, Elemente und Ursprünge totaler Herrschaft, Frankfurt a.M. 1958.

Hellmut Auerbach, Hitlers politische Lehrjahre und die Münchener Gesellschaft 1919–1923. Versuch einer Bilanz anhand der neueren Forschung, in: VfZ 25 (1977), S. 1–45.

Maurizio Bach, Die charismatischen Führerdiktaturen. Drittes Reich und italienischer Faschismus im Vergleich ihrer Herrschaftsstrukturen, Baden-Baden 1990.

Claus-Ekkehard Bärsch, Die politische Religion des Nationalsozialismus. Die religiösen Dimensionen der NS-Ideologie in den Schriften von Dietrich Eckart, Joseph Goebbels, Alfred Rosenberg und Adolf Hitler, München 1998.

Klaus Behnken (Hrsg.), Deutschland-Berichte der Sozialdemokratischen Partei Deutschlands (Sopade), 7 Bde, Salzhausen/Frankfurt a.M. 1980.

Reinhard Bendix, Max Weber – Das Werk. Darstellung, Analyse, Ergebnisse, München 1960.

Reinhard Bendix/Guenther Roth (Hrsg.), Scholarship and Partisanship. Essays on Max Weber, Berkeley 1980.

Heinrich Bennecke, Hitler und die SA, München/Wien 1962.

Joseph Bensman/Michael Giavant, Charisma and modernity. The use and abuse of a concept, in: Social Research 42 (1975), S. 570–614.

Werner Bienfat, Max Webers Lehre vom geschichtlichen Erkennen: Ein Beitrag zur Frage der Bedeutung des »Idealtypus« für die Geschichtswissenschaft, Phil. Diss. Berlin 1930.

Eduard Bloch, My Patient Hitler, in: Colliers vom 15. 3. /22. 3. 1941.

Heinz Boberach (Hrsg.), Meldungen aus dem Reich. Die geheimen Lageberichte des Sicherheitsdienstes der SS 1938–1945, 17 Bde, Herrsching 1984.

319

Bertolt Brecht, Der Messingknauf, in: Gesammelte Werke, Bd. 16, Frankfurt a.M. 1967.

Stefan Breuer, Bürokratie und Charisma. Zur politischen Soziologie Max Webers, Darmstadt 1994.

Martin Broszat, Der Staat Hitlers. Grundlegung und Entwicklung seiner inneren Verfassung, München 1969.

Martin Broszat, Soziale Motivation und Führerbindung des Nationalsozialismus, in: VfZ 18 (1970), S. 392–409.

Martin Broszat, Die Machtergreifung. Der Aufstieg der NSDAP und die Zerstörung der Weimarer Republik, München 1984.

Martin Broszat, Plädoyer für eine Historisierung des Nationalsozialismus, in: Ders., Nach Hitler, München 1988, S. 266–281.

Alan Bullock, Hitler. Eine Studie über Tyrannei, Düsseldorf ^{16}1959.

Kenneth Burke, Die Rhetorik in Hitlers »Mein Kampf« und andere Essays zur Strategie der Überredung, Frankfurt a.M. 1973.

Hamilton T. Burden, Die programmierte Nation. Die Nürnberger Reichsparteitage, Gütersloh 1967.

Houston Stewart Chamberlain, Ausgewählte Werke, Breslau 1934.

Georg Dahm u.a., Leitsätze über Stellung und Aufgaben des Richters, in: Deutsche Rechtswissenschaft 1 (1936) S. 123.

Ernst Deuerlein, Hitlers Eintritt in die Politik und die Reichswehr (Dokumentation), in: VfZ 7 (1959), S. 177–227.

Ernst Deuerlein (Hrsg.), Der Hitler-Putsch. Bayerische Dokumente zum 8./9. November 1923, Stuttgart 1962.

Wilhelm Dilthey, Der Aufbau der geschichtlichen Welt in den Geisteswissenschaften, Frankfurt a.M. ^{5}1997.

Heinz Epping, Die NS-Rhetorik als politisches Kampf- und Führungsmittel. Ihre organisatorische Entwicklung, Bedeutung und Wirkung. Ein Beitrag zur Publizistik im Dritten Reich, Phil. Diss. Münster 1954.

Jürgen W. Falter u.a., Wahlen und Abstimmungen in der Weimarer Republik, München 1986.

Jürgen W. Falter, Hitlers Wähler, München 1991.

Joachim Fest, Hitler. Eine Biographie, Frankfurt a.M. 1976.

Conan Fischer, Ernst Julius Röhm. Stabschef der SA und unentbehrlicher Außenseiter, in: Ronald Smelser/Rainer Zittelmann (Hrsg.), Die Braune Elite, 22 biographische Skizzen, Darmstadt 1989, S. 212–222.

Ernst Fraenkel, Der Doppelstaat, Köln/Frankfurt a.M. 1974.

Carl Joachim Friedrich/Zbigniew K. Brzezinski, Totalitäre Diktatur, Stuttgart 1957.

José Ortega y Gasset, Der Aufstand der Massen, Stuttgart/Berlin 1931

320

Winfried Gebhardt, Charisma und Ordnung. Formen des institutionalisierten Charismas. Überlegungen im Anschluß an Max Weber, in: Ders./Arnold Zingerle/Michael N. Ebertz. (Hrsg.), Charisma. Theorie-Religion-Politik, Berlin/New York 1993, S. 47–68.

Winfried Gebhardt, Charisma als Lebensform. Zur Soziologie des alternativen Lebens, Berlin 1994.

Stefan Großmann, Hitlers Memoiren in: Das Tage-Buch 6 (1925) H. 45, S. 1164–1169.

Lothar Gruchmann, Justiz im Dritten Reich. 1933–1940. Anpassung und Unterwerfung in der Ära Gürtner, München 1988.

Lothar Gruchmann (Hrsg.), Reden, Schriften, Anordnungen. Februar 1925–Januar 1933, Bd. 1, Der Hitler-Prozeß 1924. Wortlaut der Hauptverhandlung vor dem Volksgericht München I. Teil 1. 1.–4. Verhandlungstag, München 1997.

Brigitte Hamann, Hitlers Wien. Lehrjahre eines Diktators, München/Zürich 1996.

Herman Hammer, Die deutschen Ausgaben von Hitlers »Mein Kampf« in: VfZ 4 (1956), S. 161–178.

Ernst Hanfstaengl, I was Hitler's Closest Friend, in: Cosmopolitan, März 1943.

Ernst Hanfstaengl, 15 Jahre mit Hitler. Zwischen Weißem und Braunem Haus, München ²1980.

Reinhold Hanisch, I was Hitler's Buddy, in: The New Republic, 5. 4. /12. 4. /19. 4. 1939.

Edith Hanke/Wolfgang J. Mommsen (Hrsg.), Max Webers Herrschaftssoziologie. Studien zu Entstehung und Wirkung, Tübingen 2001.

Wolfgang Hardtwig, Political Religion in Modern Germany: Reflections on Nationalism, Socialism, and National Socialism, in: GHI Bulletin 28 (2001), S. 3–36.

Heinz A. Heinz, Germany's Hitler, London ²1938.

Ludolf Herbst, Das nationalsozialistische Deutschland, 1933–1945. Die Entfesselung der Gewalt: Rassismus und Krieg, Frankfurt a.M. 1996.

Rudolf Herz, Hoffmann und Hitler. Fotografie als Medium des Führer-Mythos, München 1974.

Der Hitler-Prozeß vor dem Volksgericht in München, 2. Teil, München 1924.

Adolf Hitler, Mein Kampf. Zwei Bände in einem Band, München ^{583}1941.

Heinrich Hoffmann, Hitler, wie ich ihn sah. Aufzeichnungen seines Leibfotografen, München 1974.

Wilhelm Högner, Die verratene Republik. Geschichte der deutschen Gegenrevolution, München 1958.

Wolfgang Horn, Führerideologie und Parteiorganisation in der NSDAP (1919–1933), Düsseldorf 1972.

Peter Hüttenberger, Nationalsozialistische Polykratie, in: Geschichte und Gesellschaft 2 (1976), S. 417–442.

Institut für Zeitgeschichte (Hrsg.), Die Tagebücher von Joseph Goebbels. Sämtliche Fragmente (künftig: GTBB), Bd. I, München 1987.

Institut für Zeitgeschichte (Hrsg.), Hitler. Reden, Schriften, Anordnungen, Bd. V/2 München 1997.

Eberhard Jäckel/Axel Kuhn (Hrsg.), Hitler. Sämtliche Aufzeichnungen 1905–1924, Stuttgart 1980.

Anton Joachimsthaler, Korrektur einer Biographie. Adolf Hitler 1908 bis 1920, München 1989.

Michael H. Kater, Zur Soziologie der frühen NSDAP, in: VfZ 19 (1971), S. 124–159.

Michael H. Kater, Sozialer Wandel in der NSDAP im Zuge der national-sozialistischen Machtergreifung, in: Wolfgang Schieder (Hrsg.), Faschismus als soziale Bewegung. Deutschland und Italien im Vergleich, Göttingen 1976, S. 25–68.

Ian Kershaw, Der Hitler-Mythos. Volksmeinung und Propaganda im Dritten Reich, Stuttgart 1980.

Ian Kershaw, Hitler 1889–1936, Stuttgart ²1998

Udo Kissenkoetter, Gregor Strasser und die NSDAP, Stuttgart 1978.

Alfred Kube, Pour le mérite und Hakenkreuz. Hermann Göring im Dritten Reich, München 1986.

August Kubizek, Adolf Hitler. Mein Jugendfreund, Graz/Stuttgart ³1966.

Reinhard Kühnl, Zur Programmatik der nationalsozialistischen Linken: das Strasser-Programm von 1925/26, in: VfZ 14 (1966), S. 317–333.

Reinhard Kühnl, Die nationalsozialistische Linke 1925–1930, Meisenheim am Glan 1966.

Rainer Lepsius, Charismatic Leadership: Max Weber's Model and its Applicability to the Rule of Hitler, in: Carl Friedrich Graumann/Serge Moscovici: (Hrsg.), Changing Conceptions of Leadership, New York 1986, S. 53–66.

Seymour Martin Lipset, »Der Faschismus«, die Linke, die Rechte und die Mitte, in: Kölner Zeitschrift für Soziologie und Sozialpsychologie 11 (1959), S. 401–444.

Uwe Lohalm, Völkischer Radikalismus. Die Geschichte des Deutschvölkischen Schutz- und Trutz-Bundes 1919–1923, Hamburg 1970.

Martin Loiperdinger, Rituale der Mobilmachung. Der Parteitagsfilm »Triumph des Willens« von Leni Riefenstahl, Opladen 1987.

322

Peter Longerich, Die braunen Bataillone. Geschichte der SA, München 1989.

Kurt Lüdecke, I knew Hitler, London 1938.

Erich Ludendorff, Vom Feldherrn zum Weltrevolutionär und Wegbereiter deutscher Volksschöpfung. Meine Lebenserinnerungen von 1919 bis 1925, München 1940.

Georg Lukács, Die Zerstörung der Vernunft, Berlin 1954.

Gunther Mai, Die Nationalsozialistische Betriebszellenorganisation. Zum Verhältnis von Arbeiterschaft und Nationalsozialismus, in: VfZ 31 (1983), S. 573–613.

Hans Maier (Hrsg.), »Totalitarismus« und »Politische Religionen«, Bd. 1, Konzepte des Diktaturvergleichs, Paderborn 1996.

Hans Maier (Hrsg.), »Totalitarismus« und »Politische Religionen«. Bd. 2: Konzepte des Diktaturvergleichs, Paderborn 1997.

Hans Maier (Hrsg.), »Totalitarismus« und »Politische Religionen«. Bd. 3: Deutungsgeschichte und Theorie, Paderborn 2003.

Werner Maser, Sturm auf die Republik. Die Frühgeschichte der NSDAP, Düsseldorf u.a. 1994.

Timothy W. Mason (Hrsg.), Arbeiterklasse und Volksgemeinschaft. Dokumente und Materialien zur deutschen Arbeiterpolitik 1936–1939, Opladen 1975.

Anonymus (= Karl Mayr), I was Hitler's Boss, in: Current History 1 (1941), S. 193–199.

Hans Mommsen, Der Nationalsozialismus und die deutsche Gesellschaft. Ausgewählte Aufsätze, Reinbek 1991.

Hans Mommsen, Die verspielte Freiheit. Der Weg der Republik von Weimar in den Untergang 1918–1933, Frankfurt a.M./Berlin 1998.

Hans Mommsen, Der Nationalsozialismus. Kumulative Radikalisierung und Selbstzerstörung des Regimes, in: Meyers Enzyklopädisches Lexikon, Bd. 16, Mannheim ^{9}1976, S. 785–790.

George L. Mosse, Die Geschichte des Rassismus in Europa, Frankfurt a.M. 1990.

Karl Alexander von Müller, Mars und Venus. Erinnerungen 1914–1919, Stuttgart 1954.

Karl Alexander von Müller, Im Wandel einer Welt. Erinnerungen 1919–1932, München 1966.

Maria-Helene Müller-Rytlewski, Der verlängerte Krieg. Hitlers propagandistisches Wirken in einer historisch desorientierten und sozial fragmentierten Gesellschaft, München 1996.

Franz Neumann, Behemoth. Struktur und Praxis des Nationalsozialismus 1933–1944, Köln/Frankfurt a.M. 1977.

Wilfried Nippel (Hrsg.), Virtuosen der Macht. Herrschaft und Charisma von Perikles bis Mao, München 2000.

Joseph Nyomarkay, Charisma and Factionalism in the Nazi Party, Minneapolis 1967.

Dieter Ohr, Nationalsozialistische Propaganda und Weimarer Wahlen. Empirische Analysen zur Wirkung von NSDAP-Versammlungen, Opladen 1997.

Dietrich Orlow, The History of the Nazi Party, Bd. 1, 1919–1933, Pittsburgh 1969.

Dietrich Orlow, The History of the Nazi Party, Bd. 2: 1933–1945, Pittsburgh 1973.

Dietrich Orlow, Rudolf Heß – »Stellvertreter des Führers«, in: Ronald Smelser/Rainer Zittelmann (Hrsg.), Die Braune Elite. 22 biographische Skizzen, Darmstadt 1989, S. 84–97.

Rudolf Pechel, Deutscher Widerstand, Erlenbach-Zürich, 1947.

Dieter Petzina, Autarkiepolitik im Dritten Reich. Der nationalsozialistische Vierjahresplan, Stuttgart 1968.

Reginald H. Phelps, Anton Drexler – Der Gründer der NSDAP, in: Deutsche Rundschau 87 (1961), S. 1134–1143.

Reginald H. Phelps, Before Hitler Came: Thule Society and Germanen Orden, in: Journal of Modern History 35 (1963), S. 245–261.

Margarete Plewnia, Auf dem Weg zu Hitler. Der »völkische« Publizist Dietrich Eckart, Bremen 1970.

Othmar Plöckinger, Geschichte eines Buches. Adolf Hitlers »Mein Kampf« 1922–1945, München 2006.

Friedrich Plümer, Die Wahrheit über Hitler und seinen Kreis, München 1925.

André François-Poncet, Als Botschafter im »Dritten Reich«. Die Erinnerungen des französischen Botschafters in Berlin. September 1931–Oktober 1938, Mainz/Berlin 1980.

Hermann Rauschning, Die Revolution des Nihilismus. Kulisse und Wirklichkeit im Dritten Reich, Zürich 1938.

Hermann Rauschning, Gespräche mit Hitler, Zürich 1940.

Peter Reichel, Der schöne Schein. Faszination und Gewalt des Faschismus, Hamburg 2006.

Konrad Repken/Karl-Heinz Minuth (Hrsg.), Akten der Reichskanzlei. Regierung Hitler (ARKH), Bd. I/2, Boppard am Rhein 1983.

Michael Ruck, Führerabsolutismus und polykratisches Herrschaftsgefüge – Verfassungsstrukturen im Dritten Reich, in: Karl Dietrich Bracher/ Manfred Funke/Hans-Adolf Jacobsen (Hrsg.), Deutschland 1933–1945. Neue Studien zur nationalsozialistischen Herrschaft, Bonn 1992, S. 32 ff.

Wolfgang Sauer, Die Mobilmachung der Gewalt [= Die Nationalsozialistische Machtergreifung, Bd. 3], Frankfurt a. M. 1974.

Theodor Schieder, Hermann Rauschning »Gespräche mit Hitler« als Geschichtsquelle, Opladen 1972.

Wolfgang Schieder, Die NSDAP vor 1933. Profil einer faschistischen Partei, in: Geschichte und Gesellschaft 19 (1993), S. 141–154.

Gerhard Schildt, Die Arbeitsgemeinschaft Nord-West. Untersuchungen zur Geschichte der NSDAP 1925/26, Phil. Diss., Freiburg i. Br. 1964.

Wolfgang Schluchter, Umbildung des Charismas. Überlegungen zur Herrschaftssoziologie, in: Ders., Religion und Lebensführung, Bd. 2: Studien zu Max Webers Religions- und Herrschaftssoziologie, Frankfurt a. M. 1988, S. 535–554.

Karlheinz Schmeer, Die Regie des öffentlichen Lebens im Dritten Reich, München 1956.

Carl Schmitt, Der Führer schützt das Recht. Zur Reichstagsrede Adolf Hitlers vom 13. Juli 1934, in: Deutsche Juristen-Zeitschrift 39 (1934), Sp. 945–950.

Hans-Walter Schmuhl, Rassenhygiene, Nationalsozialismus, Euthanasie. Von der Verhütung zur Vernichtung »lebensunwerten Lebens«, 1890–1945, Göttingen ²1992.

Günther Scholdt, Autoren über Hitler. Deutschsprachige Schriftsteller 1919–1945 und ihr Bild vom »Führer«, Bonn 1993.

Arthur Schweitzer, Organisierter Kapitalismus und Parteidiktatur 1933– 1936, in: Schmollers Jahrbuch 79 (1959), S. 37–79.

Arthur Schweitzer, The Age of Charisma, Chicago 1984.

Rudolf von Sebottendorf, Bevor Hitler kam. Urkundliches aus der Frühzeit der nationalsozialistischen Bewegung, München 1933.

Peter D. Stachura, Gregor Strasser and the Rise of Nazism, London 1983.

Dirk Stegmann, Zwischen Repression und Manipulation: Konservative Machteliten und Arbeiter- und Angestelltenbewegung 1910–1918. Ein Beitrag zur Vorgeschichte der DAP/NSDAP, in: Archiv für Sozialgeschichte 12 (1972), S. 351–432.

Bruno Thoss, Der Ludendorff-Kreis 1919–1923. München als Zentrum der mitteleuropäischen Gegenrevolution zwischen Revolution und Hitler-Putsch, München 1978.

Albrecht Tyrell, Führer befiehl … Selbstzeugnisse aus der »Kampfzeit« der NSDAP. Dokumentation und Analyse, Düsseldorf 1969.

Albrecht Tyrell, Vom »Trommler« zum »Führer«. Der Wandel von Hitlers Selbstverständnis zwischen 1919 und 1924 und die Entwicklung der NSDAP, München 1975.

Arych L. Unger, Totalitarian Party. Party and People in Nazi Germany and the Soviet Russia, London/New York 1974.

Klaus Vondung, Magie und Manipulation. Ideologischer Kult und politische Religion des Nationalsozialismus, Göttingen 1971.

Otto Wagener, Hitler aus nächster Nähe. Aufzeichnungen eines Vertrauten 1929–1932, Frankfurt a.M. 1978.

Max Weber, Die »Objektivität« sozialwissenschaftlicher Erkenntnis, in: Ders., Soziologie. Universalgeschichtliche Analysen. Politik, herausgegeben von Johannes Winckelmann, Stuttgart ^{5}1973, S. 186–262.

Max Weber, Wirtschaft und Gesellschaft. Grundriß der verstehenden Soziologie, Tübingen ^{5}1980.

Hans-Ulrich Wehler, Deutsche Gesellschaftsgeschichte. Vom Beginn des Ersten Weltkriegs bis zur Gründung der beiden deutschen Staaten 1914–1949 [= Deutsche Gesellschaftsgeschichte, Bd. 4], München 2003.

Georg Franz-Willing, Ursprung der Hitlerbewegung 1919–1923, Preußisch Oldendorf 1974.

Franz Hermann Woweries, NS-Feierstunden. Ein Hilfsbuch für Parteistellen, SA, SS, HJ, NSBO, Mühlhausen 1932.

Siegfried Zelnhefer, Die Reichsparteitage der NSDAP. Geschichte, Struktur und Bedeutung der größten Propagandafeste im nationalsozialistischen Feierjahr, Nürnberg 1991.

Christian Zentner/Friedemann Bedürftig, Das große Lexikon des Dritten Reiches, München 1985.

Register

Raul Hilberg
im S. Fischer und Fischer Taschenbuch Verlag

»Raul Hilberg, Emigrant aus Wien, war einer der ersten, der sich systematisch mit der Geschichte des Holocaust befasste. 1948 wählte er dieses Thema für seine Dissertation aus, nicht ahnend, dass es sein künftiges Leben bestimmen sollte. Auf Grund der von den USA beschlagnahmten deutschen Akten legte er 1961 seine umfassende Darstellung der Genozidpolitik Hitlers und seiner Mittäter vor, mit der er zunächst allein da stand: ›Die Vernichtung der europäischen Juden‹. Sein großes Werk, in dem er den bürokratischen Charakter des Vernichtungsprozesses und die überwiegend passive Rolle der jüdischen Opfer betont, ist bis heute ein unentbehrliches Standardwerk geblieben. Seine folgenden Publikationen haben immer wieder die Forschung fruchtbar beeinflusst.« *Hans Mommsen*

Die Vernichtung der europäische Juden
Aus dem Amerikanischen
von Christian Seeger,
Harry Maor, Walle Bengs
und Wilfried Szepan
Band 24417

Täter, Opfer, Zuschauer
Die Vernichtung der Juden
Aus dem Amerikanischen
von Hans Günter Holl
Band 13216

Die Quellen des Holocaust
Entschlüsseln und Interpretieren
Aus dem Amerikanischen
von Udo Rennert
256 Seiten. Gebunden
S. Fischer

Unerbetene Erinnerung
Der Weg eines
Holocaust-Forschers
Aus dem Amerikanischen
von Hans Günter Holl
175 Seiten. Gebunden
S. Fischer

S. Fischer

fi 666 020 / 1

Ernst Klee
Das Personenlexikon zum Dritten Reich
Wer war was vor und nach 1945

Band 16048

Das konkurrenzlose Lexikon informiert mit seinen 4300 Artikeln ausführlich über die wichtigsten Personen aus Justiz, Kirchen, Wohlfahrtseinrichtungen, Kultur, Wirtschaft, Publizistik, Wissenschaft, Medizin, Polizei, Wehrmacht sowie über tragende Personen aus NSDAP, SA und SS. Das Personenlexikon informiert außerdem auch – und das ist charakteristisch für Klees Arbeitsweise – über deren Karrieren nach 1945, soweit diese ausfindig zu machen waren.

»Mehr als ein ›Who's who‹ des ›Dritten Reiches‹ –
Ernst Klee ist ein Standardwerk gelungen.«
Die Zeit

»Stichprobenvergleiche mit
anderen Lexika und einschlägigen Monographien
bestätigen nicht nur die Zuverlässigkeit von Klees Werk,
sondern vor allem auch seine unübertroffene
Vollständigkeit.«
Frankfurter Rundschau

Fischer Taschenbuch Verlag

fi 16048 / 1